JN289193

佐川美術館　樂吉左衞門館

茶室をつくった。

5年間の日々を綴った建築日記

樂 吉左衞門

淡交社

茶室をつくった。

樂 吉左衞門

佐川美術館　樂吉左衞門館
茶室をつくった。
5年間の日々を綴った建築日記

目次

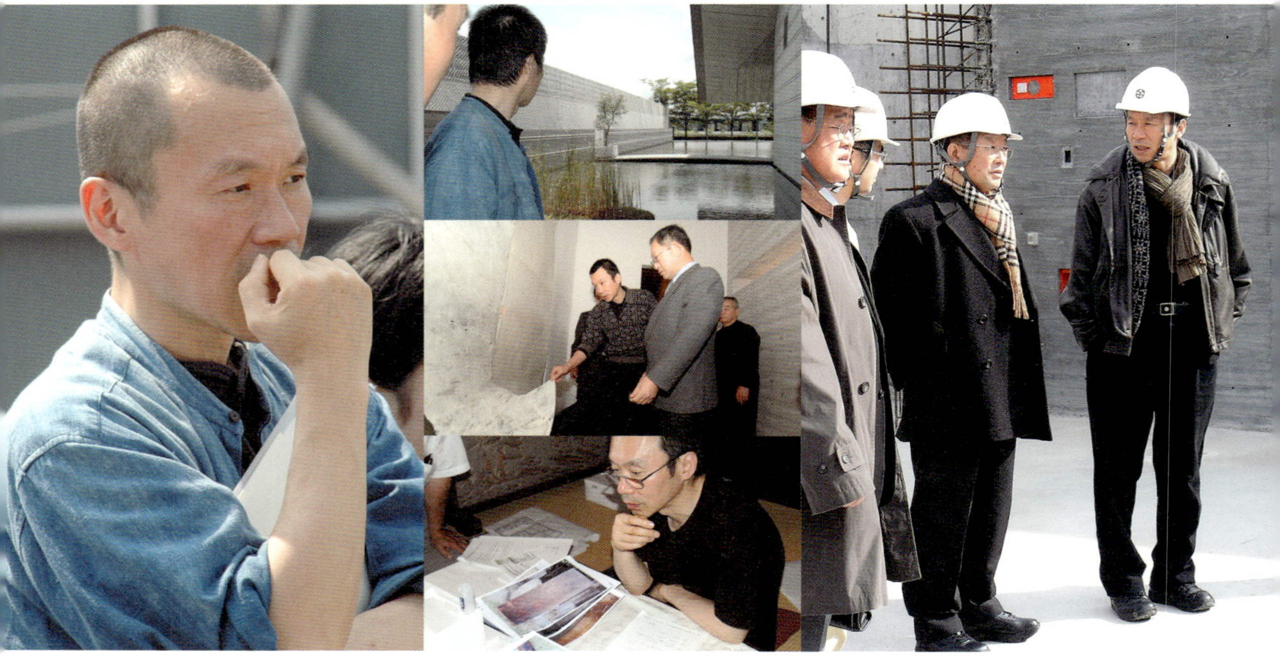

巻頭カラー
佐川美術館　樂吉左衞門館 ——————————————— 007

茶室をつくった。
建築日記 02. 07. 〜 07. 09. 17
　　2002年（02. 07. 〜 02. 12. 30）———————————— 051
　　2003年（03. 01. 14 〜 03. 08.）———————————— 081
　　2004年（04. 02. 01 〜 04. 12. 26）———————————— 109
　　2005年（05. 01. 07 〜 05. 12. 22）———————————— 151
　　2006年（06. 01. 24 〜 06. 12. 28）———————————— 233
　　2007年（07. 01. 02 〜 07. 09. 17）———————————— 361

エピローグ ——————————————————————— 455

索引 ————————————————————————— 471

ブックデザイン
岡本デザイン室
(岡本洋平+齋藤 圭+茂谷淑恵)

佐川美術館 樂吉左衞門館

設計創案・監修＝樂吉左衞門
設計施工＝竹中工務店
撮影＝畠山崇

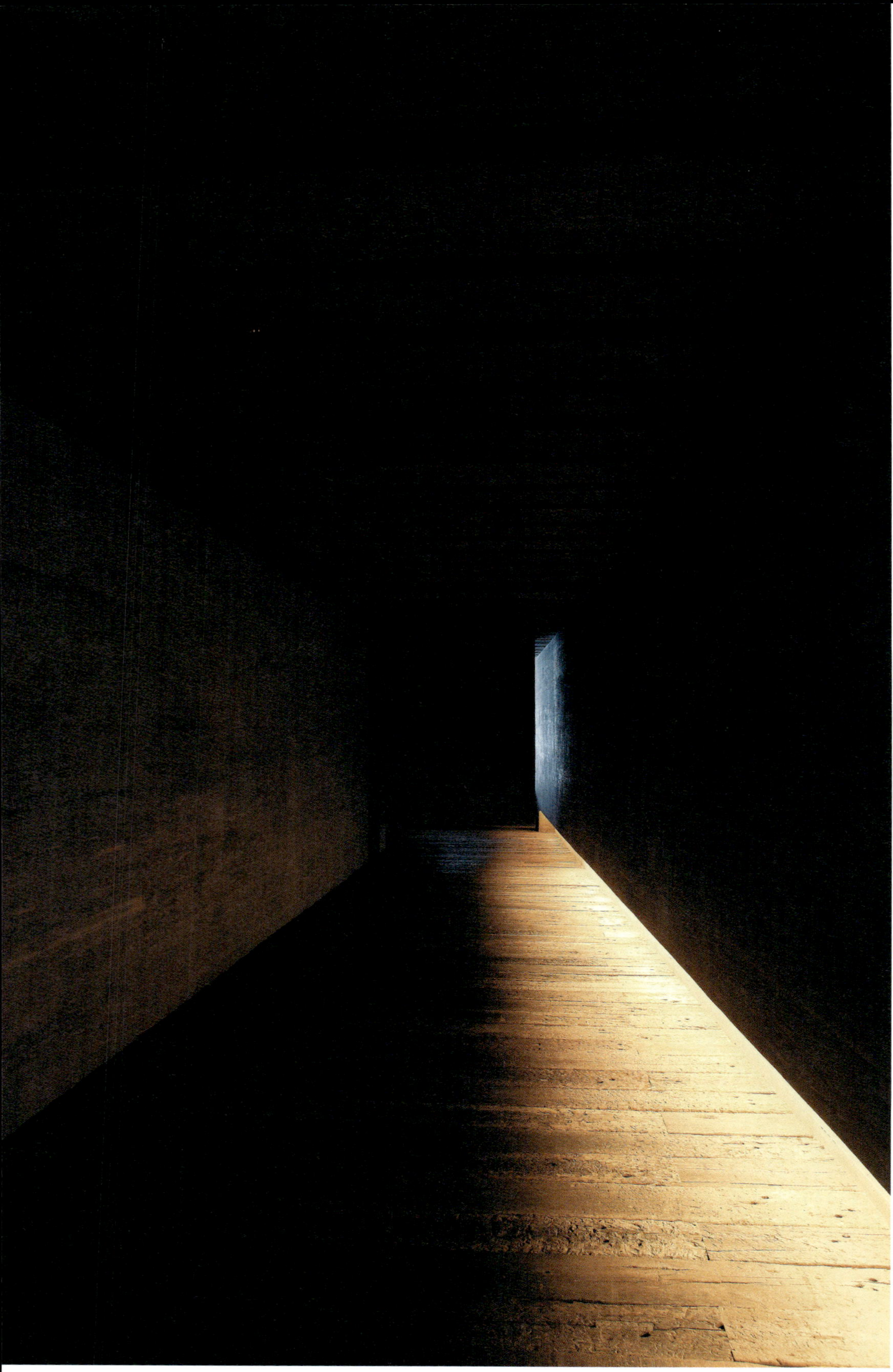

前頁

B1　寄付へむかう通路

　「守破離」の扁額の掛かった小空間（7頁）、右手にある木製の扉を開けば、その先には枕木の敷き詰められた通路が寄付へと延びる。先に進むにつれて細く狭まってゆく通路、ここは非日常への橋掛かり、意匠性を極限にまで削ぎ落とした超絶なミニマム空間。奥壁のスリットから露地の光が幽かに漏れる。（撮影＝宮野正喜）

上

B1　寄付

　圧倒的な存在感を表すタガヤサンの原木、真っ二つに割れている。真鍮の丸炉を仕込んで立礼机とする。リズミカルに配置された椅子材は南アフリカのアサメラ。

下

B1　水露地へむかう通路

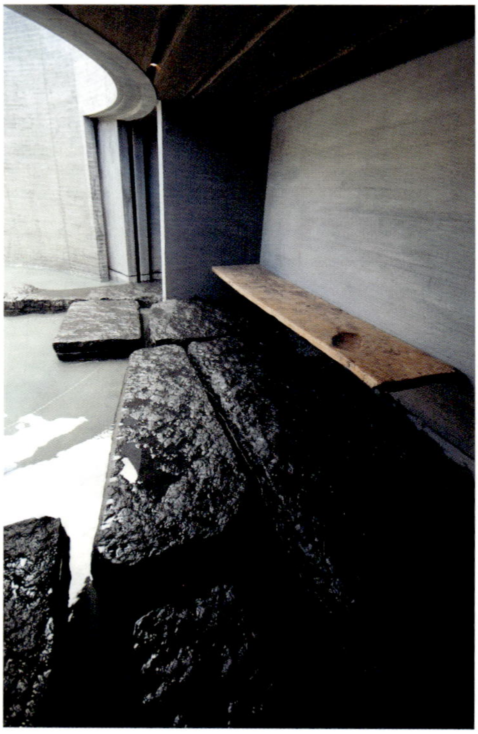

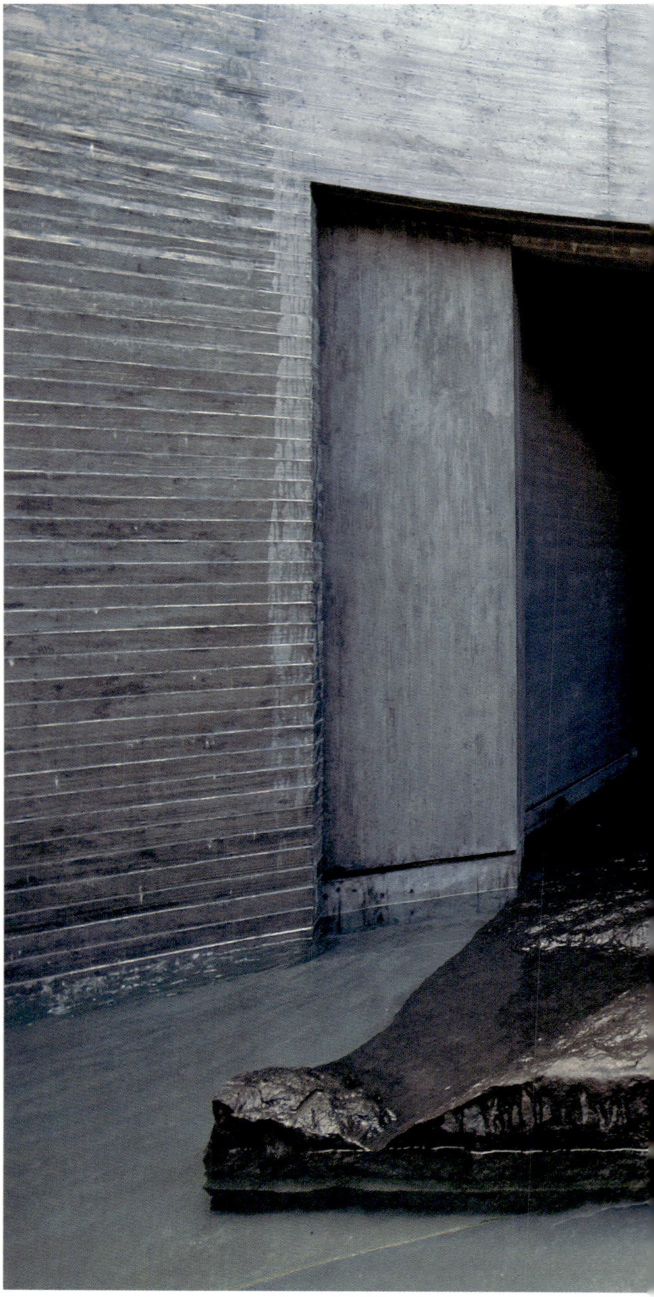

B1　水露地・腰掛待合

　　ブラックコンクリートが張り巡らされた水底に、アフリカ・ジンバブエ産の黒い割れ石を組む。腰掛は、ブラックコンクリートの壁に差し渡されたバリ古材。割れ石露地の奥に、茶室へ通じる中潜りを小さく開ける。

012

B1　水露地
　　高さ3.7メートルの円筒形空間、ブラックコンクリートの壁面に、水が静かに流れ落ちる。地上レベルは3メートルあまり上、はるかに見上げれば円形に切り取られた空、脚下に広がる水は空を映す。天と地、空と水、風と雲、ただそれだけ。

左

B1　中潜り

　結界の役目を負う、極端に絞り込まれた小さな中潜りが、我々を煩雑な日常時間から切り離す。

右

B1

　中潜りを入った正面壁に警策が掛かる。大徳寺高田明浦老大師に「看脚下」「不欺之力」と揮毫していただいた。（撮影＝宮野正喜）

左

B1

小間席へとのぼる階段。階下左手が中潜り。天窓から幽かな光が落ちる。

右

B1 土間の仕立て

階段をのぼると左手に小間席。吊り下げられた大きな手漉き和紙に、スリットからの光が柔らかく映じている。

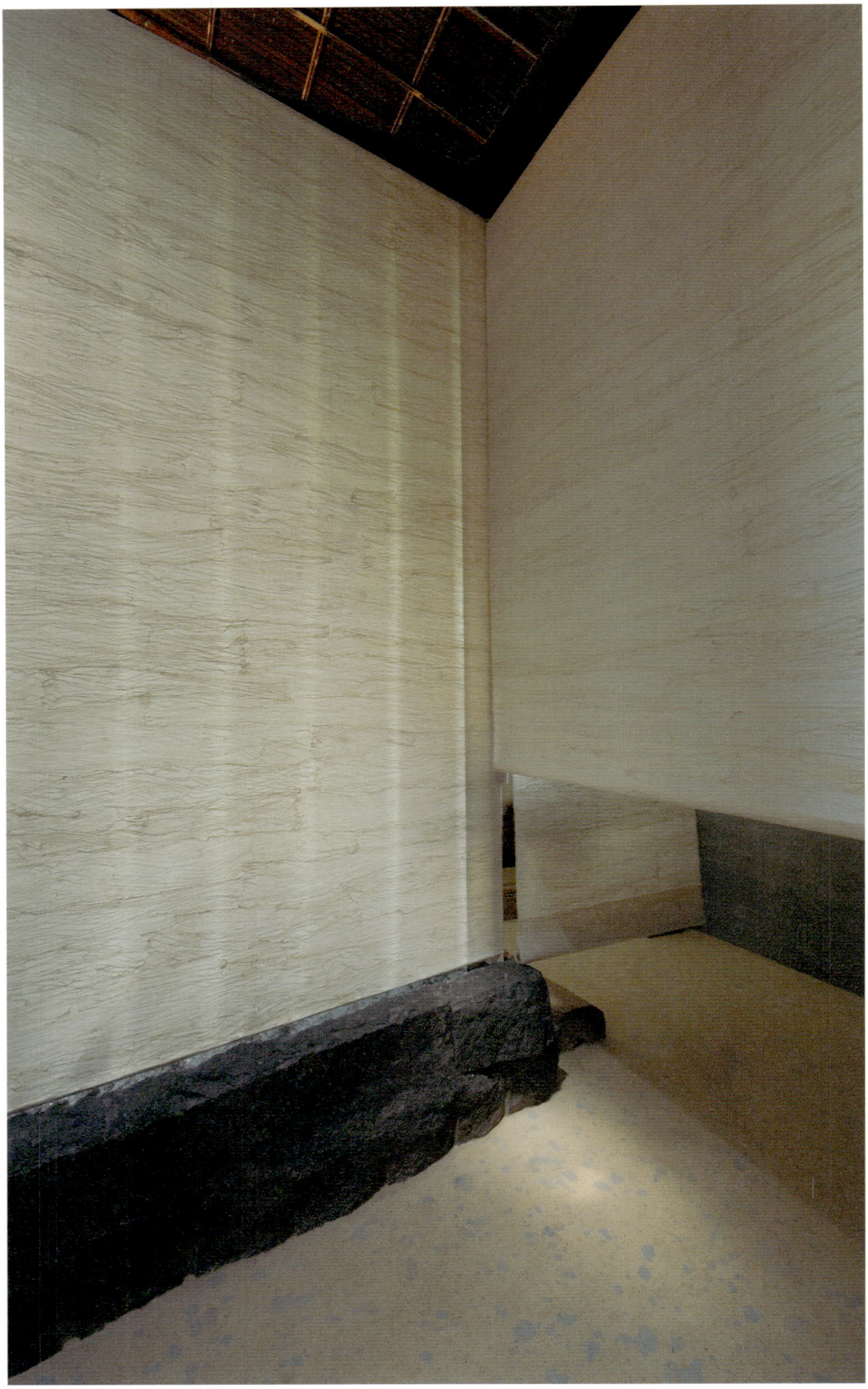

前頁

B1　石の上に建つ小間「盤陀庵」
　　席名の由来ともなった巨大な基盤石は、ジンバブエの割れ石。その上に設けた小間席北側を囲む紙壁は、越前手漉き和紙が柔らかな光を映じている（写真は北側外観）。

B1　小間蹲い　制作＝樂雅臣
　　巨大なジンバブエ割れ石を使った埋め蹲い。正面壁のスリットから細く光が落ちる。

B1

小間席「盤陀庵」

左

「盤陀庵」扁額（佐藤忠良筆）

右

蹲い側から「盤陀庵」を見る

次頁

「盤陀庵」躙り口正面

粗いコウゾ繊維の手漉き和紙が席を囲う。ここは水庭に沈んだ閉鎖空間。様々なスリットから入る光が、自然から届けられる唯一の贈り物。空間を和らげ、時を、自然を、季節を感じさせる。

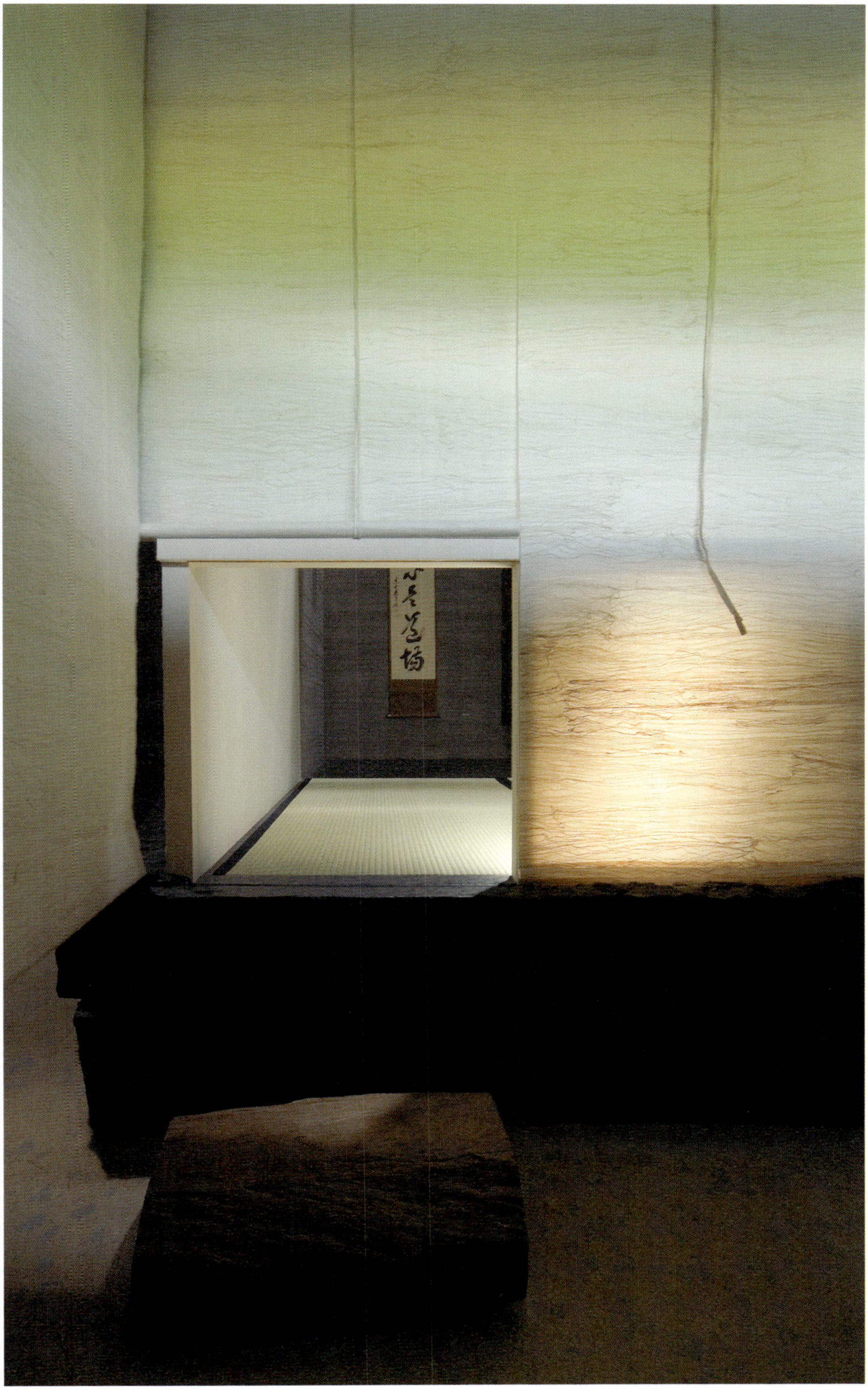

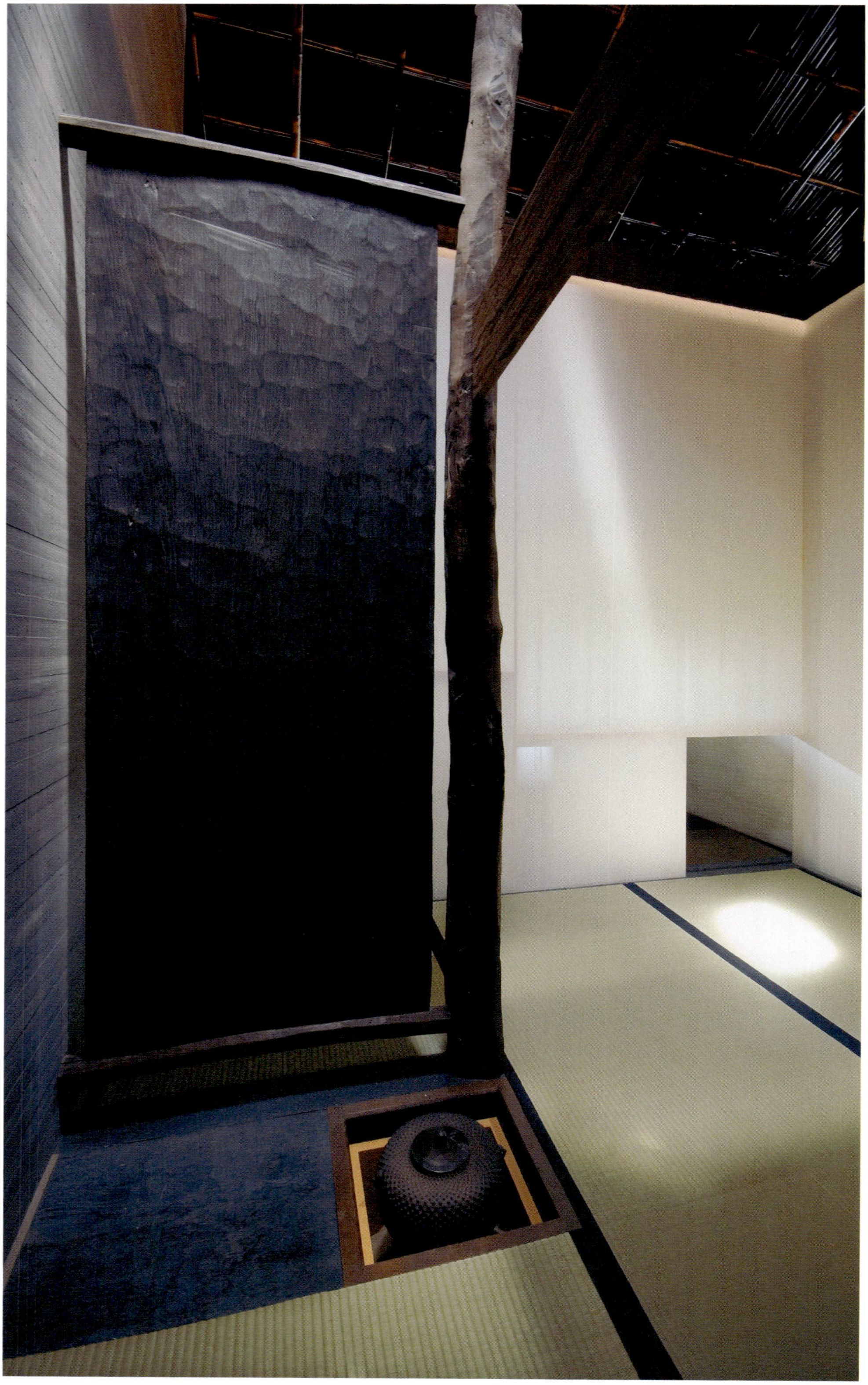

前頁

「盤陀庵」点前座

　炉は向切。荒々しい殴り痕を残すバリ古材の中柱と黒い一枚板が立つ。

「盤陀庵」床の間

　左側(北側)和紙壁からブラックコンクリートの床壁へと続く。強烈な存在感を放つ太い床柱、バリ黒檀の床板。床間口1200ミリ、奥行き1200ミリの床は通常よりはるかに奥深い。

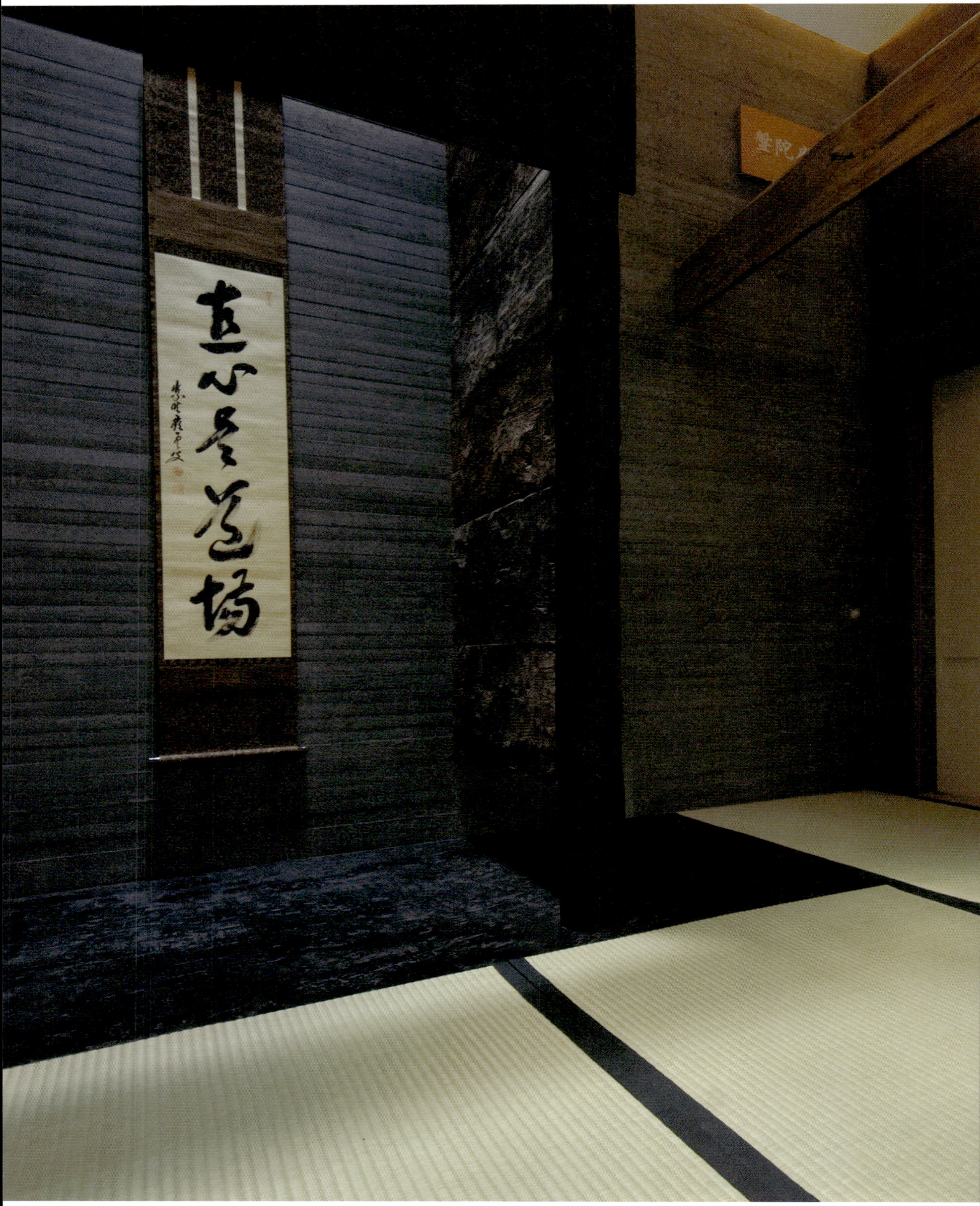
直心是道場

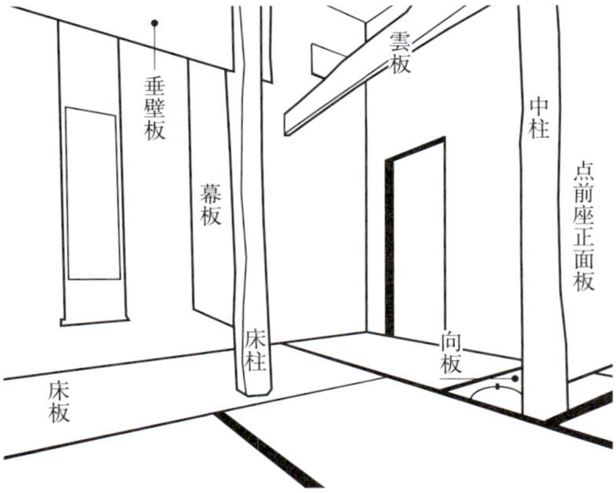

「盤陀庵」内部

三畳半、踏込の枡床の小間席。荒々しいバリの古材がブラックコンクリートに突き刺さる。茶室は異質な素材同士が直接ぶつかり合う。たがいの個性を損なわず、そこにいかなる調和を遂げさせるか。地下の閉鎖空間、質実剛健、張りつめる緊張感。この禁欲的な空間に光が幽かな揺らぎを与える。
【点前座】中柱、向板、点前座正面板、雲板－バリ古材
【床の間】床壁－ブラックコンクリート、床柱、垂壁板、床板、幕板－バリ古材

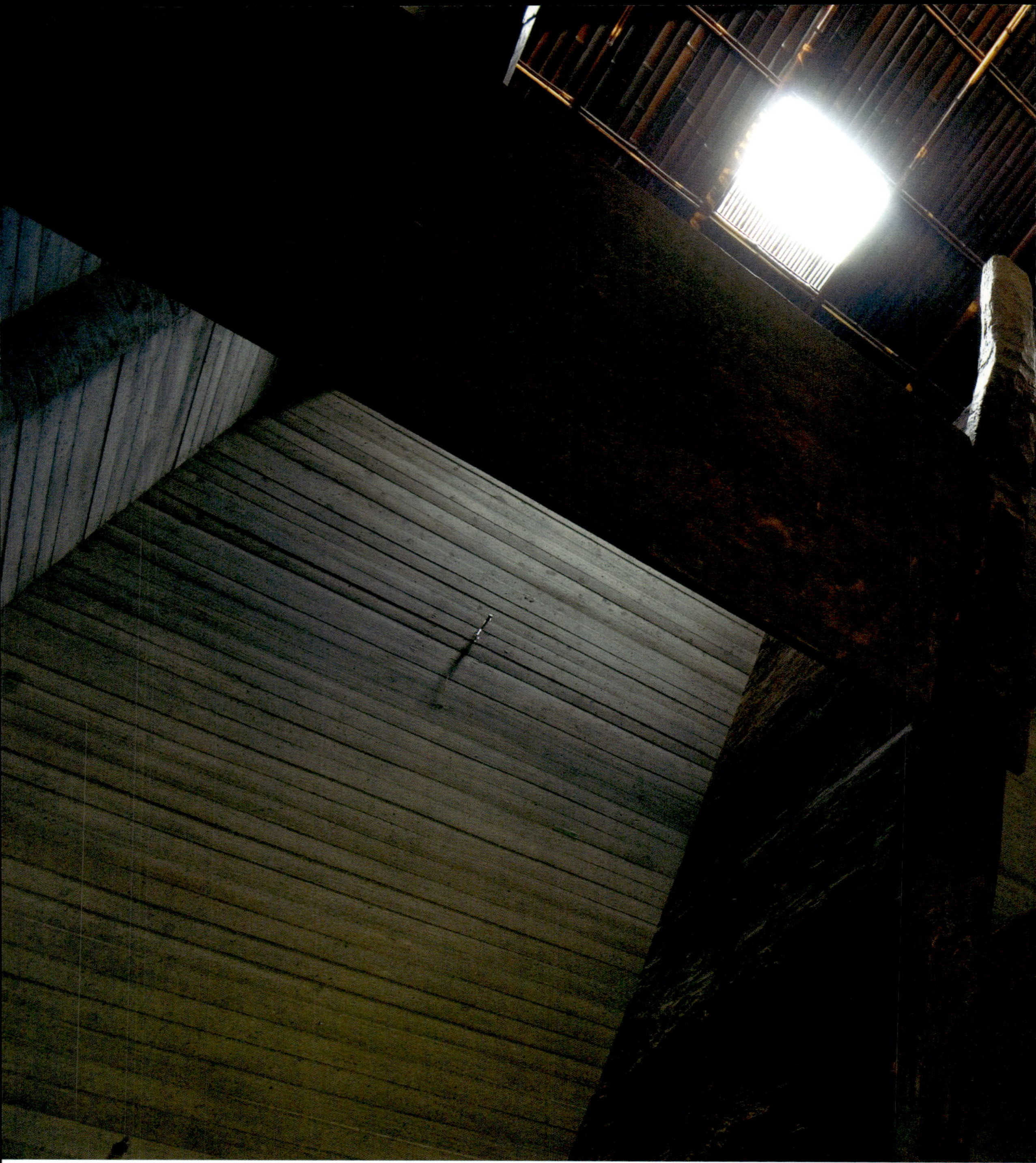

「盤陀庵」天井
　解体した古民家の縄目入りの煤竹で組む。通常に比べはるかに高い天井に向かって、2本の豪快な柱が迫り立つ。幕板・垂壁板・雲板など、いずれもバリ古材、強烈な存在感を発する。突き上げ窓風に開けられた天窓は、開閉して調光ができる。

次頁

茶室内部を囲う和紙

　茶室内部を囲う壁2面は、越前和紙による太鼓張りの紙囲い。内にアクリル三角柱を仕込む。スリットからの幽かな光は、アクリル三角柱のプリズムを透過し、和紙壁に幻想的な光影を映し出す。まさに光のグラデーション。

「盤陀庵」床の間

　ブラックコンクリートに直接バリ古材がぶつかる。
竹花入　吉左衛門作尺八

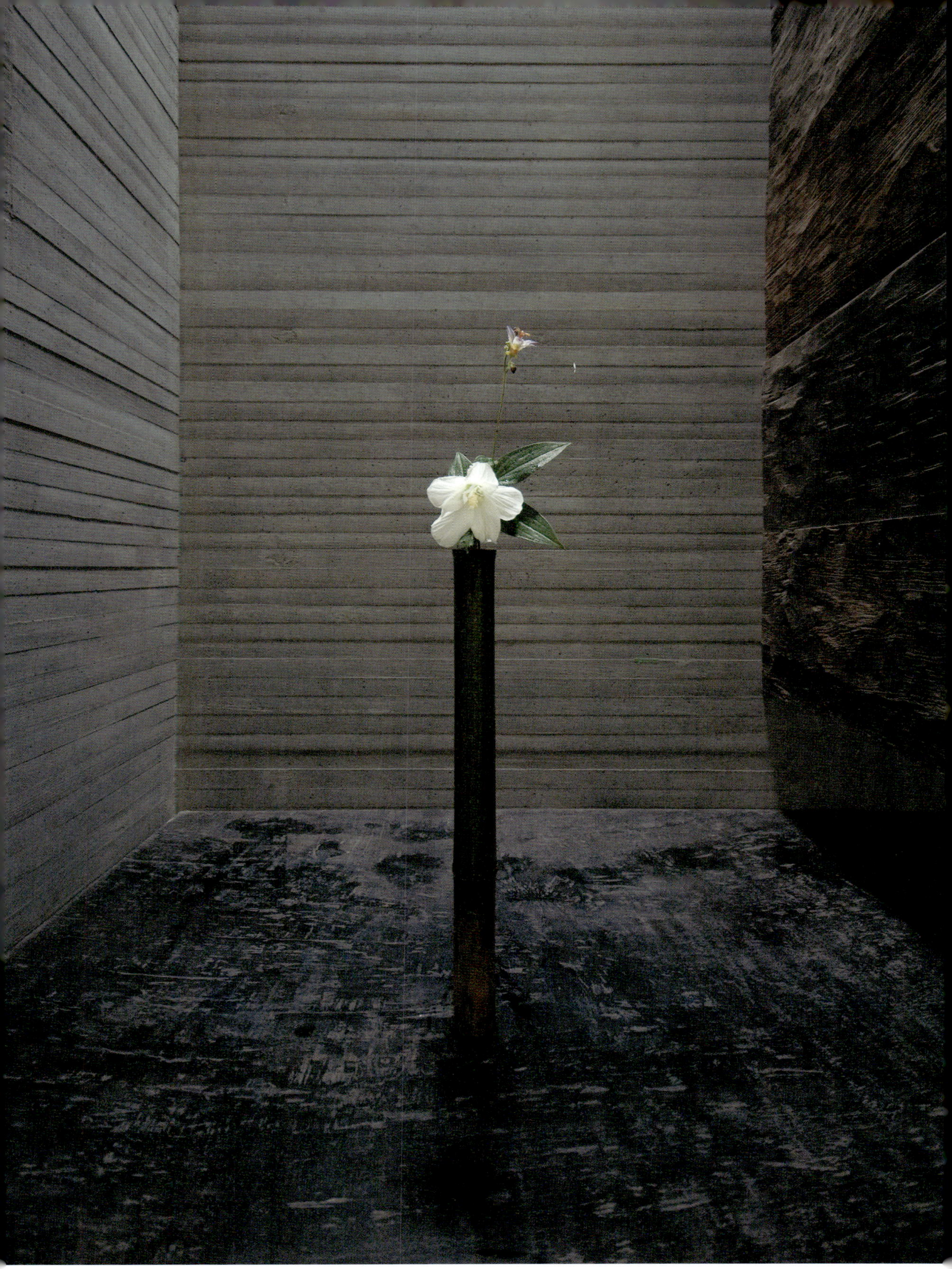

1F

広間席「俯仰軒」

「俯仰軒」扁額（平山郁夫筆）

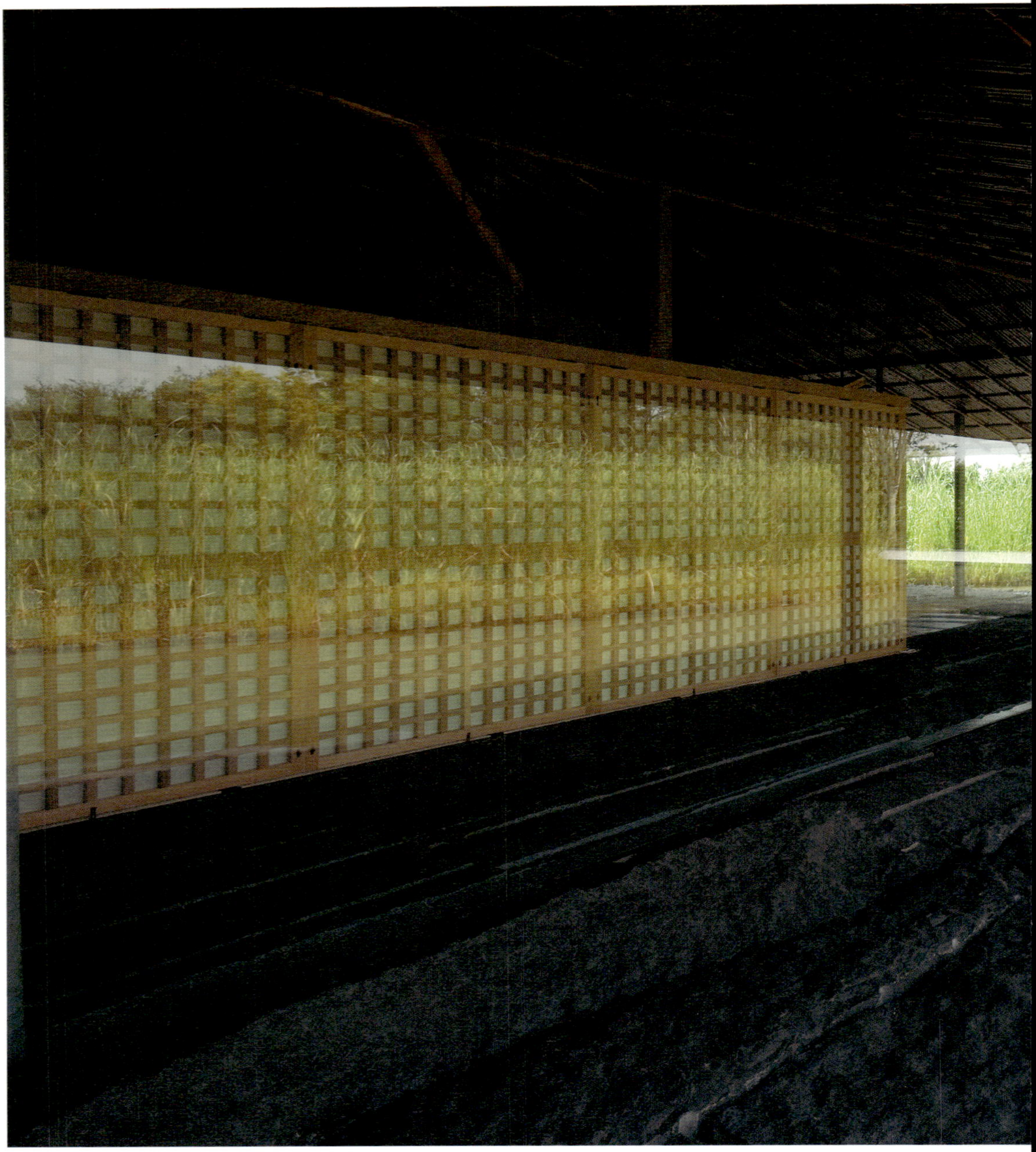

「俯仰軒」外縁

眼前に葦とヒメ蒲が育つ水庭がひろがる。縁石はジンバブエの巨大な黒い割れ石、水面からわずか15センチ、水面との一体化をはかる。深々と覆い被さる屋根は軒高1700ミリと極端に低い。蔀戸風の外建具がまわり、さらに一枚ガラスが外周を囲むが、これらはすべて開放可能で、開け放てば水面を渡る風を体感できる。

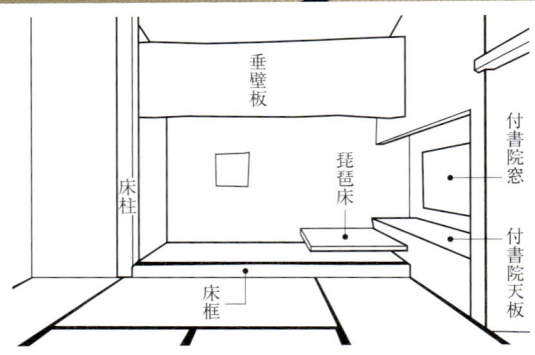

「俯仰軒」床

　地上の広間「俯仰軒」は八畳で、鞘の間をめぐらす。
【床の間・付書院】床柱－島桑、垂壁板－ウレンゲ、床框－ジンバブエ鏡面仕上げ、琵琶床－赤楠、付書院天板－ウレンゲ、付書院窓－バリ古材、床壁－ブラックコンクリート

上

「俯仰軒」琵琶床と付書院

　　荒々しいジンバブエ石、ブラックコンクリート壁、赤楠やウレンゲ材が直接ぶつかり合う。
　　付書院窓はバリ黒檀の古材で塞ぐ。わずかにコンクリート壁との隙間から光が洩れる。

下

「俯仰軒」ジンバブエ縁石と畳

　　荒々しい肌のジンバブエ割れ石と、柔らかな畳が直接ぶつかる。

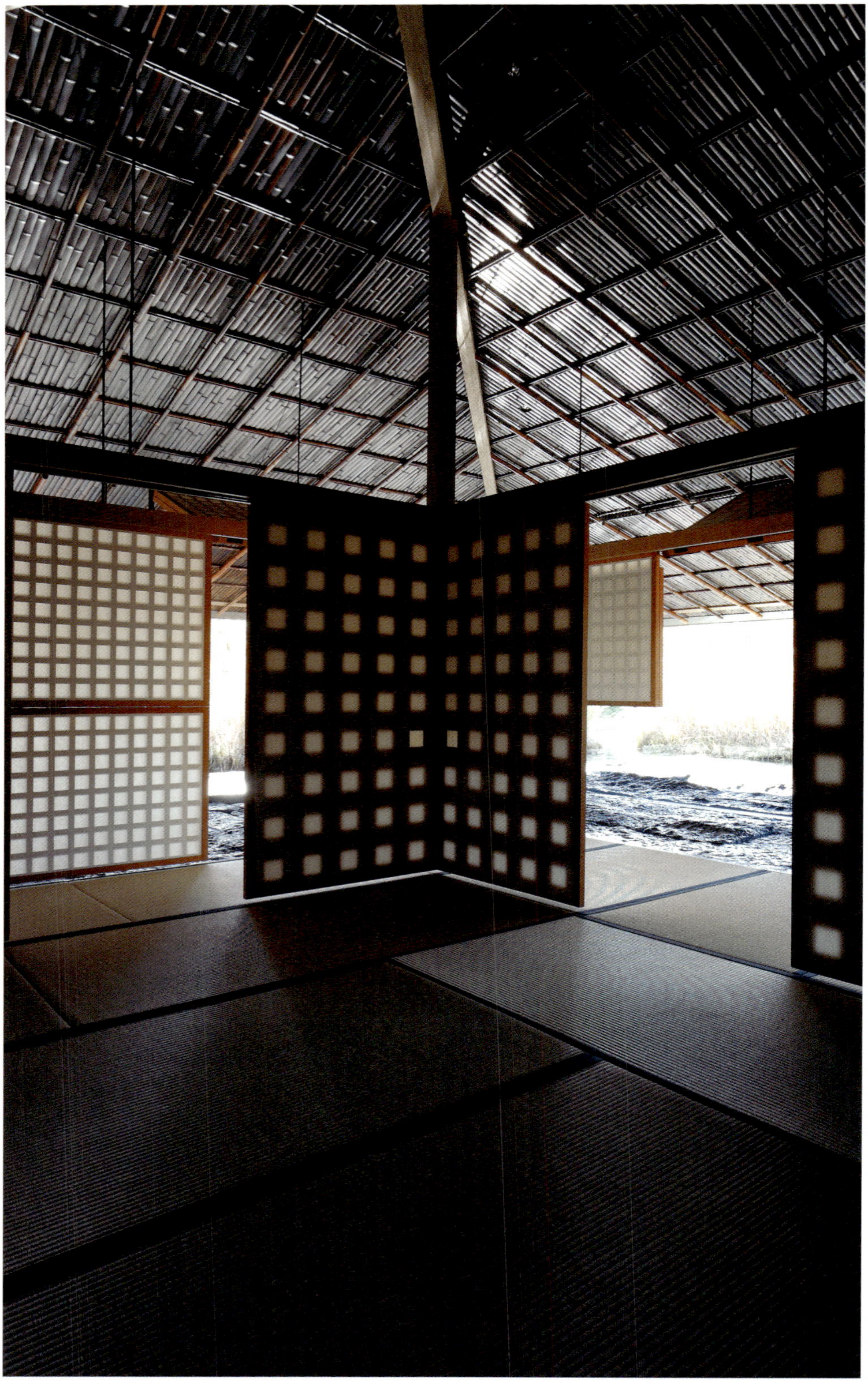

前頁

「俯仰軒」内部
　内建具の吊り戸の外側にある鞘の間を隔て、蔀戸風の外建具を設けている。全面引き上げ、二つ折れと、用途に応じた使い方ができる。また、天井は煤竹で化粧張りした。（撮影＝宮野正喜）

上

「俯仰軒」内部
　広間を八畳に仕切る内建具を閉める。色紙状の光の連鎖がモダン。

下

　外建具である狐格子の蔀戸は、開放と閉鎖、それに伴う影と光、茶事の状況や日照の加減に応じて、さまざまなバリエーションが楽しめる。（撮影＝宮野正喜）

広間「俯仰軒」

すべての建具を開け放つ。煤竹が組まれた天井が深々と覆い被さる軒先。低い軒先が広がる視線を更に制限する。畳・縁石・水庭と続くその先には葦・ヒメ蒲の叢。水平に限りなく続く視線の果て、葦叢の彼方はるかに比良山系を望む。

広間蹲い　制作＝樂雅臣
　割れ肌石の下奥に、やや細長い球体が仕込まれている。

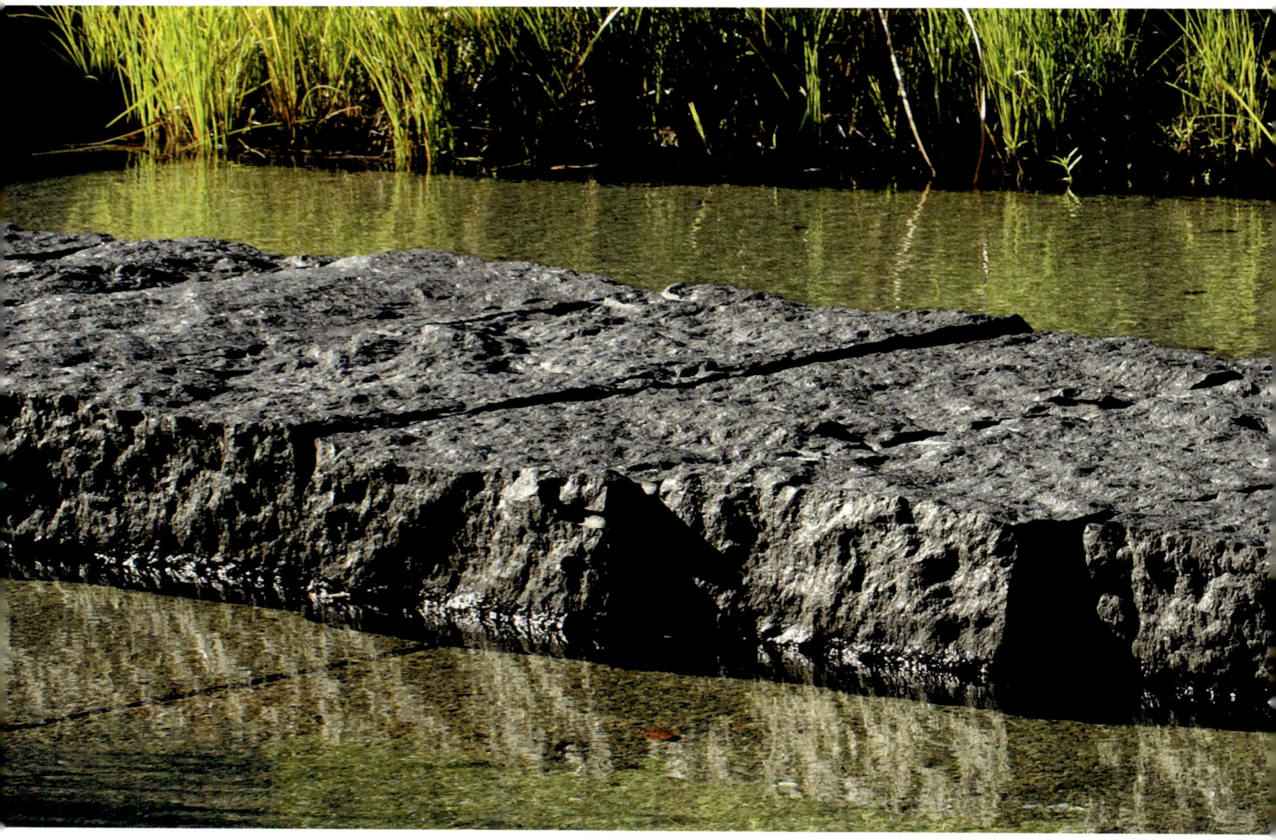

上　東屋「望湖亭」扁額（栗和田榮一筆）

下　東屋と茶室をつなぐ割れ石の通路

B2
展示室へ

エントランスロビー

第1展示室入口側から見るエントランスロビー。ブラックコンクリートの壁、米松の床材で構成される長形空間は、地中深く最下層に位置し、巨大な石室のよう。過剰な表現を捨象。装飾を排し、空間自体の存在感、極めて強い抽象性を与えている。

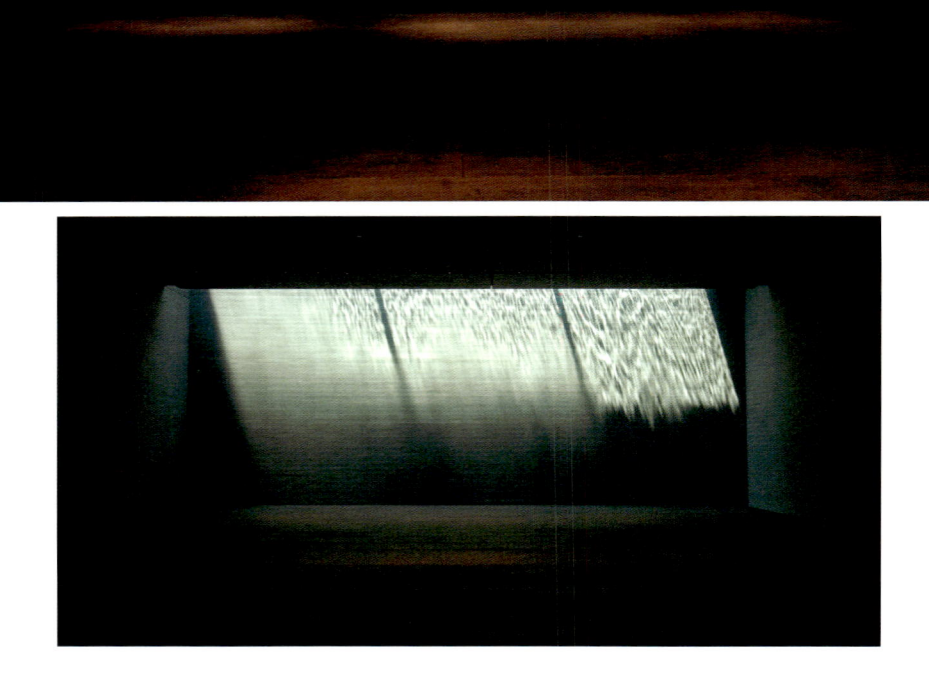

エントランスロビー

ロビー西側天井部に開けられたガラス面の
スリットから、水紋に揺らめく光が透過する。
上　午後の光
下　午前11時〜正午頃の光

上

エントランスロビーからみた第1展示室入口

第1展示室「守破離の彼方」の入口は間口が160センチ。可能な限り絞り込み、空間を凝縮させた。

下

第1展示室「守破離の彼方」

枕木を用いた縦長の展示台は、作品との空間、特に距離を感じさせる。左右にガラスを立てているのみ、正面からは直接作品を鑑賞できる。

第1展示室の枕木展示台背面

　ここから左右に、第2、第3展示室に分かれる。
青竹花入　　吉左衛門作
花　　　　　木槿　花茗荷

上

第2展示室「昼の航海」
　唯一外光が降り注ぐ展示室。

下

第3展示室「夜の航海」
　第2、第3展示室では、ガラスを床から天井まで立ち上げることで、展示ケースの存在感を抑えた。

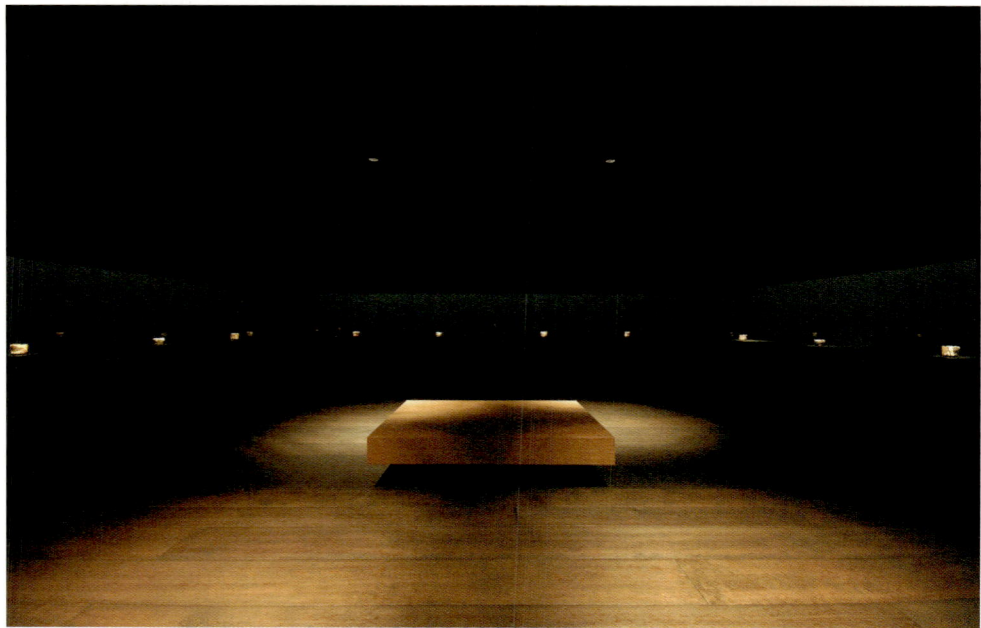

第4展示室「破の守」・第5展示室「破の破」

第4展示室「破の守」(上)では伝統の規範に則った作品を、第5展示室「破の破」(下)では規範性を大きく逸脱した作品を、それぞれ対称に展示する。

第6展示室「離」

　この展示室では茶入を3点のみ展示。天井まで伸びるガラス面の中に、バリ古材の展示台が立ち上がる。

エントランスロビー立礼

　赤楠を用いた机に、バリの洗水石を取り合わせた立礼空間。長椅子もバリ古材を使用。

茶室をつくった。
建築日記 02. 07. ～ 07. 09. 17
記＝樂吉左衞門

この建築日記は、佐川美術館樂吉左衞門館の建設にあたり、著者本人が02年7月から07年9月まで、自宅のパソコンに書き記していたものである。
記述内容に正確を期すため、著者ならびに工事関係者が、一部加筆・修正をおこなった。また、記述内容を補完するため、竹中工務店、佐川美術館、著者より提供された写真やスケッチを、挿図として掲載した。

日記中に著者が引用した関係者間の電子メールは、誤表記を訂正するなど、一部表現を改めている。

日記中の固有名詞の名称や人物の所属、役職は全てその記述が書かれた時点のものである。また、人物名の各年度初出に（　）で記した所属や役職は編集部が補記した。

日記内で特に表記の無い数値は、原則的にミリメートルを単位とする。

2002

02. 07. ～ 02. 12. 30

02. 07.　久多にて

　夏のはじまり、午後から雨足が強くなった。ダークグリーンの山肌を、雨が鉛色のコンテで塗りつぶしてゆく。烈しく断続的な雨の軌跡、細かく鋭いグレーの斜めの雨脚が強風に翻弄されながら、まるでカーテンがはためいているかのように濃淡を分けている。僕は火の気のない囲炉裏の縁に両足を掛け、木を刳り抜いた大きな背もたれのあるアフリカの椅子に、身体をすっぽりと押し込む。
　何もすることがない雨の午後、漠然と雲に消え入る能美峠を眺める。
　僕は時折、独りでこの谷間の村「久多」にやって来る。
　しこたまスーパーマーケットで食糧を仕入れ、今日でたぶん5日目、誰も訪れてこないし電話もかからない。ここは京都の街から北へ車で50分ぐらい走った山極まる谷間の村。琵琶湖に流れる安曇川の最上流、山間を巡るか細い川瀬の、わずかに開けた土地に藁屋の家が散在する。この過疎の村にアトリエを構えてもう20年程になるだろうか。
　進撃ではなく撤退すること。ただ何もしないことのために、僕はここに独りで来る。

　雨の日は窓越しに濃紺の水煙けむる山々や、風に翻る木の葉が白く裏返ってはためくのを眺め、晴れた夕景には戸外に出て、叢芒の中に腰を下ろし西の方、能美峠に没する夕日をぼんやりと眺める。まわりは芒原。僕の背丈を遙かに越えて生い茂り、風なびく葉越しに夕日が金色に燦めく。
　夜は闇。真黒の闇は谷間を囲む山々、その墨色の奥から芒原に下りてくる。入り日が赤く濁りを増すと、山は黒紫に稜線を際だたせ、やがてみるみる真黒くぬーっと立ち現れ、そしてどかりと闇があたりを埋め尽くす。
　僕は自然派でも、いまはやりのエコロジストでもないから、トマトも作らないし、山菜採りも、魚を漁って食べたりもしない。気分の良い夕方には、街のスーパーで買い貯めたサラミやチーズをつまみながらワインを飲む。酔いは僕の意識を鋭く際だたせ、まるで何枚もの自画像を描くように様々イメージの継起を重ねてゆく。しりとり言葉のように生起して、消えてゆく自己意識の断片。僕はさえざえと独り芒の原に座り続け、この美しい風景からはじき出され、遊離してゆく。
　人間は自然の中の1箇の生き物なのに、その個体を構成する一切は、芒やその根っこ、土の中にうごめく生き物や、先ほど山に鳴きながら帰っていった烏とも同じ物質で構成されているのに、何かが僕を自然から遠ざける。「おまえは俺たちの仲間じゃないよ！」と芒が僕を冷たく突き放す。

2002

あわれに干涸らびる僕の精神。
孤立を深め、自己意識がまるで熨し烏賊のように逆さ吊りに、枯れ枝の先に引っかかってはためいている。
自然と一体になることなどできるものだろうか。
僕が僕である意識が怒濤のように逆流して、僕自身を駆り立てている。
昨日という時間、今この時、今日という時間、明日という未来の時間も、僕が僕である意識の流れの、互いを映し出す鏡面のリフレインの中に認識される。自然には昨日という時間も今日という時間もない。唯一、何ものにも変換できない「今」とともに生きている。
雨上がり叢芒の上空、傾きかけた夕暮れにシャーシャーと忙しくセミが鳴き始め、鼓膜の奥底に貼り付く。
僕が僕であることの不快と悲哀、自己認識という病魔、あるいは表現の根底に巣くう自己矛盾。
表現者はいつもこうして孤立を溜めこみ、この心情に独り向き合ってきた。
僕が僕でしかない悲しみが僕を支配して、この芒海の底で限りなく憐れに救いようもなく孤立する。ここは人間と自然の隔たり、その距離と位相を厳しく問い迫ってくる。

僕は数日前から、引き受けることになった佐川美術館の茶室について思い巡らし始めている。といってもぼんやりと眺める久多の風景の中で、時折意識に浮上するイメージの断片にしか過ぎないのだが…。
久多で経験するこの自然との位相、関係が茶室の意味を決定するだろう。

自然＝主語の欠落＝宇宙の当体＝無名性

---

02. 07.　久多にて

数日独りで過ごす。言葉が僕の中で積もり始めている。
僕はスケッチブックやPCに言葉を書く。埋め尽くされた言葉は僕のデッサン、ドローイング、つまり僕自身へのアジテーション。
言葉は説明のためにあるんじゃない。僕自身を増幅させるため。

朝方に雨は止み、白雲が入り組んだ谷筋から湧き起こり、つぎつぎと山峡を白い軍船のように登ってゆく。午後には青空が見え始め、塵埃が洗い流され、空気が透明感を増している。夕方近く、少しばかりのサラミとパン

を持ち出しイタリアワインを1杯。

能美峠に没する太陽。青空にピンク色のパステルを重ね、高空の茜色の雲は南西の方角に向けて移動している。下方にはやや黒い雲の固まりが時折太陽と重なり、金色の縁取りから、真っ直ぐな光の帯を地上に降ろす。
能美峠の空が濁った茜色から紫がかると、早々夜の闇が訪れる。
能美の山際を縁取るかすかな残光、突兀として山がどっかり、また黒い存在を主張する。

真っ黒い闇。闇は山から下りてくる。あの黒い闇に己を没する恐怖を克服しなければ山の領域、あの異界には踏み込めない。黒い！　真っ黒い巨大な闇がどっかりと居座りこの小さな谷間の村と僕を取り囲んでいる。

僕が僕であることの不快。山塊の闇はその不快をも奪い、僕自身の存在を葬り去る。僕は僕の不快を抱き込む。産道を通ってこの世に産み落とされた刹那をたどる不快と悲哀の始原、僕が僕という存在を獲得した時。
この世に産み落とされたまる裸の小さな生命の塊、その絶叫は、僕が僕自身を獲得した喜びであるとともに、僕が僕でしかないその限りの個としての存在に過ぎない悲哀・悲しみの叫びであることを、僕自身の発生をたどりながら、なんとはなく思う。
僕が僕を獲得する以前、かつて存在したであろう膣、混沌、僕があなたでもあったその合一的な宇宙から切り放たれ、僕という個体であるその限りにおいての悲哀を負う。
本源的な全体性、トータリティーの欠如。

「マヨエル魄ヲヤスンジ、一ヲ抱イテ、能ク離レシムルナカランカ……載営魄抱一、能無離乎（『老子』）」

セクスアリティーの始原、トータリティーへの合一。精神の奥深く、うずくまるように根付いている僕の願望。
個が個を越えゆくこと、トータリティーに向かって飛翔すること。

人間は意志する生き物、私という認識においてこそ、僕は僕を見出し、意識の所有とその所産を生み出し、また、善や悪やそこから生じる意味を、人生の目的と理想を生み出す。

「皆、美ノ美タルコトヲ知ル、コレ、悪ナルノミ。皆、善ノ善タルコトヲ知ル、コレ、不善ナルノミ……皆知美之為美、斯悪已、皆知善之為善、斯不善已（『老子』）」

認識と表現、この2つの帰結が僕の中で1つに結ばれずに自己矛盾をおこしている。

僕は大声で叫び出したくなる。獣のように虚空に向かってありったけの声をあげて叫ぶ。
叫びこそが懐疑に充ちた虚妄の領域から突き抜けていく唯一の手立て、表現であるかのように。
でも、僕は叫ばない。
僕の「桃源郷」、叢芒の海。
芒葉をかすめる風音ばかりがかけぬけている。

僕は茶の湯を決して理想の表現、桃源郷にはしたくはない。
予定調和の理想郷ではなく、僕が意志する存在であるが故に生じる矛盾や葛藤、つまり己自身の孤立を抱えて、それらがつくりだす自己矛盾を一刃のもとに刺し通して、己自身と世界に向かって烈しく造反を繰り返し、ヒリヒリと傷口を広げる。
そんな生身の存在の場であるべきだと思う。

叢芒は墨色の影に没し、風に揺れる葉先がわずかな残夕の光を集めて鋭く研がれた刃のように光っている。能美の山はますます黒く墨色に染め抜かれ、村のどこかの飼い犬の遠吠えが響く。

自然と一つになることなど僕にはできるものではない。
逆さに吊された僕の自己意識が干涸らびて、枯れ枝の先でハタハタ風にはためいている。

「看脚下」、己を見つづけなければならない。この言葉こそ、佐川の茶室の原点になるだろう。

02.07.　久多にて

僕が僕を見据える意識の最中で、僕の存在は自然から引き裂かれて逆立

する。
この自然界の中で僕だけが異物、仲間はずれの生き物のように孤立する。
叢芒に身を埋めて、
その打ち消しがたい孤独感に支配されて、自然へのほのかな憧れが打ち砕かれる。
ここでは、森の中の散策も、アトリエの後ろを流れる小渓を遡ることも、
山菜を採ることも、無農薬の野菜を作ることも、
僕はしない。
僕は何もしないことのためにここに来る。

2メートル50にはなるだろうか、青々と背高く伸びた叢芒に僕は腰を下ろす。何時間も座っていると不思議な気分に陥る。僕自身が限りなく叢芒の底に埋没してゆく感覚。地底に向かって沈んでゆくような…。いや海の底だろうか。
僕の頭の上の彼方、青い空に芒の穂先が波のようにざわざわ風に揺れる。
海の底。確かにここは芒海の底だ。
時折、風音さえ聞こえなくなる深い芒海の底。

夜、漆黒の闇の中ではひときわ冴えわたる。このまま座り続ければ、
いつか叢芒が、僕を覆い尽くし埋葬する。
地下をはいずる芒の白い毛根が僕の身体に絡み付き、
やがて枯れ草同様に僕を土に返してくれるだろう。
ひたすら下降してゆくこと。
死の抱えるトータリティーが冴え冴えと現前する。
黒き闇に覆われ、山が突兀として芒海の果てに立ちはだかっている。

芒。
茶の湯は「市中の山居」、
茶の湯のすべての帰結がこの一語の中にある。
芒海の底に身を沈めること。
茶室という精神の迷宮への入口が僕の中で定まりつつある。

明日、いったん京都の家に戻る。

02.07.27　初顔合わせ　佐川美術館

佐川急便の担当部長の齋藤浩氏、宮永信弥美術顧問の案内で初めて佐川美術館を訪れる。
あまりにも巨大な建物、敷地の広大さにまず驚く。平山郁夫先生、佐藤忠良先生の館が2棟。正倉院校倉をイメージしたものだろうか？　巨大な屋根が掛かっている。
前に広い水庭。
館内をざっと見学の後、レークさがわ（佐川急便保養所）で株式会社竹中工務店スタッフと初顔合わせをする。
京都支店営業担当部長、年配の三和直美氏、設計部副部長の内海慎介氏。名刺をいただく。
今後この方々と話し合いながら進めることになる。
少々緊張する。きっとこの方々も同様な気分だろう。樂吉左衞門なる人物がいくつぐらいの年齢で、どのような顔をして、どのような気分の持ち主なのか？　きっともっと恰幅のいいそれ相当の年齢の人を想像してくれていたと思うが…。
なにしろ「吉左衞門」というこの名前だから…。
はたして彼らに僕はどのように映っただろうか。仕事を一緒にするとなれば、そういうことも正直気になるところ。

その後、樂吉左衞門館予定地を見る。
既存の敷地の奥、東側に位置する直角三角形の形をした土地。整地されてまだそれほどの時間が経過していないだろう、砂利・小石がごろごろ露出している地に、早くもセイタカアワダチソウが茂り始めていた。
工事の塀で囲われた向こうに群青の比良山が見えた。
さすが日差しを遮るものもなく汗だく。首もとから胸にむかって汗が、幾筋も伝わって流れる。

初めて佐川急便の名刺を持って美術顧問の宮永氏と担当部長の齋藤氏が、佐川美術館の樂吉左衞門館設立の要請に我が家を訪ねてこられたのはいつだったか、1年以上前だっただろうか。もう記憶が薄れてしまっている。
あまりにも唐突なお話で、僕は妻の扶二子と2人で狐につままれた様な気分のまま理解できないでいた。
正直、それまで佐川美術館の存在すら知らなかったのだ。
宮永・齋藤両氏から初めてこの計画の依頼を受けた時には、とても本気に

できなかった。聞けば、すでに日本画の平山郁夫館、彫刻の佐藤忠良館が建っていて、その既存建物に加えて僕の作品の常設館を造る？
しかも平山先生、佐藤先生の館と併設して…。
違和感が残る。
どうして僕なのか？
どういう経緯でそのような選択がなされたのか？　偉い陶芸作家は他にいる。人間国宝の方々とか。
僕には何もかも全てがまったく理解できなかった。それは今でも同じ。
僕の作品は茶碗という特殊なものにもかかわらず、近代美術館はじめ様々な美術館にもいくらかは収蔵されている。しかも自宅の隣には樂美術館がすでにある。樂美術館は樂焼という文化の歴史を記録に留めている美術館。樂焼と樂家の歴史を過去から、未来に向かって刻み続けている。新設の樂吉左衞門館は、当然、樂美術館ともバッティングするだろう。美術館とのかかわりは、僕にはそれらで充分すぎるのだ。これ以上美術館のガラスケースの中に茶碗を閉じこめて一体何になるのだろうか！
考えれば佐川美術館の樂吉左衞門館の新設を受諾する理由は何も見つからなかった。妻の扶二子と2人で、どう考えようにも致し方もなく、結局僕らは返事もせずに放り投げたままに忘れかけていた。忘れかけた頃に、また宮永さんと齋藤さんが現れる。そうしたやりとりの中、ある時、「栗和田館長は樂先生の茶碗で一般の皆さんにお茶を飲んでいただきたいと思われています」という宮永氏の一言が僕の心を動かした。詰まっていた小石が1つコトッと小さく動いて、水が流れ始めたようであった。
それが一つのきっかけであった。
聞けば美術館に併設して茶室も造ると言う。新しい茶室か！　僕はなんとなく「新しい茶室」という言葉をぼんやりと思い返した。
しばらくして、僕ら夫婦は佐川美術館の栗和田榮一館長（SGホールディングス株式会社代表取締役会長兼社長）に初めてお目にかかり、その途方もない計画を有難くお受けすることとなった。去年の春、たしか2001年3月だった。

02.08.03　久多にて

過疎の久多も8月が1年中で一番賑やか。老人の村となったここにも、時折子供の声がする。お盆に向けて息子や娘が孫を引き連れ戻っている。
普段は無目的な久多での僕の1日が、今回は少しばかり目的性をおびている。

2002

佐川美術館の館長栗和田榮一氏と初めて会ったのは昨年の3月。高台寺の料亭で大変なご馳走をいただいたが、その時、佐川美術館の樂吉左衞門館建設を受諾するご返事をした。その口上、御礼の言葉さえ終わらないと言うのに、僕の口から思いがけない言葉が自然と口に上った。館長はきっと驚かれただろうが、表情はほとんど変わらなく僕の話を聞いておられた。といっても長い話ではなく、
「新設の吉左衞門館と茶室の設計を僕にさせてください」
この唐突で突拍子もない大胆な希望。特に説明する内容もプランも持ち合わせていなかったから、僕の話はすぐに終わってしまう手短いものであった。もう少し、話の説明なりの続きがあるのかと一同注目の中しばらく沈黙が続き、それがその日のおよばれの一番鮮明な、気まずい記憶となって残っている。
きっと僕の無謀な願いには「樂さんの希望は全て充分に汲み取って専門家の建築設計者に建てさせますから大丈夫です、何なりと言ってください」という婉曲なお断りがあるのだろうと思っていたが、佐川美術館からの返事は意外と早く、数週間後だったろうか。齋藤部長・宮永顧問が来られ、「設計のほうもよろしくお願いします」との栗和田館長からのお話を受け取ったのだ。
設計などしたこともない僕の無軌道な希望を、よくぞ了解してくださったと思う。反面、承諾のお返事を聞いて、慌てはしなかったが、一瞬緊張が背すじを走った。
その時から、大きな責任が僕の肩にかかってくることになったが、まったく建築的な蓄積も情報も持ち合わせない僕には、その責任の重さがなんとも不思議な非現実感を伴って、相変わらずぼんやりと久多の芒海の向こうの能美峠の空を眺めている。

僕は茶の湯の茶碗にこだわっている。
樂家の祖・長次郎の真っ黒に塗りつぶされた黒茶碗は、単なる美の表現を越えて、様々な認識と価値観を、まるで宇宙のブラックホールのように暗い淵底へと深く沈め、消し去ろうとするようで、その烈しい表現と思想性、根源的な思惟の深さは、人の生を様々にいろどる日常世界を貫き通して、烈しく時代に刃を突き立てている。
時代を貫き通す価値の変換、アヴァンギャルドの精神を長次郎の茶碗に僕は見た。その反逆の烈しさに引きつけられた。今、この時代を生きている僕という1箇の存在が、時代の写し鏡のように様々矛盾や迷いや悲しみや

孤独や、またまた数々の心情に揺られながら、いい加減さや欺瞞や惰性、くだらなさをもいっぱいに背負って生きていることの何かを、ぐちゃぐちゃつながっているそれらを、一突きに貫き通す何かを、僕は一碗の茶碗に込めようとしてもがいている。

僕という存在は時代を写す鏡、だから矛盾の中で曇り汚れている。

だから己自身と時代をともに鋭く刺し通してゆくドスのような、そんな烈しい茶碗を、僕の生きている証しとしたいと思ってきたのだ。

僕の茶碗や茶入が古い様式をたずさえてなお、現代に生まれ変わろうともがいているなら、茶室という空間も、同じく現代の中でもがき苦しまなくてはならないだろう。悩み、熱く身もだえしなければならないだろう。昔の様式をただ安穏と写し取るにすぎなかったり、その伝統様式に更に磨きを掛けるような「現代の伝統茶室」、また「非・日・常・性」等茶の湯に含まれる概念のみを抽出した実験的なデザイン表現の「現代茶室」、そんなものではない茶室を僕は建ててみたい。

02. 08. 04　久多にて

たんなる過去の価値観や、あるいは逆に過去の否定や現状の不満や反逆だけをもって制作するなら、これほど寂しく空疎なことはないだろう。

それでは現代に茶室を建てる意味はあまりにも希薄すぎる。

はたして現代に、茶室や茶の湯は意味を持っているのだろうか？

僕はその答えを探しながら茶碗や茶入、そうした茶の焼物を制作してきた。

僕には茶の湯が未来に意味を持つものであるという強い確信がある。

久多の叢芒で繰り広げられる自然の命の攻防を呆然と眺める中に、そのわずかな希望の光を探ることができるように思ってきたのだ。

自然と人間との位置関係。この久多で、僕は痛いほどに自然に弾かれながら感じている。「ここはおまえなんかが来る所じゃない」「おまえが主人公ではない」とまわりの木々が、足下でうごめく虫が、夕暮れに舞う赤とんぼの大群が、僕にそう言っている。

スケッチブックにかつて書き散らした古い文章を再読する。

《茶室は決して人の営みの中でのある理想世界を追求したものではありません。伝統的な様式美を誇る茶室、苔や木々、自然石を配した露地を背景に簡素で調和的な世界が開かれていますが、そこは一見素朴な自然観に包

まれ、また清浄な心的世界を表しているように受け取られながら、実は強力な意志力を以て造りこんだ擬似的な自然として存在し、そこに人間の営みがきざまれて、それ故にこそ根底に本来の自然と矛盾する意識を含みこんでいると言えます。茶庭は決して自然そのものではなく、人間の再現した自然もどき、見方によっては自然とはかけ離れた箱庭であると言えます。とりわけ現代においてはちっぽけな箱庭、人に都合のよいように歪曲された玩具のような自然》

佐川美術館の茶室は強い意志力によって構築される故に、多くの矛盾を内包するだろう。それは根底的に、理想世界など作り得ない人間という生き物の歩みであると僕には思われる。

---

02. 08. 08　久多にて

今日は8月8日だったか9日だったかわからなくなっている。ラジオも新聞も、もちろんテレビもない。コンピューターの右上をクリックすると時間が表示される。今日は確かに8月8日。

佐川の茶室のイメージが僕の中で少しずつ具体性を帯び始めている 図01。
現代における「市中の山居」とは何か。
茶の湯とは洗練された伝統様式やその美、教訓めいた精神論に導かれる行為ではない。「看脚下」、己自身を見据えること、己の存在と対峙する場、神や仏、自然という理想にも結びつき得ない存在、その限りなく個的な存在が個を越えゆく時空。日常を越えて、非日常の領域、異空への飛翔を遂げようとする場。

僕は現代の非日常の場を茫海の底、佐川の前に広がる水辺を利用して水底に構えようと思う。
水没する茶室。
水辺には芒の代わりに葦の叢をたくさん植え込む。
ぼうぼうと狂ったように、僕の茶室を覆い隠さんばかりの葦の叢だ。

明日京都の家に帰る。

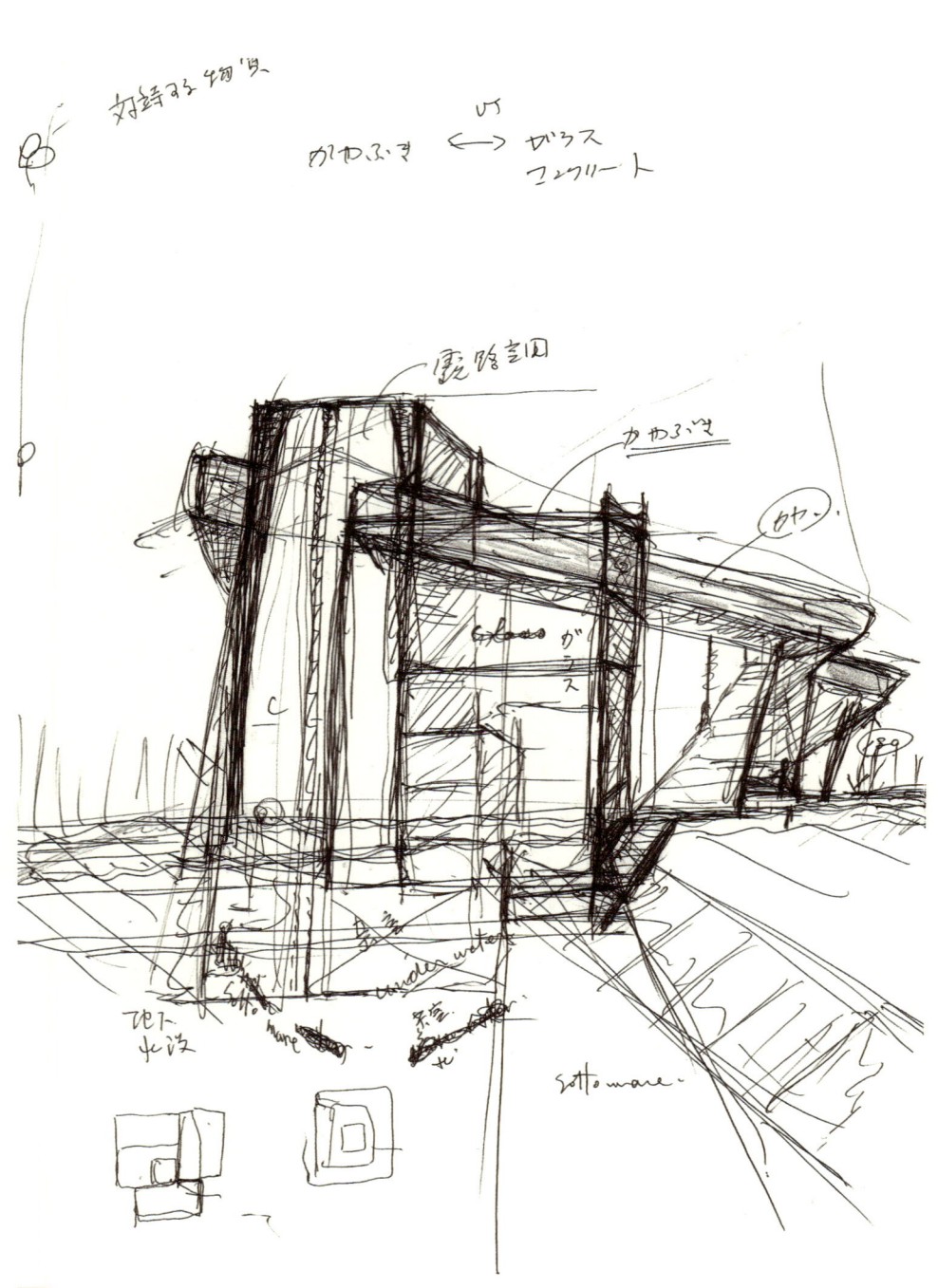

図01
最初期のイメージスケッチ。現代建築的な手法、挑戦をしている。全体は地上部に設定、ただし、茶室の一部と四角形の筒状の水露地はすでに水没させている。茅葺きにガラスなどの異質素材を組み合わせていた。

02.08.12　群生する葦

平山・佐藤館の奥に広がる直角三角形のような形状の土地。以前は何が建っていたのだろうか、秋のキリンソウやセイタカアワダチソウ、僕の嫌いな雑草がこの前見た時よりも方々の空地にはびこっている。彼らはひとたび根を下ろすとたちまち広がり、他の植物の場を占領する。自分のことしか考えない人間、僕らに似ているではないか。工事が始まる頃には群生してこの空き地を覆い尽くすだろう。

土地そのものは結構広いのだが、三角状の土地で端の方は細くすぼまって、実際の建築有効土地としては使えない。東・南側の直角の地点を挟んで二辺を囲むように狭い裏道路が周回しており、道路に沿うように琵琶湖の水が引かれ、クリークが延びてきている。クリークにほとんど流れはなく、静かに水は停滞しているようだ。葦が中途半端に茂って、水面は、よく金魚鉢に入れる、茎が風船のように膨らみ葉を伸ばすホテイアオイの浮き草が茂っていた。静かな景観。ルアーでバスでも釣っているのだろうか、若い釣り人の姿を1人見かけるほか、人通りはない。

夏の盛り、葦は充分に伸び、金魚鉢の草はヒリヒリした日照りに多くの葉を枯らし、水の中で腐敗し始め、鴨や小さな水鳥がその間をゆっくりと泳いでいる。時間が止まっているような気がする。琵琶湖とクリークの葦、美術館がこれらの風景と一体になれば美しいかもしれない。宮永さんの説明によると初秋頃には金魚の草は全面茶色く腐って異臭を発する時もあるという。「これがまた汚いでっしゃろ」、宮永さんの一言が少しひっかかった。僕はこれから建てる新しい茶室と美術館を一面の水で覆い、このクリークのように葦をいっぱい群生させようと思っているのだ。「汚のうなりますにゃ」、人によって受け取り方が違うものだと思ったが、うまく説得できそうにもない。「自然には汚いという言葉はない」と言えば格好良すぎるだろうか。全てがその時々を生きていることが美しいなら、美しいという言葉も本源的にないのかもしれない。

02.08.13　地下レベルへの筋道　迷宮としての暗喩

意外に広く見える予定地だが、美術館と茶室をどのような関係に位置付けるべきだろうか。

水辺に囲まれた美術館から、「道」つまり1本の露地を水の中に引き込んで次第に水没させてゆく。茶室に進むにしたがって水の中に水没してゆくのはどうだろうか。非日常へ下降する臨場感は大きい。しかしこれは安藤

忠雄氏がすでにやっている。僕は以前何かの雑誌でこの安藤さんの建築を知って正直驚き、大いに納得した。それは安藤さんが設計したどこかの寺であったが、細い通路が次第に池の中に没していて、寺の本堂自体は水底の中にある。黄泉の国に通じる空間としてまさに水底への降下はうってつけ、待ってましたと言わんばかりのアイディア、効果である。確かに脱帽状態。今これと似たような発想を取ることはできない。二番煎じであるだけでなく、問題はあまりにも非日常への降下が説明的すぎるように思われる。直喩的でわかりやすいが、それでは全てを説明し尽くして、水面下への非日常の降下を直喩的に視覚化させすぎている。その発想が明快でダイナミックなだけに、直喩の大胆さと共に退屈さがよけいに増大するのではないだろうか。もっと迷宮的な暗喩の世界が必要なのではないだろうか。一見結びつきが見えてこない状況、説明的な筋道が途中で消えているような在り方ができないものだろうか。まるで山道が消え入ってしまって、よく見ると獣道のような頼りない道が幾本かに枝別れして消え入るようなもの。その道を辿りながら、何か象徴めいたものへと結びついてゆくようなことはできないだろうか。

美術館から葦の茂る池に延びる1本の露地、ゆるやかに露地は降下し、やがて葦の生い茂る水底に没する。

頼りなげに延びる細い露地に歩を進める。まさに水底への降下の体験、水没する臨場感に人は驚き、充たされるだろうか。

でも、やはりあまりにもわかりやすいイメージすぎる。これでは堂々巡りだ。

02.08.18　地下レベルへの筋道

再度、佐川の土地を見に行く。
美術館と茶室を2棟対峙させるのはどう考えても、この三角形の土地では狭すぎる。幾つかの不細工なスケッチも描いてはみたが、茶室に対峙させるもう一方の建物、つまり美術館がまったくイメージできない。どうしても分断され、結びつけようとすると説明的になる。
美術館と茶室の建築的な対峙、その発想の中で僕は確実に建築表現という常套的な方法論、手管の中で、赤ん坊のように自分が翻弄させられていると感じる。もがけばもがくほど、馬鹿げた表現の斬新さに駆り立てられる。
美術館から茶室への道線を地表に造るには、結局水没させるぐらいのことしかできないのかもしれない。それはあまりにも見えすぎた仕掛け。

伝統的な茶室の露地を造らない以上、地表に広がる水面が茶室と美術館を囲む露地になる。その露地をどのように渡らせるか。これは難題だ。
迷宮的な暗喩としての建築。決して奇抜な仕掛けを求めるのではなく、幾つもの意識の脇路を残しておくこと。いつもの路を進んでいたはずなのにいつしか路を見失い迷宮に踏み込んでゆく。
やはり美術館は地下に沈めるべきだろうか。
地表にはいっそ何もない水の広がり、さざ波と葦の群生。

02. 08. 23　地下レベルへの筋道　群生する葦

美術館の裏通りにひっそりと沿うクリーク。佐川の現場を再度見にきた。大きさがつかめない。何もない平地の大きさをつかむことがこれほど難しいものとは…。
今日は午後から雨、人のほとんど通らない裏道だから、蛙の鳴き声も烈しく聞こえ始めている。いっぱいに群生したホテイアオイが、この間来た時よりも更に旺盛に繁殖、枯れ腐った葉の脇から、よく見れば緑の若い葉も出ている。根元がポンポンに広がり金魚の腹のように膨らんで水面に浮かんで揺れている。夏の日差しが少しは弱まって、水草たちが勢いを盛り返してきたのだ。水がずいぶん濁って緑じみている。静かに降る雨が緑がかった景色をさらに色深くしている。何か日本放れした景色、アムステルダムかウイーンあたりの郊外のような雰囲気がある。この澱んだクリーク中央の水草の繁殖と周囲の葦の群生、僕は結構この景色が気に入っている。佐川美術館の周囲の水面にも葦を群生させることを提案しているが、内海さんはじめ佐川関係者の間では評判が悪い。水が腐ってアオコが繁殖する。葦が茂って暑苦しい。冬になって枯れ果てれば尚更に見苦しい。このクリークみたいに汚らしいって、彼らは思っているのかもしれない。
でもこのクリークはそれなりに美しいと僕は思うのだが…、
とりわけ今日のような雨の日は。

葦を美術館の水辺に群生させる。
そこに美術館自体の建物と茶室を分離独立させて対峙させるわけにはいかないだろう。
やはり、美術館は地下しかない。
地中深く埋設する。

僕はその確信だけを得て、自宅には帰らず、そのまま久多のアトリエに向

かった。
夕刻スパゲッティを作って独りワインで1杯やる。西の能美は白雲に煙っている。
少々ほろ酔いかげん。

02.08.25　地下レベルへの筋道　久多にて

久多は23日の花笠祭りが過ぎると、もうすっかり秋の気配、一段と静かで寂しくなる。遠方から帰ってきた息子や娘一家ももう街へ、それぞれの生活へと戻っていった。また、老人ばかりの村になる。
静かだ、人の声もしない。夜は虫の声がジージービービー電子音のようにいたる所から立ち上がる。芒がもうすぐ穂を伸ばし始める。
銀色の芒の海になる。

地上は水面と葦だけが風に揺れている。葦の向こうに比良の山並み。
それ以外に何を建築物として立ち上げようと言うのか！

〈地下美術館〉か。
これも安藤氏がすでにやっている。安藤忠雄という建築家はわかりやすいコンセプトをきわめてダイナミックに表現する。大抵のコンセプトは安藤氏に先にやられてしまっている。さすがにたいしたものであると素人の僕は脱帽するしかない。当たり前か！！
しかし、地下であることの意味をどのように導いたのだろうか。
自然の擁護？　今はやりの自然にできるだけ優しい建築、地下に埋設させて地上部は自然そのままに残す？
そのようなところの発想なのか。共感しやすいコンセンサスを見つけ出すこと。建築とはそういうものなのかもしれない。

樂吉左衛門館の建つあの三角形の敷地、クリーク沿いの道路から琵琶湖側を眺める。
何よりも目に飛び込んでくるのは巨大な2棟の平山館と佐藤館。どうしてこのような巨大な建物を建てたのだろうか。単調な屋根の回廊風柱、屋根の大きさは並はずれている。とりわけ美しい形態や奇抜な表現があるわけではなく、ただただ、並はずれた巨大な容積に驚かされる。それが周囲を囲む水辺と調和しスケール感が気持ちよい。
この2棟にさらに吉左衛門館の1棟を加えるわけには益々いかない。

夜、いくらかのイメージスケッチを描く 図02、03 。
結局は何もまとまらない、地上部に館と茶室を出現対峙させること。それは始めからすでに破綻している。館と茶室を対峙させることではなく、互いに含ませる構造。
これは地下に深く潜行するしかない。

02.08.28　地下レベルへの筋道　久多にて

昨日の雨が上がる。空気が澄んで美しい。久多の谷間は薄霧が立ちこめ、白雲が山間から次々に沸き立って山頂へと登ってゆく。
午前中は、椅子を持ち出し、芒の原に座る。ここは芒海の底。
上は雲間の青空。2メートル50には伸びた芒の葉が光を受けてまぶしい。
芒海へ！
水没すること。

様々な昆虫が芒の茂みから出てきては僕の足下を通りすぎてゆく。
間違って僕の足をよじ登ってくる蟻。
僕はじっと動かずにアリの動向を眺める。

芒の海の底、そこは命のレベル、自然の統治。

午後は日が暮れるまでオーディオを聴く。
武満のアルバム。小品が美しい。「ピアノ・ディスタンス」「妖精の距離」
繊細な絹糸を張ったような緊張感。

夕方再び芒の海の底に戻る。チーズとワインを持ち出す。
とびきりの夕焼け。雨が残したちぎれた雲が西空を移動する。雲を縁取る金色の太陽、雲間の青空がたちまち薄桃色に染まってゆく。

茶室を水没させることは現代における「市中の山居」を出現させるのだから、美術館そのものも地表にあるべきではないだろう。
地下へ！　地下深く潜行、埋没させること。それしかない。
この芒の海に広がる闇に埋没させること。

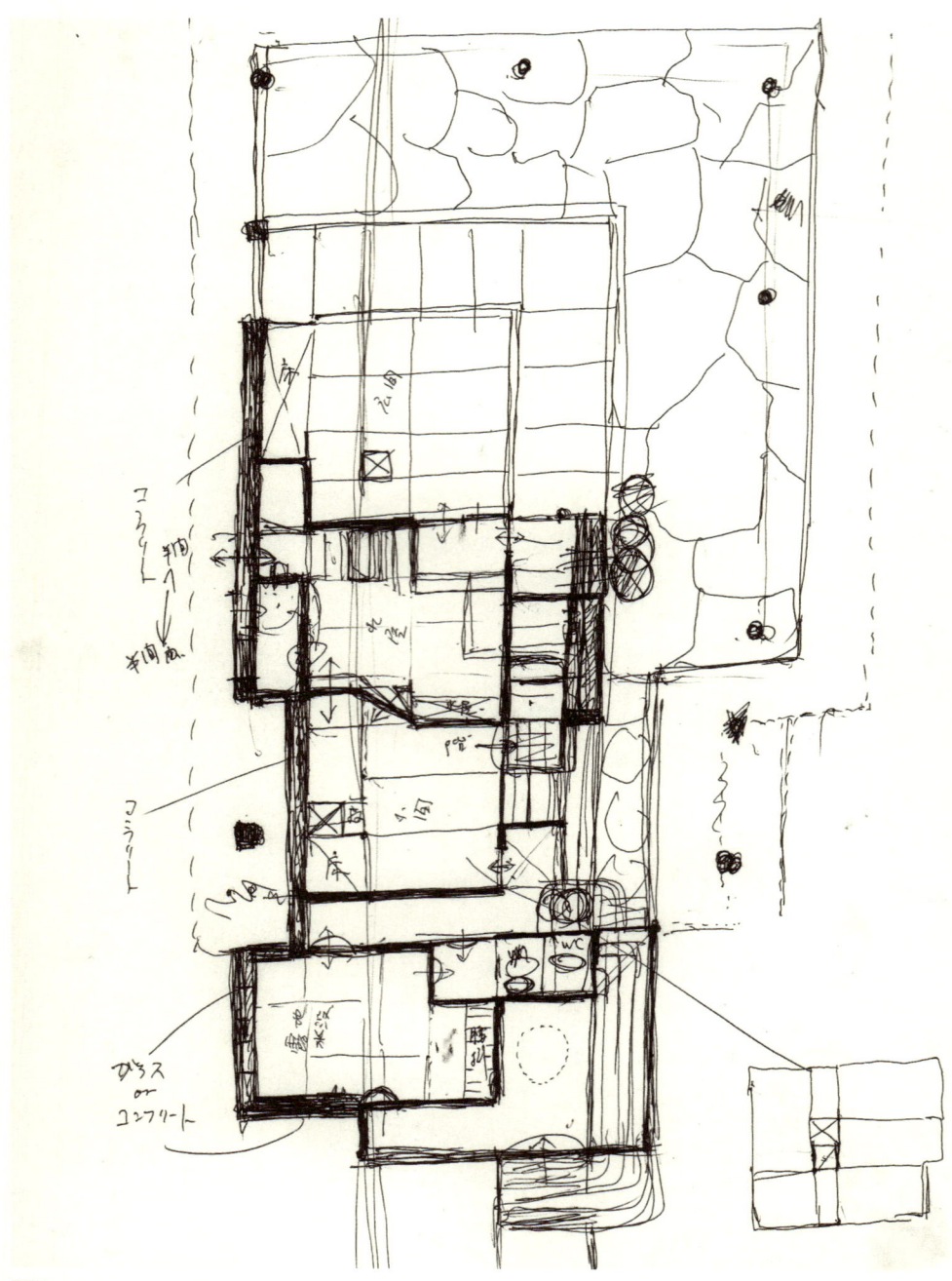

図02 初期の茶室平面図。基本構想をイメージし始める。床の間、点前座の位置などがまだ不確定。

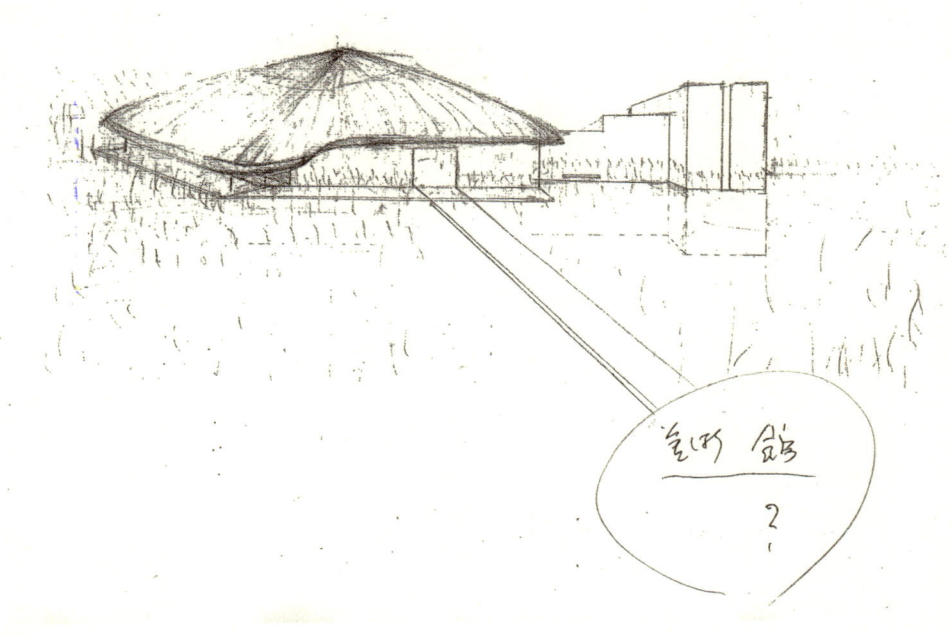

2002

図03
図02の平面図をもとに外部の形を見直す。茅葺き屋根が建物をこんもり覆った初期イメージ。四角形の水露地は横に残っている。

02.09.02　地下レベルへの筋道　久多にて

久多の闇、月明かりがなければ久多は漆黒の闇、虫の声がまるで耳奥の地鳴りのように気になる。椅子を持ち出し叢芒に座る。夜露がすっかり空気を濡らし、僕のズボンの裾を濡らし、セーターを着込んでいるのに冷え込みが身体の中に浸透する。
すでに充分秋。

下降への志向が僕自身の中で広がりつつある。

僕の中に、上昇への志向が全くないと言うわけではないが、僕の中で性向となった下降への憧れは、僕の心の奥を染め込むように、あるいは身体の深い底を低くかすかに響き続ける通奏低音のように、僕自身の考え方や感じ方、生き方を決定する一つの要素となっているような気がする。
イカロスのように大空に飛び立ち、光り輝く太陽に身を焼かれて昇天するように。あるいは、オルフェウスのように、イザナギ、イザナミのように、地底深く冥府を彷徨(さまよ)うか。
上昇するか、下降するか、形而上的なカタルシスを伴いながら、いずれにしてもそれは個の存在の飛翔であることに変わりはない。いや、地底への降下は飛翔ではなく解体と言うべきだろうか。地下に埋設すること。
僕の、あの自己意識のギンギンに張った作品世界を地下に埋設する。
鎮魂！

02.09.04　地下レベルへの筋道　久多にて

基本骨子が見え始めてきた。
テーマは自然、循環、人間存在のレベルを問いかけること。それは己自身の在り様を問う茶室の意味となる。
現代における「市中の山居」をどのように成立させればよいか。その答えは充分に僕の中で熟し始めている。
茶の湯、つまり茶室とはたんなる茶室建築だけではなく、小間や広間といった茶室を中心に露地や寄付(よりつき)などを含めた小宇宙、茶の湯ゾーンなのだ。茶室だけ独立して存在するものではない。
そのゾーンそのものが非日常性に向かって開かれており、それぞれ異なる役割を持って非日常へと迫りゆくのだから、結局茶の湯の建築学は、茶室建築様式ではなく、茶の湯ゾーンの「場」としてのポテンシャルをどのよ

うに導き出すかにかかっている。つまり「現代にとっての非日常とは何か」という問いかけが根底にある。
まず始めに、
   水没というイメージ＝非日常性＝自然との関係式＝存在の位置
   芒の海の底＝琵琶湖の湖底＝佐川の水庭の底
琵琶湖のほとりにある佐川美術館では、湖に水没する非日常性として茶室を設定する。
   非日常から日常のレベルへ
   地下（水底）から地上（水面）へ
この回路の中でそれぞれの建築部分が結ばれ、同時にそれらの空間を進む意識の回路と同調共鳴するようにありたい。
重要なコンセプトは各主要空間のレベル設定と思想的な意味を明確にすることだろう。

02.09.05　レベル設定　久多にて

これまでの考えの中から各室のレベル設定と関わりについて精査する。
葦の群生する水面（地上階）を基本尺度０レベルとし、水底、更に地底の最下層を設定する事ができるか。
茶の湯の最大の緊張感と集中度を遂げる小間は水没させる。
それに対して、薄茶を中心とする広間は水面、つまり地上レベルへ開く。
問題は小間へと導く露地である。それに付随して寄付のレベルを考えなければならない。少々難題だが、小間と広間の位置関係が決まれば、あとは自然に導かれるだろう。
   水底または半地下＝露地・寄付
   地底＝美術館展示室か？

02.09.08　レベル設定　久多にて

ずっとレベルの関係を考え続けている。この茶室の最も重要なポイントだから。
《水面とは自然世界の領域を表すレベル値》
 →ここで今、僕のまわりに広がっている叢芒の底そのもの。
   広間の思想性
    芒海（葦）の広がり
     水面０レベルに茶室の床を構える。

水面＝自然と同じ位置に座す。
　　　　　　僕が久多で芒海に座るように。
　　　　　水平の視線＝視線を自然のレベルに延長させる。

　　　小間の思想性
　　　　芒海の底
　　　　　水底という非日常、生命の起源でもある場に座す。
　　　　　意識を自然の本質（生命の循環）に落とす。
　　　　　―自己との対峙―

　　　露地の思想性
　　　　茶室への序曲、ここで茶の湯の思想を象徴させること。
　　　　垂直の視線＝水底（地底）から天空という垂直の視線。
　　　　人間の意識・思考の二元性についてのビジョンを啓示する。
　　　　　　天と地　上と下　実と虚　意識と無意識　作為と無作為　必然と偶然　生と死など
　　　　自らの存在と脚下の場をあぶり出す。
　　　　小間が水没すれば、当然露地も水没させるべきだろう。

---

02. 09. 09　地下レベルへの筋道　露地　久多にて

伝統的茶室においても、露地のもつ思想性は明快である。それは茶の湯宇宙の中心部への橋掛かり、序曲部分を担当する。茶の湯の自然観や非日常性など様々な思想が具体性を持つところ。苔むした露地、木々の植え込み、蹲（つくば）い、飛石、それらが神仙、山岳思想と重なりながら、全てが茶の湯の深部、小間空間に入室するための装置なのだ。
水没する小間に付随する露地は、当然同様に水没した水底にあらねばならないだろう。
僕の中で露地について2つのイメージが結び付きつつある。1つは広島上田流の上田宗箇の建てた外露地。苔むした山居じみた風情はなく、ほとんど何もないしつらえの中で、高い塀が四角く空間（露地）を囲んでいるだけ。隅の方にたしか躙（にじ）り口と同じような小さい潜（くぐ）りが開いているだけ。高塀で囲まれた長方形の何もない宗箇の露地が持つミニマムな抽象度を、僕は以前からとても気に入っている。たしか木が数本生えていただろうか。あってもなくてもいい、たいした木ではなかったが、とにかく地から天ま

で垂直にドーンと突き抜ける空間の潔い抽象性が心地良いのだ。
水底から天空へ突き抜ける抽象度。
もう1つ遠い記憶がある、それはまだ僕が芸大の学生だった頃、須磨公園での彫刻展で関根伸夫氏の『位相－大地』という作品を見た時だった。今までの彫刻の概念をまったく踏み越えた巨大な円筒形の穴と、その穴をそのまま地上にドーンと置き据えた巨大な土の円筒形の固まり。まるで大地を巨大な缶切りで円筒形に刳り抜き、そのまま横に刳り抜いた巨大な筒状の土塊ごと置き据えたような感じ。僕はその時にとにかく驚愕、仰天、目から鱗どころか、もう1枚巨大な鱗が飛び込んできて目に貼り付いた感じ。僕自身の彫刻表現に行き着くには、この新たな強烈な鱗をはがし落とさなければならなかった。それは何年もの、とても時間がかかる作業だった。水底から天に突き抜ける円筒形の空間。まるで天と地に向かって突っ立てられた巨大な土管の底に人間がいる。
地中に刳り抜かれた強大な円柱形の閉鎖空間、天空だけがぽっかりと空いている。

これで「水露地」のイメージは確実なものになった。露地はとても大切な空間だ。露地のない茶室は茶の湯空間としては半分の役割しか持たないものになる。
この円筒形の露地に水を流してみようと思う。地上に広がる湖部分から直接水が流れ落ちてくる。この円筒形の壁を伝って。そこに循環のイメージを表せないものだろうか。自然は命の循環だから。

02.09.10　展示室のプレイメージ

夜、展示室のプランを描く。
美術館の本体は、茶室ゾーンの下、個的な僕の作品を地下深くに埋設する。
自己意識の鎮魂歌！

「振子のように揺れながら進んで行こう
　決して一方に滞留しないように
　住する処無きを以て花としよう

　　振幅ノ大キサハ極点ノ重力付加ヲ増大シ
　　極点ノ付加重力ハ対極ヘノ振域ヲ増幅ス
　　一方ニ規範ヲ負ッテ他方ニ規範ヲ解体ス

規範の呪縛から逃れるために
　　ジグザグの歩調をとって
　　わずかなずれの斜面に花咲く僕を招こう

　　　此処ハ揺籠　眠リノノ墓場
　　　覚醒セヨ　刀ヲ取リテ覚醒セヨ
　　　規範ノ深部ニ再ビ叫ビガ反響ス

　　振子のように反復を繰り返し進んで行こう
　　決して一方に加担しないように
　　住する処無きを以て花としよう」　（2003『父を語り我を辿る』）

僕はことさらに相対する自己意識の迷路を、ジグザグ揺れながら歩んできた。作品はまさにその証し。だから展示室は僕の持ち込む相対世界をそのまま相似形に開く。

---

02. 09. 12　茶室の方角　群生する葦

再び雨。今日、久多から京都の家に帰る。帰りがけに佐川に立ち寄り、現場を確認する。
三角形の敷地の向こうは平山館の水辺が広がり、その先にはサッカー場のグラウンド。これも佐川急便の持ち物と聞く。さらに陸上競技場、体育館…佐川ランドは驚くほど広大な土地だ。雨なのに西の方が明るいのは、ここからは見えないが、その向こうに琵琶湖が広がっているからで、さらなる遠景には比良山系が青黒く雨に煙ってそびえている。
茶室はこちらの方向、琵琶湖、西方に向けて建てることになるだろう。

葦を群生させるのだから、この広がる風光のほとんどは葦によって阻まれ、風光明媚な借景とはならないだろうが…。それでも京都にはない琵琶湖の光は感じられる。
久多の風景がそれに重なる。芒の叢に覆い尽くされその穂先の向こうに能美峠が見えるように。
僕はこのセイタカアワダチソウの茂った予定地から琵琶湖の方を眺めやる。久多の芒海も西に向かって広がりその向こうに能美峠、太陽はそこに没する。

同じ光景が浮かんでくる。
夕方、雨が上がった。
琵琶湖大橋を渡る。北琵琶湖が薄い群青色の霧に煙っている。
琵琶湖は水煙遙けき海。

02.09.13　初打ち合わせ

5時から自宅で初打ち合わせ。
宮永顧問、三和さん、内海さん、齋藤さん。
この夏に久多でまとめた2万字におよぶ創案を先日11日にすでに配布しておいた。茶の湯・茶室に関するずいぶん理屈っぽいコンセプトに驚かれたことだろう。
今日はおおざっぱな平面プランとその構想を直接聞きたいということ。
コンクリート打ち放し、水没した茶室の構想・プランを簡単に説明した 図04 。
終わりがけに、茶室と館の壁を構築することになるコンクリートに関して、黒い色のコンクリートにできないものか尋ねた。内海さんの返事は、それにはあまり賛成できない様子、なんとなくの返事だった。
「いや〜〜。それは難しいですねー」
なぜなのだろうか！
一瞬その返答に反応しかけたが、今日は実際の初打ち合わせ、それ以上は突っ込まず留まる。
その後、夕食に招待する。宮永さんが大いに話題を提供、楽しく盛り上がった。少しずつ打ち解けていくだろう。

02.09.17　展示室プラン

展示室のプランを整理する。
基本線に沿って相似形に各室を開くこと。
　　第1室は象徴的な空間にする。
　　第2室・3室は相似形に開き、その1室に外光を天井から入れる。
　　第4室・5室も相似形、伝統様式を規範にした作品と伝統様式を破った現代的な作品をこの2室で対峙させる。
　　第6室は独立した空間。5室と6室をここで結びつければよいだろう。

僕の仕事は常に伝統的な様式との対峙の中をジグザグに進んで行く。

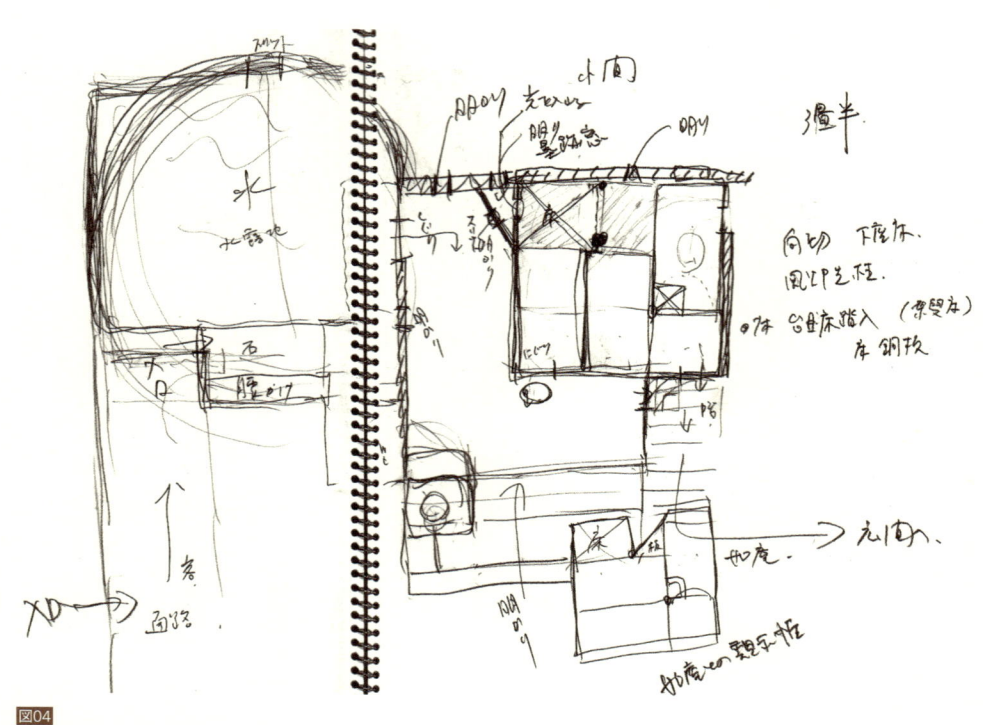

図04
小間初期イメージ。基本的な構造はほぼ出来上がっている。如庵との比較も行っている。

一方で伝統規範をまもりながらその制約の中で自分なりの作品を生み出すこと。この縛られた領域もなかなか微妙で追求すれば面白い。僕はいつも窯を焚く日を設定して、仕事をそれに向かって集中させる。窯が終われば、次の窯に向けて…。400年前と変わらぬ窯は、人の適合に沿う電気やガス窯と違って、僕ではなく窯自体がそれを焚く季節を選ぶ。黒樂の窯を焚くのは決まって4月末と11月末の2回、その間に赤樂の窯を焚く。それは、気温や温度、窯を焚くのにその頃が最も適しているからだ。僕の1年はもう何十年も同じ時間割の中で推移している。ときおりそのサイクルから抜け出したい思いがつのることがあるが、それからそう易々と抜け出せるものではない。

規範への制約と集中が意識の中で充満して、これ以上持ちきれなくなった時、烈しく規範を破る方向に己を解放する。何もかも放り投げるように、その時烈しく突き付ける造形が生み出される。しかし常にその激情は繰り返す時間の中で馴らされ、新たな「様式」と化して再び僕自身の中で繰り返しの道を歩み始める。簡単にいえばマンネリというのであろうか。マンネリとは、知らず知らずの内に自ら作り上げた様式への追従、自分自身をなぞる行為だ。それを自分の中に感じ始めると、僕は再び規範のしばりの世界へ大きく振り戻る。

一方への荷担は他方への振れのエネルギーを増大し、守と破は常に大きな振り子のようである。

時々「樂さんの仕事は、伝統のお家のお仕事と樂さん自身の現代的なお茶碗とどちらが本当ですか」などと尋ねる人があるが、モノが生まれるということなど何もわかっていないと憤慨し、僕は答えるのに躊躇する。

どんなに伝統とは無縁の現代美術でも、過去を背負わないものは1つとしてない。問題はいかに歴史を自分に引き寄せ、いかにそれを引き受けるか、その制約の中でモノは生まれてくる。

この佐川の展示室を相似形に開く理由がそこにある。

---

02. 10.　基本図面の作成へ

相似形に対峙する、6室の展示室については基本的な考えと平面図を手書きして内海さんにわたす。
黒いコンクリートの可能性について更に打診する。
いよいよひとまず内海氏へ中間バトンを渡す。基本設計の作成にかかる。
11月末に焚く黒樂の窯に向けて意識を集中、制作、佳境に入る。

02. 12. 25

✉ 内海さんへのメール

内海 慎介 様

その後、御無沙汰しております。
いちど、酒でものみながらゆっくり忌憚ないところで話をしたいなあと思いながら、いつの間にか年の暮れになってしまいました。
1年がとても早く過ぎていきますね。
歳があけたら、ぜひ、飯でも御一緒しましょう。
あの、ややこしい文章と素人のプランの意見もお聞きしたいし、
作品も一部、ご覧戴きたいとも思っています。
11月末の窯で、佐川美術館に納められる作品が3〜4点できました。
少し舟のような形をした作品を、「夜と昼の航海」と名付けてみました。
創作は、私自身の内側を旅するようなもの、航海でもあります。まだ見ぬ自分自身がそこに現れてきます。夜の航海の作品は一応すでに揃っています。
来年には、少しずつ納めさせてもらう事にしたいと思っています。
12月は家元関係の新春のお茶会に使用される茶碗の仕事で、年末27日に赤茶碗の窯を焚きます。
よいお年をお迎え下さい。

樂吉左衛門　拝

02. 12. 30　コンクリート打ち放し

27日に赤樂の窯を焚き終え、三千家様にご挨拶を兼ね、正月用の茶碗をお届けした。
窯場の掃除。積もり溜まった灰を払い、注連縄を張り替える。

佐川の建築もここまでは僕がずっと以前から長年考え続けてきた基本的なコンセプトプランだが、来年からはいよいよ具体的な各部分に入る。
まったく固まっていない細部、茶室各室の繋がり、水露地の壁は、そして何よりも茶室の内部空間、それらの細部の決定が追ってくる 図05、06 。
素材との格闘、アイディアの創出が必要となる。全くそれらは未定なのだ。
　伝統様式、素材の取捨選択を徹底させること。
　伝統的な茶室の様式、素材からどのような思想性を引き出せるか。
　伝統的な茶室の様式の中で、何を切り捨て、何を残すか。
　残したものをいかに変換させるか。
質素、質実、不足、侘び…そうした思想的立場に反して、茶室は高価で贅を尽くしたものである。建前と実質が大きく離反している。
現代に建てられる伝統的な茶室は中でも最も高価な建築であり、坪単価

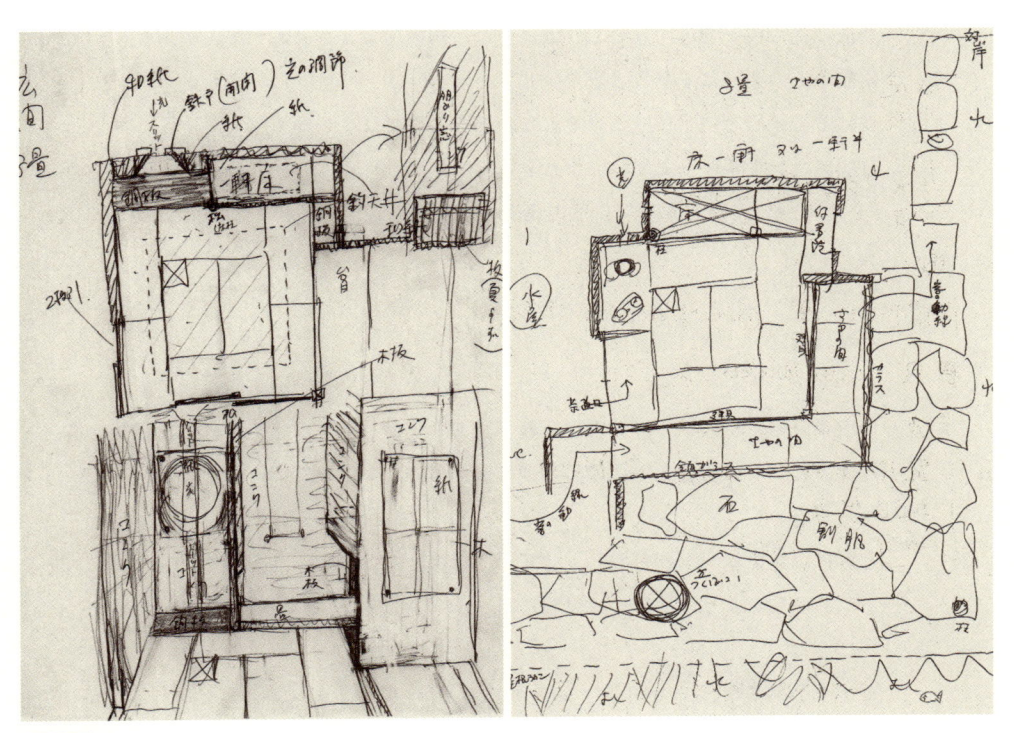

2002

図05、06
広間初期イメージの変遷。最初期には、床の間の左に脇床を設け、スリットによる光の取り入れを考えていたが、その後、脇床を取り除いた。この頃から割れ石による縁石のイメージが確立。

600万はおろか1000万といった高額なものもあると聞く。その驚くべき工費は、棟梁と親方の卓越した技術に対する手間賃を差し引けば、そのほとんどは建築材など資材に当てられる。床柱を主とした資材は、まさに贅の限りを尽くした選りすぐった木材が使用され、そうして伝統の様式・現代茶室建築は美の粋を実現する。
何という矛盾だろうか。

僕は佐川の茶室においても同じ矛盾に踏み込もうとしている。
贅沢な柱や板を物色するつもりはないが、規模の大きさにおいて、佐川美術館とその茶室はすでに矛盾を生じている。
僕はその矛盾を逆手に取る。それしかできないではないか！
分厚いコンクリートで囲い、自然を遮断する。
「自然の中の人間」素朴な自然主義者ではなく、人間の犯す矛盾を背負うこと。

それは所詮言い訳に過ぎないだろうか？

伝統茶室の素材の中で最も重要な素材である土壁を、僕はまずそれを捨てることにした。その土壁に代わる素材は、すでに以前から僕の中で確信されている。
それはコンクリート打ち放し！　という素材。
それしかないように、僕には思われた。

まず土を捨てる。

コンクリートは我々が歩んできた近代、この物質文明を築き上げた、我欲にまみれたこの時代のまぎれもない同伴者だ。
人間の我欲・意識が確実に自然界から優位に立ち得ることの先兵として、コンクリートで環境を囲い込んできたのである。近代意識の囲い込んだ巨大な都市要塞を形作ってきた素材。
まずはこの近代の牢獄から茶室は始まるだろう。
決して自然にあふれた理想郷としてではなく、己自身の矛盾をさらけ出す場としてまずある。
切なく烈しい。
1年が暮れる。

2003

03. 01. 14 ~ 03. 08.

03. 01. 14

✉ 内海さんへのメール

内海慎介様
先日はお揃いで新年のご挨拶におこし戴き恐縮致しました。
お目にもかからず失礼致しました。

さて、明日、栗和田館長がおこしになります。昨年焼き上がったもの等含めて、作品をご覧戴きます。
一度、内海さんともゆっくり具体的なお話を致したく思っておりましたが、正月は何かと行事が続き、なかなか時間がとれずに居ます。
作品の方も、以前お話した展示の構想の内、「夜と昼の航海」シリーズの作品が何碗か出来てきました。この作品も内海さんに一度ご覧になって戴きたいと思っています。また、設計の方もその後どのような感じなのか気になっています。茶室の方もあのような提示で、実際に具体的な方向で動けるものなのか、御意見もお聞きしたく思っています。(以下中略)

17日より東京に参り、帰宅は25日頃かと思います。その後2月から少し久多の田舎のアトリエに参ります。
そのような事で、それまでに、まことに勝手言いますが、
1/28、1/29、1/30の内、4時過ぎからでもお目にかかれればと思っています。
夕食でもとりながらわいわい気楽にやりたいと思うのです。
一応、宮永氏には話を入れておきます。僕も行くと言われればそれはそれと思います。
御都合お知らせ下さい。お待ち致します。
　　　　　　　　　　　　　　　　　　　　樂吉左衞門　拝

03. 01. 25　展示室コンセプト

ようやく東京の初釜手伝いから帰宅する。これで恒例の正月行事が全て終了する。
留守中に溜まった雑用をこなし、できるだけ早く久多(くた)に行くこと。
しばらく世間と離別、距離をおく。
早急にしなければならないこと。
展示室の基本プランについて幾分具体的なとりまとめをしなければならない。

○当初からのプラン通り、展示室は5室。うち3・4室を左右対称に開き、
　相対する意識に基づく展示内容とする。
○第2室は「夜」と「昼」という象徴性の中で作品を展開する。

もし表現が自己意識の海の中にこぎ出す航海だとするならば、「昼」と「夜」はその象徴性において、航海そのものを互いに異なる次元へと誘っているように思われる。

夜は意識を極度の緊張の中へと強い、抽象性と象徴性を高め自立させる。自分の意識が己自身に向かって張り渡り、その自意識の膨張や否応なく迫る孤立や高揚、あるいは脱落感など、時に異形の精神の増幅がある。昼と夜が逆転する。僕は創作への入口を求めて、夜の時間をよく歩きまわった。もう30年以上も前になるが僕が陶芸の世界に入る決心をした時、夜を中心とした意識環境の中に身を置くことが多かった生活を、昼を中心とする時間に改め「夜の航海」から「昼の航海」へと大きく舵を切った。なぜなら、陶芸は「夜」の思考とは異なり、もっと生活に根ざした日常意識の産物、日常を生きる人の何気ない優しさとか愛、まさに生活の質感、そうしたものの同伴者であるべきように思えたからだ。だから、陶芸の制作は、決して夜には行わないように心がけた。今でもその気持ちは続いていて、きまって夕暮れには仕事を終える。

しかし、昼は常に夜によって準備され産み落とされる。母と子、闇と光、あるいは虚と実であるかもしれない。意識は常に二極の中に位置付けされる。夢か現実か、善か悪か、生か死か、この二元論の世界を様々な哲学や宗教が乗り越えようと試みてきたのだ。

表現が自己に関わる限り、この二元的な意識の在り様、もつれ合い、反発し合い、結ばれ、際限もなく互いに反映を繰り返す矛盾に充ちた世界から逃れるわけにはいかぬ。

僕は4月の末に予定する窯に向かってこれから制作を始める。

土を作り、形を作り、釉を掛け、焼く。

僕は形を作りながら、しばらく樂茶碗の伝統的な様式性に則った作品を制作する。樂茶碗の様式、といっても言葉では説明しようもないことだが、400年もの間に繰り返され変容しつつ、また繰り返されてきたもの、その総体の中で僕自身に何ができるか、僕自身の表現を試みる。まさに制約の中の自由とも言い得るだろうか。この仕事も結構面白いのだ。作品行為とは制約をことごとく破棄した地平にあるのではなく、何らかの歴史的な制約、つまり伝統を受けつつ創作は成立しているはずだ。重要なことは、外的に確立・説明された伝統、その価値の上ではなく、僕自らの思考によってたぐりよせた伝統の様式性の上に立つこと。

しかしそうした仕事も、数ヶ月続けると、様式の制約が膨大な重さとなって僕自身に被さってくる。思いきり払いのけ、ぶち破りたくなる抑えがた

い衝動。僕はそれらをかなぐり捨てるように烈しく土を切り裂く。烈しい変形が生じる。振り下ろすヘラは研がれた刃のように、少し手元が狂えば全てを台無しにする激しさ、破綻すれすれのきわどさに挑む。いや挑みたいと烈しく思う。しかしその激情とて、時間の経過に馴らされ、認識と共に僕の手が巧妙にも最もよき方法論を身に付けはじめる。破綻から均衡へ、洗練された様式が新たに成立し、美しくなり、完成度を磨き上げる。その一方において、何かが失われているのを僕は感じる。何が失われるのだろうか。それは破綻ぎりぎりの地平。あるいは激情。つまり最も恐ろしいのは僕が僕自身をなぞらえること。僕が僕自身に住すること。認識は事物や行為の内実を巧妙に置き換えてしまう魔力である。その魔力の罠からいかに逃れ得るか。創造とは自己認識を突き破ってゆく力。それを的確に言い表すことはできないが、僕はその力の弱まりを敏感に感じ始める。そして再び伝統様式の制約、縛りの上に戻る。

まるで振り子のような意識の在り様を素直に受け入れながら僕は歩む。意識は全て二元性の中に生起し、その二元性を越えようとする在り様である。二重三重に結ばれながら…。それが解決しがたい自己矛盾を生じさせ、それ故にこそ表現そのものが再び生まれる。

ある人は「黒いお茶碗は樂さんのお家の茶碗で、このモダンな茶碗が樂さん自身、樂さんの表現そのものですね」などと評する。そのように割り切って制作できればこんなに楽なことはないなと、僕は苦笑いする。

だから展示室も「昼」と「夜」、相似形に各室を対峙させる。伝統の様式を留めたものと様式を破棄したものを対峙させる。夜の思考と昼の思考を象徴的に対峙させる。

03. 02. 02　樂館のテーマ

冬、僕は1年の中でこの季節が一番好きだ。東京の初釜が終わり、正月儀式の賑やかな一切が終わって、僕はいつもきまって久多に来る。久多、雪の久多。1メートルほどの積雪が深々と村を被う。濃藍の杉木立が、うっすらと墨色じみた雪空に白い雪の点描となって霞んでいる。久多は山に囲まれた谷間の村、日本海からの吹き込む雪雲が山々にぶつかり、この谷間に追い込まれるように重なりながら迷い込み重い雪をおとす。2月は最も雪の多い月、芒の原を1メートルを超える手つかずの雪が覆っている。時折叢芒の向こうの白い端を狐が横切る。鹿が餌を求めて山から下りてくる。この純白の世界に塗り込められて、他には、人はおろか生き物の動く

気配すらない。ガラスのように透明感を増して張りつめた空気、細くなった谷川の流れは、雪に消されて瀬音さえ聞こえてこない。
静寂、動きようのない静寂。
僕は囲炉裏の縁に足を投げ出し、いつもの斜めに倒れた深い背もたれのある椅子に身を沈めて、雪の久多をぼんやりと独り眺める。

佐川急便の宮永美術顧問から樂館のテーマを考えるよう依頼されているが…。

今、僕の心の中で静かに響いて入る言葉。
「應無所住　而生其心」…金剛経の一節。
僕は心の中で呟く。それからゆっくりと何度も繰り返して呟く。
「應無所住　而生其心」、なんと美しい響きではないか。
「應に住する所無し」一切「空」、全ての存在はまさに流転の最中にあるから、だからこそ、その流転の中にこそ、それ故にこそ、「其の心」は生じている。
僕は囲炉裏端から身を起こして戸外に出る。氷の寒さが頬を打って痛い。
叢芒の先をこえて立ちはだかる能美峠、一切唯白景、手つかずの深い雪に覆われ、全ての時は、針の上で止まったように見える。
鉛色の空から雪が舞っている。
僕は思いきり身体をのけぞらして空を見上げる。鉛色の空から無数の雪の片が涌き起こるように舞い降りてくる。口を大きく開ける。たちまち口の中に数片が舞い込み、かすかな冷たさが明滅する。
「應無所住　而生其心」、僕は声にはせずに数度呟く。
應に住する所無き一切「空」、全ての存在はまさにこの流転の最中にある。
一切唯白景、音もなく舞い降りる雪千片。
「應無所住　而生其心」、「其の心」とは一体何であるだろうか。
それこそを「仏心」。この目前の「山川草木悉皆成仏」と金剛経は説いているが…。
僕にはまだそれがつかめない、一身にかき抱くことができない。

以前僕は、世阿弥のたしか「花伝書」の中で、この言葉を見つけた。唯、世阿弥は言葉を言い換えていた。
「心」を「花」に。
「住する所無きを先、花と知るべし」
「其の心」を「花」に言い換えながら、世阿弥の留まる所のない芸道の精

進がその時々にうつろう時節の花となって生まれ変わる。
「真の花をきわめんとすれば、枯れしおれたる花を知るべし」
なんということだろうか、世阿弥の花は、「花」そのものを取り込んでなお流転している。
芸術表現も、あるいは過去への視点、伝統への取り組みも同じだろう。決して同じ所に留まってはならない。留まる水は腐敗する。
「本来無住」、永遠に住することのない自分自身の中への彷徨。その中に未だ見ぬ花が宿っている。未だ会わぬ僕自身がいる。

03.02.08　展示室初期コンセプト

「應無所住　而生其心」、金剛経の中の一節。
吉左衛門館のテーマは、やはり自分の一番心に響く言葉をあげるしかない…。しかし、一般の人には少々難しすぎるかも知れない。
言葉のニュアンスとしてはもう少し柔らかく世阿弥にならい「應以無所住　而生其花」（まさに住する所無きを以て其の花生ず）とするのも良い。
平山先生の「平和の祈り」、佐藤先生の「ブロンズの詩」との関連もある。それでも少々突出し過ぎてはいないだろうか。一般へ向けてもう少し簡素、平明なイメージが必要なのかも知れない。
いずれにしてもさらに少し考えてみる。
展示室プランを整理のため再度まとめ、内海さん（竹中工務店　設計部副部長）に送る。基本的なたたき台となるだろう。

✉内海さんへのメール
《展示室プラン》
『應以無所住　而生其花』（まさに住する所無きを以て其の花生ず）（仮決定）
《展示施設》
佐川美術館本館展示室は5室の異なる展示空間によって構成する。
それぞれに共通する展示空間コンセプトは単なる作品展示空間ではなく、それぞれが明確なコンセプトと独自のイメージを担う劇場空間であること。
ただし、過剰な演出は不要、ミニマムな象徴性を持たすこと。哲学性に裏付けされていること。作品自体の持つ対峙性と、展示空間自体の持つ対峙性を強調する。
〈展示室は以下の5室に分類〉
1　組み合わせ　　　　　　　　和
2　航海・夜と昼　　　　　　　想　（環）（反）（犯）（叛）（廻）
3　茶碗・伝統への挑戦　　　　守
4　茶碗・現代への提言　　　　破
5　茶入と水指　　　　　　　　離

補記：順路を変更しました。空間の大きさから展示作品数も少し減らしました。

以上5室は1〜5室の順路で動線を結ぶ。（ただし第2室の「夜と昼」は対峙的に2室として考えることもできる）
3室と4室は対を構成、4室と5室は補完的関係を構成する。
それぞれの独自性を強調すべく各室は完全に独立させる。
基本的に通り抜けによる順路設定を避けたい。ただし4室に関しては5室への通り抜け出口を設ける。
以上5室の作品の他にオブジェ作品を展示する可能性もある（中央通路最後部）。

1室 『和』組み合わせ（茶碗、茶入、水指による組み合わせ1組）
　茶碗、茶入、水指の3点を組み合わせて常時1組のみ展示。
　ここでは茶の湯の点前座に取り合わせる3種類の器物の調和を見せる。
　これら3器物は単に用途の相違のみではなく、各々に用途から導かれるところの個別性、異なる立場を有している。
　茶碗　主であり動、能動的な個性、「個」を表している。
　水指　従であり静、受動的な個性、「場」を表している。
　茶入　要であり止、超越的な個性、「標」を表している。
　これらの関係がいかに調和されるかは重要であり、同時にそれら作品の調和が展示室の全体空間とも調和的関係を結んでいることが重要である。そのため空間は内包的に凝縮した小空間である必要がある。

　展示室前ロビーから小さな入口を通り room1 の小空間に入る。room1 ではロビーの大空間から一気に凝縮した小空間へと導かれる空間落差が重要である。そのため入口は館の公共性を損なわない範囲で可能なかぎり絞り込んだ小さな入口であらねばならない。特に露地における「木戸中潜り」のような雰囲気を残し、敷居を15センチ程度立ち上げても良いかもしれない。
　内部空間は凝縮した内包感を高めるため二重囲いとし、内囲い空間（展示室）とそのまわりに room2 へ誘導する細い回廊をまわす。
　内囲い空間中央に展示台を設置、作品は原則的に露出展示とする。そのため展示台は3メートル四方とする事で作品に手を触れられないようにする（セキュリティシステム併用）。
　room1 はきわめて象徴性の高い空間にするため、人工照明とする。
　　補記：露出展示方式を採用しているため、3メートル四方と展示台を大きくとっているので、空間に対して台が大きすぎ距離感がありません。本当はもう少し空間の方を広げたいと思うのですが…。

2室 『想』舟のシリーズ　航海・夜と昼（茶碗15〜20点）
　舟の形をイメージした茶碗シリーズの展示。
　これらの舟形茶碗は「夜の航海」と「昼の航海」に2グループ化される。
　展示空間は、「夜の航海」「昼の航海」の2室に分かれ、左右両翼に対象的に設定され、さらに両翼の交点にあたる中央部分に象徴的な作品を1点代表作として独立展示する。

　この両翼の交点にあたる中央独立展示ケースは、room1 からの道線である回

廊の終焉点から始まる中央通路延長上に設置された坪庭的空間である。観客は薄暗く細い回廊をめぐり、やや広くなった中央通路に出るが、ここで突然この作品に出会うことになる。前方、中央通路の延長にうっすらと柔らかく自然光の差し込む坪庭的空間の広がりの中に、「航海・夜と昼」を象徴する作品が1点浮かぶように現れる。この中央独立ケース作品の照明は基本的には斜めトップライトからの自然光を用い、補助的に人工照明ピンスポットを併用する。

中央独立ケース　作品名　焼貫黒樂茶碗　銘「弧帆一片日邊来」(李白)（かすむ太陽のあたりより一ひらの帆掛け舟がゆらゆらと飛来する）

「夜の航海」7点の作品は、夜のイメージを強調した空間の中で人工照明による闇の中の点描感を演出。展示室壁面・展示台は黒を基調とする。

「昼の航海」7点の作品は、昼のイメージを強調した空間の中でのトップライトの自然光照明によって浮遊感を演出。壁面・展示台の色調は乳白色グレー系を基調とする。

「夜の航海」「昼の航海」の展示台は1作品ごとに高低差をつけ波状に。連続する動きを演出する。

　　高さレベルL　　　900ミリ
　　高さレベルML　　950ミリ
　　高さレベルMH　　1000ミリ
　　高さレベルH　　　1050ミリ

3室　『守』茶碗・伝統への挑戦（茶碗12点）

伝統的スタイルによる茶碗によって構成。この展示室は奥深い長形の部屋で、内部は中央の仕切壁によって、右室の黒樂茶碗の展示と、左室の赤樂茶碗の展示によって2部構成される。

入口正面、即ち中央仕切壁先端部に接して独立ケースを設置、象徴的に赤樂茶碗、黒樂茶碗を1点ずつ背中合わせに展示する。

左右両室は各々赤樂茶碗5点、黒樂茶碗5点によって展示。

人工照明とする。

4室　『破』現代への提言（茶碗12点）

初期から時代を追って作陶の軌跡を茶碗によって構成。

独立ケースと壁面固定ケースを併用。

人工照明とする。

部屋後部にroom5への出口を設ける。

5室　『離』茶入と水指（茶入5点＋水指5点）

茶入と水指は以下のように構成される。

　　　　小と大
　　　　動と静
　　　　和音と旋律
　　　　個性と無個性

以上の対照的な関係をどのように展示空間に反映させるかという課題。

人工照明とする。

《展示室以外の付属施設》
1. 展示室ロビー（地下1F）
　　1Fからエレベーター、階段によって結ばれている。ゆとりのある広い空間が必要。長形のロビー空間対角線上に小川を流してもよいかも。光と水による演出を考える。
　　　付随施設：◎トイレ
　　　　　　　　◎インフォメーションカウンター
　　　　　　　　　簡単なミュージアムグッズ等も販売、（作品集、絵葉書、カタログ等）
　　　　　　　　◎書籍自由閲覧コーナー
　　　　　　　　　ロビーで関連書籍を自由に閲覧できる。
　　　　　　　　◎コンピューター閲覧ルーム
　　　　　　　　　コンピューター閲覧ルームは佐藤先生館にあるシステムで、高台、見込み、部分アップなどをコンピューター画像で見る事ができる。
　　　　　　　　　エレベーターはロビー側と機械室側両方に出られるようにする。
　　補記：展示室に入るまでにロビーの広い空間が欲しいのです。大きさとしてはいかがでしょうか。地下なので外の風景が見えるとか、窓があるとか、そうした空間を多様化するバリエーションに欠けています。それで川を流すことを考えたのですが…。水は浅く、床すれすれに流すことをイメージしています。誰か、はまってしまう人がいるかもしれませんが、枠は考えていません。水の他には光が重要な要素になるかと思います。間接的な柔らかい光とか、一部に直射光が漏れ届いて、時間とともに動くとか。30年程前、ロンシャンのコルビジェの教会を訪ねて感激したのを思い出したり、バラガンの水と光を思い浮べたりしています。

2. 立礼広間茶室　20人〜25人規模（地上1F）。
　　立礼の位置を樂館入口、1Fエレベーターの対側あたりに確保できないか？
　　常時一般の呈茶のサービスを行う。
　　3人腰掛け7〜8脚（約25人収容）。
　　講演会場をかねる（35人収容）。

　　立礼席の基本的な構想は、茅葺き茶室建築と調和するように考えねばならないが、有機的なフォルムを持つ茅葺きは使用せず、むしろ幾何学的なフォルムをもって対峙的調和をめざす。容積が茅葺き茶室建築に対して相当あるので、重たくボリューム感のない素材を選ぶ。（例）ガラス、透明性のある石材、等。
　　　付随施設：◎水屋、控え室
　　　　　　　　◎収納庫（立礼茶室道具収納用）
　　　　　　　　◎渡橋　地下階段脇からの外部出入口
　　補記：この立礼茶室の内部空間、外観は茅葺き茶室と対峙する意味で重要です。しかし今一つ明確なイメージがありません。茅葺き茶室とは対極的に、もう少しグラフィックにしたいと思います。どのような外観にするか、素材を何にするか、屋根を掛けるか、掛けないか（日本風な屋根は掛けたくありません）、箱形か球体形などと様々な可能性があるでしょう。

収容を最低25人は確保する必要があると思います。しかし茅葺き茶室との関係から考えて、あまり容積を大きくしたくはありません。
少しでもボリューム感を軽減するため、素材は透明性のあるもの等を考えています。僕には建築素材はわからないので、ガラスとか磨りガラスとか、半透明の自然石ぐらいしか見当つきません。何かアイディアあれば御指導下さい。
内部空間は控えめの、柔らかい光の、白系のシンプルなものをイメージしています。外部風景を見せるべきか、むしろ見せないほうが良いか迷っています。卵の殻の内側に入るような感じをイメージしています。形を卵形にというのではありません。柔らかい半透明の光に包まれた内包的な空間という意味です。

3. 収蔵庫（地下1F）

4. 厨房（地下1F）
茅葺き茶室水屋にエレベーターで接続。
特に佐川の茶室では正式な正午茶事ができることが重要です。そのためにも厨房が必要です。

5. 機械室、収納庫、その他（地下1F）
収納庫は立礼席・講演、レクチャー等のための椅子、机等を収納する。機械室の一部をそれに当てる。

6. 全体の配置、環境
地上部の茶室に関して可能な範囲で東寄りに配置、茶室の正面にあたる西側の空間（水面）を広く取る。
西側の水面は、現案では既存の水面（平山先生館）と植え込みで仕切られているが、この仕切りは取り外し、一体としたい。おそらくゲートまでの水面の広がりが200メートル近くになるでしょうか、かなりの水面の広がりが確保されるでしょう。
西側周縁の植え込みはできるだけ自然感を残さない方向、たとえば敷地全体を水面にしてしまうようなこと。
人工的なプールのようなことでしょうか。その中で葦だけが自然を表している。茶室の屋根はすでに申している通り茅葺き屋根にしたいのですが、茅屋根軒はふつうより相当低く覆い被さってくる様。また人は水面と同じ低いレベルに座りますので、多分その場からの外景は、かなり低く仕切られ、制限された額縁の中におさまっていくと思われます。そこでは唯一、水平面の広がりの強調が重要なように思うのです。
茶室はもう少し東側に寄せていただければと思います。特に茶室東側面は茅屋根とコンクリートの壁だけの裏面という感じですから、西側を広く取りたいと思っています。

展示室本館のほうは、図面をファックスいたします 図07、08 。御提示載いた図面に合わせて書き込みました。結果、御提示案より南に5メートルぐらいでしょうか、延びる結果になっています。
ゆとりをもう少し取ることができるようならば、各室の大きさをもう少し取りたい、特に〈第1室「和」組み合わせ〉の部屋の奥行きを広げたいのです。

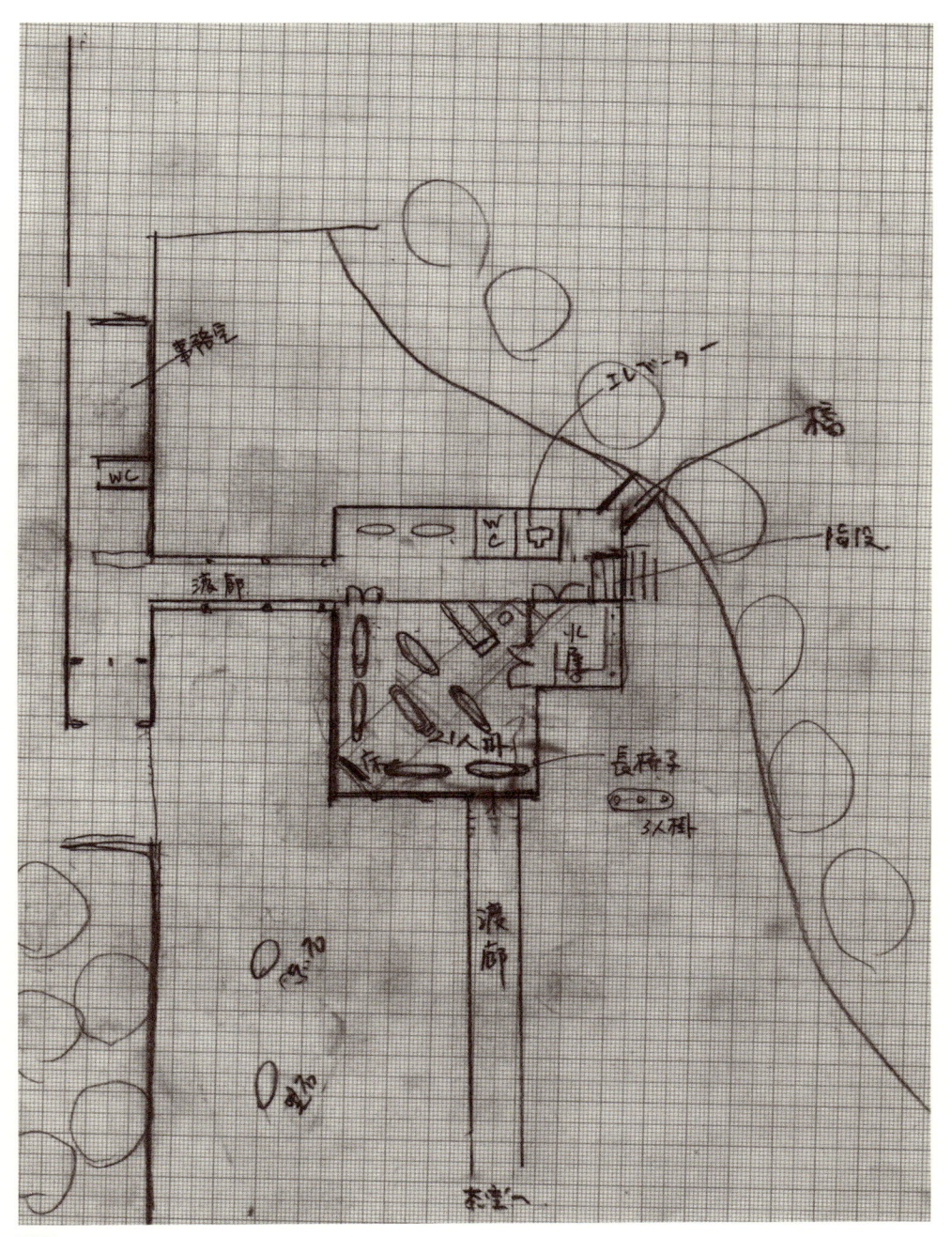

2003

図07
樂吉左衞門館導入部に設けた立礼空間。この初期プランでは渡り廊下で茶室へと繋げている。

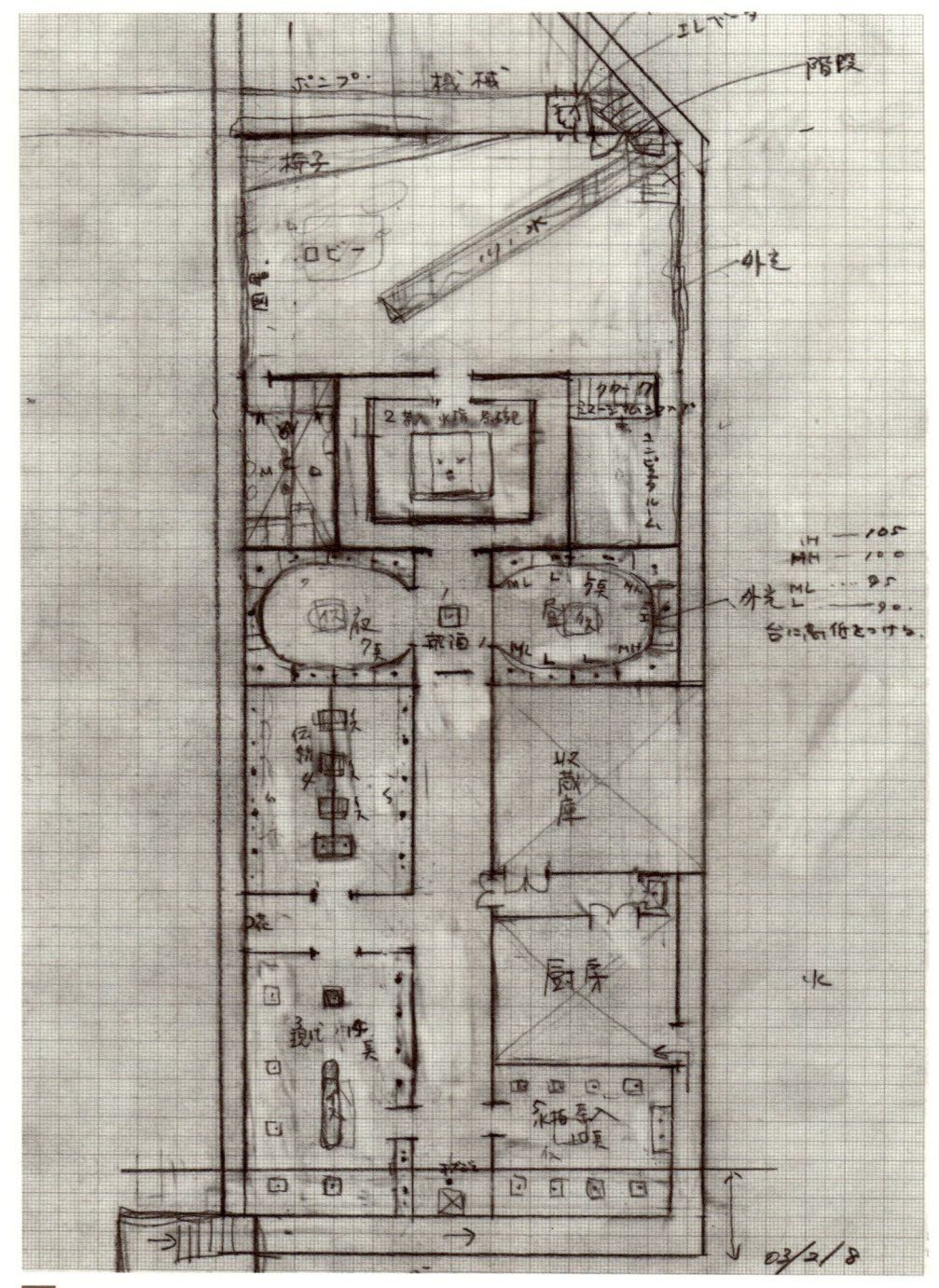

図08
初期の展示室平面プラン。ロビー中央を斜めに流れる水路（川）、展示室中央廊下の設置がこの頃のプランの特色。

P.S.：2日から久多のアトリエで過ごしました。雪が70センチほど積もって白一色の世界です。とても美しいです。昨夜はきっと零下5度くらいまで下がりました。雲一つない晴天の翌日は、太陽が雪を溶かして水蒸気が山あいや、たんぼや、いたるところから立ちのぼり、夕暮れ時には、谷あいの村全体がピンク色の薄靄につつまれました。例によって勝手な事を綴っていますが、お許し下さい。御遠慮なく御意見お聞かせ下さい。「こんなのダメ、こうしたほうが良い」というのも遠慮なくどしどし言って下さい。
2/8夜
樂　吉左衞門　拝

03. 02. 11

久多で独りで過ごす時間は、僕の中で意識の集中と緊張が否応なく高まってゆく時間。研ぎ澄まされ先鋭化する僕の意識。創作にはそうした意識の負荷が必要とも言えるのだが。
「勢不可使出、使尽禍必至」（勢い使い尽くすべからず、勢い使い尽くせば禍必ず至る）
もうすこし肩の力を抜かなければならない。
樂館のテーマ「應以無所住　而生其花」も一般に開くには重たすぎるように思われる。
内海氏とのやりとりは、僕の尖り山を緩やかな丘陵に戻す。僕の意識の極度な負荷を僕自身の中で再度洗い流してゆく契機にもなる。

03. 02. 15　立礼席

内海さんと何度かやりとりを交わしたが、地上部に立礼席を設ける案はかなり難しいかもしれない。
特に小規模ながら講演会場を兼ねることは、立礼の容積からして、ずいぶん大きな建物になる。特に1階エレベーターゾーン辺りでは容積的に無理がある。館本体に立礼席を合体させることも考えられるが、簡単な立礼、茶屋程度のものなら可能かもしれない。
内海さんには要望したが、ひとまず保留にする。

地上には立礼と広間。館全体は地下に埋め去ることを決心したのに、いつの間にかまた、地上部に戻っている。なんという試行錯誤だろうか。

03. 03.

少しずつ不安が生じて僕の中で大きくなりつつあるのだろうか。できる限り、というよりは極限的な抽象化を行い、余情を削ぎ落としてミニマム化してゆく中で空間が構成されることが重要であると考えつつ、その一方で、表現にバリエーション、多様性を求める欲望が生まれ、いつの間にか僕自身がその考えの虜になる。まさに不安と裏腹になった欲望だ。

この建築に限らず、表現行為そのものの中で常にこの不安と欲望が入り込む。

茶碗作りでも同じことをいつも経験してきた。表現の多様性の追求と多様性の制限の間で、常に自分の心が揺れている。もっとも、制限の在り様こそが重要なのだが…。多様性の追求から非多様性まで昇華することが重要なのだが、自分の中に巣くう不安は、時として自己増殖するように無意味にも多様性の泥沼に自らを落とし込むことにもなる。

広いロビーの空間に何かの表現を加えたいと思うこと、茶室への導入部、特に円筒形の露地のあたりの単調さを回避したい要望。僕の中の自信のなさか！

でも、とにかく今は、バリエーションの考え得る限りのこと、表現のユニーク性（単に変わっていることではなく他にはない独自性）のアイディアを出し切ることかも。

思いつくこと、浮かび上がってくることを出し切れば、それなりに自己理解ができるだろう。湧いてくるアイディアのルーツもあぶり出されるだろう。

単発的に思い浮かぶことのほとんどは似たり寄ったり、これらの思考のルーツはたいがい浅いと知りつつも。

03. 03. 22　通路壁の素材　備長炭のアイディア

茶室への通路について、決定的な異空間への導入部としての適切な表現はないだろうか。

水の中に没してゆく感覚。先日内海さんが安藤忠雄氏の池の中に水没する寺の建築図集を見せてくれたが、これに引き寄せられないものが必要だろう。

備長炭を利用することはできないだろうか。樂窯の燃料でもあって、いつか紀州まで備長炭の窯焚きを見に行ったことがある。

7日間焚き続けて、最後に窯の口を開く。その時、燻製状態のウバメガシ

の炭材が急激に真っ赤に燃焼する。それをすかさず長い鉄の爪で引っか
け、窯から引きずり出して砂と灰を掛けてその凄まじい火力を封印する。
備長炭は堅く美しい。これが木であったとは思えない硬質感、しかも黒い
化石のように木の幹の形をそのまま留めている。これを通路の壁に利用で
きないものだろうか。

03.03.23　通路壁の素材　備長炭のアイディア

この黒々と得体の知れない石化した有機物。
通路壁面に備長炭の長い幹のままの寸法をぎっしりと縦に並べる。留める
のにはどうしたらよいか。窯から出したままだと長いもので2メートルぐ
らいはあるだろうか。
対照的な物質であり、ある共通項を持つ物質、ガラス柱で留める？　壁に
敷き詰められた備長炭の柱列を。

03.03.28　展示室プラン

内海さんから変更プランがメールで送られてきた。パワーポイントで図面
が見られる。便利なものだ。こんなものさえ送ることができる。
特に問題なのは、展示室平面プラン。
真ん中に通路が通っていて、各部屋がその両側に整然と並んでいるが、こ
れでは分かりやすいが散漫な感じがする。確かに僕は各展示室の独立性を
強調して、部屋から部屋への通り抜けの動線プランを避けてきた。しかし、
何度も書き直した僕の手書き図面とは異なり、整然と客観的な線でひかれ
た内海さんの図面では、同じようなプランでも不思議と別のものが見えて
くる。手書きはそれだけ僕の思考が負荷され主観性が図面自体に乗っかっ
てしまっているのだろうか。何かが違っていると感じる。デッサンと図面
の違いということなのだろうか。
相似形に開かれた展示室を結ぶ中央通路、その便利さが、逆に空間から空
間への跳躍、室の転換、落差を薄めてしまう結果を生み出しているようだ。
むしろ各室がダイレクトに続いてゆく方向を考えてみる必要がある。連続
して繋がりながら、展示室の質がページをめくるようにがらりと変わる。
中央通路をなくす方向で再度考え直す 図09 。
エントランスロビーに立礼を設けてある。エントランスロビーの中に立礼
を一部含ませる併用案。後ろに水屋、さらに奥に組み込むことになってい
る厨房とも結びつける。

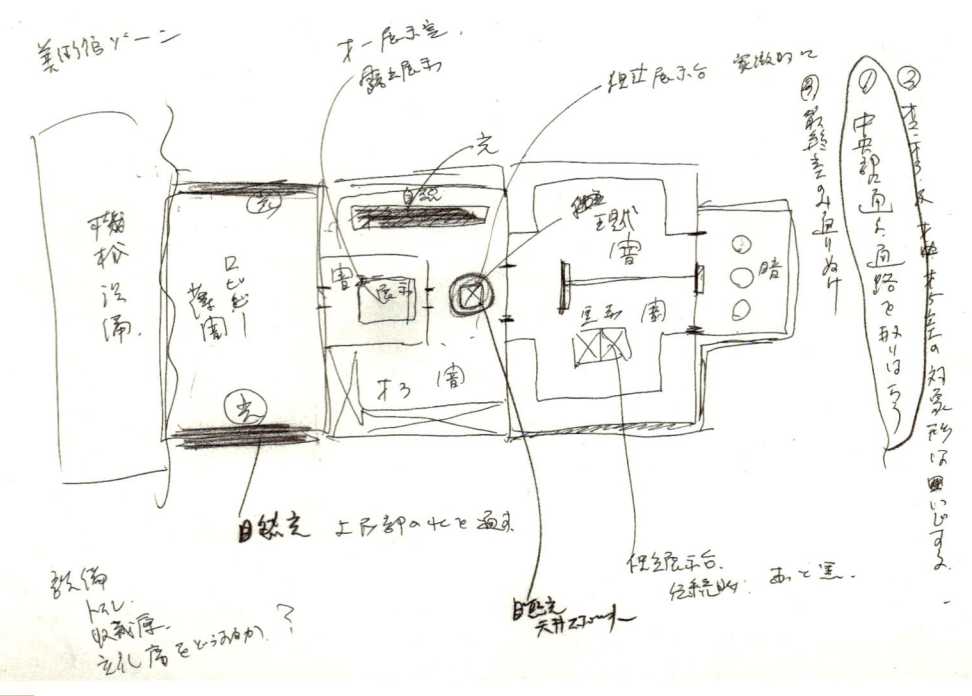

図09
展示室の平面プランに変更を加えた。ロビーの外光の強調、水路の削除、展示室中央廊下の削除など。

地上部に独立させた立礼席は、敷地全体の広さ、館全体との関わりにおいても、複雑すぎるかもしれない。確かにもう一空間独立した茶室があれば理想的なのだが。
1階外部立礼席（茶屋）はひとまず保留、見直し検討。

03. 03. 31　通路口　展示室プラン

✉内海さんへのメール
内海 慎介様
変更プラン送信ありがとうございました。
メールでこんな事ができるのですね。
ただ、細部がよく見えません。拡大すると読みにくくなります。
申し訳ありませんが、図面コピーを郵送いただけませんでしょうか。
御検討戴きたいこと付記致します。

茶室への通路に関して
　人がすれ違える程の狭さでよいと思いますが、長さは何メートル程になりますか。
　通路壁面をどのようにするかちょっと考えてみました。
　石材というのも、常識的ですので、備長炭の壁面というのはどうでしょうか。備長炭を枝のまま（2メートルぐらいの長さはある）壁面に横に組んで、その上から池の水を流す。留めには透明ガラス柱で止める。黒く水光りして美しいと思うのです。全体コンセプトとして浄化、循環の考え方に合致する事でもあります。

通路への入口は、中潜りのように狭い入口にしたいと思っています。
思いきり絞った狭い入口から狭く続く通路に入り、茶室へと導くといった感じでしょうか。

展示室プラン
　第1室（水指、茶入、茶碗3点セットの部屋）は他の部屋と少し異なる意味を持たせたいのですが、この前お渡ししたプランの中で、内囲いのあるプランを描きましたが、スペース的に無理でしょうか。
　部屋の中に内囲いがあるといった感じ。あるいは二月堂みたいに、細い通路に囲まれた内陣というイメージです。

03. 04. 01　展示室プラン

展示室平面プランでの調整。
第1展示室。二月堂みたいな二重囲いの象徴性の高い空間の説明をする。
ここはロビーの大空間から一挙に小さく絞った入口を経て狭くて暗い堂の

中に入る感じ。東大寺二月堂の内陣と外廊のような関係。

展示室の配列関係は、中央通路を排除した基本案で行くことで了解する。
問題はエントランスロビーと立礼席の関係。トイレが立礼の隣では困る。
立礼の使い勝手、バックヤードとの使い勝手が悪い。訂正してもらう。
立礼自体の具体的なプランは白紙。これはなかなか難題になるだろう。ひ
とまず位置関係の確認のみに留める。

---

03. 04. 04　立礼席

立礼の位置と水屋を含めたバックヤードとの関係、もう少し具体的な使い
方を内海さんに説明しないとだめなようだ。多人数の茶会など、立礼は客
の人数等によって水屋の大きさ、動線等が決まる。具体的な茶会のイメー
ジを内海さんに伝える。

---

03. 04. 09　地下レベル　エントランスロビーの採光

> ✉ 内海さんからのメール
> 樂吉左衛門様
> メールありがとうございます。
> お送りしました図面では、立礼コーナーと、ロビーとのあいだで、天井高に、差
> が出来るという前提で、そのレベル差を示す破線を描いたものと、ご理解くださ
> い。もちろん天井高を揃えることも可能ですし（上部にアプローチがあるので、
> 約3メートルくらいの天井高が限度？）、何らかの、透過性のスクリーンのよう
> な建具で、区画する方法も、あろうかとぞんじます。
> また、ロビー採光の件ですが、
> （A案）水面付近に、採光窓のようなものを設け、壁沿いに、光を落とす（図面
> では、ショップ上部に、トップライトを描きましたが、西側の壁沿いの方が良い
> のかもしれません）。
> （B案）水面から地下に、光庭を設ける。という可能性もありますが、水面から
> 地下床まで、約5.5メートルと深く、効果の面から、ある広さが、必要になり、
> 面積その他（雨水排水等）へ、効果に比べて影響が、大きすぎるように思いまし
> た。面積その他への影響を考えると、（A案）の検討の中から、答えが見つかる
> ように思います。
> 竹中工務店　内海　慎介

内海さんからロビー採光に関して、水面から外光を地下ロビーに取り込む
具体案を受け取る。
ロビーの天井高が5.5メートルあるという。ずいぶん高い。

西側の壁付が天井外光窓を設けるのに良いと内海さんからの提案。西に向かって開けた土地だから、西が良いだろう。
上部の水面の水を通して光が入ってくると良いのだが…。
時間天候によって光の強さや色合いは刻々変化するだろう。ましてそれが揺れ動く上部の水面を通して入ってくる光であれば、どのような揺らぎが反映されるのか。
この光の美しさがあれば、地下のロビーにわざわざ小川を流すアイディアは、不要、やりすぎかもしれない。内海さん「いや〜〜」と首をかしげるだけで、何も意見を述べないが明らかに反対。たしかに内海さんの判断が正しい。ヘタするとどこかのショッピングセンターの広場みたいになる。結局この並はずれた大きさを持つ空間の緊張感をスポイルする。
しかし、上部水底の水を通して光を入れることにも、内海さんは消極的だ。やはり排水離水、メンテナンス、安全性を考慮してのことだろうが…。
万一天窓のガラスが壊れれば、上部の水庭の何トンという水が地下展示室に流れ込むことになる。

そうした条件やリスクは十分に理解できるが、それでもやはりただの地上部からの採光ではなく、光が水中を通る時のゆらぎや屈折等が反映すればより面白いはず。光の色（青白い朝日、日中の白色、夕暮れの赤光など）を間接的に柔らかく壁に反映させるだろう。
何よりこの美術館が単なる地下ではなく水面下にある事を感じさせる。

エントランスロビーの天井高の差は、正直僕には正確に理解できていない。ただ、エントランスロビーに立礼席として何か境界のようなもの、完全な自立ではなくても半自立した空間を組み込むのはどうか？
よくわからない。
そこが素人の弱いところ、図面を見ても寸法を聞いても実際のエントランスロビーの空間的な大きさが僕には実感できていないのだ。
黒樂の窯が近づいている。ひとまず内海さんに任すほかない。

再度、僕は地下エントランスロビーに導かれる天窓からの光は、地上部に広がる庭の水を通すという、めちゃくちゃな希望をメールにて送付する。

29日に黒茶碗の窯を焚く。明日最終制作、11日から釉薬掛けに入る。

03. 05. 01

黒の窯が終わる。結果、数点気に入った焼貫茶碗が焼き上がった。しかし休んでいる暇はない。
佐川の建築ともしばらく離れていたが、その間、内海さんから数通のメールが届く。だいぶ立面平面案ともに進行している。
少し時間が空いて放念していると、なかなか思考が働かない。

03. 05. 19　展示室プラン　作品数と間隔

✉内海さんへのメール
内海慎介さま
一度打ち合わせをと思いながら時間が過ぎてしまいました。
宮永さんもおっしゃっておられたのですが、連絡は有りません。次回は館長も参加するとおっしゃっておられました。
少しあれからいろいろ考えました。
またお目にかかりました時にご相談致します。

先日ふくやま美術館で僕と歴代の展覧会をしました。5月25日終了。思いきって作品と作品の感覚を180センチ取ってみました。これがなかなか良い空間感覚でした。美術館の常識としてはちょっと広すぎるものですが。
そこで、
現段階での各展示室は180センチの間隔で並べると何点並びますか？
180センチ間隔と150センチ間隔の2通りであたってみて下さい。

それから東京の菊池寛実記念「智美術館」がこの程オープンされました。以前僕が「天問」の個展を開いた同じオーナー菊池智さんの美術館です。
天問と同じアメリカのデザイナーが内部空間を設計しています。
僕はまだ見ていません。
もし、東京にいかれる事が有れば、ぜひ時間をとって見に行って下さい。そして御意見をお聞かせ下さい。僕の気分とは異なりますが、一見の価値はあると思います。
打ち合わせの日程等またご相談下さい。
樂吉左衞門　拝

03. 05. 20　展示室プラン　作品数と間隔

✉内海さんからのメール
樂吉左衞門様
ご無沙汰いたしております。
第3室、第4室は、いずれも室の3方にケースをめぐらせて、中央に独立アイラ

100

ンドケースを設置と考えております。
作品点数は、正面6、側面4×2、計14点（1500割付）
もしくは、正面5、側面3×2、計11点（1800割付）
となります。設計作業のほうは、設備、構造、技術の、検討を行っており、見積りのための、資料を、準備中です。近ぢか、お会いしてお打ち合わせ出来る日を楽しみにしております。
竹中工務店　内海 慎介

03. 05. 21　展示室プラン　作品数と間隔

送付された図面の中で展示室の作品数、作品の展示間隔が気になっている。実際の展示の時に加減するにしても、基本的な考え方として、60点もの展示個数は多すぎる。第2室・第3室の片面から展示スペースを除去する。第4室・第5室からも中央独立ケースをなくすように指示する。作品の間隔だが、最低でも2メートル開けたい。

幸いふくやま美術館での「樂歴代」の展覧会があるので参考になるがそれでも狭すぎるかもしれない。この空間に何点の作品が列ぶかという事ではなく、作品と空間がしっかりと対話しなければならない。

03. 05. 27　展示室プラン

福山での展覧会が終了した。作品の間隔を再度会場で確認、作品の強さはその作品がどれほどの空間的ひろがりを引き寄せているか。広い空間にぽつんと作品が1点置かれても、その作品がその空間にしっかりと存在することができていれば良い。作品次第ということ。

作品は2メートルでも3メートルでも、いや1室に1点だけ置かれてもその部屋全体の空間と対峙できるだろう。僕自身の中で作品の展示間隔が以前考えていたよりはるかに延び始めている。

できる限り最小限の展示数に切りつめることが必要だ。

03. 06. 01　茶の湯ゾーンとしての美術館の位置付け

展示室の照明は、やはり暗さの中でのスポット照明だろう。展示室を地下に持ってきたことについては、僕自身それなりの意味を求めてきた。通常の人工照明による明るい空間にはする意味がない。

初めの構想では展示室、つまり館自体を地上に造り、茶室と対峙することも考えていたが、それでは茶室と展示空間があまりにも並列対峙しすぎ

る。むしろ茶室ゾーン、茶の湯ゾーンの中に展示室が組み込まれるようにあるべきだろう。茶室は単に美術館の付属建物ではない。展示室、茶室、もちろん露地や寄付(よりつき)までもが茶の湯ゾーンとして一体となって響きあっていることが重要だろう。

特に美術館と茶室が独立対峙するようでは、双方は結局主従の関係を生じてしまう。そこでは美術館はメインの建物となって、現代建築の個性、独自性と奇抜性を競うことしか道はなく、現代建築の亜流を生み出すことしかできないだろう。この罠に自らはまることはない。

僕は地下の展示室を仮定して、自分の中で何かがストンとあるべき所に落ち着いた気がした。

地上部に展示空間、館本体を出現させることに僕は内心、大きな違和感を持ち続けていたのだ。

己の作品を展示する館をこの地上にどのように出現させればよいというのか！！

居心地の悪さと恥ずかしさ、いや「恥」そのものであるような気分がどこかでする。

作家として、人としての「恥」。この「恥」の感覚は僕自身の心のどこか奥深い所からじわじわ湧きあがる。

建築家は人のために家を建てる。それは決して自分のためではない。僕はいま己の作品を飾るための美術館を建てようとしているのだ。

越えてはいけない一線があるように思う。その作品を飾るためという意識を捨てきること。あの時決心した地下への埋没はその第一歩であったと思う。

03.06.03　展示室プラン

樂吉左衛門館の最地下に展示室を設ける意味が、近頃日ましに強まってゆく。結構地下に取り憑かれている。

以前にエントランスロビーに小川を流すなどと内海さんに提案したが、考えれば恥ずかしい提案だったと今更ながら考えてしまう。目先のアイディアに溺れるとはこういうことをいうのだと反省する。

川を流すことに、なんら僕自身の中で必然性がないのに、アイディアだけに頼って見た目の驚き、他人への受けをねらう。もっともそこまで自分自身を落としてはいないつもりだが…。

水をテーマにした「循環」の思想への意味付けだとか、「流れ」「変容」への意味付けだとか、コンセプトはいくらでも付くが、結局取り付けた器具

にすぎないようなコンセプトを理由に奇抜さをねらう。
空間そのものの在り方を提示することに対する不安と自信のなさなのだ。

03.06.05　通路壁の素材

導入部の通路についても、炭を壁面に並べ敷くこともやはり同じように奇抜さ、新しさへの表現だけをねらっているのかもしれない。
しかし、導入部の通路をどのように特色付ければよいのだろうか…。少し自信がない。
内海さんはこの備長炭柱列の通路のアイディアはあまり乗り気ではない。あまりにも奇抜すぎること、それに実現への具体的方法が彼の中でイメージし難いこと、たとえば備長炭の柱列をどのように固定するか、それに水を流すとなるとどのような状況が生じるのか、そのメンテは？
僕のように突然にひらめき夢想するだけでは済まない彼の責任がある。
しかし、その通路が最終どれぐらいになるのかわからないが、それでもかなり長い通路、導入部をどのようなディテールにするのか、皆目わからないでいる。

03.06.10　通路壁の素材

結局は水を流すとか特別なアイディアを考えるとか、そういうことではなく、空間を形つくる「素材」の問題かもしれない。素材さえ決定すればその素材にまかせる。もちろんその素材が「備長炭」でも良いのだが、それだと「素材」ではなく、アイディア自体が目立ってしまう。
茶室の美学はアイディアの驚きではなく「素材」そのものにじっくり発言させることなのだから。それを忘れてはならない。

03.06.11　通路壁の素材

通路壁の素材については保留、何かに自然に出会うまで保留。

03.06.20　展示室プラン　地下は闇

地下はやはり闇。
深々と地中深く沈み込んでゆく闇。
地下ならば僕の作品をぎらりと浮き立つように人工のスポットの光の中で

思う存分発言させてもよい。地上ならばわざわざ光を遮り闇を演出することになるが、ここは元々闇に属する地下。
鎮魂の闇、葬られたところ。

03.06.22 　展示室プラン　　下降への意識

下降してゆくこと。イカロスのように光を求めて限りなく上昇しながら、遂に太陽に焼かれて昇天する。
そうではなくて、地中深く、あるいは水底深く下降してゆくこと。
黄泉の国をめぐるオルフェウスのように。
どちらもおのれの存在が解体してゆく過程。
永遠への同化であることには変わりがないが、地下への埋没、闇への同化、と天空への昇天、光への飛散とは大きく異なる。
始めに光ありきとキリスト教は伝えるが、東洋の無限はまさに混沌とした闇の中にある。
　　「玄ノマタ玄、衆妙ノ門」(『老子』)
深い深い闇と一体になること、そこからすべては再び生じている　図10 。

エントランスロビー、展示室には特に余分なアイディアは不要であること。
壁に沿って落ちる天井からのかすかな外光だけで充分ではないか。
空間とそこに充たされている闇、そして強い制限の中でのかすかにゆらめく外の光。
空間こそが重要であることを自分の中に再確認する！
強く再確認すること！！

03.07.02 　基本プラン　　位置関係の確定

全体の基本構想、各平面とその位置関係はおおよそ確定した。
ごく初期の構想を書き留めたスケッチブックをぱらぱらとめくる。
……コンクリートの打ち放しの茶室にふんわりと掛かる茅屋根(かや)。この茶室から1本の露地が湖面を通っている。行き着く先は樂吉左衛門館。茶室と館を対峙させようと考えていたごく初期の時期のもの。スケッチブックに悩みの跡がうかがえる。他にないユニークな外観、だれも見たことのない形状、現代建築の定石通り、それゆえに建築を無意味な表現の過剰さへと引きずり込む。外部優先、内部はそのあとから導き出せばよいとなって、

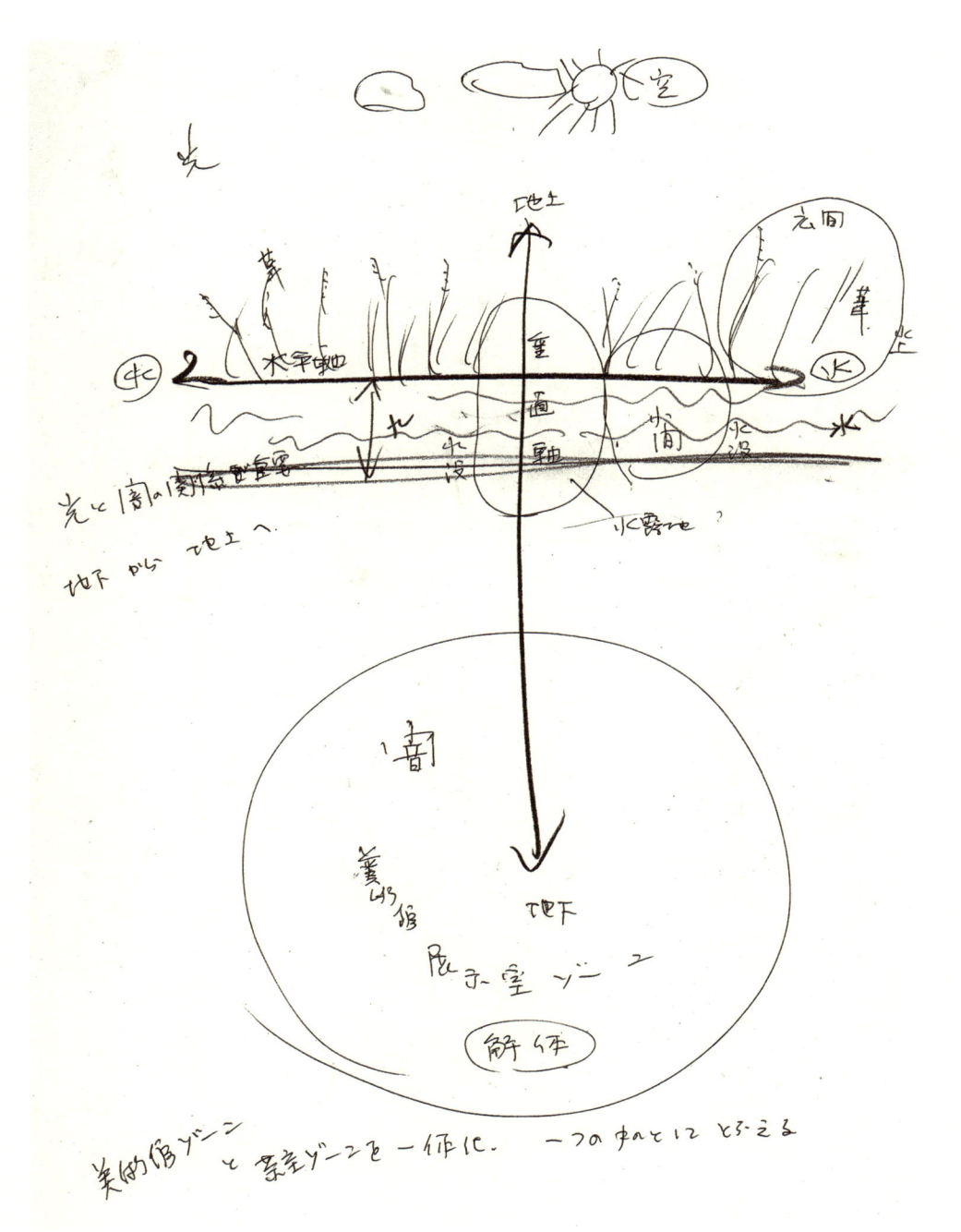

図10
地下から地上への初期コンセプト。闇の中に
没する展示室をイメージする。

結果大きながらんどうが区割り的に区切られるだけ……。
スケッチを見ると僕も同じ罠にはまって、ガラスか何かを用いて現代建築めいたものをヘタな線でゴシゴシ描いている。茅屋の茶室とガラス壁面からなる建物が現代空間として対峙する。きっとどこにでもあるありふれたコンセプトをくっ付けて、意味付けを行っていたのだろう。こんなにつまらない！　これならホンマモンの建築家にまかせておけば、もっとスマートでユニークな建物が建つだろう(62頁参照)。

再度、位置関係を確認する 図11、12 。各室の位置関係は最も重要なコンセプトとなる。
広間は水面。地上部の八畳から十畳鞘の間を廻し、その周囲に広い割れ石の縁石を設ける。水面にできるだけ近づくよう水面と同じ０レベル。併設する水屋も同じ地上０レベル。
小間は水没させる。人間の背丈ぐらいを水没させる、２メートル前後。
露地はさらに地下へと降下することになるだろう。どのぐらいの高さで囲えばよいか、高さは高ければそれは構わないが、最低のレベルは３メートルぐらいだろうか。わが家の吹き抜けの土間台所の高さを見ながら想像する。
壁に囲まれた閉塞感と上下垂直に貫かれる開放感。筒状の空間が空を区切り、天まで貫く垂直感を持たせたい。
寄付は水露地と併設。
その茶室ゾーンのさらに下に美術館ゾーンを埋設する。
それぞれの高低とレベルがこれで決定する。
それにこの茶室は正午の茶事を完全な形で行いたいのだ。茶事ができない茶室は単なる和風ティーハウスだから。
茶事のための厨房も必要だろう。その他に機械室もあるだろうし、収蔵庫のようなもの、ビデオルームなどもいるのかもしれない。
それらをどのように結びつけて組み立てるか。

03. 08.　素材の思考

基本設計を内海さんに託す間、素材に関する考え方を、僕の中で徹底させないといけない。

境を紛らかすこと、あるいは、境そのものを問い直すこと。
様々な意味や価値を構成する領界の枠組を解体、消失させること。そのた

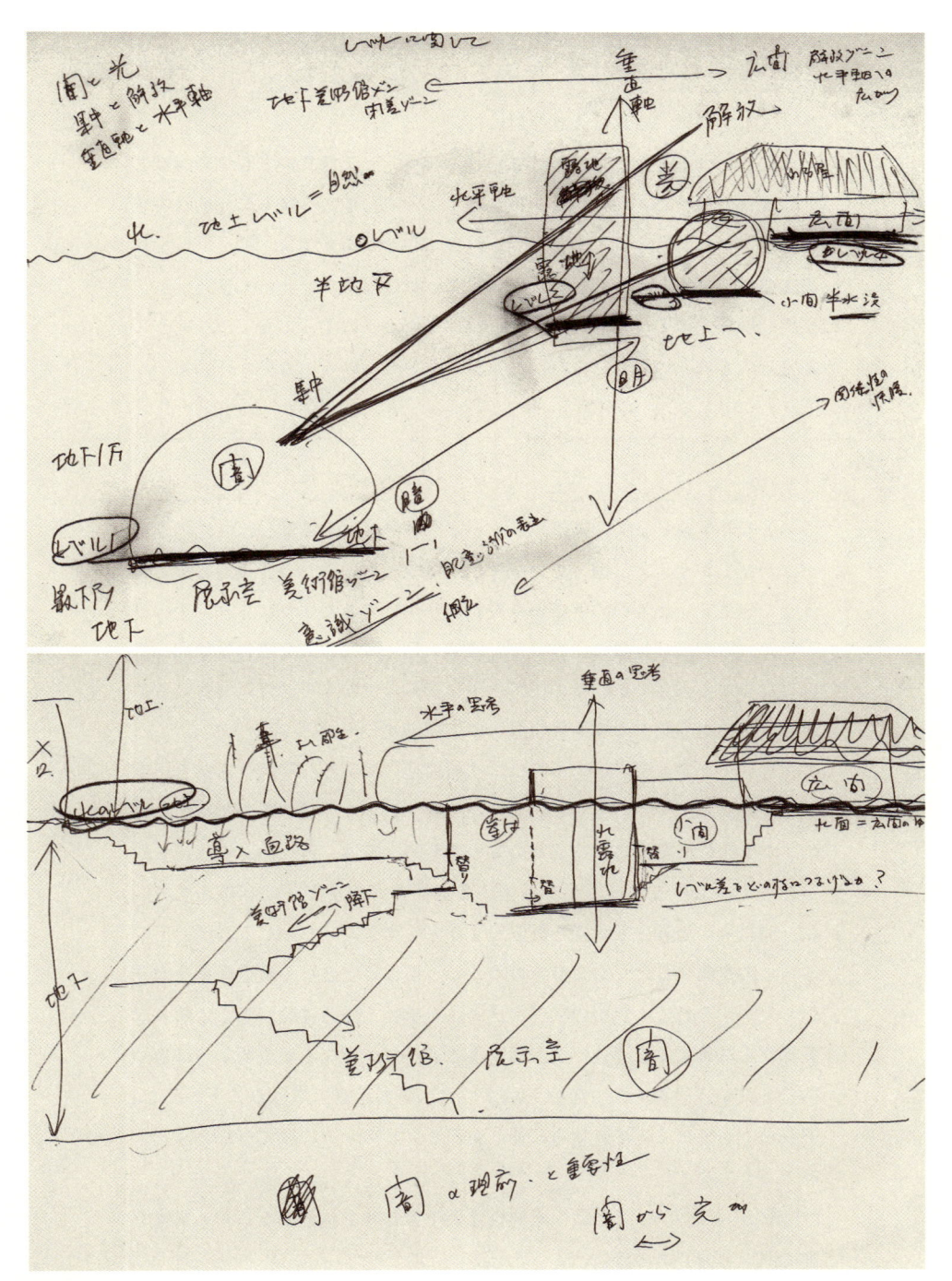

図11、12
各室レベル差の変遷。広間、小間、水露地の
関係性などが具体的になっていった。

めには素材自体に直接語らせなければならない。
　　過去と現在、つまり古いものと新しいもの、伝統と現代。
　　人工と自然、これは大きな対峙だ。
　　あるいは柔らかいもの硬いもの等、質感、マテリアルとしての対峙。
　　各々の素材がその独自性を損なわずに、その他あらゆる二元的な特色
　　を背負い対峙する。素材世界が直接ぶつかりあう。
過去の権威に寄りかからないようにしなければならない。
伝統的な様式のもつ強烈な吸引力に負けないようにすること。
茶室そのものとの戦は、これから始まろうとしている。

03. 08.

この1年余り様々な試行錯誤、アイディアが僕の中を錯綜し、多くの構想が浮かび上がり、また消えていった。内海さんとの話し合いを通じて、ようやく建築というものの手ざわりがわかりかけてきたように思う。手のひらサイズの茶碗の世界にくらべて、建築が抱える実質的な多様性は比べものにならなく大きいが、その中で急激に膨らんでゆく可能性に導かれるアイディアの氾濫をどのように自分の中で統御するのか。
消えていったアイディアの多くは、空間構造に演劇的な多様性を持ち込もうとした結果、浮かび上がる表層的な装飾に過ぎない物である。空間に付随する本来の演劇性は、空間そのものの緊張や密度、存在感、神秘性といったものから生まれる。だから僕は多様性を可能な限り削ぎ落とす方向に、僕自身の思考の独自性を確立しようとしてきた。しかしそれは、不安と自信の交錯するただ中に身をおくこと。僕は幾度となく軌道修正を繰り返したが、それでも表層のスペクタクルを求める誘惑は忍び寄る。膨大な多様性を統御する思想性が全空間を貫き通していることが重要なのは当然のことだが、思想そのもののミニマム化、簡素化をすすめることが肝心。それなくしてはまるで無軌道に湧きあがるアイディアの波に自らを溺死させることとなる。
「空間の手ざわり」、まさに、空間自体の手ざわりを感じきること。茶碗を削る問いと同じあの確信。

2004

04. 02. 01 ~ 04. 12. 26

04. 02. 01　茅屋根

コンクリートの壁に茅葺きの屋根、最も遠い素材の出会いが最も美しい出会いを生む例を、かつて、稲葉京氏のバリの家で体験した。彼は伊豆の古い老舗の温泉旅館の主人であるが、インドネシアのプリミティブアートに魅せられ、バリ島に4000坪の敷地をもつ家を建て、1年の半分以上をバリで過ごしている。僕は稲葉さんと知りあってインドネシアの島々のプリミティブアートの世界を知った。何年前になるだろうか、彼の建てたバリの家で数日を過ごしたことがあった。コンクリート打ち放しではないが、白いモルタルの直線的な壁面に、ふんわりと藁屋根が掛かっている。緑の芝の広い敷地の中、モダンで優雅なたたずまいだった。

佐川の茶室の屋根は、その時から茅屋根にしたいと思うようになった。日本風な伝統的な茅葺き屋根、白川郷の合掌造りに代表されるような重々しいものではなく、もっと軽やかなもの。傾斜も緩く、角張らないでふんわりとコンクリート打ち放しの上に掛かる。無機的な素材と有機的な表情とのぶつかり合いの中で、美しさを表したいのだ。

しかし、去年から建築許可打診がなかなか難航している。画一的でがんじがらめの制度の中で何もできない。これでは茅屋でなくとも純粋な日本建築でさえ存続不可能、文化は萎え、ますます衰退するだろう。
矛盾と強い憤りを感じる。

04. 02. 18　茅屋根

内海さん（竹中工務店　設計部副部長）から竹中工務店の建てた茅葺き民家風な建物の建築写真集が届けられた。竹中さんもこんな建築をしているんだと驚いた。太い柱に太い梁組、伝統的な葛屋葺き、大庄屋の屋敷風な立派な建物だ。
僕のイメージとは少し違うが、こんな経験があるなら佐川の茅屋の茶室も可能かと少し安心。

　　　　　✉内海さんへのメール
　　　　　内海様
　　　　　先日は、茅葺きの播磨屋本店円山店写真集をお送りいただき有り難うございました。

　　　　　26日齋藤・宮永両氏との打ち合わせをします。たぶんその時ご一緒できますよ

ね。その時に先日お願いした縮小のプランご提示いただければと存じます。
また、具体的な今後の日程が見えると有り難いのですが…。

屋根は一番悩むところです。
葛屋根には依然こだわりたいのですが、単に民家風にはしたくないのです。葛屋根の厚さと柔らかい面、屋根裏の組の美しさは魅力です。
ただ、大きな梁が何本も通る木組の民家風なごつい田舎家には仕上げたくないのです。勿論構造的にはある程度それも必要だろうと思いますが…。
例えば木組は簡素に、コンクリートの構造壁との調和でうまくできないかとイメージしています。

もちろん葛屋根以外の素材も併行して検討いただければと思います。ただしそれには、軒裏の美しさがほしいのです。それも軒裏全面を見せるのではなく、部分的に紙、あるいはそれに変わる素材で数層に区切りながら奥行きを見せる。天井のある部分は紙で仕切られ、又あるところは天井の軒裏の構造の一番深い所まで見えるというような…丁度伝統的な茶室の小間の天井が素材を変えた幾層かの変化を見せているように。

お目にかかるのを楽しみに致します。
樂吉左衞門　拝

04. 03. 20　茅屋根

平山館の水辺から吉左衞門館へと水辺を繋げれば、広がりは200メートルぐらいになるだろうか。その水辺の奥に葦が群生する。ただぼうぼうと密生する葦叢。その葦叢に隠されながら茶室の茅葺き屋根が浮かんでいる。まるで久多の芒穂先の先、その芒叢の遠方に浮かぶ綿帽子のような雲、ふんわりと谷間から生じて芒叢を充たし、周囲の稜線を消しながら、次々と空に向かって立ち上る。そんな柔らかな雲のような稜線を持つ屋根を、この葦の穂先にふんわりと浮かべてみたいのだ。葦と茅屋が一体になっている。葦が茅屋を支えているような。その葦叢に隠れるような、硬いコンクリート壁との出会いもなんとなくわくわくするではないか。
距離の遠いものほどその出会いは美しい。直線的なコンクリートの無機質な質感と藁の有機的な質感のぶつかり合い。どちらに軍配を上げるわけでもなく、ただそうあるだけ。だから屋根はできるだけ緩やかな勾配、角は円く丸める、合掌造りの民家にはしたくはない。
しかしこの水かさも浅い人工の水辺で、周囲を覆う葦叢はいったいどれぐらいに生育するだろうか…。

04. 03. 26　茅屋根　他

✉内海さんからのメール
樂吉左衞門様
3/29（月）16：30お打ち合わせに、お伺いさせていただきます。
　打ち合わせには、齋藤部長および、宮永顧問も、御出席されたいとのご意向です。話題として、
1. 齋藤部長からは、社内・役員会での、確認なさった事項の、御説明。
　　（スケジュールは、予定通り、…他）
2. 茅屋根の御要望を受けて、昨日、3/25に、守山市と事前協議にまいりました。（齋藤部長＋内海で）結果のご報告。（…屋根材、茅葺について、最終結論は保留となったものの建築指導課は、かなり難色を示されました。事実上、残念ながら、断念せざるを得ないように感じました。）
3. お約束の、茶室検討模型での、プラン検討お打ち合わせ。
　　（2）と関連しますが、できれば屋根デザインの新たな方針、方向性等について、ご指導いただければと存じます。
　ご報告が直前になってしまい恐縮です。よろしくお願いします。
内海慎介

　内海さんのメールでは、どうもかなり茅屋は難しそう。
　防火対策？　といえども、まわりが水辺、水の中にぽつんと建つ建物の屋根葺きが茅屋ではどこがいけないのだろうか？
　理解できない！！

04. 03. 31　茅屋根を断念する

　行政からの妥協案がきた。それによると、屋根はとにかくコンクリートにする。その上で上部平面と下部、つまり天井側に茅を貼り付けて茅屋らしい造りにすれば何とか許可を出すという。要するにコンクリートで屋根をつくりその上下に見せかけで貼り付け、サンドイッチにするということ。
　あきれ果ててものが言えない。怒りもこみ上げる。
　そのような見せかけを行うのなら、きっぱり茅屋はあきらめる！
　見かけだけで何ができるというのか。
　日本はまさに見かけばかり。
　思想のない、思いのない、人生観も生き方も見かけばかりで繕う、そんな世の中になってしまっている。
　画一的な規則の押しつけ。思考停止と責任回避。
　怒りが頭の中であふれ出す、どんどんあふれ出して、止めようがない。
　もう交渉する必要などない。

04.04.07　チタン葺き屋根の検討

✉内海さんからのメール
樂吉左衞門様
先日は、お打合わせありがとうございました。
あれから、屋根の件、考えてみましたが、やはりチタン等の金属板、一文字葺きによる寄せ棟勾配屋根がしっくりくる様に思い、屋根だけの模型を作成してみました（勾配は、本館と同じ6寸勾配で）。
ただ化粧屋根裏の仕上げについては、金属板なのか、金属のメッシュなのか、……といったところで、考えが巡ってしまいます。
見上げで、やや暗いということもあり、面の素材もさることながら、下地鉄骨、垂木、母屋等の（いずれも金属で、と思っていますが、）線材の大きさ、配置、ピッチ等の方が重要なのかも知れません。
なお茶室プラン、動線補強の、ご指摘の変更図も作成いたし、上記模型ともどもお目にかけ、ご相談をと思っております。早速で恐縮ですが、
4/9（金）午後3時以降
もしくは、4/12（月）午前
もしくは、4/16（金）午後
何れかに、お打合わせいただけませんでしょうか。
申し遅れましたが、先般は、メール文字化けの件、お騒がせいたしました。当方で原因解消出来、今後は大丈夫と思います。
内海慎介

内海さんはさすがに建築家だ。冷静に状況を判断しながらその中で可能な選択肢をちゃんと考えてきたのだと今更のように感心する。でも、僕はまだ冷静になれない憤りを感じている。

04.04.12　チタン屋根への転換

茅葺き屋根にいつまでも拘り、憤っているわけにはいかない。新たな茅屋根に代わる素材を選ばなければならない。
内海さんの提示はチタン葺き屋根。
それでよいと納得する。
伝統的な茶室には銅板葺きなどもあるが、この酸性雨の時代に銅板では持たない。
コンクリート打ち放しと茅屋根の最も遠い対照的なぶつかりから、急転直下、コンセプトの組み上げ自体を見直す。
もし金属素材を選ぶのであるなら、それはコンクリートとある種同系に属するから、その場合はコンクリートの強さと手をむすべる強さが必要。銅板葺きでは表現として弱いだろう。茅葺き屋根とコンクリートという極め

て対極的な素材同士の出会いから、チタンの無機的な金属と、コンクリートの打ち放しというどちらかと言えば同列方向の素材の合体へとコンセプトを転換する。
問題は、屋根裏天井の在り方。内部の天井は、独立して考えなければならないが、化粧屋根裏の素材の重要性が一層増大するだろう。これによってチタンとコンクリートの合体物がふたたび対照化されうる。

「(勾配は、本館と同じ6寸勾配で)」とメールにあったが、そんな勾配の強い巨大な量感の屋根ではない。これは内海さんに再度しっかり伝えなければならない。可能な限り緩やかな勾配！ 葦の上にふんわり浮かんだ雲みたいな屋根！ それは素材が変わっても同じ。

04.04.23　コンクリート打ち放し、もう1つの難題

もう1件クレームが付いていること。
文化庁の指導。展示室が地下であること、コンクリート打ち放しであること、
「これでは指定品は展示できませんよ」という指導があったらしい。
「ここには重文なんて展示しませんよね！」
僕はそれを聞いて美術顧問の宮永さんに軽く冗談で応答した。

もっともコンクリートは水分を放出、竹中さんの詳細な説明によれば、微量だがガスも放出するという。でも、コンクリートで造られてないものって、現代社会の中では皆無に等しい。
さてさて、どういうことになるのか。

04.04.28　佐川軒先に切り取られた風景

それは美しい写真だった。
いつか見た沖縄の民家を写した写真 図13 。あの強い太陽、光の海から吹き付ける強い風、酷暑を避けて民家は建てられている。暗い座敷から庭に向けられたアングル。部屋の中は暗く、かろうじて部屋家具が判別できる。薄闇を長方形に切り取るように外部に向かって開け放たれた縁側の戸口が、強烈な太陽の明るさと南国の風景をくっきりと浮かび上がらせている。薄暗がりの空間の向こうに、低い軒に区切られ切り取られた沖縄の光、沖縄の風景が目映い。暗い部屋の内部は、強い日差しを避けひんやりと静

2004

図13 『淡交』2004年5月号に掲載されていた、八重山諸島西表島の伝統建築の縁側。広間の風景をどのように切り取るか、制約と解放、光と闇に関するイメージを伝えた。(撮影=宮野正喜)

まりかえっている。光と闇のコントラスト。薄闇も有難いし、切り取られた光もまた有難い。沖縄の風土がそこにあり、沖縄の人の生活が其処にある。人はこうして厳しい、時に暴力的でもある自然から身を守り、同時に自然からの恩恵を受けてきた。

こんな風に佐川の茶室から外の風景が見えれば美しいだろう。
内部は深々とかぶった軒裏に包まれるよう、抱かれるように感じることができるだろうか。威圧的に高々と屋根を上げるつもりはない。屋根の勾配は緩やかに低く、たれ込めるように軒先低く構えること。その低い軒先によって、風景が低く制約を加えられ、額縁のように切り取られる。

明日29日は、深夜より黒樂の窯を焚く。

04.04.30　化粧屋根裏について決着

昨日黒窯を焚く。まずまずの結果を得る。
佐川の建築でこんなに時間を取られているはずだが、時間がたっぷりあることが仕事の充実とは関係ないことをつくづく思う。
意識の緊張というのだろうか、佐川での意識の増幅が作陶に激しさを加えているのだろうか。
昨夜、恒例の窯打ち上げのすき焼きの夕食では大いにみんなも盛り上がった。徹夜状態であるのに深夜まで、みな飲み過ぎ。

10時過ぎには目がさめてしまった。身体のすみずみまでどっしりと疲れは残っているのに、気分は爽快、窯の結果の良さが晴れ晴れとした気分にさせてくれる。いや、「晴れ晴れとした気分」ではなくて、放出した虚脱感、その空白さが心地良いのだ。
もっとも、結果の悪い時でも、窯を焚き終わった後は同じこの気分になる。何もかも出し尽くした後の空白感だろうか。何を考えるわけでもないこのけだるい白紙がなんとも他では味わえない。これは他人ではわからない。
窯場の後片づけ、焼き上げた茶碗の点検を済ます。

夕方内海さんにメールする。簡単に描いたスケッチ付きで。
懸案だったチタンの屋根裏側、化粧屋根裏の在り方について決心。
これしかないか！　これにする！！
天井裏から屋根裏はすべて竹で葺く！

2004

✉ 内海さんへのメール
チタン屋根の屋根裏化粧について
かねてから懸案でした屋根裏の化粧について、一つアイディアを考えました。木ですと結局従来の天井を張ることになりますし、その他の部分と合わないし、何かないかと思っていましたが、一つは葦を葺いてはどうかと思いました。しかし、葦では結局茅葺き屋根と同じ事になって、許可も難しい、ちょっとバサけてしまうように思われ、少々月並みですが、竹を用いてはと思っています。竹を棟方向に向かって縦に敷き詰めていくか、もしくは横に敷き詰めるかのどちらかで処理すればと思います。
　屋根はチタン材葺き
　屋根裏下地材（コンクリート？）
　竹化粧屋根裏葺き
下手なスケッチ同封します。
樂吉左衞門

茅葺きの屋根ならば化粧屋根裏はそのまま梁材と茅を見せれば良い。だから屋根裏の処理は難しい課題とは思わなかったが、チタン葺きに変更すれば、当然屋根裏も独立した処理の仕方になる。その在り様がこの茶室建築の中で最も重要な一つともなるだろう。
板天井ではその重要な任を果たさない。あまりにも通例的であるし、そこに隠れたメッセージを負荷することにはならない。
周囲に葦を植え込むのだから、葦で葺き込むことも考えられるが、いくらなんでもそれはあまりにも唐突な葦の出現であろう。
コンクリートの硬い直線的な囲いの表情に、柔らかく有機的なふんわりとした茅屋根が被さり出会う。その出会いこそ重要な茶室のメッセージとなるはずだったが…。
チタン屋根とコンクリートの囲いの連合を唯一屋根裏が受けなければならない。その重要な任をどの素材に託せばよいか？

しかし、その結論を得るには、それほど苦労はいらなかった。
やはり竹を組み合わせること。構造を組み込んだ屋根裏的な在り様とはなるが、コンクリートの壁に直接竹が突き刺さるようにぶつかり出会う。竹ならコンクリートの無機的で直線的、硬い表情に対して有機的、曲線的、柔らかさ軽やかさも表現できるだろう。対極にある素材同士がここでぶつかる。

今日は窯焚きの終わった爽快な気分にのって、重要な箇所、化粧屋根裏・天井部分の決心ができたように思う。

04. 05. 01　屋根の形状

早速メールでスキャンした沖縄の民家の写真を内海さんに送付する。

📩 内海さんへのメール
内海様
軒の高さについて、イメージになるような写真を見つけたので送付します。
茶室室内より、外部を見たときの、軒が区切る外部風景の見え方がこのような感じかなと思っています。勿論この西表島の家屋は床高でありますが、佐川美術館のものは床高がないので、ちょっと条件は異なりますが、見え方がこのような感じで屋根の軒が低く被さってくるかとイメージしております。
小間の床柱は、栗の稲干し架材（稲木。稲の刈り入れ後に稲穂を乾かしておく）の形の良い、古びて枯れた古材。手に入りますでしょうか。
取り急ぎご連絡まで。
樂吉左衞門拝

04. 08. 02 〜 08. 06.　湖北をめぐる

扶二子と湖北・高月町の仏様を見てまわる。
湖北は初めての旅行だ。自宅から湖西道路を北上、大王岬を廻る。この辺りから湖北の風景が変わる。うっすらと藍色じみた透明感のある光が、小さな入江に静かに天から舞い降りて小さな入江を充たしている。同じ太陽の光なのだろうか。琵琶湖の湖面に反映しながら、銀色の小さな光の何億枚ものかけらが湖面を覆う。と思えば、東の入り江付近からは濃い藍色の影がみるみる広がっていく。風がないせいか音がない。静かだ。
大王岬から琵琶湖の最北端をまわり込み、高月町に入る。ここは平安仏像の宝庫。なかでも渡岸寺の十一面観音は圧巻。そのどこか西洋じみたなまめかしい動きは、今まで見たこともない十一面観音様だ。
石道寺の仏様も、井上靖が「村の娘さんのようだ」と称した。少し彩色が残っていてふくよかな、どことなく童顔の仏様は初々しく可憐に見える。
ここは、戦国時代はもとより、東西北方の交通の要所として度々戦火にさらされたが、そのたびに村の人々が仏様を守ってきた。今もそれは変わりない。
無住の寺は門前に、「ご用の方はこの番号まで電話下さい」と書いてある。電話してから待つこと15分ほど、軽トラに乗った村のおじいさんが駆けつけ、鍵を開けてくれる。野良仕事を中断させては悪いので、ゆっくり見るのも申し訳ないような気がしたが、そんな気分を察してか、おじいさんの方から「気の済むまでゆっくりおまいりしてや」と話しかけてくれた。有難い。

最終日もう一度渡岸寺の十一面観音様と石道寺の観音様にお別れに行く。石道寺は堂の横に受付がある。しかし、今日は人影がない。「こんにちは」「すいません」と数度呼んでみたが、返事がない。蟬の声ばかり。歩いてきた暑さが一度に汗になって吹き出る。まわりにぼんやり目を移していると突然、受付のすぐ奥のテーブルの後からおばさんが2人がばっと起き上がるように姿を見せた。何だ！　どうした！　驚いた！　2人のおばさんは受付でそのまま昼寝中だったのだ。何とものんびりうれしい話ではないか！

帰路、近江八幡に立ち寄り水郷巡りの舟に乗る。
琵琶湖のクリークを和舟で巡ること1時間ほど。3メートル以上に伸びた葦が群生する間を縫って水路が巡っている。
こんな風に佐川の茶室のまわりにも葦が茂ればよいが…緑一面の葦原を眺めながら、ゆらゆら手こぎのリズムに揺さぶられながら、舟が進む。
葦叢の前に大きな蒲が群生しているところがあった。なかなか立派な蒲が大きく水の中から葉を伸ばしている。2メートルぐらいの高さには達しているだろうか。
一瞬ひらめいた。葦だけでは無理かもしれないから、葦と蒲を一緒にうまく混在させてはどうだろうか。
水郷巡りは良い収穫であった。

もう1カ所、水路のある集落に立ちよった。ここはあまりにも観光的に整備され、時代劇セットのように思われ、僕らの期待からは随分とはずれたものだった。できるだけ観光スポットをはずれて、素朴な水路と生活のにおいを求めて歩いた。

04.09.05　葉山ハートセンター　心臓検査

この春頃からだろうか、たまに胸が詰まるような感じを覚える時がある。それは身体の奥の方からかすかな気配としてやって来て、胃の上部辺りに小さなピンポン玉を飲み込んだような違和感で居座る。やがてそのピンポン玉は少しずつ大きくなって胸あたりまで広がってくる。圧迫感が広がる。少し息苦しい感じがする。10分ぐらいだろうか、時に薄れて消えかかってまた始まることもある。胸が締めつけられるという強い痛みではないが。父が心筋梗塞で倒れたのも丁度今の僕と同じ歳であったことを思い

出す。父はその後61歳でなくなった。
そんな話を林屋晴三先生に話した。「僕の診てもらっている先生が日本一だから紹介してあげるから行きなさい」
早速に病院の秘書の方に連絡。明日、葉山にあるハートセンター、須磨久善先生を訪ねる。

---

04. 09. 07　葉山ハートセンター

前には伊豆の海が広がっている。最上階の個室を取っていただいた。ここは病院独特の白い壁と消毒剤の臭いがない。小高い丘の中程の傾斜地に立つこの病院は全ての病室から伊豆の海が眺望できる。太平洋から入り込んだ明るい伊豆の海がキラキラと輝き、すぐ右視界の端には葉山の御用邸が海岸線の端に見える。葉山ヨットハーバーはさらに右方向。

---

04. 09. 08　カテーテル検査

カテーテル検査をした。薬剤によって映し出された僕の心臓の血管が、まるで白糸の滝のように写っていた。薬剤を注入、その内の1本が付け根あたりから消えた。苦しくなった。ニトロ3ミリグラム投与。回復。攣縮性狭心症と診断された。

---

04. 09. 09　攣縮性狭心症

担当医の先生から薬剤での狭心症の反応はきわめて烈しいものだったと聞かされた。
10日ほど入院することになった。

発作が起こらない限り、身体は通常健康である。チャンスだった。この伊豆の海が見える高台の一室で、食事付きの10日間の休暇だ。
僕は持ってきたiPodでいつものお気に入りを聴く。ジャズはキース。クラシックはヨーヨー・マのチェロ無伴奏、バッハとコダーイ、アルバン・ベルク、シェーンベルク、ウェーベルン、そして武満…随分偏っている。
本を注文した。学生の時に読み切れなかった本、いつか読もうと思っていたもの。
ニーチェの『ツァラトゥストラはかく語りき』文庫本を家から送ってもらった。

僕はベランダに椅子を持ちだし、太陽によって青銅に磨かれた水平線を眺める。青空に鳶が舞っている。鳶はいい。高々と風と戯れている。僕は何時間も輝く海と天空に舞う鳶を眺めている。それが僕の毎日の日課、いや休暇。

〈鳶と烏〉
海は青銅色に磨かれた剣
水平線の無限のかなたで天空と海が交尾する
他には何もない
その天空に鳶が舞う
風にまかせて鳶が舞う

大きく翼を張り　尾羽を傾け浮力を操る
羽をばたつかせることもない
白銀の光の朝には　低空旋回　時に
翼をすぼめて急降下を繰りかえす
金色の午後　海が赤銅に輝きを増す頃
青空の果ての小さな黒い点となって
高々と天空を飛翔する
飽きることなく風一体となって
くるくると大きく円を描き
ふわりと風に乗って上昇する
ポピーヒョローロロー　風の言葉を話し
ただただ無心　伊豆の光と一つになる

朝な夕な決まった時間に　烏が鳶の旋回を横切っていく
朝は岬に向かって　夕は岬から此岸の山へと帰巣する
烏は旋回することも　風と遊ぶこともない
いつも目的に向かって飛行の先を定めている
黒い翼をばたばた大きく上下に振りながら
目的？　一体それが何の価値を持っているのだろうか
目的？　その定めがない限り前には進めない
烏はどこか我々人間に似ている

鳶よ　風の漂流者よ
おまえは風にあやされながら

命令も服従もなく　己に課す義務や目的もなく
　風一体となって大空を舞う

「生産への意志、あるいは目的への衝動、より高いもの、より遠いもの、より複雑なものへの衝動」「生は言った、『つねに自分で自分を克服しなければならないもの、わたしはそれなのだ』」〔自己超克／ツァラトゥストラはかく語りき〕

　闘病日記をつける。

　太陽よ　あなたは全てを明るみに引き出し
　おのおのの形象を知らしめる絶対者
　あるいはその輝きの過剰さによって
　全ての存在を錯乱の中に消し去ってしまう暴君
　ああ　そのほかにも
　あなたはなんと多くの冠を戴き続けているのか
　意志と知恵の発言者　時の運行の司祭
　しかし　僕はあなたに戴かせる冠を持たない。
　澄み切った青空　よこにのびきった輝く白雲
　青空の広がり　僕の重荷！
　預言者は言う
　「重荷など背負わなくてもよい
　あの青き真空の海空の際を眺めればよい
　何時間も　何日も　何年も
　あなたは青銅の無窮の際から大いなる啓示を得るだろう」

　佐川の茶室への導入部、道行きともいえる長い通路の壁に、僕は『老子』のいくつかの章と『ツァラトゥストラはかく語りき』の一節を打ち放ったコンクリートの上に陰刻しよう。
　僕は今、目前に限りなく広がる海、水平の彼方を眺め、病室のテラスに独り座っている。開け放たれた窓のカーテンをはためかせながら、風が絶えず病室をかけ抜け、風音を休むことなく吹き鳴らしている。空は青灰色の光、無限の広がりの中で鳶が舞う。昨日の空は雲一つない紺碧の無限、一昨日は幾つもの雲が浮かんでは消えた。刻々と変わる光のメタモルフォーズ。太陽のせいだろうか、海には深々と落ちる闇がない。

2004

谷間に運ばれる、真っ黒な闇と地に眠る闇の声、闇の思想、憂鬱のため息。僕は自分自身のことについて何もかも知っておきたいと望み、何一つ知る事ができない。いま、僕の中でおこっている病を知ることも。
「あの燃え輝く太陽は！　大地に寄せる太陽の愛が来ている！　太陽の愛はおよそ無邪気であり、創造者の欲望である！」［汚れなき認識／ツァラトゥストラはかく語りき］

04.09.23　ハートセンター退院

今日ハートセンター病院を退院した。昨日から扶二子が京都から迎えにきている。午前中退院。せっかく葉山にいるのだからヨットハーバーの海沿いのしゃれたレストランで昼食をとる。少しだけ白ワインを飲んだ。
京都に帰らずそのまま東京泊まり、あすは茨城県陶芸美術館の「樂茶碗——手のひらの小宇宙」最終展示を確認に行く。樂美術館学芸員の杉山さんが奮闘、きっと困って僕を待っているに違いない。
夕食は友人の阿曾さんと上野山麓の中華料理店で会食。久しぶりの賑やかさに、さすがにちょっと疲れた。

04.09.24　視界の異状

朝、ホテルの壁に掛かっているリトグラフが、なんだかぼやけているようで焦点が少し合わない。寝ぼけているせいだと思った。
廊下に出た。廊下の先の扉がわずかにずれて二重に見える。
茨城に行くため阿曾さんが迎えにきてくれた。彼の車で行く。茨城に着く頃にはすっかりおかしくなった。何度も外の景色を確かめるために車窓にへばりついた。交互に片目をつむったり、まばたきをしたり、
でも、確実に視界がおかしい。電柱も2本、前から歩いてくる人も2人、田んぼの中の広告も2つ…すべてが二重に見える。ハートセンターに連絡、緊急指示で近くの総合病院に救急車で向かう。MRI。梗塞発見できず。救急病院だからと言われて帰される。病院の電球も二重、カレンダーも二重、はっきり二重になっているというのに。
看護婦さんに訴えたが、気の毒そうな顔をされるだけ。

04.09.25　脳梗塞の疑い

オープニングはセレモニーだけ出席、後は目をつぶっていた。

その後すぐ京都に帰った。
カテーテルの時の血管壁のかけらが、脳のどこかに詰まって梗塞があるのかもしれない。

04.09.26　目の二重視

いよいよ二重視は決定的な病状になる。部屋の中でも全てが二重に見える。
外に出ると50メートルも離れた電柱が1メートルくらい離れて2本に見える。まずい。今日は日曜日、どうすることもできない。

04.09.27　目の二重視

日赤の循環器井上先生から、脳神経内科山本先生の予約を29日に取ってもらった。
二重視はどうも観察していると遠方ほど離れて見える。老眼鏡を掛けて手元を見れば、ちゃんと焦点は合っている。たぶん僅かな誤差はあるのだろうが、とにかく新聞も読め、コンピューターも打ち込める。手元30センチの範囲はOK。

04.09.29　日赤で脳神経内科検査

MRIほか一通りの検査。眼科にも廻され、循環器科にも廻され、丸1日中検査。
それでも異状の原因は不明。カテーテル時の血管壁剥離の脳毛細血管の詰まりは考えられないという。血液サラサラ用の薬3種。

04.10.01　武田病院で再検査

武田病院の院長・半田先生を梅原猛先生の奥様が紹介して下さった。
検査、山本先生と同じ診断。やはり原因は不明。

04.10.02　目の二重視

すべての外出予定をキャンセルする。
相変わらず二重に見える。

なんだか面白いことになった。こんな不思議な体験はそう滅多にない。僕は病気には強い。病によって落ち込むことはない。
外出、人との約束をすべてキャンセル。せいせいした気分。仕事をする。制作には支障はない。老眼鏡を掛けて見れば、手元なので像はぶれないのだ。
まあ、なんと気分がいいものか、世間と没交渉の大名目。
「僕は大変な病中である」

04. 10. 06　目の二重視

重大なことなのに意外と落ち着いている。初めての異状体験なのに。
心配していても仕方がないか。むしろ考えれば、これも面白い体験。子供の時以外はあまり大きな病気をしたことがないから、この不思議な体験は結構面白い。病人になることが結構嬉しいのかもしれない。
じっとしていても仕方がないから、黒樂の窯に備えて制作する。
眼鏡を掛ければ手元は見える。結構集中できる。

04. 10. 07　通路壁の詩文

寄付(よりつき)へ向かう長い通路に詩文を刻むこと。
コンクリートにうまく陰刻が打ち込めると良いが。山本俊之さん（竹中工務店　京都支店作業所長）もさすがに難しそうだった。細かい文字が通路を歩むに従って、まるで太古の玄室に入るための聖文のように、この茶室空間での意識の方向を暗示する。
文字はシンボル。何が書いてあるかということより、象（きざし）だ。
決定するのではなく暗示させること。
この長い通路は、能でいえば橋掛かりのようなものだから。異界からの通路、この茶室の場合は、現世から異界への通路となるだろう。
一つは『老子』、これは決定済みのこと。ただどの章を、どういう順序で彫り込んでゆくかは検討しなくてはならない。
左の壁には『老子』。もう一方の右壁にはこの間から憑かれているニーチェの『ツァラトゥストラはかく語りき』を書き込もうと思う。葉山の病院で抜粋したノートを再度検討する。『老子』においては自我の放棄と無為自然、対面の「ツァラトゥストラ」で超越と近代自我の確立を対峙させる。自我、個としての存在と個を越える世界との関わりを模索すること。現代の縮図、未来への投げかけ。

04. 10. 10

午後内海さんにメール。
寄付に向かう長い通路の詩文について。「老子とニーチェ」からの引用。また内海さんがびっくり、呆れ顔をするだろう。
屋根の掛かりについて。そろそろ屋根素材も実物による検討をしなければならない。

04. 10. 15　屋根の形状

内海さんから茶室寄付、屋根の形状プラン模型写真を受信 図14 。寄付と水露地の一部に平坦な屋根が掛かっているのだが、むりやり屋根を掛けて蓋をした感じがする。どうしてもおさまりが悪い。あまりにも不自然、それだけが別物になっている。
平面プランも、水露地から寄付にいたる部分が一つに寄せられているからだろうか、少々複雑すぎる嫌いがある。
最も大きい問題点は、円筒形の水露地が茶室本体と寄付に吸収されて、円形を半分以下に壊している。これらにかかる平坦屋根を取っ払う必要がある。

04. 10. 18　屋根の形状

とにかく内海さんに返信メールを出す。
寄付部分は完全な閉鎖、ここではまだ解放された空だとか、外界との接触はないようにしなければならない。水露地で初めて空、つまり外界を見る。しかも円形に切り取られた空のみ。だから水露地から見える上部の円形は完全な形で確保しなければならない。円形に茶室本体の屋根が掛かることはもちろん、別棟の平屋根を掛けることも不要。
屋根の形状を1棟に変更して、図面を書き換えてみる。スケッチではどうもうまく表現できないもどかしさを感じる。その辺が素人の限界かもしれないと少々卑下する。
問題は広間の屋根の掛かり。広い縁石を持つ広間は、屋根が大きく前方に出るように被さる。一続きに被せると屋根の容積が大きくなる。小間水屋はその分短く屋根を押さえたい。威圧的な大きさではなく、ゆったりと、チタン葺きといえどもはじめの茅葺きの柔らかさがほしいところ。
その旨メールで伝える。

04. 10. 19　屋根の形状

午後9時すぎ、早速屋根の変更案が返信されてきた 図15、16 。
速い！　迅速な対応に驚く。内海さんも熱が入っている。
僕の1棟に掛けるプランは、内海さんが実際の模型に反映すると、僕のイメージしたこととは違う面が出てきた。幾何学的な曲線と直線で仕上げてゆく建築図面、厳密なところで思うように行かないことに愕然とする。粘土で作るのとは違う。僅かな誤差、違いがはっきりと結果になって現れてくる。
問題点は、広間が別の棟勾配になって、全体の屋根から段違いの別棟となって前面に押し出している。これでは1棟の柔らかい茅屋根風のイメージが狂ってしまう。寄せ棟風にはしたくない。屋根は複雑な形にはしたくない。

ひきつづき、大量のメールが届いた。
水辺の人工栽培の葦のサンプル写真、栽培風景を内海さんが送付してきた。どこかで見つけたという。「ヴィソラショッピングセンター（カルフール＋専門店他）」とあるが、どこかの新興団地近くのショッピングセンターだろうか。今は自然ブームだから、小川に自然ぽい水生植物を栽培する所も結構あるようだ。1枚の写真では、青々と2メートル近く育っている。水栽培でここまで育っているということは、佐川でもこれくらいは可能ということか。
しかし、これと僕の考えていることは大いに違うのだが…。それを説明することは難しい。人に優しく従順な自然ではなく。もっとどう言ったらいいのだろうか。そう、暴力的な自然。自然は暴力的だ。
茶室の廻りの葦は、もっとボウボウ圧倒的なボリューム感を持たせて栽培したい。ざわざわ葦が人間の領域に押し迫って。茶室を犯し、消し去ってしまうような…。
人工の水辺でどこまでそれが可能となるかわからないが…。

でもそれを今、皆に説得するにはまだ早すぎる。徐々に理解してもらえばいい。
取りあえず図面に赤ボールペンで葦叢を加筆した。少々控えめに。

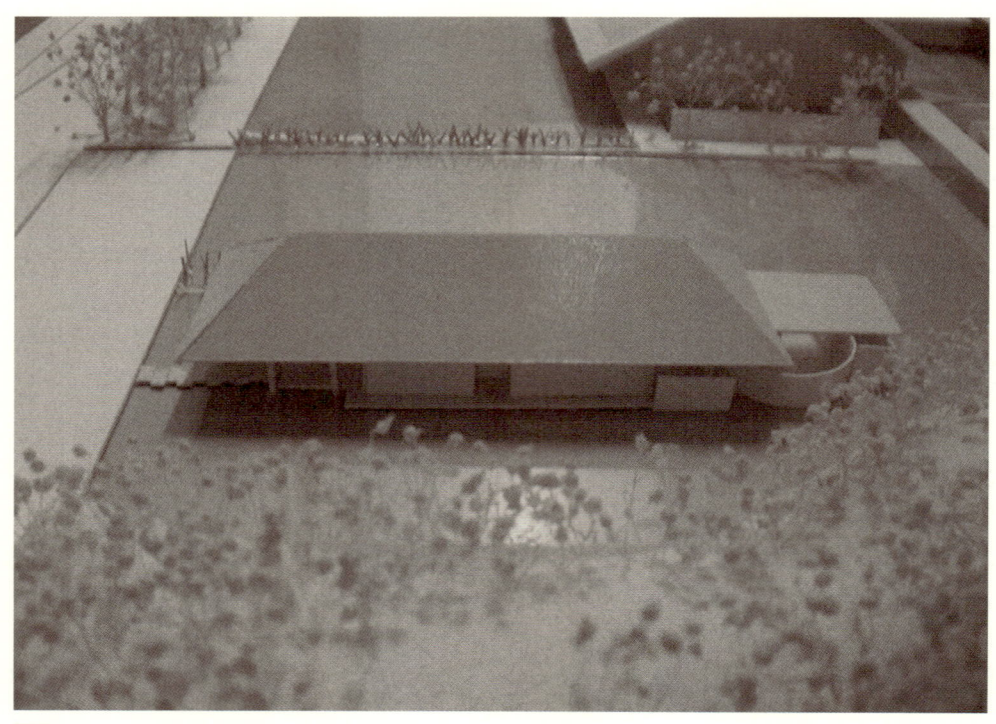

図14
東から見下ろした屋根の形状プラン模型。水露地に平屋根が掛かるのを変更してもらう。

2004

図15、16
変更指示を反映させた屋根、水露地のプラン。水露地の部分の屋根が大きく切り開かれ、広間の屋根が突き出ていることで構造が複雑になっている。こんもりと一枚屋根が掛かるイメージを内海さんに返信する。

04.10.20　屋根の形状

昨日から送付図面を眺めている。
寄付水露地と茶室本体の屋根が1棟に修正されてきたが、やはりいま一つしっくりいかない。
水露地を北東方向に移動し茶室本棟から離したので、やや円形が強調され始めたが、今少し離して円形をさらに強調する必要があるようだが、いっそ茶室本体から分離することができるだろうか。後日の課題としよう。
問題はやはり屋根全体の形状。寄付を別屋根にすることはできない。
内海さんからの改訂図面も、広間軒先が大きく張り出すところから、屋根の形状に段差が生じ、棟勾配が狂ってしまう。どうも図面だけでは理解できないもどかしさがある。
軒を揃えることもあるが、広間は深々と、小間は浅く軒を掛け、小間のスリット窓から室内に光の反映を入れ込みたい。問題は2つ。1つは、外観形状。屋根が60パーセントをしめるこの建物で、屋根の形状は重要だ。それを、最小限の容積でしかも、威圧的ではなく柔らかな曲線でふんわり掛けたいのだ。もう1つは、この軒を深々と低く下ろしたいのだが、その限られた開口部からの光の採り入れ方が問題となる。広間の低い屋根をもって制限を与え、水没の小間は壁のスリットによって光を導く。そのかねあいが屋根の形状となるはず。だからあまり小間の部分は軒を深く下ろさないようにしたいのだが…。無理があるのだろうか。大きく同勾配で寄付も含めて緩やかな勾配の柔らかな屋根が掛からないものだろうか。勾配はこの前より緩やかなものに直してもらっている。
もう少し考えなくてはならない。基本的な屋根の掛け方、ここの設計は内海さんに頼るしかない。

04.10.21　展示室の床材

屋根の掛け方ばかりに関わっているわけにはいかない。内海さんも基本設計をかなり煮詰めてきている。
展示室の床の方向性、イメージを伝えておかなければならないだろう。コンクリート打ち放しの強烈な存在感と質感、圧倒的なボリュームに何が対峙できるか。それは丸太しかないだろう！　僕はずっとそう思ってきた。
建築的な蓄積がまったくない中で、僕は僕自身の日常や、これまでの建築とはほど遠い経験の蓄積の中からしか、ヒントもアイディアも浮かばない。

僕の中で久多は、重要な建築のコンセプトやアイディア発祥の源だ。芒の海、西山の夕日、それにかれこれ20年前に立てたアトリエ。大きな松の梁材が吹き抜けの天井を通っている。土間は稲葉さんから分けてもらった40センチ角のバリの風化白石。風化した石灰岩系の自然石だ。ごつごつして荒削り、大きさも微妙に異なる。当時その石材の枚数が少し足りなかったので、松の梁丸太を厚板にして、石の間にランダムに組み込んだ。自然丸太の不定形の曲線と石材を合わすのに、職人さんが随分と苦労していた。

僕に思いつく樂吉左衞門館の床材はこの梁丸太しかない。こんな石材を敷き詰めた中でも丸太をうまくはめ込んで納めることができるのだから。このまま自然の曲線皮付きの丸太そのものを10センチほどの厚さに引いてそのままダァーと敷き詰める。太いものもあれば曲がっているのもある。不定形不揃いの丸太板材。あのロビーの広大な空間に丸太が敷き詰められる…、なかなかの迫力、壮観な趣に違いないと確信する。自然丸太だから大きく隙間が空くだろう。それをどうするか？？

それは考えてもらおう。素人の強みを生かして。

「コンクリートを丸太材の隙間に流し込んでもらえませんか」

とまたまた乱暴な発言をする。

コンクリート打ち放しに対抗できるのは少なくともこれしかないだろう。既製定形の割り振りのフローリングの床にはしない。

---

04. 10. 24　茶室の縁石　手割りの石の美しさ

10月23日、茨城県陶芸美術館「樂展」の講演、扶二子と行く。まだ目の二重視は完全ではないが、なんとか正常に戻りつつある。日帰りはきついので、1泊東京泊まり。

翌24日、東京芸大美術館の「興福寺国宝展　鎌倉復興期のみほとけ」を見に行く。久しぶりに金剛力士像2体を見る。やはりすごい。動きと迫力と緊張、これほどの彫刻が世界にあるだろうか。ミケランジェロと比べても引けを取らない。

帰りがけに彫刻棟にいく。

卒業して数回しか足を踏み入れていない。僕は札付きの問題学生、卒業式も出ていない。懐かしい思いはないが、石場あたりを徘徊する。ほとんど何も変わっていない。そのことに驚く。

石の割差した後をカメラに納める。竹中スタッフに見せるため。割れ石、切り出したままの粗面を使いたいと言っても、いま一つ僕の意図が伝わら

ないもどかしさを感じる。凹凸のはげしい不揃いの石材は、床の在り方としては内海さんには許容外のこと。竹中としてもそんなデコボコの切り立った石を床に使うことは今までにもない。意識の範囲外のこと。

僕は当初から割れ石のアイディアを話してきた。芸大に入学して初めて、先輩が大きな原石を小さな楔(くさび)で割っているのを見た。数十センチおきに楔を何本も打ち込み、叩いてゆく。本当にこんなに大きな石がその小さな楔で割れるのだろうか。僕はずっと見ていた。何十回もハンマーを打ち下ろしたその時、石がカタッと動き、次のひと下ろしでパカッと巨大な原石が割れる。思わず固唾をのむ。その出来事の新鮮さに感激して驚いた。そのイメージが僕の中に残っている。

僕は石彫をする忍耐など、その当時は持ち合わせていなかった。石彫には進まなかったが、人間の途方もない小さな行為が巨石を割る。人の傲慢な力によるものでもなく、祈りのような小さな何十回ものハンマーの打ち下ろす音に、その営みに、石自体が答えてくれた。その感激。崇高な感じさえしたのを憶えている。人の力がその石を割ったのではなく、小さな人の営みに石自体が自らを開いたのだ。

その割れ石を、僕は佐川の茶室の縁石に広々と敷き詰めたいのだ。

デジカメで石の割れ肌を納め、京都に帰る。

04. 10. 25 　基本プランの検討

一連の提示プランに対する回答を、まとめて内海さんに送付する。

展示室の床、第1展示室の入口部など、イメージスケッチを送付する。

第1展示室の具体的な決定がまだできないので、入口の様子も未定だが、思いついた感じを書いて送付 図17 。第1展示室内側は仏教寺院の内陣の趣、壁面はここだけ木にしたいので、たぶんこの部屋の入口あたりがコンクリート壁との出会いの箇所となるだろう。床材のごつい丸太を方形に裁断して積み上げ、展示室への導入、入口とするアイディア。もちろん決定案ではないが…。

茶室平面プラン変更指示を出す 図18 。

水露地円形の確保。そのまま北東に半間移動して、しっかり円形であることを確保する。

内海さんの平面プランもまだまだ途中段階とのこと。広間から通路部床、それに寄付部分が無意味に前後してデコボコしている。たぶん寄付あたりのプランに、トイレの必要性など加味して、平面プラン取りに無理がある。できれば一直線にしたい。

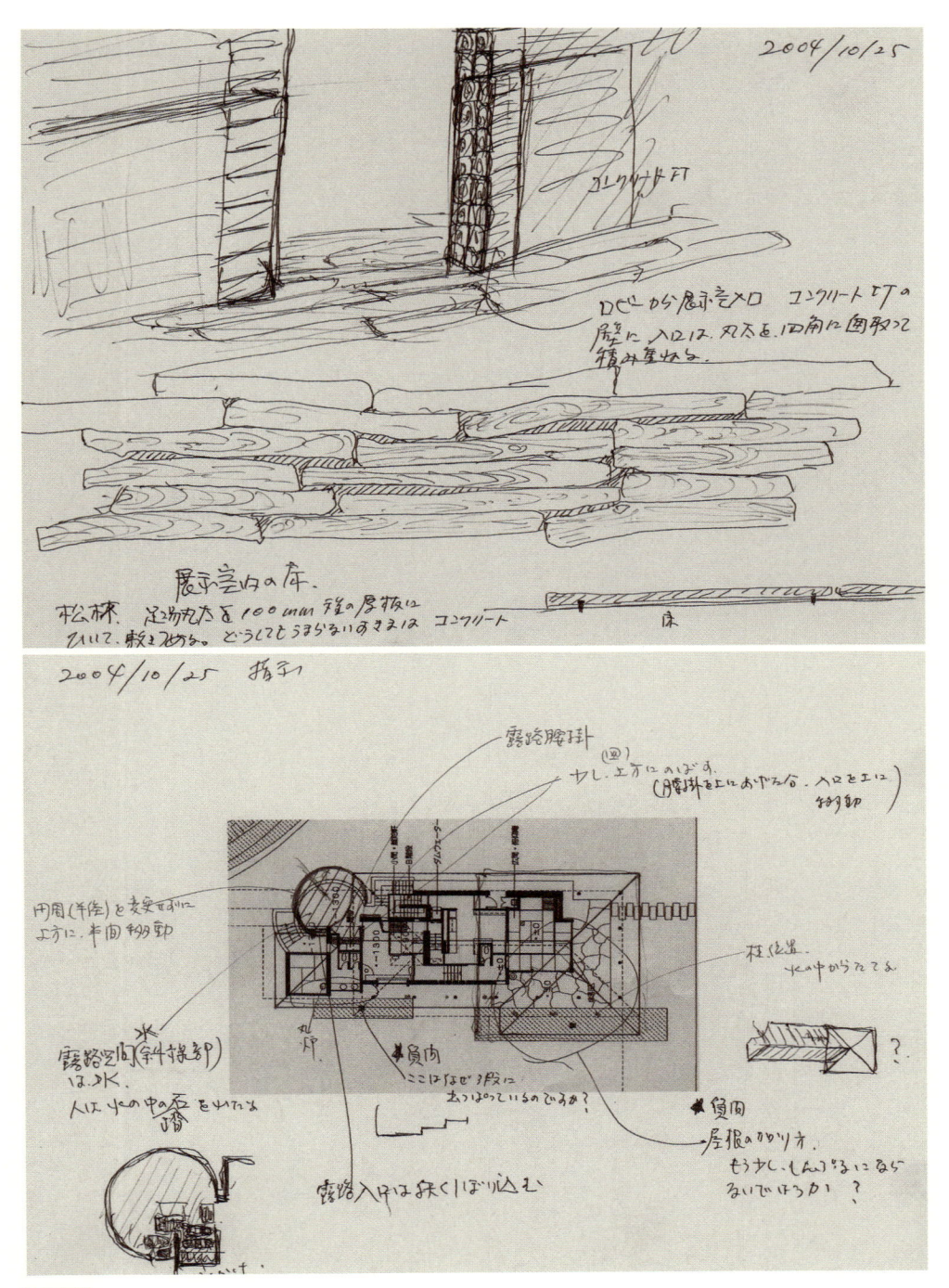

2004

図17、18
ロビーの床材の初期プラン（上）。丸太材板を敷き詰め、隙間はコンクリートで埋めることを指示。展示室入口は木材を積み上げる。平面プランへの書き込み（下）には、露地空間を北東に移動、さらに広げるように指示を入れている。

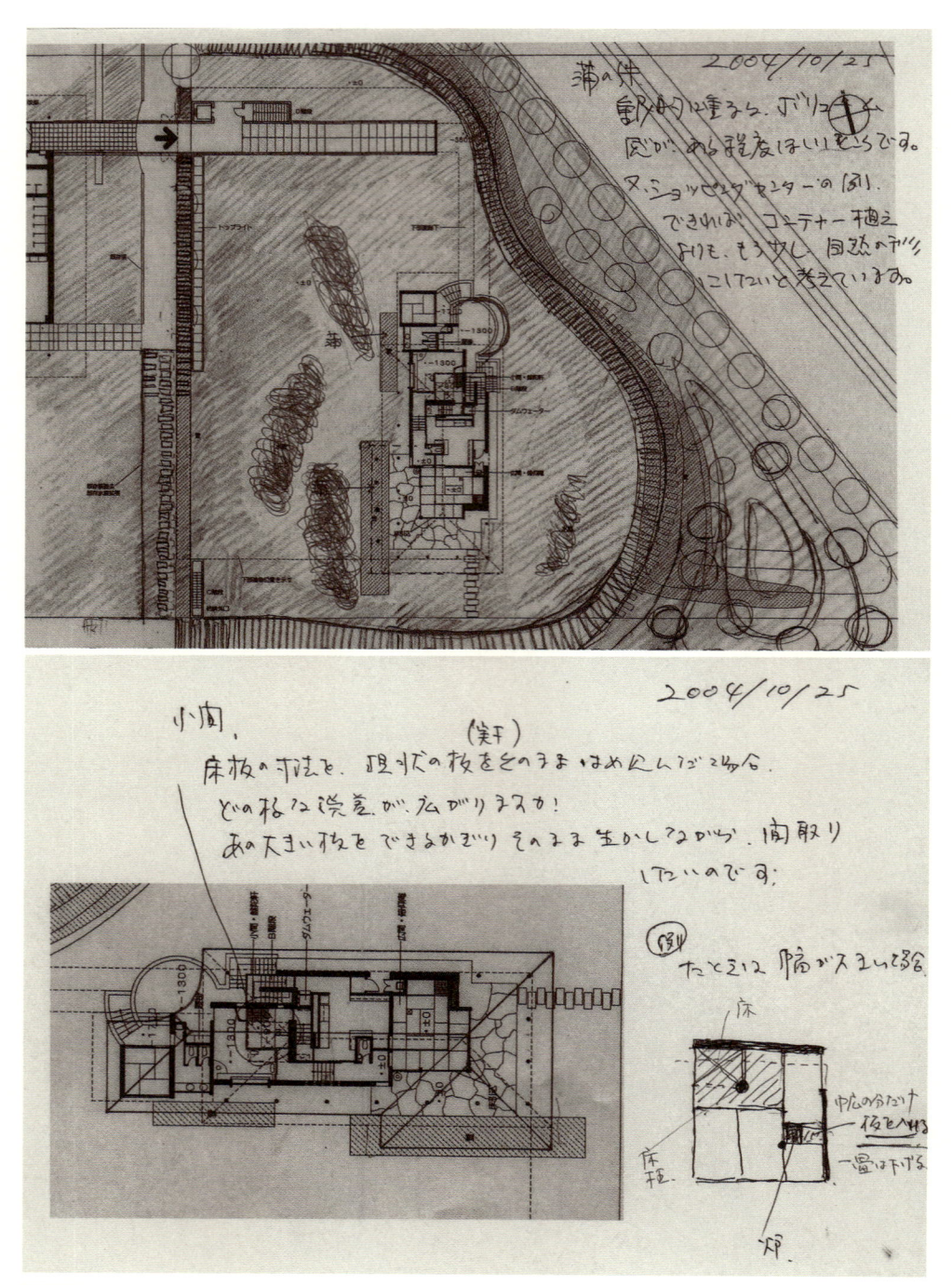

図19、20
葦・蒲を植える位置を（控えめに）塗りつぶす（上）。小間の床は、バリ黒檀の板に合わせ方針を決定する（下）。

屋根の掛かり方は問題が残る。
葦・蒲の栽培範囲を少し基本図面に書き込んで送付 図19 。実際にはもっと葦・蒲の栽培部分は広がり水面を覆うだろう。

小間の平面プランも合わせ送付する 図20 。
そろそろ基本設計に入るから、後で変更できないかもしれない。
今の段階でしっかりと伝達しなくてはいけない。
小間のイメージ、小間の間取りの基本はこれしかない。もう1年前になるか、稲葉さんから、バリの黒檀の一枚板をわけてもらった。すでに稲葉さんから送ってもらって家で保管している。これがこの茶室の基本イメージを背負っているのだ。1900×1200はある大板、黒光りして分厚く、強烈に重たく堅い。手斧で殴りを入れて、1枚の平面に作り上げている。殴りの痕がまた美しい。バリではこの板を何に使っていたのだろう。かなり年月も経っている材だ。水の中でも沈んでしまうという。それだけ堅く詰まって比重が重いのだ。
この一枚板を切らずにそのまま床の板として使いたいのだ。もちろん踏み込み床、枡床。コンクリートの打ち放しの床壁。
ここまでは小間のイメージは僕の中で固まっている。

> ✉ 内海さんへのメール（添付文書）
> 〈寄付・露地の細部〉
> 地下から上がってきた寄付前のスペースに少し余裕がほしいと考えられます。
> 水露地への入口で一旦狭く絞り込んで、露天の露地空間につなげる。
> その為、露地部円筒形空間をそのまま東に半間ほど移動。（中心点を半間移動）
> 腰掛は一間強いっぱいにして東に少し上げる。
> 腰掛を移動した分、小間への入口の壁も延長、入口も東に少しずらす。
>
> 〈屋根の軒〉
> 全面に掛けると、確かに横の長さが大きくなりますね。しかし寄付、トイレのみ別屋根にするのは違和感があるように思われます。
> 別屋根にするなら、どういう屋根にするのか、いくつかイメージとアイディアお聞かせください。
> 広間の西屋根を延ばした場合の屋根の組み方、もう少しシンプルになりませんか、いずれにしても模型を又お見せいただけると有り難いです。
>
> 〈屋根の軒内の件〉
> 屋根の軒内は、やはり竹を主体に束ねてボリュームを出し、化粧軒にするのが良いように思われますが。
> 広間は白竹、小間は煤竹、あるいは黒竹など考えることもできます。

〈小間の床板の件〉
例のバリの板、なんとも切るのはもったいない感じがします。もしあれを大きいまま取り込んだ場合、点前座に変調をきたすことになると思いますが、それは後程、向板や何か調整を致します。

〈葦と蒲の件〉
ショッピングセンターの写真有り難うございました。
ただやはりコンテナー枠詰め栽培ではなく、あるいはそれに近いものでも、より自然の状態を再現したいと思います。
また、ボリュームが必要で、3層ぐらいで重ねながら配置したらと考えます。

〈展示室床の件〉
展示室の床材、何かアイディアおありでしょうか。石、タイル、木、フローリング等が普通なのでしょうが、どうも市販の木の床材では面白くない感じがします。僕の久多のアトリエに一部、足場丸太（梁丸太）の松材を100厚ぐらいに挽いてそのまま使っているのですが、それを全面に敷き詰めてはと考えています。
素材は松です。勿論曲がっていますから、多少面取って隙間を合わせ、それでも合わない隙間はコンクリートで埋めて表面を磨くか、何か石材を埋め込むか、そのようなことで処理する。
ロビーから展示室への入口はその梁丸太を四角に面取って積み上げる。

以上のようなイメージを考えてみました。

---

04. 10. 26　基本プランの検討

内海さんの返信が速い！
ただ専門用語がよくわからない。フラットルーフ、アイレベル？　たぶん平屋根のことだろう。
屋根は、複雑な棟勾配の段差がなくなり大きく1枚になって全体に掛かっているものと、寄付部分だけ別棟が接続されているものの2通り。
やはり別棟の接続は、全体の形状を無意味に複雑化して美しさを削ぐ。
今のところ、やはり1枚で掛けるほうが良い。ただ、寄付はどうなるのだろうか。そこまでを1枚の屋根でカバーするには、屋根のボリュームが大きすぎるかもしれない。
どのような対策があるか？

このところの内海さんとのタッグ、なかなか好調！
僕は素人勝手に真っ直ぐ頭の中に浮かんだことだけで突っ走る。内海さんはそれを様々な側面から検討、図面に仕上げてゆく。当然修正を加えながら図面に統合する。

僕は今までの仕事柄、1点のことに集中するのは得意だが、この総合という様々な要素をおもんぱかって組み上げてゆく作業が苦手だということがよくわかる。いろいろ気遣いは人一倍するが、制作は一点に集中するように努めてきた。僕の焼物世界では破綻は織り込み済み、いや破綻さえもが意味を持ってくる。破綻をきたすことを恐れないこと。

いま、破綻は内海さんがすべて引き受けてくれているが、しかしそれは、はなはだ彼の許容の域を越えていることが多い。

僕の中でイメージが旋回する。そのスピードに内海さんが必死で追いつきフォローしようとしているのがよくわかる。

「建築家って、なんといろんなこと考えなあかんのやな〜」

つくづく思う。

僕は建築家にはなれそうにない。

内海さんとのこのタッグはなかなか良い。建築界でも今までなかったコラボレーションになるかもしれない。

04. 10. 29　基本プランの検討

内海さんからのメール受信。

茶室の平面プランが送付されてきた。

問題点は水露地と寄付の取り方、双方をもっと独立させなければならない。

特に水露地の重要性を内海さんにわかってもらうこと。露地は市中の山居のまさに導入部。単に苔むした山居の風情、自然を味わうことではなく。もっと鮮烈なメッセージを付与しその独自性、独立性を確立しなければならない。

送付された図面は、寄付・水露地が簡易的に併合されすぎている。

〈水露地の在り様について〉

水露地を寄付から分離独立させること。内海さんの図面に訂正をかける。

水露地の壁面仕上げの方向性について思案する。

正直迷っている。

コンクリートの円筒形の高塀、この壁面をどのような素材で取り囲むか。やはり考えは柱列、12〜13センチ幅のできるだけ長い柱列を縦に延べまわすこと。このアイディアに傾いているが…。

あるいは、コンクリート打ち放しのままに突き放してしまうか？

石の柱列を縦に敷き詰めるにしても、それがどこかの高級ホテルのインテ

リアのように単なる装飾過多、過剰になることは避けなければならない。それは重要なことだ。水の流し方をできるだけ抑制しなければならない。先回提示したルイス・バラガン風な水滝、石造りの長形の溝から滝のように流すことは避けなければならないだろう。静かに静かに、壁面を伝わすことだろうか。

展示室の床材の木についてもイメージを文章にして伝える。

地上部水面に広がる葦について、できるだけ水の中から葦が立っているようにしたい。水と広間床水面の広がりを一体化するために、可能ならば水の中から葦が立ち上がってほしい。土を多く盛り土にして島を作らないようにしたいものだが。葦の生育上、可能だろうか？

04. 10. 30　基本プランの検討

寄付と水露地の関係について訂正を行う。
茶の湯の空間にはそれぞれの意味と役割がある。小間空間＝茶の湯の根幹。根源に向かってそれ以前の寄付・露地・腰掛は独自な役割を担っている。
寄付は茶の湯空間の準備、これから始まる非日常との接点、茶の湯のほんの軽いメッセージを伝える。具体的に昔なら道中の身なりを整え、たとえば足袋なども履き替える。
露地はさらに一段、茶の湯ゾーンへの深まりを現す。まさに市中の山居への進入。ここに至る日常世界との離別、切り放ち、裁断、さらに禊ぎの役割を果たす精神的な高まりが準備されなければならない。だから寄付と露地はまったく性格が異なるもの。共有空間では、双方ともが成り立たない。

　　　✉内海さんへのメール
　　　10月26日の水露地・寄付の変更プランなかなかご苦労の跡が窺われる所です。有り難うございます。拝見し、私見書き留めます。
　　　最大の難点は寄付と水露地の空間が完全に分離されないところです。露地の独自性を確保し、露地空間に入って初めてその異形性、非日常性に出会うというように、寄付とは完全分離させたいのです。そこの所でしょうか。

　　　送付いただいたプランを元に、円筒形水露地空間を少しずらして水露地空間を閉鎖する。
　　　寄付から水露地へは中潜りのような小さい入口からはいる。
　　　トイレの空間を小さくして、その分で水露地腰掛を円筒形空間壁面に添って設置

する。
トイレは変形、恐らく洋式便器一機のみに縮小となる。

第3案
寄付とトイレの位置を入れ替える。寄付は基本的には板敷きとし水露地空間に一方の隅が突き出て腰掛となる。
露地腰掛と寄付の同一床平面をさえぎる円筒形露地壁の一部は寄付にかかる部分のみ可動式の（或いは取り外し可能な板戸など）とし、取り外せば、寄付から水露地の全景が眺められる。これは何かのことで寄付を水露地付きの茶室に仕立てて使用することもできます。

別案
上記第3案の寄付と腰掛を区切る壁面を可動な壁面ではなくコンクリートの固定壁面に完全分離する。但し寄付と腰掛の床は同一平面とする。
寄付と水露地とを区切る円筒形の壁面は寄付部分で適当な光（明かり）の窓などを開け寄付に水露地空間からの光を取り入れる。
寄付の入口付近の床を斜めに水露地の方に向かって延長、水露地には円筒形壁面に開けられた中潜りを通って水露地空間に降りる。その場合人は寄付の床から潜りをくぐって水露地空間で再び専用の露地草履などに履き替える。

〈円筒形の水露地について〉
壁面は石材の方向で今のところ考えています。
（コンクリート打ち放しの素っ気なさにあえてするという案も捨てていませんが）
問題は、水の流し方です。コンクリート打ち放しの壁面では、水の流し方が難しい。前提案で、石の直方体の棒を突き出させてそこから水を線状に落とすというアイディアも出しましたが、何となく取って付けた違和感が残ります。
壁面に水を滝状に流すというのもコンクリート壁では考えられません（滝状に流すと言うのも使い古された常套的な処理でしかありません）。
結局石材を用いるという事に落ち着くのが良いように考える所です。
その場合、単に装飾石材壁面にはしたくないこと。壁面装飾ではなく、もっと物質的な性格を感じさせたいと思っています。
一例は、細長い直方体の棒状の石、「桂石」というのでしょうか。今のものはきれいに面取りして造られていますが、昔のものは結構ガタガタの面のものがありますが、そうした粗いものをイメージしております。幅が100強なら、寸法が1000〜1200が必要でしょうか。できるだけ長いものであればよいのですが。そうした石材をぎっしりと縦に並べて円筒形の壁面とする。
その場合の水の流し方は「滝のよう」ではなくて、石材の表面を僅かに濡らしながらほとんど水の流れがわからない程度に壁面上部全体から水を流す（なんとはなしに石面が濡れているという感じ程度）。床面は露地空間円筒形部及び小間空間入口まで均一に水が張られている。
腰掛の部分も基本的には水が足下まで張られていて、人間が歩くところだけ飛石が張られている。
露地空間はマイナス1300のレベルでしたが、これは小間のレベルと同じレベルということでしょうか。これでは全く浅すぎると思われます。−3000はほしい所です。さらに床部の水を張る深さがさらに必要ですから、さらにマイナスされ

たレベルが必要。おそらくそれだけでは浅すぎるでしょう。水露地の水の深さは浅くても100～120ぐらいでしょうか。

〈展示室の床材〉
先日の提案で、展示室床材に梁丸太の挽き材を敷き詰める案を申しました所、安藤さんの教会の床材に足場板を使用されている旨ご指摘をいただきました。ストイックな扱い方が成功した例とおっしゃっていましたが、基本的には梁丸太引きの床材の扱いのイメージも同様なものと考えています。ただ、まったく素っ気のない足場板に対して自然の形状を強くもっている梁丸太材はやはり異なるイメージと言わざるを得ないところです。しかし無造作に圧倒的な床面積をぎっしりと敷き詰めることにより、出来るだけ自然の味わいを殺して情緒性を最小に切り詰めることができるのではないかと思って居ます。
（足場板を思いつかなかったところが、ちょっとくやしいところですが）板面は何か、出来るだけ簡単な薬剤で黒っぽく、或いは焦げ茶色に色付けて木目の自然感や色合いを殺して行く方向かと思います。
丸太は出来るだけストレートな形状のものを選ぶこと。場合によっては曲がりを面取って補正する。それでも開いてしまう隙間は単純にコンクリートで埋めてしまう（装飾的な石材を使用しない）。
展示室は恐らくかなり暗い空間になるので床の形状、色の変化、個性はかなり抑えられると思うのです。
そのような方向を再度検討していただければ幸いです。

〈小間空間の床材〉
小間空間の土間床は土のまま、いわゆる土間に仕立てたいと考えます。

〈広間縁先の石畳〉
先日、東京芸大の展覧会を見に行ったついでに、石彫の作業場を見てきました。数種の石が放置、制作中でした。参考に携帯電話で写真を撮ってきましたのでお送りします。
イメージとしては山から切り出したままの感じを留めたもの。自然石のような味っぽい形状のものを敷き詰めるのではなく、人間が最も素朴な形で自然と関わった痕跡、単純な形体、つまり正確な長方形状に整えず、歪んだまま、大きいまま、粗いまま、烈しい凸凹のまま、切り出しのノミ穴痕も付いたまま、目地も通らない不定形のまま、一応長方形を留めて敷き詰める。そのような形を考えています。
この石材の上に直接組み込む形で畳を敷く。割れ石と畳が直接ぶつかるように、間に敷居部材などを入れ込まない。床脇の琵琶床も同一石材で形づくり、天のみ磨いた木板をはめ込む。
京都の地方裁判所の外壁材に自然石の趣を残した石材をきれいに張っていますが、そういうものではありません。

〈葦エリアについて〉
葦のエリアは築島のように島状に土を盛り上げるのではなく、葦はあくまでも水面から生えている状態にしたいのです。
そのためには、葦エリアを決定して、そのエリアの湖面底部は深めに掘り込んで

考える必要があります。湖面底部が水面より－150だとすると、葦エリアは水面下最低－300〜400は必要かと思われます（蒲の生育に必要な深さ）。
逆に島状に水面上に盛り上げた土に葦を植える、水面の繋がりと平面の連続が切られてしまうでしょう。水面から生える場合でも、葦の密集度によっては水面の水平面が遮られる結果になりますが、土を盛り上げた島状の遮断感とは全然違ったものになると思われます。水の中から生える植物のイメージ、これは重要なことです。
その点考慮いただき、湖水の深さのレベルを詰めていただきますようお願いします。
とりあえず以上のような所です。　よろしくお願いします。
樂吉左衞門　拝

寄付と水露地の接合部分、双方の独自性を確保するために内海さんから提示された図面に手直しを加える 図21 。
内海さんからの提示図面では、寄付と水露地が一体となりすぎている。まったくの性格を違える空間設定を理解してもらわなければならない。
訂正図面と趣旨説明を送付する。

---

04. 11. 02　水露地

内海さんからメール届く。昨日送付したメール、趣旨についての返信。
本当によく努力していただいている。
何しろ思いつきと言えばその通り、しかも素人の思いつきなのだから。戸惑いも当然のことだろう。
最も水露地壁面石の柱列配置には、僕の中でも迷いがある。アイディアが先行しすぎていないだろうか。しかし具体的なイメージが必要＝アイディア…可能な限りのアイディアを考える。
水露地水底に墨、備長炭を敷き詰める。壁面にも備長炭の長い枝状のものを敷き詰める…これは以前にも考えたか！　これではやはりだめだ！

✉内海さんからのメール
樂吉左衞門様
早速、ご検討頂き、ありがとうございます。
おかげさまで、屋根形状の納まりに目途がつき少し安堵しております。

御文章、スケッチ拝見しました。
その密度に正直、すこし圧倒される思いがします。

分離…のご趣旨たいへん良くわかりました。

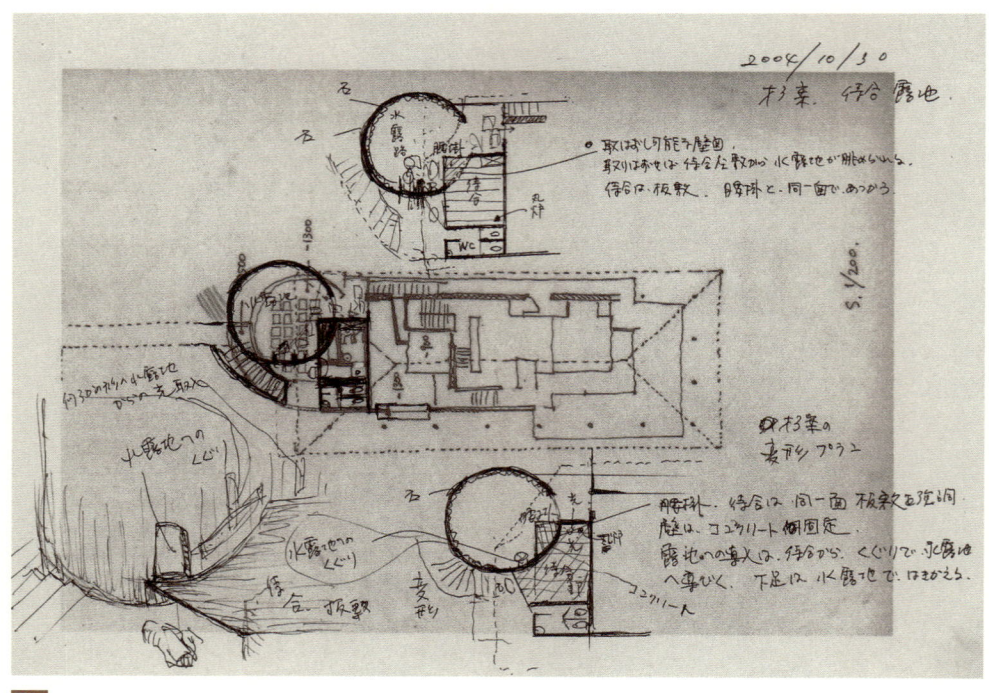

図21
内海さんの水露地・寄付プラン。双方が分離するよう、第3案に手直しを加えた。

石の、縦格子、セラミック製縦格子（いずれも60×60くらいの断面）…のような、イメージのお話も差し上げましたが大分異なるイメージと、了解しました。ただ、現実の姿として、石の柱列のイメージが、今ひとつ捕らえきれないのも事実です（多分、かつて存在しない景色を、創出なさろうということでありましょうから、無理からぬこととご容赦ください）。

茶室部分細部お打ち合わせは、下記、本体部分検討に目途をつけましてから、あらためて、おねがい致したく存じます。

現在、アプローチ、地下部分の変更案作成中で、次週にも、佐川本社にて、方針ご相談のうえ、改めて、地下部分についてもお打ち合わせにうかがいたいと考えております。

なお誠に恐縮ですがお送りいただきましたワードの拡張子が無いので、直接ファイルを開くことが出来ません。可能であれば今後は保存される時に、拡張子を付けて保存して、発信頂けると大変助かります。
内海慎介

04. II. 04　小間のレベル

内海さんとの間で、小間、水露地のレベルの調整を今一歩しっかり詰める必要があるように思われる。
難しいところだ。内海さんの設計進行の中では、おおよその全体レベルがイメージされ始めているはず。今のうちにしっかり詰めておかなければならないだろう。
小間を深くすることは、その下に位置する展示空間、美術館本体のレベルにも影響する。－1300という小間の床レベル提示はやはり承服できない。なぜ1300なのかが、きっと内海さんの中で突き詰められていないのだろう。当然のことだし、そこまで内海さんに要求はできない。こちらの思考の詰め方の問題だ。
少なくとも－1600、いや、1700は必要だろう。－1300では小間のスリット窓から水面がのぞけてしまう。悩ましいところだ、水没感を実際の具体的な視覚として、どの程度見せるか。これは重要なコンセプトだ。
見せたい思いも残る…。
しかしやはり視覚化しないことが重要なのだろう。直喩ではなく気配で知らせること、それが重要か。小間から水面を見せてはいけない。
いくらに落ち着けるか、1600の線、
人間の背丈分の水没。そこに意味を持たせよう。

水露地のレベルはどうか。
同じレベルだろうか？　一応同じレベルを指示。疑問が残る。再度、送付されてきた模型の写真を見る。水露地の壁面が水面から立ち上がりすぎている。もっと沈めなくてはならない。

04. 11. 05　日赤で脳神経内科検診

1週間前から手足に紫斑が出る。打ち身をした覚えもない。血液サラサラ薬の副作用で毛細血管が出血している。しかしその頃から二重に見える誤差が少しずつ縮まってきた。数日前からほぼ正常。
山本先生の検診。もう大丈夫でしょう、とのこと。但し原因不明。
まあいいか！　結構、おもしろい体験だった。
振り返ってみれば、この1ヶ月作陶と建築の双方を両立させながら、よくこれほど意識がとぎれないで過ごせていると我ながら思う。目の二重視も忘れてしまう程だ。もっとも外出は病院行き以外は全くゼロ、世間との交渉もゼロ、作陶と建築のみ！　後は夕食の楽しみぐらいか？　安ワインでうまいのを扶二子が探してきては少しだけ飲む。

04. 11. 08

先日のレベルに関して、内海さんにメール打診する。
芸大の石彫の割れ石のサンプル写真に加えて、わが家にある延べ石の写真も送付する。こちらは水露地の壁面の石素材としてのサンプル写真。

04. 11. 10

黒茶碗制作削り、終了。明日から釉掛けに入る。

04. 11. 15

黒の窯が近い。当分は建築については考えないようにしたい。
気になるのはレベルの問題。小間と水露地のレベル。

04. 12. 03

黒窯を終える。

再び建築へ。
レベルの確認。
小間のレベル－1600〜1700はOK。
問題は水露地。
円筒形の壁、筒状の底辺で仰ぎ見る空、閉塞感と上方に抜ける開放感のバランス。それは唯一壁面の高さ＝水没するレベル。

小間と同じレベル1600では閉塞感が弱い。高い壁に囲われることによってできるだけ閉塞させて上方に一挙に解放させること、3000は必要だろうか。2倍近くだ。小間とのレベル差をどう埋め合わすか。
階段しかない。どこに階段を設けるか。
全体構造との関わりになっていくから、内海さんの専門的な設計力の助けがいる。
次回打ち合わせに提示、相談すること。

04.12.21　打ち合わせ　樂家

3時から自宅2階で打ち合わせ。
全体の外部模型を見る。ようやくここまでは来た感じ。
美術館本体は地下に、地上部は広間の茶室だけが現れるが、意外と見え方が大きい。もう少し小さくしたいところだが、小間と広間に一枚屋根を付ける以上、屋根の量感も大きくなる。内部の大きさはこれ以上狭くすることはできず、屋根を小間と広間に分けることもできないだろう。複雑になりすぎる。
あとは形状か。ふんわり丸みを帯びた茅屋根の感じ。内海さんにしっかりと伝達する。屋根をできるだけ小さく押さえたいが…。容積は小さいほうが良い。地上部となる茶室は、大きく存在感を誇示しないこと。これは茶室として、いや僕自身の心情として重要なことだ！

展示室床は、すでにプランを提示しておいたが、なかなか難しそうである。原木、松だろうか？　7〜8センチぐらいに厚くスライスして敷き詰める。原木の歪みや白太部分、皮付きの変形を生かしたいのだが、目地の問題、何かコンクリートのようなものを流し込んで埋めたとしても、木自体の収縮の問題が出るという。確かに難しいかもしれない。
白太部分は落とさなければならないとして、何とか不揃いの幅太の原木挽き厚板を敷き詰める方向でお願いする。

コンクリートと木の床、残響が少し気になる。天井で吸音させる。素材の決定は内海さんに任せる。後は光、外光の取り入れ。あくまでも一部分、ある所に天から光が、霧状の光が静かに落ちてくる感じ。

地上の水池については、スタッフの理解がだいぶ進んできた。ヴィオトープ（人工池）の例なども内海さんや、宮永美術顧問に伝えた。
虫や生き物が住めるような水辺、葦の繁った水辺を当初からイメージしているが、なかなか、理解できない。というよりも、理想だけではなく実際具体化の中で生じる様々な問題、浄化循環の機械設備、メンテナンスを彼らは考える。水質の管理、アオコの発生、水の濁り、などなど。
当然のことだが、考え方のバランスがどうしても保守に傾きすぎる。僕は自分の望み、夢想を実現することばかり。建築は実際に建てるのだから、夢と理想ばかりでは建たないことはわかっているが。まあここではそれが僕の仕事、役割と考えて居直るしかない。
平山館の既存水辺との整合性も彼らは考えている。勝手に自分の館だけのことを考えるわけにはいかないが。
ヴィオトープのイメージが最も的確に彼らへのメッセージにはなるが。平山館の水辺との落差は決定的になる。そこまで行かないまでも、ようやくここまでの理解に到達できたとつくづく感じる。
葦と蒲を植えることも、たぶん彼らのイメージを遙かに越える法外な領域に。しかも整えないでランダムにガサッと。久多の芒の茂みのように荒々しく野性的に植えたいのだが、今はそこまで過激には触れないでおく。
ようやく葦の栽培可能との回答をもらったところだ。とにかく水栽培が可能という回答はとても嬉しい。よくいろいろ事例を模索して研究してくれたものだと感謝する。
既存の水辺でテストに入るという。設立準備委員会の中に「葦育成チーム」が結成された。うまく育つだろうか。
様々意見がぶつかったり、躊躇があったり、立場に違いはあっても、基本的にスタッフの協力姿勢は根っこが温かい。有難いことだ。少しずつ理想に近づいている感触がある。
今日はとても実りの多い打ち合わせだった。

---

04. 12. 22　小間と水露地のレベル

昨日の打ち合わせで言い出せずのままのことをメールする。
あわせて水屋立礼の具体的詳細について、アドバイス補完する。

重要な課題は小間と水露地のレベル。
このレベルをしっかり表現しなければならないが、これまでの提示はやや浅すぎる嫌いがある。少なくとも水露地は最低3000水面下を確保しなければならない。小間は1600〜1700つまりコンセプト通り、人間の背丈分の水没。
内海さんにだめ押しのメールを出す。

✉内海さんへのメール
昨日はお疲れさまでした。
その後、気が付いたことをご連絡します。

＊水露地に関して
寄付、水露地、小間空間の動線関係は、
地下通路＿＿寄付＿＿水露地＿＿小間空間
というように、いったん寄付に入ったら、直接寄付から水露地へ繋がり、水露地から直接小間空間につながる。地下通路への出入りは寄付のみ。

＊水露地と小間空間の床レベルについて
小間空間床（土間）レベルを水面下−1600〜−1700と考えれば、
水露地は、水面下−3000として、その差1300〜1400、
1400ほどの高さを水露地側に階段を設けて処理するのはちょっと不安定で難しい。
小間空間で階段にすれば何とかなるかなと思います。
ただ、小間空間のレベルを−1700、
水露地を水面下−3000＋水面上に300ほど上げ、高さ3300、
両空間のレベル差1300を小間空間で階段とする。

課題
出来るだけ両空間レベル差を無くす
但し、水露地の水面下レベルは最低−3000を確保、とすれば小間空間のレベルをどのぐらい下げることが可能か。

＊小間空間の床素材は土間にしたいと思います。少し赤土系。
＊水露地の水底床の素材は壁面と同じ、細い延べ石を一様に敷き詰めるか。
或いは、コンクリートそのままにして備長炭を敷き詰めるか。これも面白いかなとも思います。水質浄化にもつながる。

とりあえず思いつくまま以上のようなことを考えました。
よろしくお願いします。今年1年素人の放言に寛容におつきあいいただき、感謝しています。又連絡するかもしれませんが、よい年をお迎え下さい。

水露地の底面の素材が難問。

コンクリートのままか、あるいは別素材か。
備長炭を敷き詰めるアイディアを書き留めたが…水の浄化にも繋がる。
しかし実際にはどうか…迷っている。
水露地の壁面の課題が、先決課題だ。
いよいよ今年も押しつまる。基本設計、今少し詰めなければならない。

大きな譲歩が僕の中でおこっている。水露地の円筒形壁面を水面上に300ほど上げたこと。本当は地上部水面とプラスマイナス・ゼロから水が円筒形露地の中に流れ込むべきだが…。これ以上全体のレベルを下げるわけにはいきそうにもない。また、直接外部地上の水を露地内に落とすのは、かなり技術的に難しいという。地上部の水からの流水コントロールの問題、当然外部の状況に強く影響を受ける、風などにも左右されるだろう。また、外部葦植栽による水の濁りを引き込むことになり、その浄化設備の問題等々。やむをえず水面から300上げ、地上部地面と切り離すこととする。

04.12.26　展示室プラン

展示室プランがほぼ決まってきた。細部の在り方を再考する。
問題は第1展示室の具体的な在り方、内陣風の廻り通路はやはり廻せないだろう。それには広さが足りない。1室を象徴的に、しかも当初プランの露出展示を貫くこと。具体案は後日。
第4・5展示室、対称に分かれる伝統型と現代型の対峙する2つの部屋のプランを再考する。
僕の仕事。茶碗の制作の中で伝統的な規範に沿った仕事と、その規範を破った仕事は、いわば両翼の車輪、あるいは振り子の運動。相互に補完、いや相互に分かれながら一方への意識の集中増幅をはかっている。N極とS極の磁場の関係。
だから展示室は、相似形に対称させて開くことが原則。実際の展示の中で微調整をする。伝統規範を破った現代的な作品が若干主流を占めるか…。その分野を広げることも考えられる。
ただし内海さんの図面では、空間に対して作品展示スペース、作品数が多すぎる。それは後日訂正指示を出せばよいか。
第4・5室を中心に図面を修正する。4通りの案を書く　図22 。
これで、一応の基本プランを内海さんに伝達、図面化を託すことになる。
でも、これはほんの始まりに過ぎない。ようやく入口にたどり着けたかなという思いがする。その入口から、どのような空間を実際に肉付けしてゆ

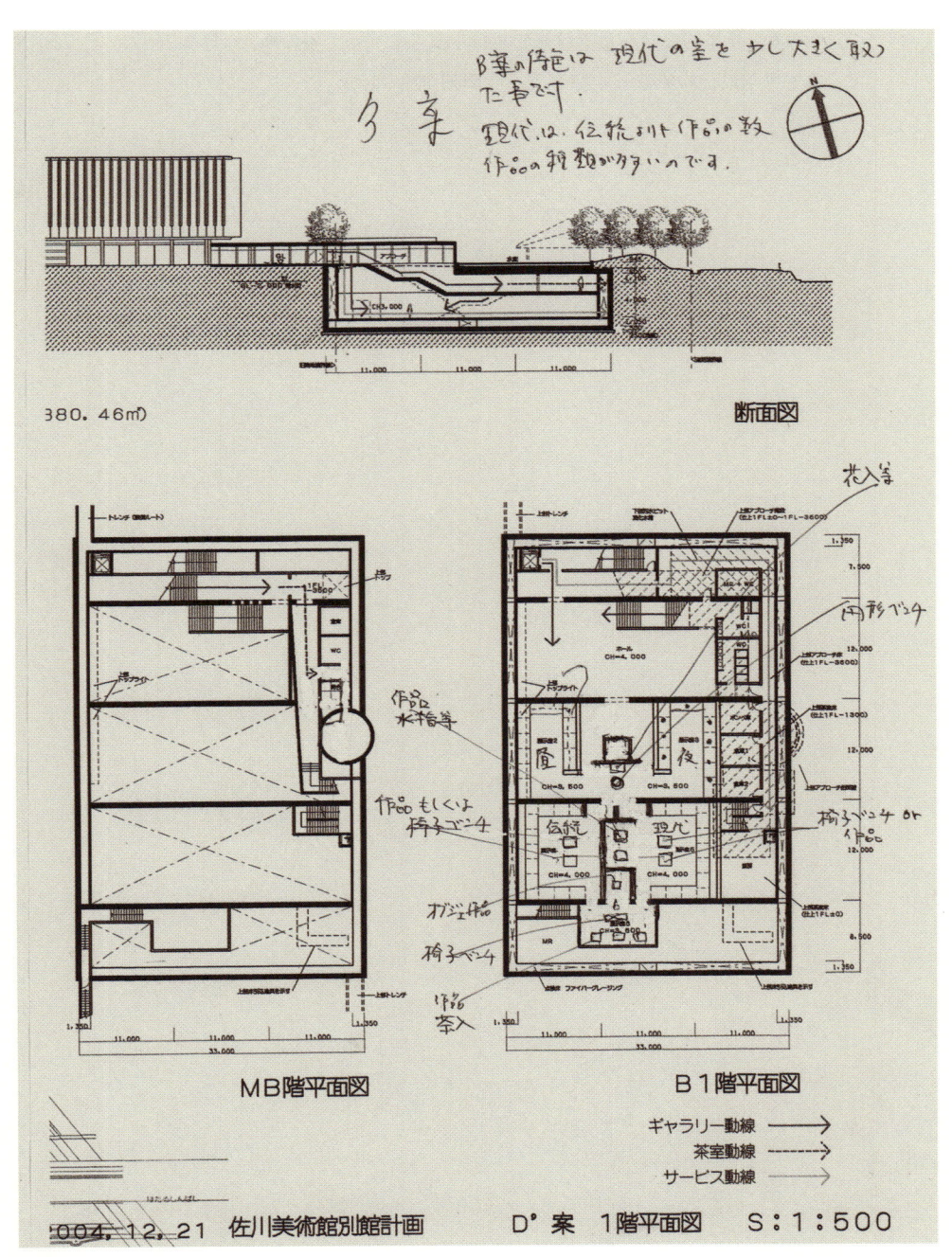

図22
4通りのプランのうち、このB案で、以後の
方向性が固まってゆく。

くのか、具体的な踏み込みは来年以降となるだろう。年の瀬、今日は26日。
あす今年最後の赤茶碗の窯を焚く。明朝4時半起床。

2005

05. 01. 07 ~ 05. 12. 22

05. 01. 07　第1展示室の象徴性

ほぼ展示室平面プランが決まりかけてきたが、まだまだ細部に問題点あり、指示を出す。

問題は第1展示室。スペース的に可能だろうか。なかなか難しい状況になってきた。

第1展示室は寺院の内陣、実は東大寺二月堂の内陣外陣のイメージがあるのだが。

狭く囲って廻りに通路と外陣を巡らす。展示空間の中核、胎内でもある第1展示室、象徴空間だ。どのような象徴性を獲得するか！　それこそが重要。

展示指針は茶の湯における関係性ということだろうか。茶碗、茶入、水指、といった道具がある関係性を生み出す。その関係性によって茶の湯の意味が変わる。その一点に観客の意識が集中されなければ、関係性そのものも見えてはこない。

この空間だけは、無理矢理にでも観客を緊張関係の中に引きずり込む必要がある。

二重に囲まれる内陣はその意味を持つが、内海さん（竹中工務店　設計部副部長）の図面にその表現はあるものの、いま一つ理解されていないように思われる。決定的な問題は空間を二重にするスペースがないこと。わざわざ外陣という通路状のものを巡らす無駄。その無駄に意味があり、よって内部の象徴性が増す。もしそれがスペース的に無理を生じるなら、何かのそれに替わる表現が必要となる。ただの「小さめな暗い部屋に1点だけ照明が当たり作品が展示してあります」ではすまされないだろう。二重囲い以外に何か別の空間設定はあるか。

05. 01. 12　立礼バックヤード

立礼卓のバックとしての、衝立について、角材（たぶん集成材か）を積み上げる案について一応内海さんに伝える。しかしいまいち、僕自身の中でもまだ明確なイメージができていない。エントランスロビーの空間とどのような取り合いになるだろうか、心配だ。僕の中で迷いがある。ロビー空間に巨大な角材の壁を積み上げること。広い空間に立ち上がる圧倒的な角材の量感。それはそれなりの存在感が示されるが、繊細さには欠ける。

たしかに、立礼のバックほど難しいことはない。もともと立礼自体が茶の湯の空間、茶の湯の営みとして希薄、散漫なのだ。あのようなものは茶の

湯ではないと言い切ればよいのだろうか。利便性の上にのっかる中途半端な劇場性、若い振り袖姿の女性がしおしおと客の正面で茶を点てる。茶の湯の点前は演劇ではない。

ラディカルな問題はひとまずおき、美術館として、立礼は必要なものであることはたしか。少なくともロビー空間に重複しながら、立礼空間の自立性を考えなければならない。擬似的な空間として。それが立礼のバックヤードにかかっている。少なくとも現代作家によるオブジェチックなもの、あるいはおざなりな金屏風といったものだけは立てたくない。

05. 01. 15　通路壁の詩文

正月がはや終わってしまう。今年は正月どころではない。

茶の湯ゾーンへ参入する茶室導入部通路、まずは寄付へ向かう通路、それが茶室の始まりとなる。その細い通路は、展示空間から茶室へのいわば橋掛かりとも言える。ここに精神の集中、これから始まる茶の湯という異空への表明がほしいところだ。

以前から考えていた詩文、『老子』の一節の選択決定をそろそろしなくてはならない。ただコンクリート壁に直接文字を陰刻するような形で表したいのだが、どうも内海さんはあまり乗り気ではなさそう。技術的にかなり無理がありそうなのだ。細かい字で陰刻することは確かに難しそうではある。

久しぶりに『老子』を紐解く。

『老子』は魅力的だ。茫洋とした宇宙観がある。初めて『老子』に接した時の感激、それはまさに長次郎茶碗の世界そのままである事を発見した喜びと驚きだった。

どのように読み進んでいくか、順序も決定しなければならない。

一方の壁に『老子』、もう一方の壁にニーチェの『ツァラトゥストラはかく語りき』を対比させても良いと考えたが、その文面は再度選ばなくてはならない。

自我の放棄と近代自我の確立をこの橋掛かりを進むにつれて考えてゆくこと。

茶室のコンセプトでもある。結構長くなる。内海さん提案の突き当たりの壁に刻むのではだめ。その壁面だけではとうてい文章がおさまらない。導入部通路を奥へと進むにしたがい文章自体も意味を深める。たとえそこまで立ち止まって読む人はいないとしても…。それは呪文のように続く！

導入部通路が奥へ行くほど空間が斜めに細く挟まってゆくのは良い。遠近感と歩行が進むに従って高まる緊張感が良い。これは内海さんのなかなかのヒットアイディアだ！

05. 01. 16

基本設計が迫っている。基本的な平面プランはおおよそ進行したが、立面上における細部はかなり調整が必要だろう。

空間を締めくくる開口部、つまり入口について、これまでにも随分内海さんと相談を重ねてきたが、どの程度まで狭く絞り込むことができるだろうか。

内海さんは基本的には、一般公共性を優先するから、このあたりの攻防をしっかりと繰り広げなくてはいけないだろう。茶室は中潜り・躙り口などの寸法、これは茶室という特殊な空間だから、コンセンサスをとれる。問題は第1展示室への入口、エントランスロビー・展示室の入口の幅と高さ。特にロビーから第1展示室への入口は思いきり狭く絞り込みたい。狭さによって空間に包容力というか内包的な力ができると思う。間抜けた入口にならないよう。広くても1間ぐらいだろうか。きっと団体客でも来たら混乱するという話になるだろうが…。

ロビーと第2展示室の光の採り入れ方、唯一の外光ラインだが、ロビーはおそらく壁面への投射が最もシンプルで良いだろう。長形だろうか？
結構大きな空間、しかも天井高も高い。何か天井からすーっと光の帯が降りてくる。地上部の水面を通して揺らぎを地下に導く。壁に映り込むかもしれない。きっと青い色合いを持つ清浄な光がいい。
第2展示室は、展示ケースに沿って外光を廻すか？　あるいは室内中央に天窓を開けるか？　展示ケース越しは難しいだろう。外光は時間によって変わる。やはり室内中央か？　うっすらとした光の帯。直射は難しいだろう。

あすから東京、表千家初釜手伝いが始まる。

05. 01. 24　立礼・小間のプラン　玉峰館

毎年、1月17日から20日まで、表千家の初釜の手伝いに東京へ出かける。このお手伝いは、自分が生まれる前からの慣例、歴史的な行事。樂家を含む十職がさまざまな千家の行事を手伝ってきた。たぶん江戸時代から続い

ている。連日大勢の客が来庵する。ふだん多人数に接することがないのでとても疲れる。今年は風邪をひかないですんだ。毎年この後、風邪で寝込んだりすることが多い。

20日に終わり、友人の戸田さん、小川女史と恒例の玉峰館へ2泊で出かける。浮世の関わりを落とすため、疲れを癒すため。それに今回は佐川の木材を稲葉さんに依頼するため。

玉峰館のロビーでいつもの顔ぶれの出迎えを受ける。ここはたんなる旅館ではない。オーナー稲葉京(たかし)さんのバリワールド、旅館のあちらこちらでバリプリミティブの作品と出会う。玉峰館は伊豆河津、峰温泉にある古い老舗の温泉旅館。門をくぐりやや奥まったところ、玄関口の脇には古い丸太櫓(やぐら)の組まれた源泉があり、この辺りの温泉旅館にも配給しているらしい。湯の花のこびりついた櫓の中程から、勢いよく白い湯煙がもくもくと上がっている。1階のサロン一帯は稲葉さんの収集したバリをはじめとするインドネシア諸島のプリミティブアートが並んでいる。僕らはこれが大いなる目当て。

ロビーで早速目が止まった。四角い石の固まり。火山岩だろうか、溶岩がまさに冷え固まったブラックグレーのざらついた肌。四角い石の真ん中に円形の刳りがあり、おそらくどこかの神殿の水瓶、聖水をためて浄めの儀式に使われていたものだろうか。いやそれとも神殿の柱の基石だろうか。稲葉氏はそれに水を張り、山ツバキを生けていた。僕はすぐさまひらめいた。穴の大きさを確認。深さは？ 少しぐらいなら深くすることができるだろう。つまりひらめいたのは、立礼の風炉代わりにならないかということ。少し高さが足りないかもしれないが、それは何とかなる。立礼のアイディアがこの1点で固まってゆくのを感じる。何という幸運だろうか。

以前から、立礼卓について考えを巡らしていたのだが、ガラスを素材にした立礼の炉、たとえばガラスの四角い固まりとか、現代ガラス作家のように板ガラスを重ねて固まり状にし、中央を刳り抜いて炉にするとか、結局は新しい立礼といっても、ありきたりの発想しかできなかったのだ。

だいたい茶の湯の立礼ほど中途半端なものはない。仰々しく客と正面切って対座し、お点前作法が何か見せ物のようになって滑稽ささえ感じてしまう。一座建立、賓主互換という茶の湯のコンセプトが、何かお点前を拝見するような舞台と客席に分かれてしまった。しずしずと舞台裏から亭主が客前に出てくる。大抵は派手な着物を着たよそゆき顔のお嬢さん。客はその決まり通りの何の面白さもない点前を見る。考えてみれば大いに滑稽。演劇でもなく、茶の湯の深さもなく、まさに中途半端。

僕は立礼となるとつい批判的になる。そんなに嫌いなのなら作らなくても良いと誰かに言われそうである。でも、この神殿の洗水石ならなんとかなる。石材の神聖な趣と板との出会い。これほどのシンプルさは他にない。これにあとはバリの古材の強い厚板をパンと打ち合わせて立礼机とする。それだけで成立、他には何もいらない。
早速稲葉さんにこの黒い洗水石を分けてもらうことにした。

夕食後、稲葉さんにバリ古木材の依頼を打診する。まだプランが完全に決まっているわけではないが、茶室の小間の木材は、バリの古材をおいて他には考えられないと思い始めている。
すでに小間の床板は、以前分けて頂いたバリ黒檀の古材を使用することに決めた。これは以前から惚れ込んでいた黒光りするバリ黒檀の一枚板。木自体の強烈な強さ、重たく堅い、しかも使い込まれた良さが加わる。この板は今ではなかなか見つからないという。中柱など、コンクリート打ち放しになる茶室の壁に合わせるにはバリの古材をおいて他にはない。堅くて強い表情、手斧で殴り入れ無造作に形を整えた、その痕がいいのだ。日本の大工の美意識ではこんないい加減の殴り、削り方はできない。結果意識的な作為が残り、それが弱さとなる。それは当然のことだが。
稲葉さんは今ある柱で使えそうなものを僕らの滞在中に数本見せてくれるという。
他にも古材の板を数枚持っているので、後日調べて寸法など伝えてくれることになった。

小間の床だけは、この黒檀の板によって以前からイメージするものがあった。踏込床で枡床、あるいはちょっと広げて原叟床風。中柱は日本のものなら稲架に使用されている殴りの栗古材。風雨にさらされているのでその枯れた風趣が良いだろう。あるいはバリ古材柱。それしかコンクリートと戦える素材はない。
戸田さん、稲葉さんともさまざま話ができた。コンクリート打ち放しの茶室壁のアイディアはあまり賛成されなかった。今までにも安藤氏設計の茶室など、世の中には結構あって、結局は茶の道具には合いにくいと戸田さんは言う。特に古い軸には合わないだろうと。たしかにあの寒々しい硬い壁面に、柔らかな古い和紙や表具の布地は合いそうにもない。コンクリートの上に何か和紙でも貼ったらどうかというアイディアも戸田さんから出たが…。でも、僕はやはりコンクリートで行きたい。素材自体が発言すること、それを別な物で置き換えないことが茶室作りの鉄則のように、僕は

思う。少なくとも表面を繕わないことこそ優先すべき考え方だと僕は思う。コンクリートがだめならこの茶室自体が成立しないのだから。

玉峰館にプールのような露天風呂？　がある。小学校の、コンクリートでできた昔ながらの小プールとしか言いようのない代物だが、戸田さんも僕もこの露天風呂が大変気に入っている。造り込んでいないところがなんともくつろげる。僕は湯に浸かりながら、水露地のことをぼんやりと考えていた。円筒形の3メートルの壁、壁面に柱風の細い石を張り巡らせるのなら日本の御影石では面白くない。やはり黒いバリ石の柱を林立させることだろうか。あの火山灰砂でできたような、がさついた軽石のような風合いも残る黒い石。稲葉さんがその方形の石を庭の飛石に使ったりしている。樂美術館の犬走りにもこの黒い方形の石を使用しているのだ。佐川の3メートルにもなる細い柱列がこの石でできるだろうか？

翌日床柱になる殴り丸太が3本用意されていた。玄関先に立てかけてみた。荒々しい手斧目の殴りの痕、太い！　小間の床柱としてはかなり太い。強烈な個性だ。長さは、佐川の天井の高い小間に立てるにはやや短い、当然小間の天井までは届かない。
このうち2本をとにかく送ってもらうことにする。

05. 01. 27　いくつかの基本設計に関わる提案

いよいよこれまでの提案内容にそって、竹中工務店・内海さんが基本設計に入る。細かなところの詰めはこれからだが、基本的な考え方を伝える。先日からメールで頻繁にやりとりを繰り返す。更に気になるところをまとめて送付する。

　　　　✉内海さんへのメール
　　　　内海慎介様
　　　　先日戴いたメールのご返答をいくつか思いつくままにお送りします。

　　　　先日のメールから
　　　　＞ご指摘のありましたトップライトデザイン、配置の方針。
　　　　　　特に第2室「昼の航海」の所は「昼」ですから柔らかい外光に満たされた空間と言うイメージを持っています。

　　　　＞茶室トップライトについて
　　　　　　小間点前座にトップライトの自然光がほしいのです。小さめです。
　　　　　　小間の外部水面を引き込んだ開口部が唯一外部光の入ってくるところですが

どのぐらいの明るさになるでしょうか？（あとは小さく点前座自然光スポット、床墨跡窓のスリット光があるが）

> また、エントランスロビー衝立の配置再検討のなかで、バックへの開口位置の見直しが必要かどうか。

エントランスロビー衝立はお送りいただいた図面よりは展示室壁際に寄せるか、壁際から少し隙間（たとえば30～40センチ）をとって立ち上げたいと思いますがいかがでしょうか。図面ではちょっと中央過ぎるような気がします。

この寄せ方によって水屋裏に通じる通路の位置を変更しなければならないと考えます。

立礼机も壁方向に寄せる。壁と反対側の衝立壁面は立礼の床壁に見立て花釘に花入でもいけられればと思います。

また、この衝立壁面をレクチャーなどの映写壁面に見立てるというのはいかがでしょうか。

> 細部や、仕上げ材等については、着工後も調整は必要と思いますが、これまでのお打合せ事項についての私の理解についてご確認させていただきたく存じます。

> 特に、展示ケースデザインの方針（一般的なプロポーションのガラスとするか、茶碗に、シフトした、ガラス面積を小さめにしたもの（貴樂美術館のように）とするか。

基本的に茶碗にシフトさせればよいと思います。

但し、樂美術館の場合は全体にこじんまりとした設計になっています。佐川の場合は展示室空間の大きさ、特に展示ケースそのものの奥行き、茶碗の置かれる間隔（1500～1800＝樂美術館の感覚の倍近く）と考えればガラス面積もやや大きくなると思います。

もし、茶碗以外の器物を展示する場合でも充分な面積になると思います。

> また、照明手法の方針についてもご方針等、お伺いできればと思います。

照明は展示の命の部分です。

基本的には蛍光灯は使いませんが、文化庁などの要請もあることですから、以下のような考え方が必要なように思います。通常はスポットのみの使用となるかと思います。

1. ケース内天井に退色防止用蛍光灯（調光付き）ケース内全体を均等に照らす。
2. 天井前面部に可動性の調光スポット（光ファイバースポット）斜め上から照らす。
3. 展示台に小型ファイバー光スポット（調光付き）斜め下から照らす。

調光は各スポットごとにするか、何回路かによって調光するか、があります。

問題は調光で光量を絞ると白熱灯、ハロゲンなどすべて赤から橙色に極端に光色が変わります。それをクリアーできるスポットはないか？

無い場合は出来るだけワット数の小さいもので、結果、光量を極端に絞ら

なくても照明出来るものを選ぶ等検討が必要。

> また、茶室天井の素材、形状について。
　平天井ではなく化粧屋根裏ということになりますが、その場合屋根を支える構造材もある程度露出してくる事になりますが、それはコンクリート壁に梁木材を組み合わすということで消化できるでしょうか…。
　基本的には屋根裏化粧材には竹がやはり面白いかなと思っています。一部棟中央部あたりの天井は暗さの中に沈み込む感じで梁構造が見えても良いかなと思います。あるいはそこに一部大判の厚和紙を下げ平天井として組み合わせる。屋根裏が高く深いので、厚和紙を用い部分天井とし、空間コンポジションを行うとお考え下さい。

> 水露地導入部についてのアイディア。
　水露地導入部、寄付導入部の入口も思い切り絞り込んで「潜り」の感じにしたいと思っています。高さは人が少しかがんで入るぐらい。両壁は「コンクリート打ち放しですから入口（潜り）の上部に太く大きな木材の古材の梁（大やつれの感じ）をどんと渡すか、そうした古材木を積み上げる。そうした単純なものを考えています。
　入口の大きさ（寸法）が最も重要な要素です。それに古材の木の質感と存在感が威圧的に加わる感じでしょうか。

その他の入口
★水露地から小間空間土間に入る入口（寸法は伝統茶室に準じる）
　これは茶室露地の「中潜り」を考えています。水露地側もしくは小間側に「中潜り」と同じ様式の板戸を付ける。
★小間躙り口（寸法は伝統茶室に準じる）
　小間を囲う和紙材との関係で考えたいと思います。基本的には同じ和紙材かなと思います。
★小間給仕茶道口（寸法は伝統茶室に準じる。但し天井までの高さも考慮）
　同質和紙の太鼓張り
★小間から広間導入部（寸法は伝統茶室に準じる。但し天井までの高さも考慮）
　和紙太鼓張り
★広間茶道口（寸法は伝統茶室に準じる。但し天井までの高さも考慮）
　和紙太鼓張り
★広間囲い
　内囲いは和紙太鼓張り、外囲いは石の縁床から上部は竹天井までガラス。

★各展示室の入口も公共性の可能な範囲で狭く絞りたいと思います。
　特に第1展示室は特殊な部屋なので寺社内陣あるいは茶室空間の様な絞り込みの強い入口にしたいのです。内陣のような二重囲いがスペース上取れない場合は何か他案を考えねばなりません。

再確認
★水露地のレベルの細部
　外部湖水面より－3000強＋水露地の水深150＋外部湖水面上出部200〜300

このような感じかと思います。内側では水露地の水底から3400ぐらいの石柱列壁ということになります。

★小間のレベル
外部湖水面より−1600

★外部湖の深さ
知り合いが丁度葦葺きの専門家の方に会うというので葦のことを尋ねてもらいました。葦の育成はやはり人工的にはかなり難題で、根を張る土の深さも50〜60センチは必要とのこと。やはり蒲混在の方向で行きたいと思います。その場合でも、
1. 水栽培で可能かどうか
2. 土入れが必要かどうか
3. 水栽培の場合に必要な水深はどれぐらいか
それによって外周部の湖の水深を考える必要がありそうです。葦・蒲を栽培する所だけ深くするとか…。
先日お話にあったように実際に試験的に是非やってみたいと思っています。

★水の循環について
お考えいただいているとは思いますが、水の循環も結構必要かと思われます。
外部湖水の循環、蒲の育成に可能な水の循環がどの様なものか？
平山先生、佐藤先生の館の前の水庭の水の循環はどの様になっているのですか？

素材について
木材
★素材、特に茶室の素材については早めに集めてみたいと思います。
茶室に関して特に素材として発言力の強いもの。
1. 小間床柱　栗材の稲木　栗和田館長にそろそろお願いして何本か集めていただければと思います。小間ですからあまり太くないもの。
太さ　100〜150径あたりでしょうか。
長さ　出来れば小間天井まで。
バリの古材柱を用いる可能性もあります。
2. 小間　点前座中柱　　　　　　　　　　　　　　　　　　古材
3. 小間　小間の床の垂壁部分を板で納める（垂壁板）　　　古材
4. 小間　床柱と床壁に渡す壁面を一部板で納める（幕板）　古材
5. 小間　点前畳前のたれ壁を板で納める（如庵の点前座正面板風）古材
6. 広間　床柱　　　　　　　　　　　　　　　　　　　　　古材
7. 広間　琵琶床板（床は畳）　　　　　　　　　古材もしくは新材
8. 水露地、寄付　　　　　　　　　　　　　　　　　　　　古材
9. 水露地から小間席への「中潜り」材　　　　　栗の新材でもよい
10. 寄付の床（畳敷きを板敷きに）　　　　　　　　　　　　未定
11. 美術館の床材　　　　　　　　　　　　　　　　　　　　未定
12. 展示台の一部木材　　　　　　　　　　　　　　　　　　未定
13. ロビー衝立をどの様にするか、例えば木の角材を積み上げていくなど（かなり天井近くまで）木だと床と重なるので別の素材がよいか？
むしろ床と同じ木材を積み重ねる。　等々

14. 茶室の外回りの柱の素材決定　これをどの様にするか？　木もしくは金属？

これら化粧木材については竹中さんで基本的にお願いしたいと思いますが、例えば、インドネシアから稲葉氏経由で入れることは可能でしょうか？
（既にお見せした小間の床板は稲葉氏から僕が分けていただいたものですが、今後、竹中さんから直接稲葉さんとの取引というのも可能でしょうか？　可能であれば稲葉氏にこういう目的のこのような古材を集めてほしいとお願いしてもよいかと思っています。日本の檜の一枚板などに比べるとはるかに廉価です。）

石材も一度関ヶ原石材などへご一緒できればと思います。

別案
ロビー立礼机・立礼客用ベンチ・衝立

これらは一式と考える立礼空間を作り出す。
立礼机　　インドネシア古礎石（方形　中央に手水の穴有り）を風炉台としてそれにインドネシア古木材板を組み合わせる。
客用ベンチ　集成材（新材）を用いて単純に「コ」の字形に仕上げたもの。集成材は家の台所の梁に一部使われています。質実でなかなか良いのです。
厚さ120〜130×360ぐらい。
衝立　　　ベンチと同じ集成材を横に積み上げる。幅3600×高さ5000ぐらい。
この衝立は高さのみを強調したもの。
但し、高さはロビーの天井の高さによる。
中央部一部を四角く窓を開け映写、薄型ディスプレイをはめ込む。
非使用時は衝立の中に隠れる。
衝立を集成材にすると床の木材と重なるが、模様入りの和紙や陶板やその他の素材で特にデザイン性の高いものとは対極のものがよいと思われます。

05.02.05　図面検証　水露地変更指示

図面の往復、内海さんからの図面も回を重ね、ずいぶんたまってきた。先日届けられた図面について、気づいたことをメールする。
以前に修正を加えたが、円筒形の水露地の位置が茶室本体側に引き寄せられているため、まだ円筒形の水露地の4分の1ぐらいが茶室北側の屋根の軒内となる。客の動線は屋根の下になって雨にはあたらないが、円筒形の吹き抜け空間の中に屋根が入り込む。
円筒形の上部はあくまで何もない空だけ。外の景色ましてや屋根の軒裏が見えては意味がない。ここは垂直軸の意識の方向性を強調する象徴空間、

虚と実、上と下、天と地、空と水というように二極に分かれる意識を意味する空間、我々の意識が支配されている二元論的世界観を表す。そこに余分なものは見えてはならない。水露地から茶室の屋根などが見えない位置まで水露地を移動させる。

05.02.08　水露地変更　化粧屋根裏の素材

さっそく内海さんからメールの返信。内海さんの対応も早い。
水露地の位置は指示通り北に変更してもらった。客が雨に濡れるのを心配して軒が被るようにと配慮されたようだ。しかしその必要はない。雨の時は雨に濡れればよい。雨がこの水に満たされた円筒形の水面を美しく打つだろう。
ほかに、内海さんから寄付への茶室導入部通路の壁に刻む詩文を問い合わせてきた。僕はこのコンクリート打ち放しの壁に『老子』の漢文を刻みつけようと考えているのだが…。しかし、これはなかなか技術的に難しそうである。
もう1点、茶室の天井を竹化粧屋根裏にする件。彼はどうもいまいち賛成ではなさそうだ。コンクリートに竹という自然素材が直接出会うことに少々疑問を持っている様子だ。しかしここは直接竹をコンクリートにぶつけるしかない。茶室は擬似的であってはならないし、もちろん折衷的なものも排除したい。直接モノとモノがぶつかる。コンクリートと竹、人工色の強い現代の素材と竹という古来からの自然素材がぶつかる。もしそこに調和が見出せなかったら、現代という時代は永遠に救われない。茶室とはまさに思想であるから、素材と素材のぶつかり合いも、まさに考え方の集積なのだ。
もう1件。内海さんからのメールの添付ファイルに、屋根の形状が以前伝えたものと異なっていたので問い合わせた。屋根は丸みを持たせた低い勾配の一枚つづきの屋根を掛けるはずだが、軒先でもう一段ひさしを回すように二重の構えになっている。おそらく大きく全面に被ってくる一枚の屋根を分轄して実質的な小ささを優先する考えなのだろう。棟の高さも軽減される。
しかしやはり1枚の屋根が低く柔らかく被ってくる。覆い被さる感じがほしい。
再度内海さんへメール、一枚屋根の確認を取った。

05. 02. 10　茶室模型が届いたぞ！

内海さんから茶室の模型が届いた 図23 。これはなんとも嬉しいものが届いた！

1メートルあまりもある白い紙箱の中に3パーツに分かれて茶室の模型が組み込まれている。上段、下段、脇と、箱内の収納まで建築的だ。素人にはこれはよくわかる。なるほど、こんな風に立体化されるとイメージが僕の中でがぜん具体性を帯びる。

この模型は実際よくできている。発砲スチロールのさまざまな板材を使って造られている。屋根部分を取ると部屋の中の構造が現れる。なるほどなるほど、しかし、しかし。

05. 02.　模型に手を加える

数日にらんでいたが、ついに屋根を剥がし壁面をはずして解体。

屋根の軒の高さを変え、さらに低くする。壁の角度をさらに低くカッターナイフで削り込んだ。自宅2階の部屋の窓から入る朝方の光の中で模型の部屋内に入る光を検証。小間が暗すぎはしないか。屋根をうける壁と屋根軒裏との間に200ほどの横スリットを開ける。これなら水面を反射して軒内に入り込む光がこの200のスリットから小間内の上部に入り込むに違いない。ひょっとしたら水面からの反射光もゆらゆら天井に反映するかも。せっかくの端正にできあがった内海さんの模型がたちまちガタガタ壊れ始める。水露地から中潜りを潜って進入する小間空間の入口も暗すぎる。あの天空をあおぐ水露地から入ってくるのだから、目は暗さに慣れていないはず。

中潜りの上部壁に150幅の縦長のスリットを開ける。うす暗闇の中に縦のスリットからの光線が中潜り正面の壁に光を落とすだろう。またカッターでごしごしスリットを開ける 図24 。

これは良いおもちゃを内海さんからプレゼントしてもらった！！

05. 02.　茶室導入部詩文の取りやめ

現場の山本所長から茶室導入部の詩文陰刻の報告を受ける。

コンクリートに漢詩文を陰刻することが、技術上難しい事は以前から聞いていたが、山本所長から詳しい報告があった。

僕は当初、ブラックコンクリート打ち放しの段階で、型枠に文字を組み込

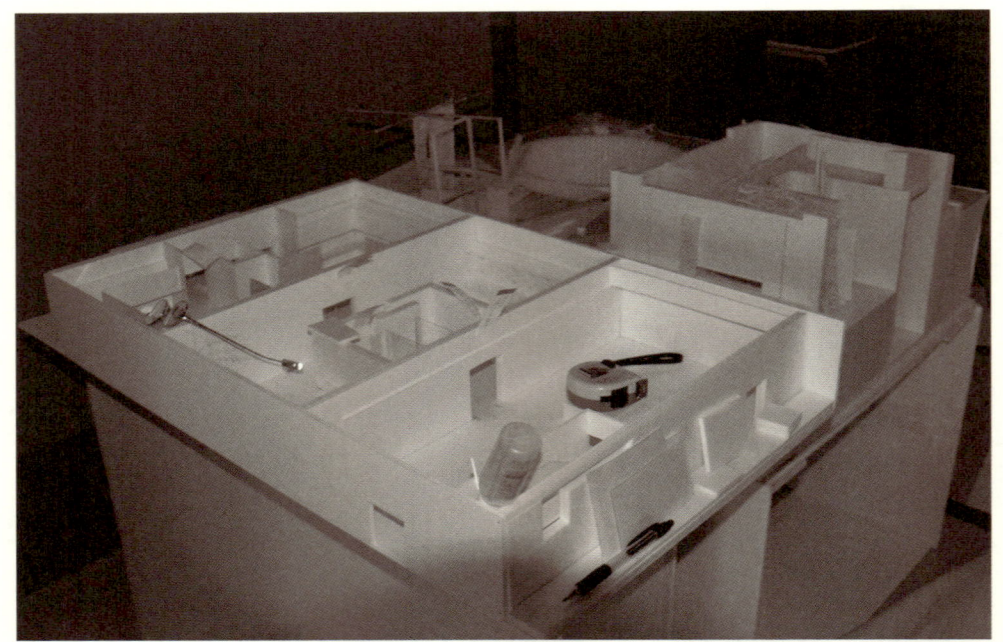

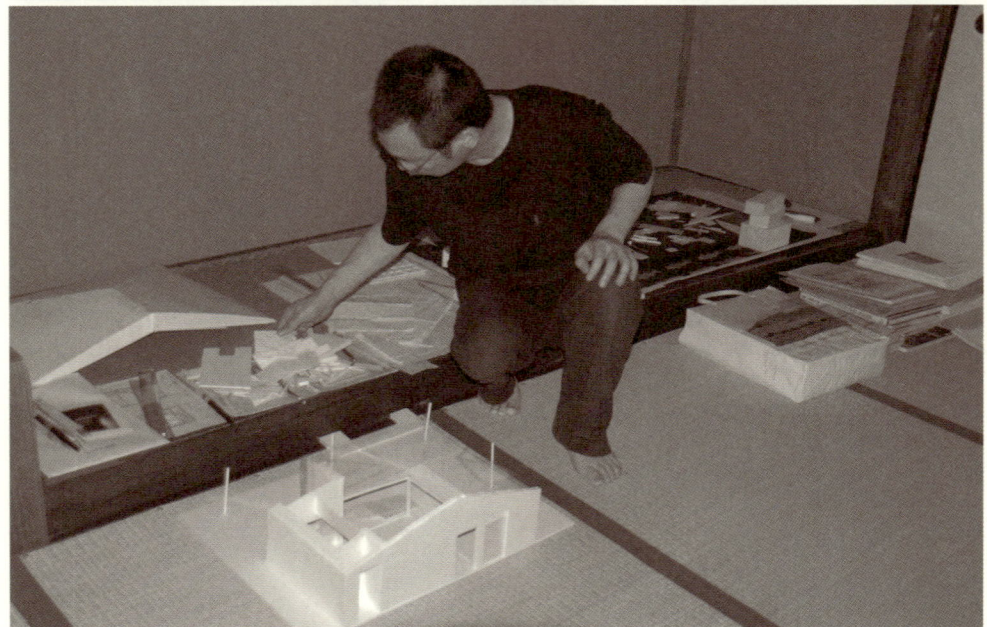

図23、24
竹中から届けられた、発泡スチロール製の茶室模型。20分の1の寸法で作成されている。この模型に手を加えながら、試行錯誤を重ねた。

んでそのまま陰刻できないかと考えたが、それは全く不可能であるということ。確かに、細かい漢字の部分部分にどうして生コンクリートの打設が行き渡って陰刻できるというのか。素人でも少し考えれば理解できる。しかし、それでも何か良い方法があるはずと期待し続けてきたのだが。

コンクリート躯体とは別に、漢字を置いた平枠型の上にコンクリートを流し込んでできた板状のパネルを貼り付ける方法は可能かもしれないが、それにしても陰刻の漢字そのものはかなり大きな文字になるという。それではおそらく、同じブラックコンクリートを流し込んでも表面の異質感は通常の型枠流し込みとは大きな違いを見せるだろう。

僕は細かい五月雨のような文字の列が、この茶室の導入部から奥に向かって続いている事をイメージしている。10センチを超える大きな文字のごつごつした羅列ではない。文字を読む人もいれば、読まないで通りすぎる人もいるだろう。それは、どちらでもよい事。これは掲示された文章・メッセージではなく、ただ存在している呪文のごとき文字なのだ。

内海氏から、陰刻ではなくシルクスクリーンか何かでブラックコンクリート壁に上書きすることならできますと補足されたが…。それではなにか軽すぎて意味を成さぬ。

石工に一字一字彫らせる。もし失敗すれば取り替えのきかぬ重要な躯体壁を台無しにすることになる。

僕は決断しなければならない。
茶室の意味を文字という最も象徴的な素材、呪文の一続きを、この導入部の壁に刻みつける。まるでエジプトの古墳、玄室へと通じる道のように。しかし僕は決断しなければならない。
この茶室への導入部、非日常へ通じる薄暗い橋掛かりを強烈に象徴する文字、呪文の出現を、僕の気持ちの中だけにしまい込むことを。

05.03.04　最終的な小間間取りと茶室部材の決定

最終的な小間の間取り図面ならびに部材の決定指示図面を送付する 図25、26 。

小間の床の奥行き950を1200まで取ること。床後の方向に壁を奥へ250移動させなくてはならない。これは構造基本設計と関わるので、早く内海さんに伝えなければならない。床の部材はバリの古材。すでに稲葉さんの所から到着している。1900×1200の一枚板。黒光りした堅く重たい板材。厚み50強はある。それをめいっぱい床板として使いたいのだ。床は枡床

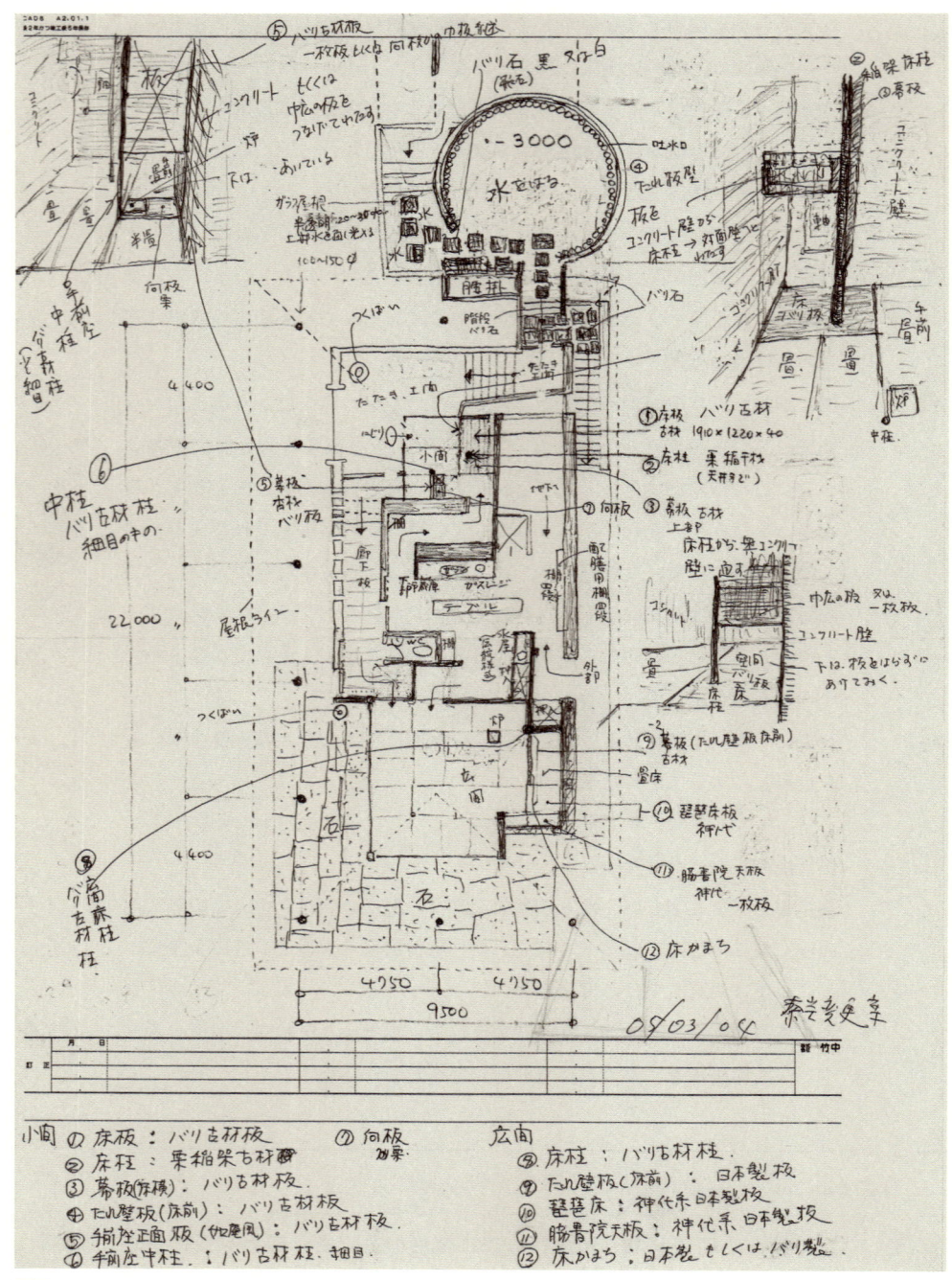

図25
基本的な茶室の間取り、構想が確定。さらに茶室を構成する材も決定。床や点前座のイメージスケッチを描く。

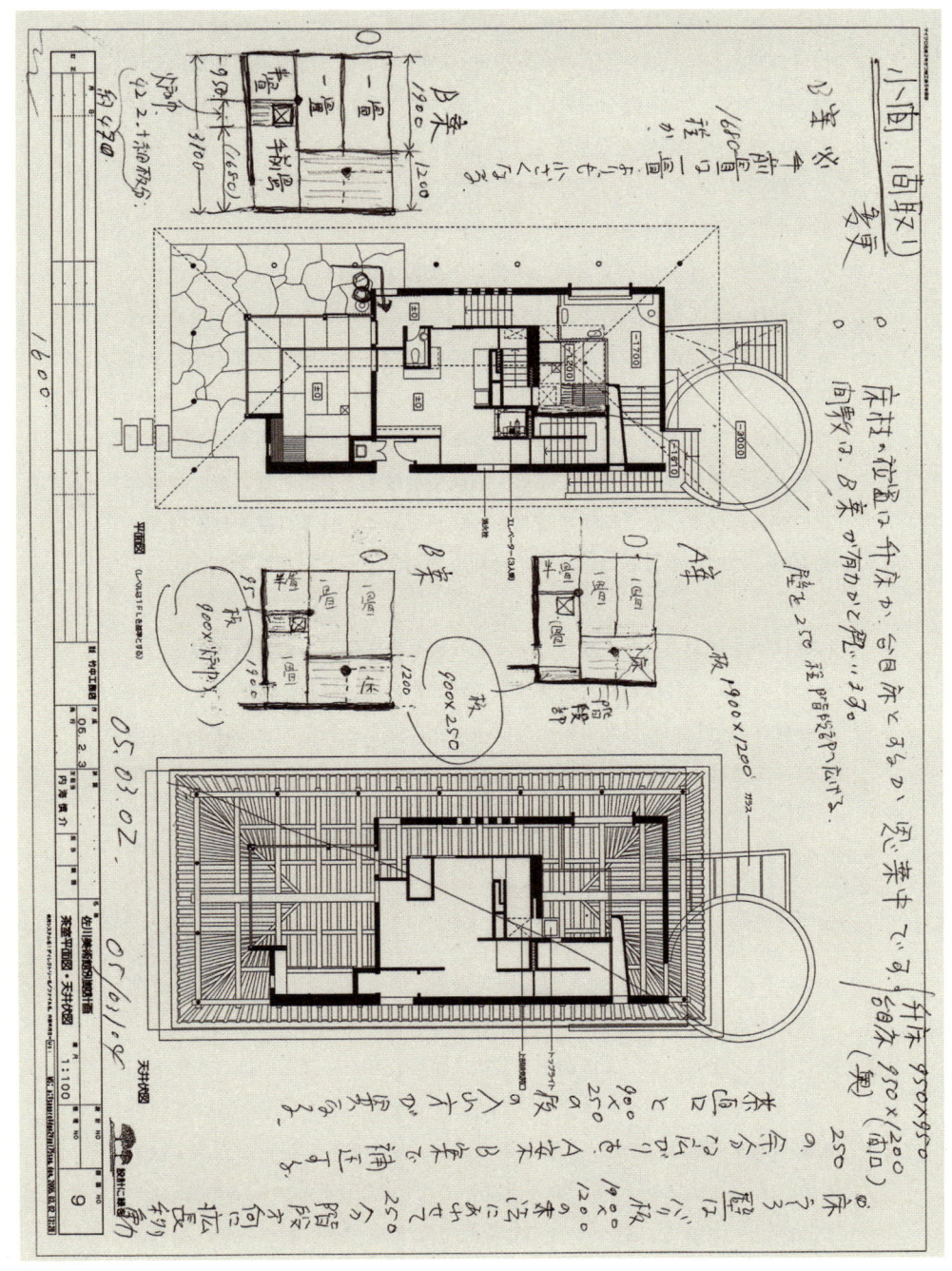

図26
バリ古材の寸法にあわせたため、床の奥行きが深くなる。深くなった分、点前畳の前後どちらかに板を配置することで寸法を調整しなければならない。AB2案に分けて図示している。

にするか、あるいは台目まで広げて原叟床にするか迷うところだ。
しかし問題が生じる。250の余分な奥への広がりで、点前座の畳が同じく250長くなる。点前座を一畳とって、後ろ壁ぎわに250の板を入れて補正する。あるいは炉横を向板として点前畳一畳をそのまま下げる。A、B案と2案を図示して内海さんに送付する。
小間広間各室の部材を決定し、指示を出す。
小間はやはりすべてバリ古材。床柱は玉峰館で候補を1本見つけた。すでに送られてきて今は僕の手元にある。人の手に触れ磨かれれば、自ずと黒光りして殴りのある無骨な強さをさらに増すだろう。床脇は壁の代わりに床柱から後ろコンクリート壁までストレートにバリ古材の板を差し挟む。特にコンクリート壁に板が直接ぶつかるようにする。板そのものがコンクリート壁に突き刺さっていく感じ。点前座中柱もバリ古材柱、少し細めのものがあればよいが、稲葉さんにお願いしておく。日本の稲架柱という考えもあったが、やはりこのバリ古材柱にはとてもかなわないだろう。

広間はバリ材の古材から離れてもう少し優しい表情のもの、日本のものでよいだろう。琵琶床あたりは神代系の材が良いのではないだろうか。神代系の材は、何らかの自然の要因で巨木が土に埋まってそのまま何千年もの間腐らずに残ったもの、半ば石化したような趣があり、時間そのものを中に封印している。

05.03.10　打ち合わせ　樂家

5時から打ち合わせ、内海・三和両氏来宅。内海さんが実施設計に入る前に確認を行う。
特に大きな変更として、広間をL字状に囲う大ガラス壁面の扱い。床下への引き込み案を、横へのエンジンドアに変更することを了承する。広間の水庭への開口部は、サッシの枠組をなくし、床下部から巨大なガラス壁がせり上がってくるというプランを提示していた。幅5000〜6000、高さ2500余りの大きな一枚ガラスが枠なしで床下からせり上がってくるというアイディア。実現すればすごいだろうが、素人だからこんな奇想天外なプランを考えることができる。理論的には不可能ではないが、巨大なガラスを下からせり上げると、設備的にも大変なこととなる。費用はもちろん跳ね上がる。
三和さん（竹中工務店　営業担当部長）からもそうした説明をうけた。
とにかく大変な費用、一瞬僕はひるむ。

2005

「このような事業を実現させてもらうことは大変幸せなこと、佐川の館長に感謝しなければなりませんね」
と三和さんは力説する。

確かにその通りだと思う。竹中工務店にとっても平山・佐藤両館に続く大きな工事となる。

僕は自分の作品を展示する美術館の設計まで任せられている。普通に考えれば作家としてこの上ない幸せに浴することとなる。しかも莫大な費用がかかる。その大きな負担が僕の胸を突き、かつ痛ませる。決してしたい放題にしているわけではないが…巨額な費用だ。

費用ばかりの問題ではない。佐川で自分の作品の美術館を自分自身が設計して建てる、僕はその基本的なところで、僕の胸に刺さる棘のようなものがずっと抜けないでいる。

たとえそれが作家にとって幸せな事であるとしても、僕は単純に喜ぶわけにはいかない。

その他さまざま。

小間の横窓から、外部水庭の水を滝あるいは水落ちで小間内部に落とし込む当初の計画を取りやめにした。

外からの水を小間内部に引き込むことで、小間空間が水面より下にあることを示すのだが、自分でも何かアイディア倒れ、すでに矛盾が生じている。滝のように窓から落水させても、何か唐突な感じで納まりようがない。で、窓から筧のような感じで壁面に通して蹲いまで水を流す。高さ300、幅2000ほどの小さな横長の窓、いずれにしても小さい規模。何をするにしても納まりようがない。茶室が水面より低いレベルであることをここで説明することが必要なことなのだろうか。いや、説明してはむしろいけない。水没しているという非日常は具体的な形で見せるのではなく、客自身の意識の中にこそ捉えられ象徴されるべきこと。むしろ説明し見せてしまうことを避けなければならないのだろう。この基本コンセプトからも、いつの間にかずれてしまっている。

第1展示室の二重囲いのプランもかなり難しい局面を迎えている。スペースが絶対的に取れない。空間の凝縮性を高めるための二重囲いなのだから、狭いスペースに無理矢理押し込んでも意味を成さない。しかし、二重囲いを取りやめてどのようなプランがあるか？ 露出展示は是非実現したい。ケースの中に閉じこめるのではなく、この展示室の中に直接作品が空間と呼吸する象徴的に存在するリアリティーを表したい。作品はどんなに

小さくとも空間との対話が命であるから…。やはり展示台をよほどしっかり考えなければだめだ。

05.03.11　晴れない気分　胸に刺さる棘

昨日から、いや、このプロジェクトを引き受けた時から僕の胸に突き刺さる棘が抜けないでいる。昨日内海・三和の両氏と打ち合わせ、総工費なども聞いた。

三和さんの言葉「このような建物を建てさせて頂くことは、他にはない滅多にない幸せなこと、佐川の館長に感謝しなくてはならない」。三和さんの言葉は竹中工務店としてもこのような大きな事業を請け負わせてもらって、感謝しているという意味だろうが、その言葉は僕の中で別な意味を引き起こす。眠っていたもの、触れずに片隅に置き去りにしていたものを呼び起こす。

総工費の額は僕の想像の範疇を超えて巨額である、正直その額の大きさにもたじろいでしまう。

しかし棘は、そうした額の問題ではない。

自分の作品の美術館ができるということ。僕は作品を美術館という枠の中に閉じ込めることそのものにいささか疑問を持っていることもあるが、今回は自分の作品の美術館を自分自身が設計するというさらに大それたことなのだ。確かにこれは僕自身が設計も自分にさせて下さいと願い出たのだが…、自分の作品を飾る建物を実際に自分が造るとなると、手放しで喜ぶわけにはいかない。それは三和さんの言葉を持ち出さなくても、作家として幸せなことだと人は言うのだが…。

自分の作品を飾る建物を自分が設計する。

それが何かおかしい、してはならないことに踏み込んでしまったような、それが棘のようになって僕の胸を刺す。

あるいは「傲慢」という言葉がある。

自分の作品を飾る自分の美術館を自分自身が設計する。自分という言葉が幾重にも重なっていくことの傲慢さ。しかし作品行為が常識や権威にささえられ、しかも惰性に流れる日常世界に向かって激しく突き立てるノンと言う意志、価値の転換を企てる激しい主張、その刃を内に秘めているのなら、「傲慢さ」もまた作品行為にはつきもの。だからそれは野に放てばよい。自分自身の傲慢さを僕自身が引き受けながら。

それでも晴れ渡らない何か、何かが僕の心の奥に刺さっている。

「淫する」という言葉？　「淫する」！

棘はどうやらこの言葉の周辺から降り注いでくる。

05.03.17　第1展示室二重囲い取りやめ

10日の打ち合わせ以来、内海さんは基本設計の図面起こしに入っている。僕は作陶が終わった後は模型に向かう。夕食前、あるいは夕食後、結構これが作陶の気分転換になる。男の子なら誰しも一度は戦艦や飛行機の模型を造ったことがあるだろう。模型そのものが子供心を思い出させる。
しかしこのところは、そのような楽しみとは言えないせっぱ詰まった思いが、重なるように打ち寄せている。
第1展示室、内海氏から送られてきた図面では、どうしても二重囲いは不可能、第1展示室を広げれば第2、第3展示室を傷つけることになる。動きがつかない。
やはりあきらめなければならないだろう。

05.03.19　晴れない気分　棘の正体

あれから僕の中の棘は刺さったまま。作品は矛盾を抱えた自分自身、自己矛盾の中から生まれてくる。
というのは僕の心情。それにしても矛盾だらけだ。
自分の作品を飾るための美術館を設計する。そのように考えると、とても設計などできるものではない。自分の作品がよく見えるように…。そう考えたとたんに全く別な要素が忍び寄ってくる。上目を使いながら表面を装うような蔑むべき態度。
「自分の作品を飾る」そう考えて、自分の美術館を設計するなどとてもできたものではない。それなら人に建ててもらうのではなくて、自前でやってみろ！
そういうことだ。それならまだ許される。
こんなに巨額な費用を費やしてもらって、自分の作品を飾るために設計などできたものではない。もちろん自己矛盾しているのだ。もつれた矛盾は解かねばならないが…もっと大きな棘が刺さってきそうだ。それは今できない。

「自分の作品を飾る美術館」の設計に関わるのではないこと。言葉のすり替えかもしれないが、「自分の作品を飾るために設計に関わる」のではなく、この美術館自体が僕の作品なのだ。設計をすること自体が僕の作品行為だ

ということなのだ。
僕がなぜこれほどまでに戦闘的に、まるで己を駆り立てるように、極端なまでにこだわってきたのか。
その意識を研ぎ澄ますこと。今まで考え重ねてきたコンセプトは、自分にとって一つの作品を作ること、烈しい作品行為そのものではなかったのか！
この美術館の建築は僕自身の作品、設計は作品行為、それは茶碗を作ることと同じ位置にある。茶碗という作品を飾るという副次的な行為ではない。それを自分自身の中に徹底させることなのだ。いや今までそうして設計に関わってきた。だから研ぎ澄まして激しく関わってきたのだ。
この異例な茶室を含んだ美術館空間はまさにそういうこと。僕自身の作品行為とその結果なのだ。
どこかで自信がなくなると迷いが生じる。突っ切ること。傲慢であることを自分自身の中でよしとすること！

第1展示室の二重囲いは取りやめる！　たんなる展示室ではすまないだろうが、今その具体プランはない。空間と作品、それを受ける展示台、その三者が強烈に自己を主張して烈しくぶつかり戦っていること！

---

05. 03. 20　軒高1700の2つの意味　開放系と閉鎖系

連日夜は模型の改造に取り組む。
ずっと気になっていたことの答えがはっきりした。建物全体の姿がイメージしていたものより、やはりまだ高すぎるのだ。小間の軒先は内部からは見えないが、広間は軒の高さが最も重要な要素の一つ。高さ1700にすると指示を出しておいたが、模型を眺めているとどうしても高すぎるように思えてならない。
つぶさに以前見た沖縄の民家の写真を思い描いた。たしか内海さんにもメールで送付したはず。軒先を低く抑えた縁。暗い部屋内から屋根裏が覆い被さるように低く降りて、その先に切り取られた沖縄の風景が目映いばかりに美しい。光と影、明と暗のぶつかり合いが美しく、そこに内と外が背反・融和する。
模型の縮尺も確認、実際に物差しを当てるとやはり指示の寸法1700を超える。もちろん模型の屋根のちょっとした置き具合で大きく寸法が異なるが。1/20の縮尺だから、もともとそれほど厳密な精度がない。その上僕がゴリゴリ削ったり、切り取ったりしたものだから寸法が狂っているのか

もしれない。あたりは発泡スチロールのクズの山。よくもまあ散らかったものだが、結構この散らかり放題が気に入っている。格闘の証し。

1700の軒高になぜ僕がこだわるのか。それはその低さに2つの意味を担わせようとしているからだ。

1つはこの広間の床が、まわりを取り囲む水面にたいして可能なかぎりレベル0の位置を確保したいから。レベル0の意識を茶室内部からの視野の中で強調させたいからである。高さを抑えられた低い軒は、水平レベルの広がりを強調するに違いない。1700の低さはまずそのために必要なのだ。

2つめの意味。僕はこの茶室の内側から、風景を切り取りたいのだ。風景への視野に極端なまでの制限を与えること。

1700というこの軒高は、石のまわり縁床からの寸法であるから、正味の部屋内からの開口部の高さなのだ。高床がその下にあるわけではない。水面からわずか150上がって石畳の縁、そして軒が大きく広間の中央から被さって1700の軒先まで下りてくる。風景はその先で極端に低く切り取られ葦に埋め尽くされる。風景など楽しませはしない！

この極端に低く制限された軒先は、実はその少し手前内側、縁石の中ほどで床から天井までの大ガラスで外部と内部を区切っている。この大ガラスはサッシの枠などは取り付けない。石床切り込みから直接立ち上がり、天井竹の化粧屋根裏を突き切る。広間の西側全面が総一枚ガラスで解放され、南側も全面ガラスで解放、L字形に大ガラスが部屋外をまわる。L字状にガラス同士がぶつかる角もサッシ・柱は使わずガラス同士が直接ぶつかる。床の間のある東、点前座のある北のコンクリート打ち放し壁面に対して、完全な全面ガラスの解放空間が西と南にL字形に開かれ広間を囲む壁を二分する。ただそれだけなら今はやりの現代建築風一枚ガラスのテラス？ 解放空間なのだ。そのテラスの先には水庭がゲートまで100メートル以上繋がって広がり、さらに遠景には琵琶湖、対岸の比良山系がそびえている。借景としては最高の情景。しかし、僕はこの解放空間に強い制限を与え、この風光明媚な風景を低く切り取ってしまおうとしている。軒から流れるひと連なりの煤竹の化粧天井の軒が被さるように低く垂れる。1700の軒は当然頭がつかえる。借景の比良山系もこれでは見えないかもしれない。しかも水庭には葦を群生させる。

一度、総一枚ガラスで解放空間を実現しておきながら、今度は軒先を1700まで極端に下げてその解放された開口部に大きな制限を与える。

なぜ、総ガラスで解放したままの美しい風景をそのまま大きく見せないのか！

これじゃ琵琶湖湖畔の風光が見えない。葦の群生しか見えないじゃな

か！
おそらくここに座った客もはじめは同じ疑問と不満を感じるだろう。しかし、やがてその二重三重に廻らされた制限の意味と美しさを意識的に捉え始めるだろう。

日本建築は絶対に開けっぴろげな解放をしないこと、通常は閉鎖系に終始する。

日本建築が美しいのは、すべてを見せてしまわない制限の在り様がなんとも子憎たらしいほど粋だからだ。その粋さが、人間の生き方、在り様に繋がっているからすごいと感じられる。沖縄には沖縄の粋な手立て、京都の数寄屋には京都なりの制限、閉鎖系への計らいがある。

京の旧家の坪庭、その美しさを見れば納得するだろう。昼間でも明かりの必要な暗い前座敷を1つ2つ通り抜け、夏など襖に替わった葦簀越しの奥に、天空から藍がかった光が静かにぽーっと降りている。闇の中から突然現れるうす明かり、その光のありかは暗い部屋を1つ2つ通りすごした奥にぽっかり開いた小さな庭、つまり坪庭である。前座敷という闇で絞り込んだその奥になんとも形容のしがたい光を落とす。その光は強すぎず弱すぎず、まるで藍色の紗の細かな薄絹の格子を通したよう、陰翳を帯びて藍色滲みた光が静かに落ちる。ああ、光と闇がなんと美しく調和して内と外を引き立てていることか。

近代建築は闇からの解放、光へと憧れ、育ってきた。サンルーム、吹き抜けのリビング、全面ガラスのテラス、広い天窓付きのペントハウス…燦々と輝く光。つまり明るく自由、清潔開放的なマイホーム。最も手軽に手に入る理想としての解放と自由への夢、それらは現代建築のコンセプトとも重なっている。

しかし、快適なサンルーム、吹き抜けの開放空間も現代のエアーコンディショナーによって保証されてこそ実現できることを僕らはうっかり忘れてしまっている。テラスに植えられた緑の植栽、自然との融和も所詮はエアコン上に描かれた幻想にすぎない。そこには坪庭からかすかに通り抜ける涼風の心地良さなど期待すべくもない。エアコンに保証させた全面ガラスの大画面。クリーンなイメージ、その向こうで原子力と火力発電が世界をよごしていることを黙殺して。どこかのリゾートホテルのテラスのような快適さ。

しかしこれとは違った風景との接し方、自然との接し方がある。それが茶室、日本建築の本質なのだと思う。

本当は、あの沖縄の暗い民家の空間のように、粗野で暴力的な自然の要素からまずは身を守ること、その上で初めて自然との融和が成立するのだ

が…。

これらの現代建築のいわば開放系とは対照的なコンセプトを持つものが、茶室や数寄屋の古い日本建築。それらは徹底した閉鎖系。全面ガラスですべてを解放するのではなく、いかに壁で閉鎖するか、茶室はさらに閉鎖に伴う不自由ささえも引き寄せる。潜りや躙り口に見られる入りにくい入口。だから内部に広がる空間への期待と緊張が高まる。何重にも、そして巧みに制御された窓。囲われた壁、外界との区切り方、ここには確かに闇の兆しが巧妙に仕込まれ、その闇があるからこそ明るさがまた美しい。

佐川茶室の軒先の高さ1700はそうした意味を持っている。内側の大ガラスで開放系を組み込みながら、徹底してそれを制御する。あるいは否定する。

特にここは正座することを基本にしているから、座った時の目の高さを意識しなければならない。畳につづく水平ラインには石の縁石、その向こうには水面と葦がつづく。極端に低い1700の軒は区切られた風景、自然、光。制御されることでそれらの風景は、開け広げた視覚の具体性から、意識内に内面化された象徴性を帯びた自然、風景へと転化するだろう。

05. 03. 23　葦栽培

内海さんから葦栽培試験体設置の報告と写真がメールで送られてきた 図27。

細長いハート系のスチールの枠型の中に人工の土を入れ、蒲と葦が植えられている。取りあえずの試験栽培だから仕方ないが、これでは水庭花壇にすぎない。僕の考えていることからはずいぶん隔たりがある。

もっと自然に根付いた感じ、ヴィオトープの環境をこの茶室を取り囲む水庭で実現したいのだ。

茶室は思考のゆりかご、我々自身と取り巻く世界の関係を捉えかえす場である。日常の常識、権威、価値から解放されてゆく空間である。特に自然との対峙の中で人間存在を捉えかえすことは最も重要な事柄。利休の時代も、都の中に山居を出現させたのだ。単なる自然賛歌でないことは明白である。

現代の整えられた人工の花壇。これは最も反自然的、犯自然的である。僕が求めていることではない。もっと暴力的に、自然をここに導き入れたいのだが…。

ただ、ここは「樂吉左衞門館」だけではない。平山郁夫先生、佐藤忠良先生の館とも一体。平山先生の館の前に広がる水庭のつづきにこの吉左衞門

図27
佐川美術館で昨年末に「葦育成チーム」が発足、葦育成実験が開始されていた。

館の水庭が広がる。

暴力的な自然というわけにはいかぬ。あの澄みきった水と光にさんざめくさざ波の波形、そのつづきに現れた暴力的な自然。

この水庭に葦を植える発案は、ことの当初から反対とまではゆかぬが、懸念を表す意見が根強かった。それはもっともな話だ。澄みきった水を確保できないこと。水藻が発生すること、最悪のケースではアオコの発生、さらには夏場にかけての腐敗も生じるかもしれない。

人工で自然を、それこそ矛盾があると僕自身も認めるところだ。所詮人工の水辺、荒々しい自然など望むべくもないが、イメージの最終地点として保ちつづけていたいのだ。

自然そのものにはならないが、しかし、そこに居合わせた人間が、少なくとも自然を自分の都合で所有するのではなく、思考そのものが自然の中に取り込まれてゆく方向性を予感させたいと思う。

自然そのものを実現することはできなくても、少なくとも意識の中に自然を組み入れることができればよい。茶室とは非日常だという。非日常の具体性をそこに実現することではなく、我々の意識、思考の回路の中に非日常の時空を取り込みたいのだ。ここで言う非日常の時空は、自然との距離、位相の在り方を模索すること。圧倒的な葦の群生、水面0レベルに端座することによって自然の優位を感じさせる。

葦の花壇ではないのだ。

しかし、取りあえずは試験の経過を見よう。実際に佐藤先生の館の水庭で1年かけて生育実験をする。水深20センチほどで、はたして育つものだろうか。葦は条件さえよければ4メートル近くにも生育する。もちろんそのようなことは望めぬが、せめて2メートルぐらいには生育してもらいたいものだ。

なんとも頼りなげな人工の土、はたしてこれで育つのだろうか。佐川で設置された葦委員会では、いろいろすでに試行錯誤を繰り返し、実験を重ねている。それは嬉しい知らせでもある。

みな一生懸命実現にむかって努力していることはたしかだ。今の僕の考えている方向からは少々ずれてはいるが、おいおい理解も深まるだろうし、具体的な設置方法も進化するだろう。まずは期待を持ちつつ様子を見るしかない。

05.04.04　小間床イメージと寸法・逸脱の在り方

3月の打ち合わせ以来、内海さんは基本設計に着手、設計図面製作に専念

しているだろう。
こちらは4月29日の黒樂の窯焚きにむけての作陶、最終段階の削りに入っている。20日過ぎから焼貫タイプの茶碗の制作。この秋の個展にむけての最終の制作。かなり意識が増幅、作行きは今までの中でもさらに大振り、しかししっかりと形態を摑み込んでいる手応えがある。大振りなだけに凝縮した強さが重要、大きいだけで力がぽんと抜けてしまうこともある。機と気の充実しかない。
夕方になるとがっくりと疲れる。夕食後、模型と取り組む。
基本的な事柄はすでに伝えた。それを元に、内海さんが実質設計図を起こす。こちらの提示に合わせて軀体構造（建築を構成する構造体）、設備関係を組み込み、設計図を製作する。
大変な作業に取り込んでいるが、細部は未定。変更もきくが軀体構造に関わるところは変更がきかない。こちらとしては特に間取り、平面について再検討しておかねばならないだろう。

一つ気になっているところ。
小間の床の間取り。
基本的には枡床、僕は小間にはこの方形の床が好きだ。しかも床框（とこがまち）を設けず畳と同じレベル、畳のつづきの床（踏込の床）とする。特に気に入っているのは枡床の奥の深さだ。同じ半間でも枡床は間口が狭い分、奥行きが感じられる。奥行きに加えて左右の壁が迫っている分、凝縮度が高い。当然こちらの気の充実、緊張感も一層深まるというもの。
この小間の床にはもう1つ重要なファクターがある。床板にするバリの古材。くすんでいてしかも古材独特の艶が浮かんでいる。水に漬けるとおそらく沈んでしまうであろう、おそろしく密度の高い、硬質な材。黒檀とか紫檀の仲間だそうだ。もちろん黒檀のように派手派手しい木目はない。重たく黒く沈んでいる。
この材があるから小間のイメージがきちっと描けるのだ。
この板寸法は1900×1200。これをめいっぱい使いたい。2月の打ち合わせで床奥行きを950からさらに250奥に広げて1200としたい旨伝えた。その後、メールでも再度打診したが、奥行きを1200取るのがなかなか難しいと内海さんは言う。小間の後側に水屋への階段通路を設けているためだそうだ。
模型を眺めているが、なんとしても奥行き1200は欲しい。この板目いっぱいに床を取りたい。通常の床ならば半間の奥行きがあれば充分、今、僕が考えている1200の奥行きはきわめて異例だろう。

僕は奥行きを1200確保して、壁から床柱までの間口を1200取る。1200の方形の枡床にしたいのだ。床柱の位置をどうするか。若干の奥深さの違和感を床柱の位置で調節する。床板はしっかりと1200の奥行きを表現し、床柱は床手前の端から150ほど奥に立てる。間口は1200。これだと1200の奥行きも感じることができ、それでいてやや深すぎるかもしれない床の気配を、若干通常方向に戻すことができるのではないだろうか。傾き加減、逸脱の在り方こそ全てを決定する。枡床風な趣を感じさせつつ原叟床風になるということ。これは妙案ではないか。

傾きすぎてもこれは単なるはみだし、例外的な存在にすぎなくなる。通常の常識をがっちりと捕まえ、その上で、いかにどれほど逸脱するか。その答えの在り方に、常識への造反が込められなければならない。

床柱の位置は、実際の施工の段階で検証して決定すればよいが、床の奥行きはコンクリート打ち放しの壁、躯体壁そのものだから、図面の段階で変更を反映しないと、他にも大いに影響を及ぼす。

内海さんに再度連絡を入れる。

05.04.07　小間床イメージと寸法

✉内海さんへのメール
内海慎介様
その後ご無沙汰しています。基本設計、追い込みで大変な毎日のことと存じます。
昨日宮永、齋藤氏一行、来宅、5/18の日程などご報告を受けました。
一度ご連絡をと思いながら、しそびれていましたが、1件お尋ねしたいこともありメールいたしました。

2月の打ち合わせで、小間の床の奥行きを外の階段側に250広げ1200にしたいと御願いしましたが、その時は階段の幅が限度いっぱいで少々難しいが考えてみます、というお話を頂いたように記憶しています。

その後、模型や図面で確認、やはりせめて150できれば200ほどでも奥行きを拡張できないものかと思っています。
床板：奥行き950（半間）＋150〜200（拡張）　間口1900
床柱の位置：奥壁付から950　間口（左壁付きから）1200　床前板端から150〜200ということになりましょうか。

点前が終わって、半東がその後ろから斜めに客前に出て給仕するためにも床柱の位置を150〜200奥に移動する必要があると思われます。
床奥の壁が基本構造壁ではないかと思い、後からでは変更しにくいかもと思ってメールいたしました。

制作の合間、気分転換も兼ね、小間・広間の細部を模型で考えております。
またお目にかかります。
樂吉左衛門

---

05. 05. 10　小間の4分割

　小間の、コンクリート打ち放しの壁に対面するもう一方の壁を、和紙で構成する。具体的にどのように施工するか。茶室では単なる施工上の方法が、即ち茶室そのものの美を構成する。柱1本、框1本、窓組枠1つとっても施工上の構造であり、茶室の構成美そのものでもある。模型でさまざま考えてはいるが、最も悩むところ。細部の表情に加えて何かもう1つのファクターが必要であると思われた。茶室を直接囲う紙壁をどのように組み上げるかという重要な問題もさることながら、茶室を取り囲む小間全体の空間そのものについても、何かが足りない気がしてならない。
　四方をコンクリートに囲まれた室内としての小間空間、さらにその内部に三畳半という小間の茶室が和紙で囲われ出現する。これではビルの中に組み込まれた現代茶室と何も変わりないではないか。コンクリートで固められた空間の内部に唐突に現れる和紙の囲い。何か考え方が欠如している。模型を眺めながら、客になったつもりで順路を経てイメージしてみる。

　水露地から小さな中潜りを通り抜けて小間空間に入る、うす暗い小間の空間の始まり。つまりここは内露地ということになる。前面に立ちはだかるコンクリートの壁5〜6メートル、床は土間漆喰に変わる。土間階段を数段あがると左手に小間の紙壁囲いが見えてくる。眼に飛び込む白さ！　しかしコンクリート壁オンリーのここまでの空間から、突然紙の囲いが現れる。たしかに唐突な感じがする。この唐突感をどのように解消するか。
　太鼓張り状に二重にした紙壁の外側の厚手の紙を土間の部分まで垂紙状にして延長、上には紙を支える梁を周囲の壁まで通す。要するにコンクリート壁に囲われた小間空間に十字に梁を通して大判の和紙を低く土間近くまで垂らし、小間の空間全体を4分割する。客はその一間強の四角い分割空間の、梁から低く垂れる大きな紙を順次潜りながら小間の入口躙りへと足を運ぶ。
　中潜りを越えれば、うす暗い小間空間。右の奥、7〜8段の階段の上場にまず最初の3000ほどの大きな暖簾のような和紙が、床高300ぐらいの低さまで垂らされる。ここには西のコンクリート壁に開けられた細いスリッ

トからの光が反映する。階段を上りその第1の紙壁（あるいは暖簾）を越えると2000余の方形の空間、そこに1000余の四方の蹲いが埋められている。手を清めて第2の紙暖簾を潜るとようやく躙り口に到着。躙り口の戸も和紙。第3の和紙である躙りを潜り、ようやく小間席に身を入れる。

細かく区切ることで茶室和紙囲いの存在を唐突なものから、しっかりとした主張と意味を持つものに変換できるだろう。

もう1つ重要なことは、紙暖簾の結界としての役目である。伝統的な露地では、苔むした飛石や木立の景色、細やかな風情への様々な配慮が張り巡らされている。しかしここ佐川では、あえてその具体的なイメージへの取りかかりを可能なかぎり捨て、露地は上下に抜けた円筒形の空間のみに集約している。コンクリートの打ち放し壁のつづく単調さの中で、少しずつ小間の非日常、聖なる空間へ近づく具体的なイメージの仲介が必要。木を植えたり飛石の組み方にこらずに、聖なるものに近づく具体的な実感がわき起こる工夫。それがこの4分割の白い厚手の手漉き和紙の大壁面、大暖簾である。中潜りから、第1の垂紙、さらに第2の垂紙、そして躙り口と人は何度も頭を下げて結界を越える。

重要なコンセプトになる。

しかしこの梁から下がる大きな一枚和紙をなんと呼べばよいのだろうか、垂紙、紙壁、紙暖簾、僕自身呼び方に困っている。何しろ初めての試みだから呼び方もない 図28、29 。

05.05.14　茶室の寸法

コンクリート打ち放しの壁の現代茶室は、いまや珍しいものではない。従来の銅板葺きが酸性雨などで耐久性が低下した分、チタン屋根も利用度が増え、今では現代茶室に市民権を持ち始めている。佐川の茶室はその意味で、決して珍しい奇抜な新しい発想というわけではない。しかしそれでもなお佐川の茶室は、これまでにない新しさを持っていると僕は自負している。それは、聚樂壁をコンクリートに、茅葺きや瓦や銅板葺きの屋根素材に変えてチタンを使用するというような、単なる伝統的な素材から現代的と思われる新たな素材への置き換えではない。重要なことは茶室のもつ思想性、考え方の新しさであると思う。

茶室の建てられる場の問題、非日常性、レベルという考え方、同化と異化、調和と対立などの考え方を建築の空間、各部の組み合わせ、素材の組み合わせなど建築という実地の場で思考することなのだ。

その中で「寸法」という問題がある。

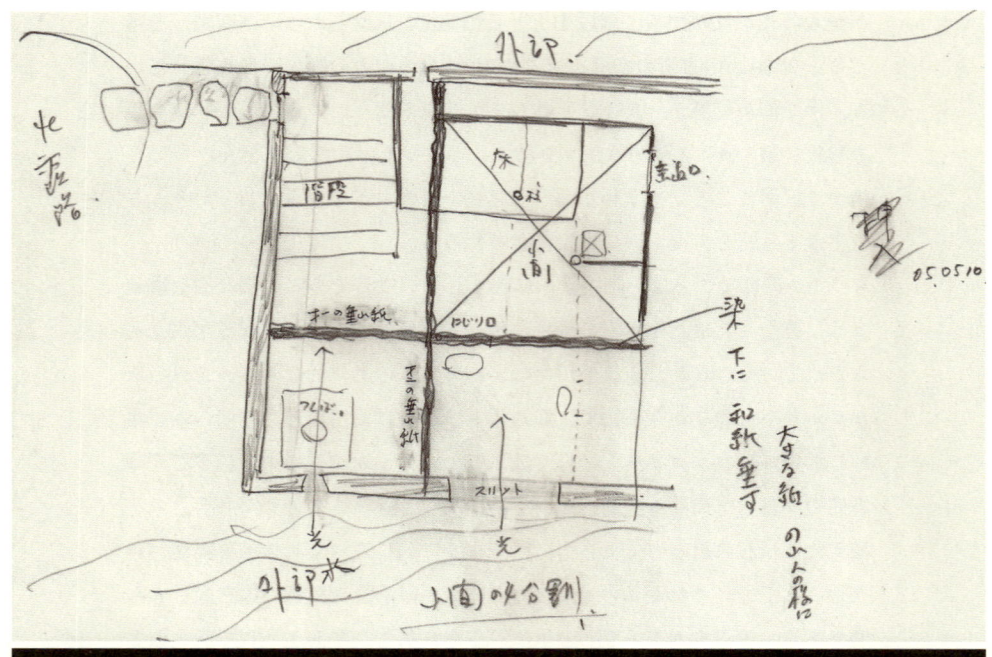

図28、29
紙暖簾のイメージをさっそくスケッチする。
和紙などを用いて模型にも試作した。

空間の異化は、水没したコンクリートで囲われた小間、水面0レベルに近づく広間、大きく被さる屋根、異常に高い小間の天井など、見慣れた伝統茶室の空間からは大きくかけ離れているばかりか、異化そのものの意味を十分に捉えているつもりだ。しかしどのようにはみ出し、新奇な空間しつらえであろうとも、どこかに我々が茶室という感覚を維持でき得るもの、歴史の接点として我々の中を流れている最もベーシックな感覚を残したいと僕は思う。この逸脱した佐川の茶室空間に、茶室としての規範性をどのように持たせるか。この規範をはずしてしまえば、茶室は茶室ではなくなり、単なる奇抜な建築空間となってしまうだろう。その規範性を背負うものこそ寸法であると考えている。

床の寸法、垂壁の高さ、躙り口、茶道口などなど。しっかりと伝統茶室の寸法を踏襲する必要がある。

床の広さはもちろん、床前垂壁の高さなどは、床の風情を決定する重要なファクター。佐川の小間の床板はバリの古材を利用する。幸いなことに、というより稀なことに、この黒檀のような分厚いバリ板は、奥行き1200、幅1900はある。

しかもこの黒色の1枚を100パーセント生かすことができる。

というよりこの板があるから小間のイメージを決定することができた。ここに伝統の寸法を組み込ませる。床は枡床、深くて凝縮した床内部の空間を実現したい。正面の垂壁は床空間の間口を決定するため重要だ。

とにかく、樂家の広間「瓮土軒（がんどけん）」、小間「麀閑亭（そかんてい）」、小間待合、二階広間、樂美術館の広間、小間。可能なかぎりの寸法を測り、一覧表を作成した。竹中さんとのやりとりだから、しっかりと数字で彼らに示してやらなければならない。数寄屋大工相手ではないから。

伝統茶室の寸法は、同じようでいて結構それぞれ異なっているものだ。床の間口は定型を決めれば自ずと寸法は決まる。一間床、台目床、半間の枡床など。しかし、框の微妙な高さの違い、二分、三分で床から受ける格式が異なる。まして床の高さを決める垂壁（落し掛け）の下端の寸法は、床自体の空間を決定する。僕は深い奥行きのある床が好きだ。深さの中に花があり、軸がある。浅めの床は当然空間が希薄、モノの存在も希薄になる。樂家の広間瓮土軒は広間にかかわらず侘び好みであることがわかる。床の高さは通常の広間より低くしかも洞床になって一間の間口が台目近くまでに縮小、残りは右あて柱の奥に半ば闇となって隠れている。床框も白杉皮付き、松の皮付き丸床柱に、殴りの入ったあて柱が添う。見慣れた我が家の広間、あらためて細部に目を落とすと新しい発見がある。

寸法リストを作り、佐川の茶室寸法をイメージする。後は実際の組み立て

の中で決める。

　もう1つ、麻紺縁のある通常の畳を使用する。畳から受け取る寸法感覚は重要だ。両縁の濃紺の麻布の縁取りは否が応でもしっかりとその寸法を感じさせる。時にはその直線の強い表情がうるさく、また、一畳を単位とする空間への拘束感を窮屈に感じる人もある。特に現代の広い空間には畳は敬遠される。「藺草のマット」で不衛生だという馬鹿な人もいる。しかし畳に大の字になって寝転がる時の心地よさ、その硬くもなく柔らかすぎることもない畳ならではの感触は、他に代わるものがない。寝転がるとよくわかるのだが、畳一畳は人間ひとりの寸法であることがわかる。一畳あれば基本的な生活の空間は最低限保証される。板の間にいつ畳が持ち込まれたか、僕は確かなことは言えないが、畳を使用することになって、日本建築は大きく変化したに違いない。ようするに畳の寸法はまさに人間の体、身体の寸法による。人間ひとり分の身体の寸法が全ての寸法の原点。一畳、一間、半間、一坪。茶室には台目などという規格はずれを許す寸法がしつらえられているが、茶室は特に畳の寸法にすべて支配される。むしろ、畳の寸法をはずして茶室は成り立たないということ。そこをはずすことはできない。畳はまさに身体の寸法。となると茶室という空間は、身体の延長としての空間ということになるだろうか。現代茶室に伝統のにおいを嫌って、縁のない琉球畳を使う建築家もいるが、僕はあえて縁のある通常の畳を使用する。これははずせない寸法の原点だと思う。

05.05.15　規範性のゆくえ

　捨てる物、変わりゆく物、変わらぬ物。
　受け継がれる物をしっかりと自由に解き放して全く変えてしまえばよいと言う人もいるかもしれない。一つのコンセプトを抜き出し、それを自由に全く別次元の変容を果たす。その実験的な在り方もおもしろいかもしれないが、ただ僕の時間、僕の時代はまだ長い歴史の中で積もった規範の様式を受け継ぎながら、ゆるやかな変容をとげなければならない世代である。あえて僕はゆるやかな変容と熟慮する時間を、未来に茶の湯をつなぐ為に必要だと思う！
　伝統的な規範、様式の中から何を捨て、何を残すか。茶室の寸法は、茶の湯の規範と考え、僕はそれを守りたいと考えているが、その規範とていずれは乗り越えられて、別な規範が生じるだろう。床の間の高さや、躙り口の大きさ、様々な寸法も、いずれは未来の時の中で変容し、無くなり、別な様式が生み出されるだろう。僕はその変容の過程に多くの時をかけても

らいたいと願っている。じっくりと時間をかけて思考され、感じられながら変容していくことが大切なのだと思う。今すぐ床の間を取りはらう事も、いや、方形の空間を球体やぐねぐねした不定形の空間に変える事もできるだろう。しかし、その目新しさではなく、僕自身の命のスパンを越えて、長い時をかけて、じっくりと何人もの人々に受け継がれながら、感じながら変わっていくべきなのだと僕は思う。

05.05.16　佐川記者発表準備

18日の記者発表に備え、美術館ならびに茶室のコンセプトを急いでまとめる。

05.05.18　佐川樂吉左衞門館記者発表

京都、滋賀はじめ岐阜県など近隣の府県、雑誌社、様々なメディアの記者の方々が来館。僕は美術館創設、その承諾から建築に関わる思いを語った。初めて聞く人々に対して手短なわかりやすい簡潔な言葉で伝えるのには、この美術館建設に携わって早3年、僕の中で積み重なってきた思考の堆積はあまりに厚過ぎるように感じた。その心配は的中したようで、僕は結局僕自身に埋没してしまったかのようで、本質めいた周辺をまわりながら適切な簡潔平易な言葉も見つからず時間ばかり過ぎてしまった。あれで地下から地上、闇から光へ、陰翳の大切さ、自然と人の位相、そうしたことが美術館から茶の湯ゾーンまで含みながら考えてきたことなど伝えられることができたか、はなはだ覚束ない。

05.05.27　打ち合わせ　樂家

先日来、家中の茶室から広間書院まで、あらゆる寸法を測りまわった。リストにして今日の打ち合わせに提示、佐川の茶室の基本的な寸法を指図した。

小間の床柱は、1月に戸田さんらと稲葉さんの玉峰館に休養に行った時に、めぼしい候補材を選ばせてもらってすでに手元にある。床柱はバリの古材、強く荒々しい手斧の殴りが入っている。極度に堅く重く強い存在感がある。おそらく水の中に入れると沈むだろう、実際の比重も大きいに違いない。床脇壁には、やはりバリの古板を床柱から背面のコンクリートに直接差し渡す（幕板）。一枚板では難しいから何枚かの板を渡す。ささくれ

痩せた表情、殴りの強さ、鋸引きの痕、これも極端に堅く締まった板。それぞれの表情の違いが味わいとなるだろう。稲葉さんへのおおよその注文リストを竹中さんに指示する。

◎重要な決定事項
1. 小間蹲いをたたきの土間と同じレベルまで下げて沈ませる。
   おそらく1000余の角形、深さは500はほしい。巨大な蹲いになるが、その全容は土間の下に沈んで全体の姿は見えない。土間と蹲いの間にまわした120〜130の溝から、蹲いの外壁面が窺われるのみ。あえて奥行きを見せないことで、逆に石の厚みはイメージの中で感じさせるようにしたい。
2. 茶室を囲む紙壁を延長して、暖簾風に茶室まわりの土間空間を4分割に区切る。
   なぜこのような間仕切りが必要なのか、関係者にはいまいち理解できていない感じではあるが、模型で説明した。
3. 水露地の壁面素材の決定。
   水露地の壁面をどのような素材にするかは、悩むところである。当初、水露地の壁面はバリの黒石で細い柱列を円筒形壁面に敷き詰めまわすことを考えたが、どうも材料の調達が難しい。規格品はいくらでもあるが、あのいい加減で不器用なバリの手彫りの石材でなければ意味がない。あの石で細い柱列を作ってもらうのは難しいという稲葉さんからの返事。柱列はあきらめ、同じ黒石で400角の板を張っていく方針に切り替えた。筒形の壁面を400角の石盤で壁面を作るから、角々とした面取り風になりしかも不揃いな手彫り、自然と微妙な揺らぎが生じるだろう。規格品でもなく、作為でもない微妙な揺らぎを期待している。
4. 各展示室の椅子。
   各展示室の椅子に関しては、それぞれの部屋に異なる椅子を設置、ゆったりとした空間にくつろぎを与える。第2・3展示室には腰高のベンチを壁から直接取り付ける。スタンドバーまでは高くないが、足置きのバーを組み込むのもおもしろいかもしれない。展示室のスロープの下、座った目線で展示作品が見えてくる高さ。第4展示室にはひとり掛けの椅子。壁からなんの支えもなく、直接コンクリート壁から板がとんとんとリズミカルに突き出している。ここは少しルイス・バラガン風といえようか、バラガンの壁から突き出た階段から一寸ヒントを頂いた。第5展示室は無垢材の大きなもの、やや低めな方形の木のかたまりをどっしり置く。それぞれにさりげない遊びがある。

05.06.17　打ち合わせ　樂家・MOA広沢池畔茶室見学

先月、MOA美術館主催の茶会で濃茶釜をかけた。場所は京都・広沢池湖畔。北に小倉山を配し、西対岸には大覚寺が静かな佇まいを池面に落としている。
東池畔にはこのMOAの茶室とわずかな関係建物しかなく、自然がそのまま保存されている。僕は京都でこの広沢池畔の風景が一番好きだ。広沢池と、何とも柔らかな丸みを帯びた大和絵そっくりな小倉山、しずかな大覚寺の堂のシルエット。夕闇の沈む頃、月明かりの夜などはなんとも見とれてしまう。
MOAがずいぶん昔にこの東池畔の土地を買い、ここ近年に茶室などを整え茶会を開くことになった。濃茶席は以前からあった数寄屋の別荘風建物、使いやすいように一部を拡張、茶席も整えた。やや奥まった所には新しい数寄屋茶室も建てられていた。
最近はやたらに建築細部に目が行く。この茶室には煤竹の天井がふんだんに使われている。やや民家風な太い煤竹丸材を通し、横に煤竹の割材を平天井風に敷き詰めている。時代を感じさせる煤竹の味わい、天井の奥行き。立体感が強調され、部屋全体を重厚なものにしている。やや丸みを強調した割竹を敷き詰めた民家風な部屋天井もあった。また、少し畔奥に立てられた新しい茶室はよくできているがほとんど見るべきものはない。竹、簾(すだれ)風な化粧天井の天井裏から白いモルタルみたいなものが、つぶれたアンコみたいに竹、簾の隙間からはみ出している。あとで聞いた話だが、そういう伝統工法にのっとって造っているらしい。しかし僕は好きにはなれない。平面的な感じがして空間をさらに扁平なものに感じさせる。やはり古い建物の煤竹の天井は良い。
そんな印象もあって、これは佐川の化粧屋根裏の竹の善し悪しの的確な参考になると思い、MOA美術館にお願いして内海氏はじめ竹中の関係者のために見学会を開いた。
朝から小雨が降り、古い茶室の広間から見る広沢池の風情は対岸の大覚寺がうす靄に煙って静けさが一層深まる。池の斜め奥に葦の群生する所があった。水から新しい緑の葦が尖った葉を伸ばして密生している。佐川では茶室のまわりの水庭に葦を群生させたいのだが、いま一つ関係者には評判がよくない。この機会に、ここぞとばかりに大いにその良さを宣伝した。

見学後わが家に引き返して打ち合わせをする。
ロビー東側に立礼卓を据えるが、立礼卓は以前、稲葉さんの所でバリの寺

院の洗水石を見つけておいた。粗いブラックグレーの火山岩のような粗面の、高さ500ぐらいの四角い石で、中央は臼状に四角く彫り込まれている。これを風炉に仕立ててバリの古材板を合わせる。落ち着きと風格、しっかりとこの広いロビーに存在感を発揮するだろう。

問題は立礼点前の後、バックヤードとなるものをどうするか。ふつうは金屏風を立てて、その前に立礼卓を置く。横に赤い野点傘など立てて。

そんなことはできるものではない！ 現代の立礼ならば、何か現代アートのようなオブジェ的なものを衝立として立てる。それは金屏風と同じくとんでもない煩雑さとなる。

まさかブラックコンクリートに囲まれた、ミニマムな空間に金屏風を立てるわけにもゆかず、ましてや現代風なオブジェチックな衝立を立てるわけにもいかぬ。

結局、集成材を横に積み上げぶ厚い壁を天井近くまでドーッとおったてる。そんなことぐらいしかアイディアが浮かばなかった。それもいま一つ納得がいかない。特にバリの洗石とバリ板の組み合わせによる立礼の具体的なイメージが固まってきた今、なおさら集成材の壁は強すぎる表現となって立礼卓の組み合わせを殺してしまうかもしれない。では、どうするのか…。

大いに悩み続けてきた。図面をにらみ、ずっと考えてきた。その末に到りついた結論。

結局、何も立てないことが一番である！ との考え。

このアイディアはなかなか到りそうで到らない。思いつけばこれ以外にはないという確信、なぜ早く思いつかなかったのか…。

打ち合わせで内海氏・竹中関係者に指示を出した。僕が興奮するほどには反応はなし。以前、立礼の水屋の入口、バックヤードの位置を壁側に寄せるように指示したが、中央に戻してもらうように指示する。

小間のコンクリート壁と対面する壁面を和紙の壁で囲うが、ただの障子や襖、和紙パネルでは意味がない。本来聚樂土壁のところをコンクリートとし、さらに対壁をコンクリートとは真反対の和紙とするからには、単なる素材の置き換えであってはならない。ここには1枚の巨大手漉き和紙を高い天井付近から垂らす。最低幅3000の和紙が1枚で漉き上がるようにと、和紙漉き業者手配をお願いした。

05.07.　模型を使って　スパゲティーの化粧屋根裏

模型の屋根の形状が始めから気になっている。もう少し緩やかなカーブと軽やかさが出ないものだろうか。おそらく始めの構想が茅葺き屋根であったから、葛屋の屋根の厚みを考え、屋根の小口、軒先を分厚く製作したのかもしれない。あるいは平山館の形状からのつながりを内海さんは意識したのか。軒先のカーブが厚く急になりすぎて重たく感じる。もう少し軽やかなカーブが出せないものだろうか。全体の形状をこんもりと、もう少し緩やかな丸みを持たせたいと思う。初期構想の葛屋といっても合掌造りのあの立ち上がる巨大な葛屋根ではなく、低く丸みを持った切妻を持たない柔らかなカーブを描く屋根、あくまでも限度いっぱいに低い屋根がフワッと被さる。外目からは存在感の強くない屋根の形状、内側からは低く軒をおろして内部空間を包みこむような、抱かれるような安らぎを感じる空間。

軒下の化粧屋根裏の仕様はこの模型では表現されていない。しかし、屋根はチタン葺き、屋根下地はコンクリート。天井を張れば話は別だが、まさか化粧屋根裏を現代の石油新素材でカバーするわけにはいかない。

やはり、MOA茶室でも確認したように竹で組むのが一番。ここは伝統的な工法、表現を取り入れてみることにする。コンクリートと竹のいわば人工と自然のぶつかり合い。

問題となるのは、化粧屋根裏の竹の組み方。家と樂美術館の化粧屋根裏の竹の組み様を参考にする。MOAの広沢池畔の茶室にも好例の竹化粧天井があった。さすがに古い茶室だから飴色の竹が太い桟の丸煤竹に支えられて、さらに煤竹の太めの割竹がその上一面に敷かれていた。

竹組のスケッチを描いてみたが、今一つうまく表現できない。結局実際に模型で組んでみる。探せばあるもの。テッセン花の茎軸に使われていた太めの竹ヒゴがあったので、それを割って割竹の素地にする。とにかく、身のまわりのものから何か代用できるものを探す。支えの竹桟はそのままの竹ヒゴ、その竹を支える横木はお菓子用クロモジ、さらに丸竹の間に細い丸竹を入れたいが…それは適当な細いひご竹がないのでスパゲティーにした。こうしてクロモジと竹ヒゴとスパゲティーの化粧屋根裏の模型ができあがった。

結構面白い。今度内海さんに見せてやろう。

05.07.　模型を使って　広間ガラス壁と付書院窓

もうかなり原形から変貌してしまった20分の1の模型。

広間もかなりいじりまわした。問題は広間L字開放部を囲う大ガラス壁面。これは創案当時、この開放部を完全な解放部にするため、L字の2辺の壁面を継ぎ目なしの2枚の大ガラスで地下からせり上がるようにできないかと依頼した。全くむちゃくちゃな提案だと正直僕も思うが、実現すれば巨大ガラスが桟枠組なしでせり上がってくる。窓枠のような桟がないということはガラスの存在が消されて、L字の開放部は水庭とひと繋がりになる。内海さんには結構その無謀な案の実現に前向きに取りかかってくれたようで感謝しているが、やはり「それは何とかご勘弁を」ということ。代案として横にそのまま電動で引ききる案を以前の打ち合わせで了承した。

模型は、おおよそその方向を反映して造られてあったが、出入りをどうするかということなどが検証として残されている。使用順路などの関係も考えて、やはり小さな常時用の出入口は必要。大ガラスに入口を設けてあった。せっかくの枠や桟のないガラスに入口の桟が見えるのはもったいない始末。コンクリート奥袖壁に入口を開けた。ガリガリとカッターで入口の切り込みを開けてみたりした。しかし、それが良いのかどうか判断しかねている。

茶道口、広間への通路口の高さや幅が多少違っているので、これも修正した。

もう1つの問題は、床と琵琶床それに付書院の関係。付書院の窓をどのように開けるか、これも模型をはずしてゴシゴシと数通りの付書院窓を開けた。しかしこの窓にどのような素材、建具をはめ込むか、それはとても難問。ふつうの二枚引き付書院窓と障子ではおもしろくない、といって円形の吉野窓なんかにはしたくはない。どうするか！　答えがない。しかし、いずれ基本設計の完了までには答えを出さなくてはならない。

05.07.　小間　紙壁囲案I　構造とデザイン

小間の床脇から対面のL字形の開放部を何で囲うかという難問。

床から点前座背面のL字形の壁はコンクリート打ち放し、全館を統一する杉板「うづくり」（カルカヤの根を束ねたもので木の表面をこすって、柔らかい部分を削り、木目が浮き上がるように強調すること。この材を型枠に使用することで、コンクリートの表面に調子をつけることができる）のブラックコンクリート壁が強烈な存在感で立つ。問題はその対面の躙り口

を含むL字壁面。伝統的な茶室なら当然聚樂、連子窓がおそらく躙り口の左上部に開けられる。光の取り入れ方、連子、下地の角窓の配置の妙味、さらに竹、杉板の化粧屋根裏が覆い被さり、さらにそこには突上窓が切られているこの伝統的茶室としての見せ所。この佐川の小間では、確かに竹の化粧天井が全面に被さっているが、その高さは床から4000余になり、いったんは小間の空間から切り離される。小間囲い・床背はコンクリート壁、バリの床板・床柱を入れるので、その主張が強烈とはいえ空間そのものを囲う単調さは否めない。

対面L字壁の素材は和紙しかない。その方針に変わりはないが、ただの坊主襖風なパネルを立てたり、天井から和紙を垂らすだけでは、小間の緊張した空間は生み出せない。しかも単調すぎる。

コンセプトの方向は光の反映の仕方だろうか。模型に手を加えながらずっと考え続けている。

連子窓の代わりに何か蔀戸風の窓を開けてはどうだろうか。茶室を取り囲む外部のコンクリート壁には高さ300の横長の窓が切られている。外部に広がる水面ぎりぎりの高さに切られたその窓から、水面の光の反映を水底の小間に引き込もうと思っている。その細く開けられた窓は真西を向いているが、そこから湖面の水の揺らぎを反映した午後の光が小間に差し込むはず。それが直接間接にこの紙壁に反映するに違いない。

和紙囲い壁面に連子代わりの窓を開ける、その視線の高さに300の横窓から水底が広がる。その窓を開ければ人はそこで初めて自分が自分の身丈だけ水没していることを目にする。

そこまではおもしろい。

しかし問題は実際の紙壁の設置法である。

当然、柱と桟がいる。どのように組むか、僕はもう何日も模型をいじくりながら、この柱の組み方、連子の切り方、躙り口の戸のしまい方を試行錯誤している。

どのような間合いで柱と桟を入れてゆくかであるが、まとまらない。問題はこの点である。柱と桟を入れていくと、確実に伝統茶室の組み方に自分自身が吸収されていく。あらがいようもなく引き込まれていく。わが家の小間に切ってある連子の高さ、幅の寸法を測る。模型にその寸法で連子窓を開ける。連子ではつまらないし、追随するのもシャクだから突上風な窓にする。気がつくとすっかり伝統様式に取り込まれている自分を発見する。

当然すべての伝統様式を否定するわけではないが、この下地風、連子風あるいは蔀戸風窓といった伝統様式はここに持ち込むわけにはいかない。現

代茶室だからという理由ではなく、おそらく、対壁のL字コンクリートと
取り合わないだろう。どうしたらよいか。
柱を見せないで和紙で張りまわすことも可能だが…しかし和紙を通して柱
や桟の影は見える、しかもそれではなお一層単調すぎるように思われた。
いっそ柱を見せるか。伝統茶室の柱や桟の組み合わせは完璧な現代のコン
ポジションに匹敵する。結局また振り出しに戻る。伝統茶室様式がこれほ
ど完璧な様式美、間合いを持っていることに、ただ平伏するばかりだ。

05.07.20　展示室　竹中への提示案

22日の打ち合わせに備え、展示室関係の竹中さんへの提示案をまとめて
みた。

　　　提示案まとめ
　　　樂吉左衛門館展示室
　　1. 各展示室出入口に関して
　　　　ロビー→第1室入口
　　　　　　基本的に幅を狭く取る。公共施設出入口、美術館運営に差し支えない範
　　　　　　囲での限界まで狭める。　1500〜1800ぐらいか？？
　　　　　　高さは通常範囲、やや高め。細長い入口があいている感じ。
　　　　第1室→第2・3室への回廊入口
　　　　　　同上の寸法。
　　　　第2・3室回廊→第4・5室入口
　　　　　　やや幅の広いゆとりのある入口。
　　　　　　入室正面中央壁面の幅よりも少し狭くする。
　　　　第4・5室→第6室入口（2入口）
　　　　　　他の出入口とは異なり高さを低く保つ。
　　　　　　即ちケースガラス面垂壁の下限と同じレベルにする。
　　　　　　入口幅はほぼ全面開口。（ほぼ模型通り）
　　　　＊これによって展示室への入口は〈狭い→やや広い→低い〉として変化を持たせ
　　　　　る。

　　2. 第1室の展示ケースプラン
　　　　　第1室の展示は基本的に茶碗、茶入、水指の3点セットを1組のみ展示する。
　　　　　また当初より露出展示を計画してきた。そのため、手の届かない約3000四方
　　　　　の広い展示台を考えたが、折衷変更案を提示する。
　　　　　展示台を縦に細長い台として左右にガラス面を床から立ち上げ仕切りとし、
　　　　　解放部は正面と天のみとする。上部は解放。（模型に表現したとおり）
　　　　　展示台の大きさは　1100×2400ぐらいか？　正面を1000ぐらいに狭めて
　　　　　かすかな台形にするのはどうか？
　　　　　左右のガラスは展示台から100前後？の間を開けて床面から立ち上げる。

展示台素材は下記の材質から、いずれも黒（かすかに赤茶かかった）系マット質。
　　　　　1　金属、（銅板、鉄板、アルミ板）
　　　　　2　木材表面塗装　など
周囲壁および展示ケース後方奥壁の材質
周囲壁は第2・3室の光を遮断するため天井まで立ち上げる。
1　木材（集成材細組）
2　コンクリート
3　塗り壁・張り紙など

3. 第2・3室（昼、夜の航海）
・ケースに関して
　ケースガラス上部垂壁（目隠し）はなくし、全面ガラスを床から天井まで立ち上げる。
　ケース内の展示台は独立箱型展示台とし、作品の1点展示、2点展示、3点展示の各台を製作、展示に応じて組み合わせて使用する。
　以上のプランにより第4・5室の展示ケースとの差異化を図る。

・床レベルに関して
　床レベルを一部変更する。床レベルを150〜200（階段1段分）上げて展示ケースに沿ってまわす。導入部・中央部はレベル変更なし。中間地帯をゆるやかなスロープにする。
　ケース対面壁には高椅子ベンチを壁付きに設ける。
〈各床・展示台・ベンチに関するレベル〉
　　基本床レベル　±0
　　ケース前まわり床　＋150〜200
　　展示台　ケース前まわり床レベルから　＋950〜1000
　　　　　基本床レベルから　＋1150〜1200
　　スロープ落差　150〜200
　　ベンチ高さ　700　（足かけバー必要か）？
　　ベンチに座った人の目線　1450ぐらいか？
＊床レベルの違いによって他室との差異化、2つの視線を鑑賞者は持つことができる。

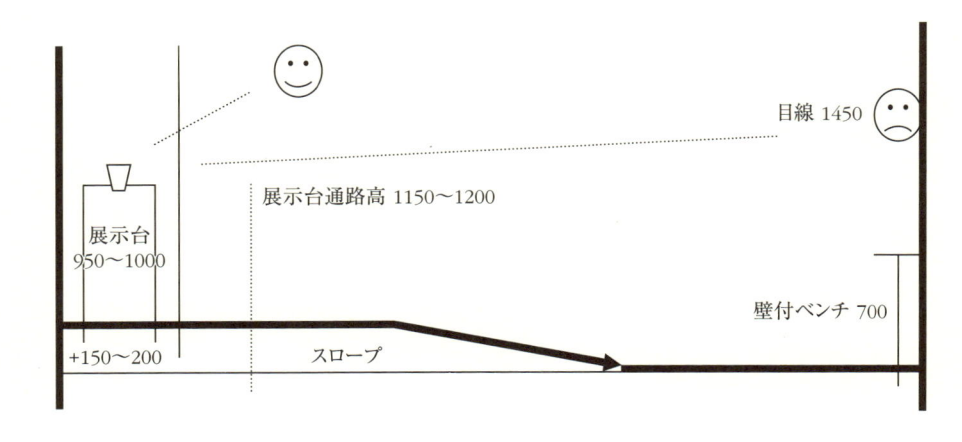

展示台 950〜1000
＋150〜200
スロープ
展示台通路高 1150〜1200
目線 1450
壁付ベンチ 700

4. 第4・5室　入口
入室口・中央正面壁・展示ケース側袖壁（4壁面）は磨りガラスとする。
展示ケース側面の磨りガラスは展示台影が映るため、台から離して立てる。
入口の広さは中央ガラス壁面の幅よりやや狭くするが、第1展示室で入口よりは広くゆったりとしている。
中央の仕切り壁は現状の模型よりも少し広げる。
（第6室のオブジェ空間の幅ゆとりが現状では足りないため）コンクリート打ち放し、ただし中央正面壁の対面仕切り壁は磨りガラス。
第5室（現代）の中央壁面添いの独立展示ケース設置空間は部屋全体の中央線対称に開く。
独立ケースは1基を設置。
第5室中央壁前独立ケースは、上から被せるあんどん型ではなくガラス面4面を天井までのばして立ち上げ柱状にする。
第4室の壁差し椅子は、1椅子2人掛けとする。全体として5〜7脚設置。
または、1椅子1人掛け、7脚設置。

5. その他
＊壁付き固定ケースの搬入口をどのようにもうけるか。
＊壁付き固定ケース前面のガラスはできるだけ一枚ガラスとして重なりを少なくする。
＊第2室ケース内の作り壁面ならびに柱類を回廊側基礎コンクリート面から突出させないでコンクリート基礎壁内に埋め込み処理する。
＊基本構造壁はすべてコンクリート打ち放し、その他各展示室非構造壁面は各々考える。
コンクリート壁面に何らかの化粧が必要な箇所
　　　　　第1室内部3壁面（ロビー側は基本的にコンクリート打ち放しのままか？）
　　　　　第2・3室　展示ケース内の壁面（回廊、ケース対面壁はコンクリートのまま）
　　　　　第4・5室　入口3壁および出口中央側壁面は磨りガラス
　　　　　（中央分離壁面は、基本構造壁はコンクリート打ち放しのまま）
　　　　　第4・5室　ケース内の壁面、基本構造壁に組み込んで（素材は未定）
＊コンクリート打ち放し壁の一部に化粧壁を設ける場合は基礎壁面から突出させずにコンクリート壁に埋め込む形で〈面一〉で仕上げる。

---

05. 07. 22　第1展示室　縦に長い展示台　距離と存在感

第1展示室は象徴的な空間。ロビーから極力絞り込んだ狭い入口を通して、第1展示室中央にただ1つだけ設置された展示台が見えてくる。この展示台は完全な露出展示にしたいのだが、セキュリティー上そうはいかない。結局考えついたのが手の届かない奥行きの深い展示台、左右は展示台間際にガラスをはめるが、正面にはガラスはない。その代わり展示台の奥行き

は手の届かない程の長さを持つ。この寸法をどのようにするか。これまでにも自宅でイメージを確認しつつ検証、幸い、わが家のリビングに稲葉さんから分けてもらったバリの古材のテーブルがある。じつはそれが第1展示室展示台の発想源なのだ。わが家のリビングのテーブルはバリ古材、幅880、長さ2460、厚さ80の大きな一枚板。

15年ほど前パリで、ジャコメッティの例の細い小さな人物像が細長い展示台の奥の方に置かれて展示されていたのも思い出す。作品との距離の取り方が常識（小品だから手前に置いてよく見えるように）とはまったく異なる観点から展示されているのだ。小さなひょろ長いジャコメッティの人物は、細部のディテールなどわからないくらいに鑑賞者から離され縦に細長い展示台の奥に置かれていた。距離そのものを表現しようとしたジャコメッティの彫刻の本質をよくとらえている。これには感心させられた。そんなことなどを思い出していた。

狭い第1展示室の中央、そこに幅の狭い縦長の展示台が見え、その一番観客から遠い奥に茶碗とたぶん茶入、あるいは水指を加えてモノ同士の関わり、関係性を象徴的に捉えること。モノの距離感と存在感をここで見せたい。

広いロビーから狭い空間・第1展示室へ。意識を変換、次元の違う空間に向かう緊張を入口の幅で感じさせたい。ロビーからはこの狭い入口、むしろスリットとでも言おうか、その細く狭められた入口を通して第1展示室の空間に置かれた縦に長い展示台が正面に捉えられる。ロビーのまた奥に、この美術館の核心的な空間が開けていることを暗示的に見せる。この象徴的な空間性はまずこの入口の極端な狭さで表現できるだろう。

内海さんに「公共の建物としてどの程度まで入口幅を狭めることが可能と思いますか」と質問してみた。

「2000ぐらいでしょうか」

僕は極端に絞りたい。

「2000を切りたいんだけれども」

思いの外、内海さんの同意は早かった。

「平山先生の館の一番狭い入口が1600ぐらいでしたから」

美術館の公共性や使い勝手もあるから、内海さんからはもっと抵抗があるかとも予想していたのだ。しかしいくら極限的な幅としても一般家屋の入口のように1000を切ることはできないだろう。内海さんとの攻防の結果、1600幅で実際の原寸模型で検証することにした 図30 。

入口の大きさは、空間の締まりを決めるため重要。茶碗の口みたいなもの

図30
自宅での打ち合わせの様子。展示室の模型を
使ってやり取りを交わした。

だ。口が締まらないと茶碗の見込み、最も重要な内部空間が希薄化する。力が抜けて仰向いてぽっかり口を開けている間抜けた空間となる。空間の凝縮性と内包性こそが重要。
第1展示室の出入口は狭く、第4・第5室入口は広く、第6室への入口は低くという風に、入口そのものでも次に開かれる空間の特性を暗示させたい。
第2・3展示室は壁付に展示ケースをL字状にまわすが、できるだけケースというイメージを払拭したい。つまり空間と直接作品が呼吸する感じ。床から大ガラスを立ち上げ天井まで突っ切って設置。展示台はその奥に1作ずつ独立展示台に置く。展示台の後壁は化粧壁面をまわす提案を一応受け入れたが、ここはやはり、コンクリート打ち放しのままにしたいのだが…。どうだろう？　たぶんこれが正解だろう！

05. 08.　広間の通路煤竹打ち付け窓のアイディア　ヴァーチャルな風景

8月はずいぶん久多のアトリエで過ごした。芒（くた）が僕の背丈をはるかに超えて、青々と勢いが良い。毎年アトリエのまわりの空地をじわじわとまわりから詰め寄ってくる。あと数年すれば、僕の歩く以外の所は芒に埋め尽くされるだろう。ここは彼らが主権を持っている。人間、僕の主宰する場所ではない。
佐川の茶室のまわりの人工の葦原では、こんなに激しく自然の命と繁殖を再現することはできないだろうが、豊かな葦原になってくれればと願う。

よいアイディアが生まれた。
久多のアトリエの2階の一室は、左右に広い障子の窓を持つが、何とはなしに散漫で落ち着かない空間であった。それを何年か前に改造して押し入れを取り、土壁にして、この左右の障子窓は煤竹を敷き詰めるように打ち付けふさいでしまった。煤竹でふさがれた障子窓は、窓でもなく出入口でもない何とも異様なものになって、昼間でもうす暗く、竹の隙間から光がかすかに漏れるのみ。僕はそこに座禅布団を持ち込んで、たまには座禅のまねごとをする。結構落ち着く空間にはなった。
そこで面白いことを発見した。煤竹を打ち付けた窓だが、こちらがその前で静止しているときには、ただ煤竹が並んでいるだけで、天気のいい日には竹の細い隙間からまぶしく細い光が薄暗い室に入ってくる。ところが、こちらがその前を歩くと、細い隙間が映画のコマ送りと同じ効果を生み出し、外の景色がまるで映像のように見えるのだ。そのぼんやりとした外の

景色が、現実感を欠いて今にも消えそうなのだ。歩みを止めるとただ打ち付けの煤竹と隙間から漏れる細い光。以前から気づいてはいたがさほど気にも止めなかった。

それが今日、模型をいじりながら広間へとつづく通路の窓の切り方を考えていたとき、この久多の2階の煤竹の打ち付け窓を思い出した。

これだ！ これを小間と広間をつなぐ通路の窓に使おう。いわば水没した地下の小間と地上の広間とをつなぐ通路。どちらにも属することはない差し渡しの中間点だ。

水没している小間から階段を上り、初めて地上に出る。この通路に立って初めて客は自分が地下から地上に出たことを認識する。しかし、広間のように地上＝水面0レベルの開放空間をこの中間点の通路で感じさせるわけにはいかない。もう少しそれは後に取っておかなくてはならない。

小間と広間の差し渡し、橋掛かり、まさに狭間の空間＝通路なのだ。

ここに広々とした水底の輝く景色は不要だ。しかし、地上であることの認識を予備的に与えなければならない。この通路の窓を思いきり広く取って、その窓一面に煤竹をぎっしりと並べて打ち付ける。歩けば外の水庭の景色がまるで古びた映画の画面みたいに映る。止まれば煤竹の羅列と隙間から漏れる細い光と影。

これは面白いアイディアだ。まさに現実の風景が虚像、つまりヴァーチャルな風景として見えてくる。考え方としてはまさに最適のアイディアといえる。

まあ、しかし、煤竹を打ち付けた窓、どこかの小じゃれた料理屋の廊下みたいにはならないか。民芸風などこにでもあるような代物になりはしないか。

煤竹の吟味がその鍵を握るかもしれない。久多の2階の煤竹は中国製の人工着色の偽物。こんな調子のものを使ったのでは全くスポイルされてしまう。ここはホンマモンのしっかりと黒く煤の乗ったものを探さなければならないだろう。

僕はこの煤竹打ち付け窓のアイディアに大いに興奮したが、考えれば伝統茶室の「有楽窓」にすでに例はある。しかし使用するコンセプトは大いに異なる。

05.08.　水露地構想

円筒形の、高さ3500の壁が取り囲む閉鎖空間。3000だったが、だんだん壁面の高さが僕のイメージの中でせり上がってきている。上を見上げれば

空、下は水を張る。水深は200程だろうか。それは始めの構想どおり、縦、垂直軸のプラン。上と下、天と地、実と虚それらの2軸の対立の中で、余分なものは排除する。花もなく苔むした露地もない。自然は空と光、雨と風、時に雪。

この水露地では、どうしても創案の一部を後退させなければいけないところがあった。茶室を取り囲む外部水庭から3500ほど水没するが、僕はその水底の水を外部に広がる水庭から直接この水露地の壁面に流して循環、できれば濾過循環したかった。この茶室全体の基本コンセプトの一つに「循環」というテーマを与えたかったのだ。思想を模索すること。

外部に広がる水庭の水が、そのまま円筒状の水露地に落ちる。それはわくわくする美しいアイディアだと今でも思っている。しかし、それは副次的なリスクを背負う。大変な設備が必要なことはもちろんだが、水底の水の濁りがどのようになるか未確定なこと、落下する水量のコントロール、そしてそれらの浄化設備とその経費の問題など様々な理由から、それは難しい、と竹中さんからしっかりと言われてしまっていた。創案の時点、竹中さんと顔合わせしてまだ時間がそれほど経ってない時期、素人がとんでもないことを言い出したと思われても仕方ない時期、「設備、経費も、それは負担が大きすぎます」と言われると何とも後退せざるを得ない気分になる。

それは過ぎてしまったこと。

今は円筒形の水露地の壁面をどのような材で仕上げるか、水の落とし方をどのようにするか。

水はさまざまな落とし方がある。円筒形の上部中央からピアノ線を伝うように1筋水が糸のように流れるというのもおもしろい。少し図を書いてみたが、どうも中央まで差し出す水路が難しい。ルイス・バラガンのように水路からドオッと大量に流すわけにはゆかぬ。円筒形の壁の壁面を流すことも1案としてある。ただ、どこにも見られる状景。どこかのホテル、ロビーから見える水庭などなど。

表現に行き詰まったときは常に始めのコンセプト、思想性に戻ることが肝心。水の表情を楽しむことは本来不要なこと。ここは可能なかぎり削ぎ落とした垂直の思考軸、それが唯一、しかも全てであらねばならない。水の表情はむしろ不要なこと。あってもよいがどうしてもという必要はない。この水に関しては後ほどまた考える。

問題は壁面の素材である。僕はバリの黒石が好きである。以前、樂美術館の外庭の軒内をこの黒いバリ石で引き詰めたことがあった。それは日本の

建築素材では決して見つけることができない、また、使用することもおそらくないだろう、素朴な素材。石素材としては脆さがまず大きなマイナス点。軽石のような粗面、さらにバリの石工が鼻歌まじりに切り出したみたいな不均一。これではまず日本の建築材としては不良品である。目地だって真っ直ぐには通らない。400角と注文をかけてもできあがってくるものは不揃い。しかしそれが何とも美しい、そして力強く素朴な味がある。その石を3500の長さの細い柱列にして円筒形を囲めないものだろうか。バリ在住の稲葉友人にも相談をしてみたが、その細さに長い石材を取るのは難しいとのこと。400〜500角の石材を張ってはどうかとのアイディアを代わりにもらい、先日、佐川に提案しておいた。壁面に使用することはあきらめたが、水露地飛石がわりに配置する石は、ぜひバリ石にしたい。ブラックコンクリート壁にこの黒いざんぐりしたバリの素朴な黒石はよく似合うに相違ない。

05.08.08　玉峰館へ　稲葉さん紹介

5日〜6日と玉峰館へ行く。竹中工務店の関係者、佐川急便の宮永美術顧問、齋藤部長と玉峰館をたずねる一泊大旅行だ。彼らに稲葉さんを紹介するため、バリ・テーストを感じてもらうため。
内海さん、かねてから玉峰館行きを楽しみにしていた。

05.08.22　モックアップ等

正直、モックアップ 図31 という言葉を僕は知らなかった。
内海さんから「モックアップをご覧いただきますから」と聞いていて、たぶん原寸の模型だろうと見当はつけてはいたが、「はあ、そうですか」などと生返事をしていた。今日初めてそれがどのようなものかを理解した。佐川美術館に隣接する佐川関連の建物、その1つに佐川体育館があるが、バスケットコートが2面ぐらい取れる本格的な体育館に、原寸大の展示室とロビーが再現されていた。もちろん空間の仕切りそのものの再現で、素材は別もの。足場パイプで骨組を立ち上げ、壁面をグレーの布地でおおって空間そのものが再現してある。
大きな体育館とはいえ、限られた室内である。その室内いっぱいに布地で再現された樂吉左衞門館は、巨大なものだった。小さな茶碗が並ぶ空間にしては大きいかな、というのが最初の印象だった。もっともここには展示ケースなどは省略されているから、まさしく箱物の再現である。これでケ

2005

図31
佐川の体育館に再現された、展示室の原寸大モックアップ。グレーの布でブラックコンクリート壁が表現されている。

ースや付属物が組み込まれると、大きすぎてどうしようもないということはないだろう。
しかし、贅沢な空間である。言葉にこそ出さないが、少々たじろいだ。
さっそく検証にかかる。細部、素材はモックアップでは再現していないので、特に空間と、その空間を引き締める出入口関係の幅にこだわった。
広い何もない長方形ロビーから第1展示室への入口。この幅をできるだけ狭めたいと前回打ち合わせでも指示、実際にどれほどの感覚かを確認した。広いロビーから直接第1展示室へ、この入口をできるだけ絞り込む。広いロビーの空間をこの狭い縦長入口で締める。それに対し、第1展示室は極端に狭い空間。その狭さをこの入口でさらに締める。
展示台は一応幅1400、奥行きは2100あたりとみた。

ロビーの立礼のバックヤード、つまり背となる衝立屏風にはずいぶんと悩んだ。
結局思案の末に到達した案は、後ろに何も立てないこと。つまり立礼卓の後は「闇」。これはなかなか名案だと僕は自負しているのだ。ロビー裏側の水屋からの通路を、立礼卓を据える位置の真後ろにとって、そこを底知れぬ闇とする。
その闇の通路をとおり青白の美人が現れ、しずかに点前が始まる…。少々俗っぽいか！
水屋口の幅はできるだけ横長。第1展示室の狭く高い入口に対して、ここは横長、特に開口部の高さを低く強調することがここでは重要。間口3300、高さを2000と設定した。もう少し低くても良いかもしれないが…。検討する。

そのほか各展示室のイメージを再確認、ケースの奥行きなどを確認した。
第1展示室以外、特には第2・3展示室と第6展示室。
第6展示室は最も小さな一番奥の展示室。ここは何か墳墓、石棺の置かれたような奥まった感じの核心部。作品数は最も少なく3点のみ。独立展示、細身の展示台に四方にガラスをまわすが、これも床から天井までガラスを立ち上げる。ガラスの柱のようなものともイメージできる。
それぞれのケースの寸法をおおよそ取り決めた。
また、第1・第6展示室以外はそれぞれ独自な椅子を設置する。
さて、天井関係。これは内海さんのノウハウ、専門家の知恵を借りることにする。壁がコンクリート、床が板材、靴音とか話し声の反響が気になる。天井で吸音するしか手はないかもしれない。

次回打ち合わせは26日、その時には床材、コンクリートの試験打ち込みを用意するという。

05.08.26　打ち合わせ　佐川体育館　現場　第1回資材見本検証等

今日はいよいよ美術館の床材の選択と、コンクリート打ち放しの試験打ちの検証作業 図32、33、34、35 に入る。美術館のロビーから各展示室のすべてを統一して敷き込む床材である。

床については当初プランの段階で、かなり明確なイメージを内海・山本両氏に伝えておいた。原木をそのまま分厚く引ききったまま何も手を加えない強い表情、寸法はバラバラ、原木によっては歪みも生じるだろう、もちろん皮付きのまま使用したい旨も伝えてあった。ただ材と材の間に当然隙間だってできる。その隙間をどのように処理するのか、そんな施工は大手ゼネコンの竹中さんの考えの外。「たとえばブラックコンクリートで埋めたらどうでしょう」、素人の全くむちゃくちゃな提案をしてきたのだ。巨木が、帯鋸で挽かれたその分厚い皮付きの板が美術館の全フロアを占領したイメージに、僕は取り憑かれてきた。無装飾のブラックコンクリートとの折り合い、その量感に組み合えるのは、加工されてもなお原木の強さと荒々しさを残すこのような床しかないように思われたのだ。

佐川の体育館に入ると、思っていたとおりの巨大な板が10枚ほど並べられていた。おそらく幅700〜800、長さ5000〜6000、厚さ50〜60はあるだろうか。皮付きのもあれば、裁断したのもある。

パープルハート、アフゼリア、アサメラ、北米松など。紫がかったのはパープルハート。アフリカの材だったか、日本の木にはない堅く凝縮した肌合い、紫色をしているのには驚いた、思わず「着色したのですか」とたずねた。もちろん原木を挽いたままの色。なかでも目を引いたのはアフリカ産のアサメラ。やや赤みを帯びたうす茶色。木目も美しく、もちろん皮付き。皮の内側、白太の分だろうか、材の両側はその白太によって白く鮮やかに縁取りされている。モダンである。他の材よりも圧倒的な魅力だ。隣に北米松が並べてあったが、その表情は鈍く精彩を欠くものに見えた。何しろアサメラの魅力は硬質な緊張感だ。しかもパープルハートやアフゼリアなどよりはるかに上品、格調高い。

何しろ僕は釘づけになった。思わず触れたくなる。引き締まった美しい肌、アフリカの若い男の肌のようにたるみのない緊張感。この床板を踏めば、歩くことそのものが嬉しくなるだろう。

山本さん（竹中工務店　京都支店作業所長）が例によってにこにこ笑みを

図32、33
展示室床材の検証。アサメラ、北米松、その他アフリカ材とその表面塗装のバリエーションを検証。

2005

図34、35
コンクリートの打ち放し見本。杉型枠の表面仕上げ、黒色色材の混合率などの検証。

浮かべ、そばに立っている。
「やはり、アサメラですかね」
と内海さんも納得顔。すごい木だ。
「これらの中で値段も一番、ダントツです」「一番安いのは米松ですが」
と営業の三和さん。全フロアをこのアサメラの木で敷くことができるのかどうかをたずねた。
「いまから世界の商社に手配します。集まります。それは大丈夫です」
「たぶんこれだけの量を輸入すると、おそらく担当者がびっくりしてしまいますよ。何に使うんだって」
「アフリカ材はだんだん切り出しが難しくなりますから。今度これだけの量を入れれば、それがおそらく日本に入る最後の機会になると思います」
なんだって？ 大変なことなんだ！ 僕は初めて世界の諸事情に思いを巡らした。こんな貴重な材を惜しげもなく床材に並べることは、とんでもなく贅沢なことなのだ。非の打ちどころのない美しさは、人の傲慢さでもある。
僕の気持ちの中に差したにわかな影を読み取られたのか、佐川の美術顧問宮永さんが僕に話しかけられた。
「先生やっぱりアサメラがすごいですね。先生の良いと思われたものにされたらいいですよ」
今日は決められない。また時間をおいて昂ぶる気持ちを洗って、新たな気分でまた見てみよう。
床材を黒く仕上げたい。もちろんラッカーやペンキを塗るのではなく、自然な木の材質感を損なわずにダークに仕上げる。「表面塗装ではないですよ」と念を押した。次回検証までに、北米松を黒く表面仕上げしてもらうことにする。一度ゆっくり一人で見てみたいと思う。このまま体育館に置いておいてくれるという。

午後現場。現場事務所脇に1メートル四方のコンクリートの打ち放し見本が8枚並べてある。黒い顔料を入れ、混合比率を0.8から6.0まで4段階に分けて試験。それにうづくりをして型枠の杉木目の凹凸を意識的に引き立てたものと、単純な機械挽きのままのプレーンな表情のもの、板幅は100と150の2種がそれぞれ組み合わせてあった。
黒顔料6％以上は無理らしい。コンクリート表面に剝離を生じてしまうという。
印象としては混合比1.5％では混合の意味がない。外部の明るい日差しでは黒い色も白く見えた。やはり6％はしっかりとした主張がある。内海さ

んの意見は中を取って3%。

6%。黒い壁、しっかりとした主張を通すことは重要。俺はこうなんだという自己主張。その主張の奥にはきちっとした思想がなくてはならないが…。

6%のコンクリート見本はやや青みを帯びた黒色。しかし、この壁が巨大な壁面のすべてを覆うとどうなるか？ 行きすぎはしないか？ 内海さんは当然陰鬱に重たくなることを警戒している。

すぐには判断つきにくい。

うづくりかプレーナー掛け（木材の表面を平滑に加工する工具で処理すること）か。うづくりは当然木目がうっすらとレリーフ状に浮き上がる。もちろんプレーナー掛けも木目は転写のように写し取っている。但しもちろん薄い。巨大壁面でこの木目はどのように映るのか。単調さと若干の装飾的マチエールの効果。その必要の是非。決めかねる。悩ましいところだ。型枠同士の段差、凹凸も考えに入れなければならない。

次回に再考する。うづくりのテストピースが 0.8 しかないので 3.0、4.5、6.0%でもう一度製作してもらうようお願いする。段差を 2～3ミリと一段階大きくしたものも製作してもらうこととする。

● 第2・3展示室にスロープを付けて、展示ケースを高くする、つまり床に高低を付けるアイディアを提示していたが、スロープ高＋150として考えてもらう。

このスロープは、展示室に変化を生み出すとともに、じつは作品への目の位置を2視点持つことができる。作品ケース前面に近づけば高い視線から見下ろすことができ、後ろに下がってスロープを下ればやや作品からは離れるが低めの視線で見ることができる。結果、思いきり展示台を下げることも可能、展示台を高くすれば常道を外れた高さも可能ということ。

一案のように思うのだが…。この評判はよくない。

特に暗い「夜の航海」の部屋では、スロープに気づかず転ぶ可能性もある。危険すぎる。スロープを設けるには部屋の後ろの引きが少ない。展示室の中で段差を設けることは例がない、などなど。確かにもっともな話。

● 第5室の入口幅を決定。正面を受ける壁面の素材にはあれこれ悩んだ結果、磨りガラスの大壁面を提示していたが、最終的に2800最大幅とする。施工上の問題でそれ以上は難しい。

● 第6室への入口の幅高さも決定。

●第6室の3基の独立ケースは、床の板フロアから直接天井まで四方ガラスが立ち上がって、その中に展示台がやはり床から立ち上がってくる。限られたケース内ではなく、できるだけ部屋全体の空間に作品が存在しているリアリティーを強めるため。本来ならばガラスなしで台に直接作品を置きたいものだが、セキュリティーの関係上そうはいかぬ。床から直接ガラスが立ち上がることでケースの存在感を弱め、部屋そのものの空間と直接的な関わりを強める。

05. 09. 02　アサメラの呪縛

アサメラの板材であの広い床面積でそろえることが可能なのか、昨日メールで再度確認した。今月中に決定していただければ可能、との返信メール。僕はこの前の検証でアサメラを見た時から、アサメラの魅力に取り憑かれ、同時にその呪縛に取り憑かれている。しかし、しかしなのである！
新聞紙上のユニセフの広告、アフリカの痩せた子供が立っている。学校に通っているのは恵まれた子供達、飢えとエイズ、それに内戦、食料もない調理するための竈の燃料もない。子供達は学校の給食に使う燃料を拾いながら学校に行く。木を刈らないことはアフリカが生き残る必須条件。そのアフリカの貴重な命の材を先進国は切り出して、建築という美の市場に投入する。惜しげもなく。
先日の三和さんの言葉は僕の心に突き刺さった棘みたいに、決して深くはないけれども表皮のすぐ奥に入り込んで、取れない。その小さな棘が僕を支配する。
僕は自分の中であるジレンマを起こしていて、同じところをぐるぐる回っているのだ。
友人や知人にも話してみた。
「確かにそれはそうかもしれないが、でも樂さんが使わなくても誰かが使う。だったらその貴重さを、少なくとも痛みを感じている樂さんがそれを生かしてやればいいんじゃないの」
確かに。友人の言うとおりかもしれない。
その程度の議論しかできない僕の思いは、恵まれた国に住む者の感傷にすぎない。
なぜ、アサメラなら棘の痛みが生じて、北米松なら、心痛まないのか。それどころか、自分の作品を展示する美術館に僕は莫大な建築費を使おうとしているではないか。アサメラどころではない。
次男雅臣とも話す機会があった。友人のアドバイスを話し同意を暗に求め

たのだろうか？　次男はすかさず、
「そう言って使う人があるから、また切り出すのと違うん」
なんとも明快で頭をたたかれた思いがした。

地下2階、小さな作品が納まるにしては巨大な容積、コンクリートのまるで要塞みたいな建造物を建てようとしながら、何を言っているのだろうか、僕は！　それが自己肯定のなれの果ての免罪符、僕の感傷にすぎない。アサメラを敷き詰めた床ばかりではない。建築を建てることとは、確かに無数の棘が身体に刺さることでもある。
結論として、この先たぶん僕は、アサメラを使う決心はできないだろう。

---

05. 09. 12　打ち合わせ　佐川体育館　現場　第二回資材見本検証等

今回の床材の検証では、4種類の木材、素地のままに残したもの・柿渋・茶色自然塗料・黒色自然塗料をふいたものが用意してあった。
全てに通じるが、表面だけではごまかせない。塗料関係はやはり自然塗料の黒色がよいと思う。アサメラは、素地のままできっとブラックコンクリートにもよくマッチするだろうと思う。ただし、当初考えていたよりはるかに美しくモダンな仕上がりとなるだろう。
前回の検証で最も精彩がなかった北米松が、黒塗装を施されると木目が黒く立って、見違えるように美しくなっていた。この塗装ははげないだろうか。いやこの質問自体がナンセンスなのだ。初期のコンセプトに立ち戻れば、人が歩き、凹み、傷つく、当然始めの塗装ははげ落ちる、部分的な損傷、よく歩く所とそうでない所の差異の拡大。しかしそれ自体を大いに認めていこう。その劣化という現象自体をマイナーではなくメジャーな取り込みの中で生かしていこう。そうした考えからスタートしているのだ。北米松はアサメラなど他のチーク系の材からすれば格段に柔らかい。傷だらけになるかもしれない。
僕はアサメラとこの黒塗装を施した北米産の松を候補に残した。
もう1つ問題は皮付きなのか、製材するのかの選択。
確かに施工のことを考えると、製材なしではすまされない。まず目地をどう埋めるか？　皮付きのまま原木の形状を残して施工することは、言う程にたやすい代物ではない。ブラックコンクリートを目地に埋めるなぞと素人の思いつきでは解決されないことなのだと知る。反り、長年の木の痩せ、張り替えとの関わり。いっそ埋めないでそのまま隙間を残す？　もちろんそれは却下。公共的な空間では許されない。危険である。

無機質のコンクリートと有機的な原木の厚板がぶつかる。考えても愉快な発案なのだが…、断念せざるを得ないのか。

体育館で床木材の検証の後、現場に直行。事務所前に立てられた1000角のコンクリート打ち放し実験結果を検証した。
打ち放し形状と黒色着色材・混合の比率をかえて6種類の実験を行ったのだ。黒顔料濃度は0.8から6.0％まで4段階に分けた。また形状は杉型枠、枠幅100として統一、杉板の表面をタワシのような物でこすって木目の凹凸を強調したうづくりと、それをしないプレーナー掛けの2種、また100の杉型枠の前後に2ミリと3ミリの段差をつけた物を製作してもらった。
うづくりの状態もなかなか微妙、きわどい物だ。やりすぎると装飾性が強まってしまう。木目を強調したいのならば、まさに木自体を使用すればよい。何もコンクリート打ち放しで木目の雰囲気を出す必要はない。所詮はフェイク、もどきである。コンクリートという人工素材は、型枠流し込みという基本的な施工法によって初めて成立する、その成立の条件である枠組をさらに超えて木目を美しく強調する必要はない。だから、安藤忠夫氏の打ち放しも単にコンクリート型枠用の合板の枠組にして、その表情を可能なかぎり素っ気なく仕上げているのだ。「木目みたいに見える」この「…みたいに」という表現の傾きに陥らないことが重要なのである。
木目をわざと引き立たせたうづくりよりは、あっさりとプレーナー掛けのほうが良いかもしれない。それでも木目ははっきりと確認される。その範囲なら型枠の木目ですという感じ、工法制約内に位置づけられる禁欲的な表現であらねばならない。
黒色は0.8、1.5、3.0、6.0％の4種を検証。0.8、1.5％は問題外。色がこれでは薄すぎる。6.0％でも良いように思えるが…。3.0％あたりが妥当というところだろうか…。大きな壁面になった場合に黒の濃度が異なるだろう。もう少し考えてみることにする。

小間席の基壇となる石材として、佐川守山パークのグラウンドの中にある鳥小屋にあった庭石を候補にあげた。大きな庵治石のような平らな石材。厚さは埋もれている分を含めて500ぐらいはある。大きさは1辺3000はあるだろう。そのような石が2個ある。切り出したばかりの人工的な石の形状・肌合いではなかなか良いものがない。ちょうどこの石は適当な経年変化の味わいを備えている。一度引き上げ全体像を見ることにした。
小間蹲いの形状を説明した。右上部の壁にあける横長のスリットから、外部水庭からの水を落としながら蹲いに導くプランをイメージしてきたが、

それは蹲いの水、つまり飲料水レベルの品質保持はできない。結局蹲いはむしろシンプルに独立。水面下にあるという感覚を最低限度まで消去する方向を僕自身が再確認する。わずかに水面が取り囲んでいる状況を、視覚的に説明補完するのではなく、客自身のイメージの中に捉えさせるようにする。わずかに水面の反射光が横窓から小間空間に引き込まれ、紙壁や天井に反映するだろう。それだけで充分だ。

蹲いの形状を指示。方形1000〜1200ぐらい、厚さはおそらく500ぐらいの厚いものを土間に埋め込むような形にしようと考えている。これは雅臣に制作させようと思う。

また、広間縁石について、そのイメージを説明した。原石を切り出したときの楔痕（くさび）が残っているような、割れ肌の粗面を持つ大きい石を組み合わせる。当然目地などは正確に通らないからその時々、現場での処理をすればよい。

しかし、内海氏はじめ竹中の関係者には、原石の割れ肌の床がどのようなものかイメージとしてつかめない様子だった。

05.09.28　打ち合わせ　現場　久多　アサメラ材の終着

以前から一度、内海さんはじめ竹中の皆さん、佐川の宮永顧問、齋藤さん達に久多を見せたいと思っていた。ようやく久多打ち合わせが実現した。現場での打ち合わせの後、宮永顧問・小内良夫係長（佐川急便）、学芸員の吉村真綾さん（佐川美術館）、竹中工務店の内海氏・山本氏・三和氏・久武正明氏と数台の車に分乗して久多へ向かった。

久多は佐川茶室のイメージの源泉であるから、これはぜひ関係者に見ておいてもらいたいのだ。この原風景を実際に感じないかぎり、僕のイメージや言葉は理解できないだろう。

芒の生い茂る久多のアトリエ。少なくとも僕のアトリエの周囲は人間の手を入れないで過ごしてきた。夕方には無数の赤とんぼが乱舞し、草むらにはイナゴやコオロギ、さまざまな虫。しかしうっかり散策はしないよう皆に注意した。その草むらには猛毒を持つ蝮（まむし）もたくさん生息する。久多は蝮の多い所で、このあたりの農家は必ず一升瓶に詰め込んだ蝮酒を造っている。

今年は例年になく芒が生い茂っていた。夏以来、さらに太く高くのびている。先にまだかたい穂鞘が天をつんと突いて競って背伸びをしている芒の叢。

ずいぶんアトリエに迫ってきたもんだ。「そのうち芒に埋まってしまいま

っせ」と村の人は言う。それでもそのまま手を付けない。家のまわりの、僕が歩く所はわずかにぽっかりと日だまりの空地となって、ヨモギや蕗や名も知らない白い草花が背低く生えている。車を乗り入れる所はいつの間にかすっかり土肌をのぞかせ道らしくなって、芒はその道ばたまで迫って、2メートルを超す芒の厚い壁になっている。ぽっかり芒海に開いている僕の生存圏。それは芒の海の底だ。この海の底に僕は時々座ったり寝転がったりする。

佐川の水没する小間のイメージも、限りなく水面と同じ0レベルに広間を構えることも、すべてはこの芒の海底が原点なのだ。それはとりもなおさず自然と人間の位相、関係そのものなのだと僕は考えている。

こんなふうに、佐川の茶室を取り囲む水庭に芒の代わりに葦を植えたいのだ。

彼らは、とにかくこの傍若無人な芒の海に驚き、またそれを葦で佐川に再現したいという僕の希望に、さらにもう一度驚いていた。

これはえらいことだと彼らは思ったに相違ない。

夕暮れ時の久多は最高だ。何しろ僕のアトリエは西に開けた地形で、芒の海の向こうは雑木の林がだらだらと少しつづき、その向こうに能美峠がそびえている。といってもそう高くない三層ほどの尾根を重ねた優しい稜線、日没の太陽はこの能美に沈む。

今日の夕焼けはそれほどではなかったが、それでも、うす闇に山が黒く影を落とす頃まで外でシャンパンを飲んで、それから隣家の民宿壇林さんへ出向いた。皆で地鶏のすき焼きをいただく。

大いに酒を飲み、壇林さんお得意の地鶏に舌鼓を打った。内海さんがことのほか上機嫌、真っ赤な顔で雄弁であった。こうして皆と楽しく打ち解けることはとても大切な時間である。

後先になったが、現場での打ち合わせで、2件重要な決定を行った。

《アサメラの呪縛、その結論》
レークさがわの佐川急便体育館に先日から数回に及んで検証を行っている、美術館床材各種が並べられていた。前回、第2回目の検証の時から、候補材をアサメラと北米松に絞り込んだ。体育館には他の4種類の厚板とともに、厚さ50余あろうか、幅は800、長さは6000近くもある北米松とアサメラの厚板がまるで陸揚げされた鯨の様な迫力で横たえられていた。巨木を切り出し皮付きのまま帯鋸で挽いた。北米松は表面を削って整え、さらに黒く色つけされていた。アサメラ材は例によって文句なしに美し

い。表面が削られたせいか、さらに硬質な木目が際だっていた。

僕はこの床材の選定についてはずいぶん悩んだのだ。アサメラにするか北米松でゆくのか。アサメラの美しさは圧倒的。北米松はもちろん他の全ての材をアサメラは凌駕している。前回の検証の後、僕の気持ちはほぼ北米産の松の選択に傾いていた。アサメラというアフリカの貴重な材を、こんな風に惜しげもなく使用してもよいものなのか？

ユニセフの新聞記事に大きく写真入りで取り上げられていたアフリカ難民。干ばつの記事を見るたびに心が痛んだ。一種の罪悪感というのだろうか。しかし、アフリカの木材はだめで北米産のものなら心痛まぬというのも結局は自分勝手、人間のエゴそのものにすぎない。

ここ数週間そんな葛藤を繰り返したのだが、結局僕は、北米産の松を選んだ。

このアサメラか北米松かの二者選択の結論は、アサメラがあまりにも美しすぎるという理由を以て僕自身の中での決着とした。

アフリカの太陽をいっぱいに浴び、おそらく45メートルほどには生育した巨木。その肌合いは引き締まった若い肉体のように美しい。この材が広いロビー一面に敷き詰められた光景のすごさは、誰もが賛嘆するには違いないが、その美しさが果たしてこの美術館で求めてきたものだろうか。その構想の原点に返ったとき、僕はアサメラを敷き詰める誘惑から逃れることができた。敷き詰められた美しさ、ピンと張りつめた硬質な輝きの床は、きっとストラビンスキーの「火の鳥」のバレエを踊りたくなるような美しい床になるだろう。

一方黒い塗装の下に松特有の木目を沈ませた北米松。その表情は、巨大な寸法や堂々とした厚さを別にすれば、どこにでもある見慣れた材、特に愛でる要素とてない。アサメラほど硬質ではないので、ハイヒールのかかとがきっとこの板を傷つけるだろう。そんなマイナス要因をも組み込みつつ、だからこそ、この米松を選ぼう。僕はそう思った。

《ブラックコンクリート黒色混合比の決定》
全壁面となるコンクリートの打ち放し施工方法の決定。作業所長の山本さんにはずいぶんと骨折ってもらった。数度にわたる試験打ちでおおよそのことがわかってきた。

このプロジェクトが始まった頃、初打ち合わせの時だったか、壁面はコンクリート打ち放しでいきたい旨を伝え、そのコンクリートを黒く着色してほしい希望を述べた。何となく納得いかない関係者に、
「そんなの墨汁か何か黒い色材をコンクリートミキサーにぶち込んだり、

できないんですか」
　乱暴な僕の提案はただちに「それは無理です」と否定されたが、それでも何とか可能性を模索して、ここまでたどり着くよう骨折ってくれたのが山本さんだ。色材は前回より割合がやや下がって最高5%まで、それ以上の比率になると硬化そのものを阻害するということらしい。
　事務所脇の1000方形の型枠で打ち放った試験見本を再度検討する。結果として、うづくり仕上げで、木目を強調するのはやはりどうしてもなじめないし、当初のコンセプトから外れる。素材そのものの表情、質感、何よりも存在感こそが重要で、それ以外は取り去る。型枠に流し込まなければ成立しないというコンクリートの属性を最小限残すのみに留めるということで、まず、意識的な木目の強調、うづくりは不採用。基本としては単純なプレーナー掛けを採用する。
　型枠の幅は100で良いだろう。細すぎず太すぎず。型枠に段差を設けるかどうか。何か自然な感じでラフに不揃いの段差が感じられるようにしたいという僕の指示で、2〜3ミリの段差を付けてもらったが、やはりうるさすぎる。とにかく大きな、高さ4メートル近く、幅10メートル以上の大壁面もある。段差を付けると100毎の横ラインが強調されすぎる。もっとも、僕の希望は無作為なラフな段差、統一され規則だった段差ではないのだが、それは最も難しい注文なのだ。
　結果段差無しに決定する。充分それで横ラインが強調され、積み重なる重厚感が感じられるだろう。
　最後の問題は黒色色材の混合割合。5%でも良いとは思ったが、少し黒すぎるという内海さんの意見。確かに実地の現場は地下であるから、この野外昼間の太陽光での色合いよりも暗く見える。一応3%で仮決定。ただしできるだけ濃度を上げてまずは打ち込んでもらうように山本さんにお願いした。

　このコンクリート打ちが問題を作っている。第2・3展示室だが、展示ケース内壁面もこの打ち放しでいきたい旨をすでに述べたが、文化庁からクレームがついているという。コンクリート打ち放しは、凝固過程でアンモニアなどのガスを放出するという。だから打ち放しのままでは好ましくなく、それでは指定品は陳列できないということだそうだ。ここは樂吉左衞門の作品を展示する空間、重要文化財を展示する空間ではない。それにしても、世の中にコンクリート打ち放しで建てられた美術館は多いというのに…。

05. 10. 01　茶室は細部

28日、新しい模型がとどいた。はじめの物より上等な模型で、縮尺も大きく、色も塗られて模型としての完成度も高い。これに反して、第1作目の模型はもうかなりガタガタ、切り取られ、削られ、再度新しいプランで張り付けられ、原形からかなり違ってしまっている。僕は第1作目の模型に愛着を感じる。もう僕自身の模型になってしまっている。第1作模型と第2作目をにらみ合わせながら考える。

茶室は細部の取り方がすべてを決める。

伝統的な茶室では、細部の取り決めはほとんど約束事にまで規定されている。その規定を踏み外すことは難しい反面、マニュアル通りにすれば当然上々の納まりとなる。

この佐川の茶室では、素材をコンクリートの打ち放しの壁、チタン葺きのコンクリート軀体屋根、石の割れ肌基壇など全く違った素材を持ち込んだので、細部のとりまとめが伝統のマニュアルの踏襲では済まなくなる。

そうしたことの最も端的な箇所の一つが床を囲む壁。

コンクリート打ち放しの壁が床左奥角でぶつかる。いわゆる角の所だ。伝統的な茶室では、当然、聚樂壁。「待庵(たいあん)」風に室床にすれば床内の角は壁土でそのまま塗り回す。この効果は大変なもので、角が消えることによって、床の空間に無限の広がりと内包感が出る。待庵のそれは特殊なもので、おおかたの床は角に細い柱が壁に塗り込まれて立ち、見えがかりは1寸ほどにも満たない細い柱となって角を際だたせる。時に楊子柱と称してその細い柱の下半分ぐらいを壁の中に塗り込めて消してしまう。いずれにしても細い柱のアクセントは四方の床の間の緊張感を高めている。

そこで問題がある。この佐川の茶室はコンクリート打ち放しの壁なのだ。侍庵にならってコテで後からその部分をモルタルで塗り回すわけにも行かず、今更定石通り、角に細木を立てることなど許せるはずもない。このコンクリートとコンクリートが出会う床中の左奥角をどう仕立てるのか。

この難問は、茶室を実際に建ててみる経験がないかぎり出てこない。

結局、角に楊子柱を立てる代わりに、柱の虚映でその代わりとするアイディアを考えた。これは何でもないことだが、僕としてはなかなか上出来のアイディアだと思っている。

角柱の代わりにその幅ほどのスリットを開けたのだ。小間はそこにかすかな外光が入るようにした。広間は逆に明るいので、影のスリットを設けた。つまり光と影でできる角柱というわけだ。これで柱を立てるのと同じ効果

が得られるだろう。しかし、結果小間ではその細いスリットの光柱のためだけに、東側から光を取り込む空間を設けなければならない。

また、屋根と軒裏についても問題が山積している。
これまでにずいぶんと検討したが、自作のスパゲッティの化粧屋根裏はずいぶんと参考になったし、それでほぼ細部イメージが決まった。屋根のチタンはできるだけ柔らかい曲線のカーブで図面を引くように指示、内海さんに描いてもらった。やや、軒ひさしの回り込みのカーブが重たいように思われるが、強いコンクリートの壁面との取り合わせに、このくらいのボリュームが必要かもしれないと納得した。問題は、化粧屋根裏の竹の出会いだが、軒ひさしは下まで回り込むが、そこに丸竹の受けを下端にしっかりと出してその上に平割り竹を位置づける。柱の組があって受けの竹がそこに組まれて屋根裏ができるという順序ではなく、すべては逆の順序。丸竹の受けは最後に取り付ける全くの化粧となる。さらにこの竹の化粧屋根裏をいったんすっぱりと切りながら巨大ガラスが横切る。なかなか複雑である。

躙り口の取り方。
これはまだ結論が出ない。伝統的な茶室は外から板戸を挟み込む方式の打ち付け桟。これはすごい方法である。桟とそれを支える柱の構造が外部からはっきりと窺えて、しかも美的に壁と調和している。躙り口の木の四角の枠組は、連子や下地窓など他の四角面の組み合わせの中で、しっかりとリズムをもって響いている。機能的、合理的でしかも美的。
しかしここ佐川の小間では、それが簡単にはいかない。聚樂ではなく、ここの部分は紙を垂らした壁。柱や桟を建てれば建てるほど伝統茶室の様式に引きずられる。そして結局は聚樂土壁を紙に置きかえたにすぎないような結果に陥る。それなら聚樂のほうが美しく理にかなっている。
できれば柱は立てたくない。挟み込み打ち付けもしたくない。二重にして垂らす紙の中に躙りの戸を引き込むか？ 躙り口の石の基壇に溝が必要になる。それはうるさい。吊り戸にするか？ 別なアイディアを考えなければならないか。
わが家出入りの大工棟梁・数寄屋囲平井工務店の平井康史氏にも意見を聞く。彼は京都で最も古い茶室専門の数寄屋大工の棟梁家である。
何か良いアイディアはないか。結論は出ない。

05. 10. 04　小間　紙壁囲案Ⅱ　模型を使って

　　　　小間のコンクリート壁と対面をなす、躙り口側の面と左側面からなるL字形…茶室の壁面を二分することになるこのL字形壁面を先月来、考え続けている。結局、聚樂土を使えない以上、和紙しかない。まずそれを押さえる。
　　　　和紙を二重にして茶室上部の梁から垂らす。内側の和紙は手漉き。外側の和紙は手漉きの何か粗い繊維の入った和紙。その繊維が簾の効果のように内側の和紙に影と光を与えるだろう。京都文化博物館の和紙専門店や、寺町界隈の和紙店をまわって、特色ある和紙をとにかく探しまわった。繊維のある和紙といっても、市販されている和紙の中では種類が極めて少ない。いかにも和風趣味っぽく、どれも使い物にならぬ。
　　　　中で1枚、これというわけではないが、模型での考察に使用しても良さそうなものを見つけた。それは和紙というよりも、ただ繊維がまるで乱れた長髪のように絡まっているような代物。一応は白っぽくなっているのだが漂白しているのだろうか、店の方にこれはどういうものかと尋ねると、やはり日本のものではなくネパールのもの。それも紙と言えるのだろうか、木の皮を叩いてばらばらにしながらむりやりに横に引っ張り延ばしたものだという。これでは壁全面をカバーする大きいものはできない。もちろんこれが良いというわけではないが、このようなものとして実験材料にすることはできるだろう。
　　　　しこたま和紙を購入してまた模型に取りかかる 図36 。紙を二重に垂らせば突上風な、蔀戸風な連子窓は開けにくい。
　　　　いっそ二重の紙の中に細竹を縦に細く何本も組み込んで、その細竹の影と柱の隙間から入る光のみで壁面を構成してはどうだろうか。早速模型をいじる。支えになる柱には家にあったクロモジを切って、中に細く通す桟には割箸を使った。

05. 10. 07　小間　紙壁囲案Ⅲ　模型を使って

　　　　先日から時間があると模型とにらめっこである。小間の二重紙壁も、中に細い桟を組み込んでみた。前後にずらしながら配置すると影の濃淡が生じ、しかも同じ太さでも紙から遠いものはぼんやり細く輪郭がぼけ、内側の紙に接しているものは当然ながら太くはっきり影が付く。影ばかりではなくそこを通過する光の度合いも微妙に変わっている。しかし、それだけのこと。しかも片方がコンクリート壁、もう片方が縦格子の紙壁、何か牢

図36
割箸やクロモジ、和紙で作った小間の壁面の
模型。まわりには格闘の痕跡、切れ端などが
散乱している。

獄のような感じはしないか。影の表現が強すぎる。

---

05. 10.　小間　紙壁囲案Ⅳ　アクリル三角柱の発想　樂家

先日また平井棟梁がたずねてきた。彼はわが家出入りの大工。大工といっても数寄屋専門の大工で、江戸後期からの家。今の棟梁で7代目をかぞえる。京都は宮大工など古くから続く家があるが、茶室専門の数寄屋大工の家としては平井家は最も古い棟梁家である。大工棟梁家としては名門中の名門、国宝如庵を建仁寺塔頭から東京の三井家に移築したのも平井の5代目棟梁、爺様にあたる。初代から樂家の出入りであったかどうか、記録こそないが、少なくともおたがい数代にわたる間柄だ。つきあいは単なる出入りの大工ではない。樂家黒窯の手伝いの主要なメンバーで、数代にわたって鞴ふきを手伝ってもらっているのだ。

今の棟梁はたしか50歳を越えたぐらい、今が一番脂ののった時期。佐川の茶室建設もいずれ手伝ってもらわなければならないだろう。

平井さんに小間の紙壁のプランを話した。手漉き和紙を二重に垂らして、そこを透過する光と影を楽しむ。伝統茶室では連子や下地窓の障子、その外の竹や葦の桟の影、さらにその外に掛ける簾から漏れる光線、二重三重の光と影の工作がわずかにニュアンスを変えながら、うす暗い茶室空間を演出する。

それを下地窓も連子もない二重の紙壁で演出してみたいのだ。この紙壁をどのように壁として保たせるか？　平井さんに意見を聞く。

「中に組み込む桟組が問題なんやけど」「縦梁の桟を通す、2列に数十ミリずらしながら桟を仕込むと、内側の紙に接する影は濃くなる、数十ミリ外のラインに通す桟は影が薄く、しかも輪郭がぼける、そんな効果を考えてるんやけど、なんか良い案ないかな？」「伝統的な茶室には近づけたくない」

「ああそうですか、なるほど、う〜ん」「簾材をランダムに中に組み込んではどうですか」

「いや、うるさすぎるやろう」「伝統的な茶室の様式はほんまに完璧や、少しでもすり寄ると、それでしか存り様のないところへ引きずられる」

「それほどすごいという事でしょうか」

いろいろ話した。ずいぶんと時間が経って、平井さんが「あの〜あの〜」と言いにくそうに照れながら何か口ごもっている。

「何やね？　言ってみいな」

僕が促すと、

「ほんまにだめやと思うのですが、笑わんといて下さい、二重の和紙の間にガラスの三角柱みたいなプリズムを組み込んだらどうでっしゃろ…。いやあきまへんな、あきまへん」

冗談半分だろうか、いやおそらく真面目だが、真面目を隠して冗談っぽくよそおって自分で言い出し、自分でだめだと決め込んでいる。

僕は「ほおっ」と思った。

「なかなか良いアイディアやんか、いや、それ、いけるで！！」

僕は意気込んで言った。

本当にこれは結構面白いかもしれない。西側に開けられた横長の窓から光が入ってくる。東側からもわざわざ床中の墨跡窓や「光の角柱」を演出するため、光の採り入れ空間を設けてある。光はさらにその先の紙壁を通ってさらにその中のガラスの三角柱で光を分散、内側の紙壁に投影する。細い柱を2列に立てる案のそのままで、その柱を影から光に変換、趣の異なった見え方ができる。これは絶対面白い。

近頃、壁素材に和紙を用いてその裏側に電気を仕込んで、和紙の壁自体を光らせる「光壁」なるものを時折見かける。和風趣味のレストランなどで結構はやっているのだが、何か嫌みなものだ。これみよがし和風現代民芸で気分が悪い。

こんな風にはならないと思うが、とにかく内海さんに提案して、模型を製作してもらおう。

05. 11. 08　平井棟梁参画についての提案

佐川の茶室も、基本のプランから間取りの細部へと移行。茶道口、炉の切り方と、さまざまな検討を重ねねばならない。数週間前に僕が出した寸法を、茶道口と広間への通い口とを取り違えて図面化してきた。普通なら寸法図面を見ただけで、素人の僕でも気づく誤りもある。竹中さん自身、茶室細部となると、向切だとか、隅炉だとか、その場合の小板・向板など専門すぎてどうにもならないだろう。竹中さんの下請けにどのような木工関係者が入っているのか知らないが、茶室専門の大工でなければ無理なことはわかっている。

僕はこの佐川の茶室の建設を引き受けた時点から、平井さんの力を借りないと茶室はできないだろうと考えてきた。竹中さんがどこの工務店と取引があるか、おおよその見当はつくが、自分としては平井さんしかいない。樂家との関わりを考えても、彼をおいて他の棟梁を入れるわけにはいかない。彼ならば、僕の言うことはすぐ理解でき、僕の手足にもなってくれる

はず。

今までにも少しは彼に話をむけてみてはいるが、「大手のゼネコンさんとはどうも…」とか、一向にどうなのかわからぬ。これまでにも僕の構想を話したりしているから、この型破りな茶室建築には大いに興味を持っているはず。やってみたい気は十分あると僕は見るが、本人は素直には言わぬ。自分からお願いしますと言うと、僕に迷惑がかかってはとの配慮も働いているのだろうが、そろそろ潮時かもしれない。

平井氏に一応の内諾を取った。正直喜んでもらった。彼にとっても伝統のノウハウを充分発揮できるし、また型破りのアイディアから大いに刺激を受けるだろう。

佐川の齋藤部長と宮永顧問に、まず平井さん参画の了承を取った。あとは竹中さんにその旨を提案、了承を取ることにしよう。次回打ち合わせの議題とする。

05.11.11　打ち合わせ　樂家　水露地バリ石不使用決定等

CGによる展示室の動画を製作してくれた。建築素人にはわかりやすいには違いないが、やはりこれではつかめない。僕の中で広がるイメージとCG画像の世界が重ならないのだ。確かにコンクリート風な壁面、床材、室内の広さ、寸法など、結構忠実に再現されているのだろうが、何かイメージとかけ離れている。違っているというのではないが、隔たりがある。何が違っているのだろうか…？　たぶんそれは、ものの質量、重量ではないだろうか。これだけの重圧と量感がそこにある、という感じがCGにはない。それに遠近法によって数学的正確さによって表されているが、人間が目で感じる空間感とは異なっている。そこまでCGに要求する必要がないと言えばそれまで、寸法や比率のイメージを確認すればCGの使命は全うされるというもの。

第1展示室の入口は思いきり狭く絞り込んだ。僕はずっとこだわりすぎるぐらいに入口寸法にこだわっている。それは茶碗制作の口造りの部分にこだわるのと同じ感覚。内部空間を完結させる重要なポイントだ。また、ロビーの立礼のバックには横の開口部を充分取って逆に天井、入口の高さは背丈を少し超えるぐらいに押さえたが、これも良いように思われる。立礼のバックには間違っても金屏風は立てたくないし、自己主張見え見えのこれみよがしの現代作家の屏風やオブジェも使いたくない。水屋裏方への通路、それを可能なかぎり暗くしてその低い坑道のような闇の空間を立礼の

バックヤードに仕立てたい。全体の空間は極端な省略をはたした、シンプルというよりは無愛想な空間。何もないブラックグレーのコンクリートの箱、その素っ気なさに少々恐れも感じる。僕の中で少々迷いも生じている。自分の表現としてはこれで良いのだが…使う人は、佐川さんは…、来館者は…。しかし、それを考えたら何もできなくなるのだが…。何よりも僕自身の表現行為だから。

しかし僕は先日から、水露地に、少しばかり愛想があっても良いかもしれないと思い始めている。円筒形のコンクリート壁に囲まれた、それこそ何もない空間。ぽっかり丸く切り取られた空と、水露地底に溜まった水、それ以外は何もなし。花木1本とてない。もちろんそれで良いのだ。その非情さの中に本来の安らぎが宿っているはず。僕はそう考える。しかし…、時には他者のために花ぐらい添えても良いのではないか。水露地円筒形の水底に1輪の蓮の花。人はきっと大喜びするに違いない。その蓮1輪でこのコンセプトは全く異なるものにはなってしまう。だから時には「蓮1輪」なのである。

内海さんに水露地の中央に一部、水深200をさらに－200強深くして、蓮を育てるため1鉢ばかりの区画を確保するようお願いした。

もう1件、難しい問題が生じている。水露地の円筒形壁の壁面をどのような素材でするか、コンクリート打ち放しのままで突っ切ることもあるが、やはりここはバリの黒石を使用したいと強く提案してきた。

しかし竹中さんの耐寒性の試験では、この石の軽石のような粗面組織に水凍結が生じ、耐久性がないとのこと。ここ佐川では、琵琶湖湖畔比良山系からの吹き下ろしの風が強い。水辺では凍結して使用不可能という報告であった。

全く不可能なのか？

「やはり粗面に水が入り込むと割れてしまって、おそらく数年でバラバラになるということです」内海さんの言。

なんということなのか！　自分の中でガクッと気が落ちてゆくのがわかる。

泣き出したい気分だ！

この石は竹中さんのような建築業界では決して手を出さない代物。まるで軽石状態のがさついた黒い石。色の統一も形状の統一もできない。バリの職人が何とも気楽に割り削って造った代物。現代の規格・工業製品の対極にあるものだ。その不揃いの、なんとも自然な味わいがたまらなく良い。このバリ石に代わるものなんてない。

「割れても粉々になってもよいからこれを僕は使う！」
と叫びたい気分だった。
確かにバリでは凍結の心配はない、しかし、ここは湖東、向かいには比良山系がそびえている。やはりあきらめなければならない。僕はその叫びを押し殺した。
何か異なる素材を考えなければならない。

そのほか、展示に関するもの。展示台素材・バリエーション・高さなど。第3・4展示室ガラス壁面の素材見本などを見る。
茶室について、特に小間の懸案であったアクリル三角柱の紙壁について、そのイメージを説明する。重要な案件だが、バリ石の件で気落ちしてしまった。
アクリル三角柱については、早速小見本を製作、次回打ち合わせ時に検証することになった。
蹲い正面のスリット位置をはじめ、各スリットについて。
天井割竹（煤竹）による化粧天井など、各部分についての確認と提案。来年早々にそれにもとづき原寸のモックアップを行う予定。

　　　　《打ち合わせ指示書　樂→内海》
　　　　小間
　　　　　　小間内部　西・北側の和紙張りについて
　　　　　　　　　　ガラスもしくはアクリル支柱を桟がわりに縦に並べて壁構造を組む
　　　　　　　　　　細三角柱ガラスの桟　光の屈折
　　　　　　　　　　畳寄せをどうするか　石または木
　　　　南壁　横窓と縦スリット
　　　　　　スリットの開け方
　　　　　　　　　　通路正面真ん中　細スリット
　　　　　　　　　　蹲い正面真ん中　例　内部幅150　外部幅30
　　　　　　　　　　外と内の開口寸法を変え、内側に向かって広がるようにスリットを切る。

　　　　通路（小間→広間）
　　　　　　西側明かり窓の取り方
　　　　　　　　　細丸煤竹張り付け

　　　　広間
　　　　　　広間まわり襖（西側4枚引、南側3枚引）を蔀戸式突上にする
　　　　　　　　蔀戸は間中二枚折り二段階突上にする
　　　　　　　　（雪見障子もしくは大徳寺孤篷庵「忘筌」の障子のような働き）
　　　　　　広間席入口の隔離
　　　　　　　　飛石からの広間入席の動線の確保　飛石対岸に茶亭を設ける

　　　　畳寄せをどうするか　石または木

　　付随トイレ
　　　　床材をどうするか

　　その他付属プラン
　　　　ビデオ上映をどうするか

---

05. 11. 15　展示プランの指示書

　時間があるとCGを見ている。この巨大なコンクリートの箱、極限までに簡素化した空間。CGを通してさえ閉塞感と隔絶感が強烈に伝わってくる。何か現世から超越した世界、非日常的な雰囲気が感じられる。何か巨大な古墳の石室、この世のものから離れた聖なる墳墓のような感じさえする。CGの見すぎだろうか？？

　第1展示室は重要な展示室だ。まだ、そのイメージは実現化されていない。展示台の素材が仮のものだからだが、どのような展示台にするのか、象徴空間として提示したい。
　各室の展示台も同様、提案された規格のものではなく、もっと遊びが必要。
　ただし、この簡素さを乱さないかぎりの遊び。
　内海さんに各室の展示台に関する指示書を送付する。

　　《提示案　樂→　内海》
　　打ち合わせの後日、ゆっくりと何度もCGを拝見致しました。
　　全体のイメージは極端なまでにシンプル、あとは素材である床とコンクリート壁の出会いのニュアンスに託される感じです。
　　その分、展示ケースと展示台そのものは、もっと遊びがあるべきかと思われます。
　　台の形、それらが醸し出すリズム、素材、色などの変化が必要です。
　　展示室について12月に展示など含めた模型プランを拝見させて頂くとのことで、楽しみにいたしておりますが、その前にいくつか提示プランがございます。
　　特に、展示室では打ち合わせの時にお話を少ししたように、CGを拝見して展示台のデザインの重要性が増すことを痛感しました。
　　展示室空間がきわめて簡素であることとから、展示台があまりにも均等につづくと展示そのものが単調になりすぎます。変化がほしいところです。作品を邪魔しない程度で、台自体の個性も必要かと思われます。

　　第1展示室
　　CGで拝見するかぎり、何か緊張感に欠ける感じがして、少しイメージと食い違いがある様に感じます。

空間上、当初の二重囲いの内陣による展示室は不可能ですが、それに代わる凝縮感が必要です。
特にCG表現上の床と壁板壁面の色合いの違いもあるように思われます。
床の色は実際には黒にもっと傾くでしょうから、周囲壁面と作品台背面板を、素材、表面の質感、マチエール、色など、もう少しつっこんで考える必要があります。
作品台の背面板幅、展示台となる板の寸法は再考できますでしょうか。
図面を見て再度確認したいと思います。

第2・3展示室
第2展示室・「昼の航海」は自然光とともに部屋全体を明るく白系で仕上げたいと思います。
第3展示室・「夜の航海」は全体の色調を黒あるいは墨もしくは濃紺系で仕上げたいと思います。
全面ガラスであるだけに台のデザインが重要かと思われます。
図面ではガラスの大きさが2502.5均等割りと2036.7均等で割付けられていますが、2502.5で4割付を3割付にすることは可能ですか？
中央2面を1面にする（開閉が不可能なら併合の大画面は固定ガラス面でもよい）など。
この場合、作品の展示は、通路正面ガラス内に作品1点。中央大画面に3〜4点、第3ガラス面に1点。奥三分割の所は3〜4点をいれる。3点だと各ガラス面に作品1点ずつ展示、4点だと、左右ガラス面に1点ずつ、中央ガラス面に2点（共有台にするか、独立台2台にするかいずれかになる）。おそらく4点は多いでしょう。

あるいは、ガラス面を均等割付ではなく不均等にデザインすることも選択範囲の中にあるように思われますが…。展示プランに沿っていくつかの案によるガラス面の区割り詳細を後ほど送ります。

05. 11. 19　有難い決定　竣工日の延期

昨日18日に開かれた設立準備委員会の報告を齋藤氏、宮永顧問から受けた。
07年3月の竣工予定を07年9月まで延期するという決定であった。
工事の進行状態はともかく、水面下地下に広がるコンクリート打ち放しの大空間の完成後のコンディションを考慮しての決定だという。かねてから文化庁の指導もあり、地下のコンクリート打ち放しは高湿度とコンクリートから発生するアンモニアガスの問題が議論されてきた。作品に影響はないのか、どのような状況が想像されるのか？
会議中、竹中の内海さんからの説明を踏まえて、いろいろ議論され結論が出ない状態だったが、出尽くした委員の意見をそれまでじっと聴いておら

れた栗和田館長が、最後に9月までの延期を決断されたと聞いた。
工事が半年も延びれば経費はきっと莫大な増額となるのだろう。
それでも、作品に、そして何よりも開館して来てくださる来館者にベストな状況を生み出すことが重要だと、この決断を述べられたと聞く。
大変な英断をして頂いたものである。
栗和田館長の大きさを、また1つ感じた。
僕にとっては工事期間が延長されることはまさに天の助けである。まだまだ未確定の部分が沢山ある。茶室に関しては、ようやく平井さんの参画を得ていよいよ始まったばかりなのだ。茶室は現場で決めなければならないから、1つ1つが今後の新たな局面の中で決定されるだろう。
そのようなことも館長はきっと考慮に入れてくださったのだろうと、僕は栗和田館長に感謝をする。
この延期決定はまさに有難い有難い決定であった。

05. 11. 21　展示室2・3展示ケース内のコンクリート打ち放し

6室に分かれる展示室について。
第1室が最も重要。ロビーから狭い入口を通して象徴的に展示が見える。作品は1点、もしくは茶碗・茶入を組み合わせて展示、空間そのものを感じさせることが重要。
第4・5室は伝統的な規範性のある作品と現代（この言葉は好きではないが）、伝統規範を踏み越えた作品を対照的に展示する。この2室はごく通常の展示固定ケースを壁面にまわす。
問題は第2・3展示室。展示ケース内をコンクリートの打ち放しの壁面をそのまままわしたい。すでに指示済みだが、これがなかなか難航してきた。文化庁の許可が下りないという。コンクリートからアンモニアを始めなんらかの気化ガスが放出されるという。でも、現代の建築はすべてコンクリート、美術館も当然コンクリートだろう。でも、ケース内がむき出しのコンクリートではないということが重要らしい。「これでは指定品は陳列できませんよ」という再三の指摘。でもここは指定品なんかそもそも陳列しないのだから。と僕は独りで居直る。
空間と物との関係こそを重要視したい。幸い陶芸品だから少々の気化ガスなどでは変質しないはず。ここはコンクリートの壁面に囲われた空間に独立の展示台が並ぶ。7〜8点、作品間は2000ぐらい間隔を取りたい。展示台の高さも微妙に高低を変えてリズムを与えたい。展示台の前面には米松の床からガラスが天井まで縁なしで立ち上がる。展示ケースという特定

の空間を消したいのだ。だから周囲の壁同様に、続いてコンクリート打ち放しでケース内を納める。床はケース内まで米松の床を延長させる。
ガラスから壁面までの展示ケース内の奥行きも決定しなければならない。ガラスの割付も問題である。やはり内海さんからの提案は均等割付。普通は当然の発想、いかなる場合にも対応しやすい。しかし今回の場合は均等割付ではなく、そこに強弱、リズムが必要。
展示台の配置、高さ寸法を図面にして送付する。

再度確認のためメールを内海さんに打つ。
第2・3展示室並びに第6展示室、コンクリート打ち放しのまま、塗装など表面加工はしない。

05.12.07　打ち合わせ　レークさがわ　小間空間の検討等

本日の打ち合わせから数寄屋大工の平井氏が参加する。レークさがわにて打ち合わせ。

茶室関係では、小間外壁のスリット窓の位置を調整した。
水露地から、中潜りを通って小間席を囲むL字型の土間は、いわば内露地にあたる。その中に小間席は組み込まれているが、その小間席囲いの壁面となる紙壁を延長させて、暖簾状の垂紙を小間空間の壁から梁に差し渡す。せまい内露地は、さらに3つの土間空間に分かれることになる。水露地から中潜りの狭い入口を潜って、階段を7〜8段上がると小間席脇の土間に立つ。そこから躙りまでさらに2重の狭い枡形空間を通過する。
小間空間はそもそもその全空間がきわめて狭い。厚いコンクリートに囲われた強い閉塞感がある。その狭い閉塞空間をさらに3つの極小の空間に分割するため大きな垂紙で区切る。その紙暖簾の1枚1枚を潜り、異なる小空間を3つ通過して小間本来の入口である躙り口に到るのだ。いくつもの結界を通り抜けることになる。閉塞感のある空間をさらに分割することで閉塞感を通り越す、つまり超閉塞空間を作り出すことで物理的な閉塞そのものを無化することができないものか。
さらにそれぞれの超閉塞空間に異なる光の在り方を見せたいのだ。水露地の外光から中潜りを通り抜けると、うす闇の小間空間、潜りの踏込土間にはほんのりと光が上から落ちる。伝統茶室では、外露地から中潜りを経て内露地に進む格好だ。ここは潜り上に開けられた長スリットからの光が潜り正面壁に光を落とす。これは北側からのスリット。北からの光は終日安

定している。

右に折れて階段上方を見上げれば壁一面に差し渡された紙暖簾がかかっている。その垂紙に後ろの壁の縦スリットから細く光が当たっている。これは真西からのスリット光。時刻によって夕日とともに角度や色を変えるだろう。階段を上り最初の垂紙を潜ると、土間に埋まる大きな四角い埋め蹲い、その正面壁に先ほどの垂紙を照らしていたスリットが現れる。コンクリートの壁厚の中で外を細く絞り、内側で開口を広げる。

左に曲がってすぐ2番目の垂紙を潜ると躙り口に到る。躙り口の対面コンクリート壁には200程の高さの横長スリットが開けられている。

それぞれのスリットの位置の確認。蹲いの前のスリットは蹲いの中心に。スリットは外側で狭く30、内側で150に広がる。前回の指示通り。躙り口の対面の横スリットは、垂紙を超えない範囲で納める。

中潜りを通って小間に踏み込んだ時に感じる明るさのギャップがどれほどになるのか？ 中潜り上部のスリットだけからの光の取り込みで大丈夫か？ 天窓を設けて補助的な光の取り込みを考えなければならないかもしれない。

前回打ち合わせで依頼した茶室紙壁を支えるアクリル三角柱の模型を検証した。500角の枠の中にアクリル三角柱（1辺50ほど）が5本ほど組み込まれており、和紙を両側に太鼓張りに垂らす。小間紙壁の雛形模型である。特に三角形がもたらすプリズムのような虹色の光の効果が出ていない。太鼓張り、二重の紙を通ってくるため、光が弱まりすでに分散されてしまうためかと思われる。虹色の光はむしろ不要。ストレートな光の陰翳がほしい。もう少し検討の余地あり。実際に原寸モックアップでアクリル三角柱を製作してもらい、効果を見ることとする。それまで、この雛形模型は自宅に届けてもらって検討を続けることにする。

その他、小間の炉の取り合い、小間のレベルの確認、伝統茶室の規範に沿って各寸法を検討、ここで平井氏は大いなる活躍。

広間の建具についての検討に入るが、なかなか難しい。問題は広間をまわる鞘の間と本席の間に敷居を入れるかどうか。普通は鞘の間と本席では意味が異なるから敷居を入れて襖か障子できちっと仕切る。しかし、この佐川の広間では、化粧屋根が軒から棟まで煤竹で組み上げられる。その流れるような同一面を区切りたくはない。できれば、鞘の間もふくめた同一空間で処理したい。吊り戸にしてはどうかと提案した。敷居をまず取り除く。平井氏が吊り戸にするなら何とかそのまま茶室の外の南壁に収納できるの

ではないかと提案。四角の角をそれぞれの建具がどのように回り込んでゆくのだろうか。僕にはよく理解しにくいが、それができればおもしろい。2方向の建具8枚がそのままスルスルと南壁に収納する方向で検討する。鞘の間外、周り縁の建具には蔀戸、雪見障子のような上下二段に開放できる戸を提案した。

05.12.20　小間　紙壁案Ⅴ　方針決定

小間席のコンクリート壁に対面するもう一方の壁について、基本方向を決定しなければならない。なかなか時間がない。樂美術館の来春展観のための解説文の完成と、27日、今年最後の窯焚きにむけた赤樂茶碗の制作に追われている。時間の合間に紙壁について考えをめぐらすが、結局は2つの方向の中で考えざるを得ない。

1つの方向は、壁を構成する内部構造を外側に見せる方向で、もう1つの方向は、構造をまったく外に表現しないで二重の紙の間で仕舞い込む方向である。しかし角柱をはじめ躙り口の枠など、いったん構造を見せると、限りなく伝統茶室の柱や桟の方向に引き寄せられることになる。それは伝統茶室の柱や桟の美しい配分と組み合わせに埋没することを意味する。それから抜け出し、伝統茶室の美に勝つことはできない。やはり柱桟は内部に仕舞い込む方向で考えなければならない。しかし極端に縦長の空間でさらに単調な紙壁にどのようなニュアンスを引き出してゆくのか、やはり紙壁に映る三角プリズム柱による影と光の演出にかける。影のみでは単調すぎる。紙壁のもつ自然さを損なわずに演出するには、光の淡い屈折と影のデザインしかない。しかし二重の和紙を通した光は少なくともこの実験用のサンプルではほとんど消えてしまうほど弱い。その点をクリアーすることが問題。

内壁1枚を貼り合わせて固定、外壁は垂らすだけで、巻き上げ可能な可動性をもたせることで解決できないだろうか。茶事では濃茶が始まる時点で簾を巻き上げる。簾の取り払われた下地や連子窓から差し込む間接光は、濃茶の始まりをより清楚に聖なるものとして印象づける。

つまりこうだ。席入り時は外垂紙は下りており、濃茶時点で一部を巻き上げる。外の紙が巻き上げられると、光が直接アクリル支柱にあたりその屈折光が内部の紙壁に反映する。これでよい！　これで以前悩んでいた連子窓や下地窓の効果も兼ねることができる。アクリル支柱は石の基壇から直接立ち上げればよい。退出の時点で巻き上げられた状態のアクリル支柱に囲まれた小間席が客の目にさらされるが、それは特に気にならないし、か

えって、石とアクリル、紙とコンクリートとの三様の異質素材の出会いも新鮮である。躙り口、通路出口の戸は二重の紙の間に滑り込む形を取る。
先日打ち合わせでできあがった紙・アクリル支柱試験用の模型で確認。外垂紙を巻き上げると、かなりはっきりと光の屈折が反映する。外の紙を一律の障子紙ではなく、僕が模型で使用していたネパール製の粗い繊維の入った透き和紙にすると、さらに透き紙の影が加わり映像に複雑さが加わる。内紙と外紙の和紙材質の検討が今後必要である。
おそらくこの方向で次回打ち合わせ時に提案することにした。この基本構想が決定されると、最も悩んでいた部分が一挙に解決される。

05. 12. 22　打ち合わせ　レークさがわ

レークさがわ会議室にて打ち合わせ。
来春早々にできあがる原寸大の茶室モックアップに備えて茶室関係の寸法を確認、指示書を配布した。
寸法は伝統的な茶室寸法を基本的に踏襲する。基本的な寸法は崩せない。しかし天井の高さは既に大きく逸脱しているが…。
僕は伝統的な茶室の様式、規範に対して、そこから何を崩し、何を捨て、何を守り踏襲するかを徹底して考え抜いてきた。一番始めに捨てたものは土壁、始めから踏襲しようとしたものに畳（もちろん黒い縁付きのもの）と茶室細部の寸法。茶道口や躙り口などの出入口、床の間口や、落し掛け、鴨居の高さなどなど。これらの基本寸法は外すことはできない、それを外せば茶室ではなくなる。寸法とともに畳の存在も無くすことはできないものだと思う。それら細部の寸法が空間全体に個別的なニュアンスを生み出す。特に広間、小間ともに高い天井が一棟になって大きく被さってくるので、鴨居の高さのほんの少しの高低が重要な要因となるだろう。鴨居は特に吊り戸形式とすることで仮決定する。広間内部と鞘の間の境界に敷居を設けないため。美術館という特殊事情をふまえた茶室として、敷居を削除することで広さが2種に対応できる。

基本的なコンセプトは今までに充分すぎるほど練り重ねてきた。来年できるモックアップでは、そうした細部の寸法関係と、さらに光の映じ方、室内に落ちる間接光の状態を検証したい。
特に小間は水底に開かれる瞑想ゾーン。構成要素をできるだけ捨象した中で、ブラックコンクリートの表す、堅、重、静と黒という色合い、それに対して手漉き紙壁の、柔、軽、動、白。相反する対峙・対比を、光という

要素が結びつける。このコンククリートで分厚く囲われた水没した空間に、唯一外部から届けられるものが光。ここで光はすべてである。時間の経過をつかさどり、季節や天候など自然そのものをこの小空間に届ける。なまじ多くの要素が並列に混在するより徹底して削ぎ落とす。そのほうがより切実に自然を、時間を感じ取ることができるのではないだろうか。
水底にうっすらと降りてくるうす青じみた霧状の光と影の粒子に充たされ、沐浴するように身体全体で感じ取ることができれば良い。
午後、体育館に移り打ち合わせをする。一部残されている展示ケースのモックアップで最終検証に入る。
展示ケースに関する照明の細部検討。僕のこだわる展示台フットライトによる照明の試作、2種類の試作から1案を決定。これはおそらくどこにもない展示台の照明になるだろう。

打ち合わせの後、現場に向かう。
デパートのビルディング丸1つがすっぽりはまり込みそうな巨大な窪地の底から、縦横に無数の足場パイプが触手を伸ばしせり上がる。それを追って型枠の杉板だの合板だのが地の底からむくむくと膨張しながら上ってくる。殺風景な工事現場には違いないが、どこかまるで生き物みたいな感じがした。

まだ、4時半頃というのに夕暮れが刻一刻深くなる。
下ではまだ職人さんたちが型枠の設置に忙しく動いている。
来年はいよいよここにブラックコンクリートが流し込まれるのだ。
地下から地上へと、あのブラックコンクリートの巨大な要塞が立ち上がる。
下方に広がるがっちりとした構造体の、来春には姿を現すだろうその姿を想像しながら、僕は巨大な窪地の土留めの間際まで歩を進め、しばらく下方に広がる夕暮れの工事現場を見下ろしていた。
今年も瞬く間に暮れてゆく。
さて、明日は例年より遅れている久多のアトリエの冬支度に行く。枯れ芒の原野には先日の雪がしっかり残っているだろう。来年2月まで水を抜き凍結を防ぐ。天気は良さそうだ。能美の日没を久しぶりに眺められるだろう。
琵琶湖の西岸比良山系の山並みに今落ちていった太陽、久多の落日と同じように美しかった。

2006

06. 01. 24 ～ 06. 12. 28

06. 01. 24　韓国サムスン美術館・国立中央博物館視察

佐川急便の宮永氏（美術顧問）、齋藤氏（担当部長）、竹中工務店の内海氏（設計部副部長）、山本氏（京都支店作業所長）と我々夫婦、6名にて国立中央博物館、サムスン美術館の視察に出発した。2泊3日、26日帰国予定。

06. 01. 25　韓国サムスン美術館・国立中央博物館視察

午前中は国立中央博物館を視察。
さすがに国の威信をかけた大美術館。巨大建築が広々とした環境の中に堂々と威風を誇っていた。
建物、とりわけモニュメンタルな建物は、その国がおかれている様々な状況を写し取る。国の威信をかけて民族の誇りを負って、尊大であり威圧的でもあった。大勢の韓国の人々が、国中からこの新しい国博を見ようとつめかけていたが、大いに感嘆し、誇らしげな微笑に満ちていた。建物の中にいると、その巨大さはなお一層感じられる。巨大なロビーを横切るだけでも疲れてしまう。テーマごとに分けられた展示室を全てまわるにはどれだけの時間を要するのだろうか。僕らは焼物を主としたほんの一部の展示室だけを巡ることにした。
巨大化すればするほど細部の在り様は重要性を持つが、その細部の気遣いに欠けるところが目立つように思われた。ケース・照明なども無理矢理に現代の水準に合わせたというところだろうか。小ケースに至っては、やたらと小さな光ファイバーのピンスポットが取り付けられており、しかもそれぞれがてんでばらばらに照らされているケースも多く、また、同室内のケースの照度も明るかったりやや暗かったりと統一感を欠いていた。学芸員がこの巨大な空間と膨大な展示物、最新の展示ケースを扱いきれていないのが手に取る様に見えてしまった。
ここでそれほど多くの時間を取るわけにはいかない。もう少し展示物を見たかったが、今回は美術館の視察に来たのだから。少し心を後に残しながら外へ。駐車場でしばらく迎えの車を待った。かなり冷え込んでいた、さすがに韓国の真冬。

午後はサムスン美術館。
「現代美術」、「古美術」、「未来への提示」という3館から構成。それぞれ異なる海外の建築家に設計を依頼した建物。今回は時間の都合上、古美術館のみを見学した。

こちらはさすがプライベート美術館だけあって個性が際だっている。室内の照明は、暗い空間に作品だけがスポット照明の中に浮かび上がる。基本的には佐川美術館と同じ考え方である。

難点は展示ケースのガラスの写り込みである。室内の壁が黒い場合は緩和されるが、明るく白い場合は、完全に写り込んで見にくい。

ケース対面の壁面を暗く抑えれば緩和されるが、佐川の場合は第4・5展示室にケース同士が対面するところが一部あるが、この相互写り込みをどうするかという課題が加わる。下からのフットライト照明の考え方はほぼ我々と共通する。

独立ケースの形状は、茶入などの小品には良い。

驚いたことに、ガラス面が木床から天井まで立ち上がるケースがあった。我々が考えていることと同じものである。人間の考えることは似たり寄ったり、そう大差がないということだろうか。ただし、サムスンの場合は、床から直接立ち上がる大ガラス面の良さが生かされていない。床から天井まで立ち上がるガラス面は、箱形の展示ケースを設けるのとは異なり、室内空間との一体感を強調するためにある、と僕は考えるがそのコンセプトが希薄。特にケース内部の奥行きがない。ケース内奥に別壁面をつけている。つまり、広い間口のケースがほしかっただけ。また、トップからの照明が悪い。これでは、やはりただの展示ケースでしかない。ケースの気配を消し展示室全体の空間そのものの中に作品を存在させるというコンセプトは感じられない。

その他、現代美術館外部に石組を金網で留めた壁面があり、土地そのものを彫り込んだような感覚を強調、土地の記憶をとどめていた。現代美術でもそのような表現がある。水露地の感覚と共通するものもあり、表現の突き詰め方に学ぶべきものを感じた。

夜、ソフパランというレストランで宮廷料理をいただく。

食後、オープンした杉本貴志氏設計のホテルに立ち寄る。ロビーは24階に設置。ロビーにガラス張りのプールとジムを併設しているが、とりたてて見るべきものなし。地下にバーがあり、こちらは古材を寄せ集めた壁面に古本を横積みしたものなどぎっしりとコラージュ風にまとめたりした重厚な壁面など、いかにも杉本デザインらしい世界が濃厚に表現されていた。古材、古本、捨てられるべきものの量感と集積はそれなりの時間の堆積を感じさせ、また集合することで圧倒的なモノの主張が巧妙に組み合わされデザインされている。それはある種、今世紀初頭のコラージュ手法を

思わせる。有機性のある古いものと無機的な現代のものを対立的に組み合わせ、それぞれが引き立つように、また単なる古物趣味に陥らないようにそれぞれの意味をとどめて、うまく使用している。

古材なら古材の持つモノ自体の発言を、単体ではなくそれらの圧倒的な集積をもって強調させること。また古いものと新しいもの、有機的なものと無機的なもの等、対比によってそれぞれの意味を引き立てるコンセプト。このコンセプト自体それほど奇抜なことはないが、強引にこれでもかとねじ伏せる様に見せつける手法の中で杉本氏の感覚は大いに発揮され、大変なテクニシャンだと感心した。

しかし、ここの、なぎ倒され積み重ねられた古本、バリの古材は、確かに強烈な印象を発散しているが、素材をねじ伏せる強引さと、無慈悲さを僕は感じてしまう。

僕には本やバリの古材を、たとえそれらが単なる素材であろうとも、このような使い方はできたものではない。

杉本氏の表現の巧みさに脱帽しながら、ふとそんな思いもした。

---

06. 01. 26　帰国

一山(イルサン)のホス公園を視察、蒲、葦の群生を見学する。宮永さんが下調べをしてわざわざ案内してくださった。

蒲のほうはすでに刈り込まれていて、零下3度の氷に埋まっていた。

葦は枯れた茎を氷上に残し、かつて暖かな時節には青々と群生していた面影を残していた。自然は花の時、緑の盛りの時期ばかりではなく、枯れしおれた時期も含めて全てにおいて美しい。

佐川美術館茶室の周縁水庭の蒲・葦の育成試験を、さらにしっかりと生育できるように強化する必要を感じる。

旅行中、水露地についての検討を内海氏・山本氏に伝えた。

1. 水露地は石組から、コンクリート打ち放しの方向で考えていること。
   この水露地の円筒形壁については、これまでにバリ石の柱列から同材による方形石板の貼り合わせ、さらにさかのぼれば備長炭まで大いに揺れ動いたのだが、ようやく僕の中でコンクリート打ち放しのイメージが固まりはじめている。
2. その場合、展示室と茶室空間でコンクリートの差異化をどのように表現するか検討する。
3. まず、コンクリート墨濃度を05年11月の試験壁の現状を確認の上、再

検討する。
4. その上で展示室墨濃度を最終決定、それを基本に茶室壁の混合濃度を検討。
5. 茶室空間のコンクリート打ち放しは、通路、寄付(よりつき)、水露地、小間、広間の5空間に分け、展示室との差異化は、それぞれに墨混合濃度に応じて型枠幅を変えることで検討する。

(検討案例)

	型枠幅	墨混合比
展示室	100	基本
通路	70	やや濃く
寄付	50	やや濃く
水露地	50	最も濃く
小間	35	最も濃く
広間	50〜70	やや濃く

※内海氏から型枠幅の細・太のランダムな表現もある(益田市の島根県芸術文化センター)という提案あり。
→検討　茶室導入部通路など中間地帯の表現に可能性あり。

6. 水露地の円筒形壁面の型枠に揺らぎの表現を持ち込む。正円形を僅かに残す。
7. 水露地の壁面の高さを上げる。内壁高：3500強ぐらいまで。
8. 広間縁石の石材について、切出しの巨大な原石の固まりを楔(くさび)を打ち込んで手割りして、自然の割れ口・楔の痕を残しながら加工、厚板状の床石を切り出す。1つの石材から何枚かを取る。石の大きさは異なる寸法があってもよく、自然な変化をとどめる。ただし、内海氏の方からは排水の取り方が難しく、目地周辺のセメント石灰の沈着など問題をいくつかクリアしなければならないとの返答を受けた。
9. 水露地から小間空間への切り替えは中潜り戸で切り替える。その場合、小間側は中潜り内から土間とする。問題は階段をどのようにするかである。古材柱・梁を横に使い、それに土間仕立てと組み合わすとどうか、あるいは石材と土間仕立てを組み合わせる。
10. 本館からのアプローチ(樂館導入部)の床材も検討を続行。
11. 葦、蒲の育成の強化。
緑を水面にあしらうという感覚ではなく、圧倒的な量、押し寄せるボリュームが重要。

12. 後ろの築山を里山風に仕立て、さまざまな木々を植える。
　　水際にも蒲を植え、水面からの連続感を持たせる。

06. 01. 27　茶室原寸大モックアップ着手

　先日内海・山本・三和（竹中工務店　営業担当部長）氏が来られた。近々に佐川急便体育館で茶室の原寸大のモックアップが着手される。以前展示室がモックアップされた時には、コンクリート壁の厚みを金属パイプによって組み上げ、カーテン生地で空間を間仕切った。平面と立面によってロビーと各展示室の空間を原寸大で出現させた。今回は茶室だから単に空間のみというわけにはいかないが、いったいどのようにするのだろうか。聞くところによると、東映の撮影所の大道具などを製作する会社に依頼したらしい。映画のセットのようなものと考えればよいかもしれない。
　僕のような素人は図面では空間のニュアンスをなかなかつかめない。数センチ延びた鉛筆の線が、どのように空間の容積に変化をもたらすのか、線でも数字でも理解できないものが、実際に再現されるのだから、その点モックアップは有難いこと、大いに感覚を楽しませることができる。

06. 01. 28　コンクリート打設試験

　午後早々、小雪舞う現場へ！　僕は今日、この日を待ちわびてきた。今まで何回となく試験を繰り返したブラックコンクリートの壁面打設の結果を今日見ることになる。山本さんが地下厨房部分の壁面で実際に打設試験をしてくれた。黒色色材混合比2.85％と5.1％の2種類。僕はどきどきしながら組み上げられた細い足場をくぐり、底まで降りた、地下2階。
　パイプと板材の乱立する地下一角、杉型枠が外され今まさに裸にされた巨大なコンクリート壁が目の前に突っ立っている。「おお！」と思わず感嘆の声を上げる！
　美しい！　圧倒的な壁面の存在感、黒いコンクリートがはね付けるような緊張感を持って立っている。
　美しい！　本当に美しい！　幅5メートル、高さ4メートルほどになろうか、その圧倒的な壁面は、雪空の弱々しい光の中でますます黒く毅然と立っている。
　型枠から外されたばかりの肌面は、まだ十分に水分をため込んでしっとりとした潤いがある。100幅の杉型枠の横のラインが上に向かって積み重なり重厚な趣、型枠の杉木目をうっすらと写し、杉の木汁が移り込んだのだ

ろうか、かすかにベージュ色を感じるところもあり、色と質感の微妙な違いが感じられる。

1メートルの試験パネルでは正直少々心配であったが、一挙にその不安はぬぐわれた。杉型枠の木目の見え方も大げさすぎず、さりげなくて良い。この大画面の中で、コンクリートの冷たい肌合いと、木目の有機的な味わいが、禁欲的な調和を生みだしているように思った。よく見ると木目の出方が一律にならないように変えながら処理している。山本さんがこちらの考えをよく理解し細心の配慮をしてくれていることがわかる。うれしいことだ。

僕はブラックコンクリート壁に、身を寄せて何度もその冷たい肌を手でなでた。愛撫するような思い、感動が身体の中を突き抜けてゆくのを覚える。涙がこぼれそうになるのを感じた。折から一段雪が激しく降りはじめ、はらはらと黒い肌に降り注いでは消えてゆく。僕は壁越しに天空を見上げた。無数の雪が黒いコンクリートめがけて舞い降りてくるよう。なんと美しい光景だろうか。

過剰な装飾、表面への執着を切り捨てること、その意味において禁欲的であること。山本さんは気泡の入り方にもなかなかに気を使ったらしく、しきりに気にしていたが、この程度の表面上の細かい気泡痕はそれはそれで自然で美しいと思った。ただ気になるのは型枠の継ぎ目が少々画一、機械的な感じがする。ここでは型枠の長さ自体を一定にせず、ランダムに変化を持たせ型枠を貼り込むことも考えられる旨、提案した。

僕らはコートの襟を立てて止む気配もない吹きっさらし、激しく雪の舞うコンクリートの地底に立ちつくした。宮永さんも、齋藤部長も寒そうであったが、感激されている様子。何しろ、苦労と努力を重ねてたどり着いた念願のブラックコンクリートとの初めての出会いなのだから。去りがたい思いがした。

5時30分に会議終了、全員レークさがわで夕食をとる。いつもの佐川ワインが今日は特別においしい。ブラックコンクリートの実物大での確認ができたことで気分的にずいぶんと肩の荷が軽くなった。これが吉左衛門館の基調となってこの巨大な建物を通奏低音のように吹きながれ、包むのだから。

帰路、小内さん（佐川急便　係長）の運転する車に揺られながら途中峠か

ら大原、今日のしこたま積もった雪の景色を眺めながら、ブラックコンクリート壁の黒く潤いをふくんだ美しさを何度も思い浮べた。山本さんの努力、心入れがとてもありがたく感じた。はらはらとコンクリートに舞い降りた昼間の雪はもう止んで、木々の重たくしなだれる巨人のような白い固まりが、車のライトに次から次へと照らされては消えてゆく。

06.01.29

昨日の感動がまださめやらない。
外されたばかりのコンクリート、まだ水分をいっぱいに含んでしっとりと潤う黒い肌。美しかった。今後乾いてゆくと若干白く変化するという。できればあのままの表情と色合いがそのままずっと残していてほしいものだが…。
山本さんにさらに可能な限り墨濃度を上げるようお願いした。「わかりました、やってみます」という頼もしい返事がかえってきた。

06.02.09　完成　茶室原寸モックアップ

宮永顧問から原寸モックアップができあがったとの報告があった。「とにかくすごいですよ！　本物みたいになってさすがです。竹中さんも気が入っています。明日お待ちいたしております」とのこと。

06.02.10　茶室モックアップ検証

10時より打ち合わせ。
9時30分、小内さんの車で佐川体育館へ急ぐ。体育館は2階にあるが、エレベーターのドアが開くのがやけにゆっくり、突き当たりそうになりながら廊下を急ぎ、体育館の入口ドアをパーッと開く。
見るなり立ちどまる。「おおー！　なんと！」思わず声がもれる。「ここまでやるか！」体育館のほぼ半分近くをふさいで、家が1軒建っているではないか。確かにベニヤ仕立ではあるが、屋根もある、壁もある、スリット窓も開いている、茶室のほぼ全景が立ち上がっているではないか。広間、隣接する水屋、それに水没する小間。まてよ、水没する小間は地下だから、どうなっているのだろうか？　内海さんがすかさず横から説明をしてくれた。
「地下部分に当たる分だけ持ち上げて表現してあります。この体育館の床

240

から1800高くなっている部分が実際の地上、つまり水面レベルとなります」

なるほど、この体育館の床は地下の小間のレベルなんだ。まわりを見回せば、三和さん、山本さん、平井さん（平井工務店　棟梁）、宮永顧問、齋藤部長、全員そろっている。あわてて皆に挨拶をする。

まあ一服。というわけで温かいコーヒーを入れてもらったが、とにかく早く内部が見てみたい。フーフー熱いコーヒーをさましながら急いでいただいた。

はやる心を抑えながら、しかし、先に作業所での打ち合わせをしなければならないらしい。重要な打ち合わせ。いよいよコンクリート打設に関して、黒色混合濃度、型枠幅などの最終決定をする。

先日来メールで内海さんともやりとりしたが、展示室と茶室の濃度を変えること。たとえば展示室3.5％、茶室5.2％（先日決定済み）ということも考えたが、その場の光、明るさとの関わりで、濃度の違いはさほどわからないから、もっとも濃い濃度で統一してはどうかという内海さんの意見。もちろん全員同意する。

黒色色材混合濃度5.2％で全館を統一する。

ようやくここまできたという感じがする。コンクリートに墨汁を混ぜて黒いコンクリートにしてほしいという素人の乱暴な意見と夢が、内海、山本両氏はじめ関係者の努力でようやくめどが立った。感慨深い思いがある。

さて、モックアップの本格的な検証は午後、食事の後ゆっくり、ということになった。今日は長い1日になる。

食事後、早々に体育館に急ぐ。
さて入口はどこから？
内海さんの案内で茶室内部へ、水露地から小間への入口に当たるところから茶室内部へ進入する。
暗い！　急に夜になった感じ。
夜ではまずい！　結構暗いぞ！
少々イメージと食い違いどっきりあわてたが、すぐに目が慣れてくる。そこで気分を取り直して、最初に目につくのはやはり全面を仕切る大きな垂紙。
光や！　やはり光と明るさの確認が必要や！　当然のことながら、再度自分に言い聞かせるように思った。
行く手をふさぐように天井の梁から、3メートルもある大きな1枚の垂紙

が揺れている。奥のスリットから入る光を拾って柔らかい白の仕切り。ブラックコンクリートの壁面と茶室空間のうす闇に映える。紙が和紙ではなく洋紙っぽい紙なので何となく味気なかったが、それでも最初に目に飛び込むその薄光は、心地よい柔らかさを映しだしている。

やはりこの紙の仕切りは大成功のような気がする。狭いコンクリートに囲われた空間の中で、巨大な暖簾となってこの小間空間全体を4分割する。閉塞感の強い小空間、それをさらに小さく分割するのだから、少々冒険的なことだったが、素材が紙だから物理的な閉鎖感はない。むしろ閉塞感を和らげる効果がある。何より垂紙の後ろの空間への連想と期待を抱かせる。行く手を塞ぐ大きな垂紙が空間そのものに奥行きと期待を与えている。この小間全体をはじめに見せきらないということが重要なのだ。

何でもすぐに全容を見せて値踏みできる代物ではなく、一目で目測することを阻んで全貌を見せないところが奥ゆかしいではないか。自画自賛気味！

まずまずこれは我ながら成功だな、と、ちょっと満足であった。

とにかく空間だ！ 空間としての第一印象が重要である。特にコンクリートで覆われた狭い縦長の空間。閉塞感は？ 圧迫感は？ 極小の空間といえども、〈狭さ〉を感じさせてはいけない。狭くとも無限へつながってゆく気分を持ち得ることが重要！

じっくりまわりを眺める。いや少々前のめりだったかもしれない。

思わずコンクリートの壁を手でコンコン叩いていた。コンクリートではなくベニヤ板にプリント紙を貼った空洞の音がした。それにしてもうまくできている。この薄闇の中では先日現場で見たコンクリートのホンマモンの壁のようだった。

小間の空間内部は意外に閉塞感はない。わずか4メートル四方ほどの空間のわりには圧迫された感じはない。天井は思ったより高い。しかしこの高さが随分とゆとりを作り出しているのかもしれない。

小間自体を囲むアクリル三角柱紙壁。これもまずは光をうけて茶室内部の紙壁にうっすらと縦縞の光のラインになって現れていた。

まあ、目に入るものすべてに僕の感覚が敏感に反応する。もう少し落ち着いてじっくり見なければならない。

きっと、完成した暁に初めてこの茶室を訪れる人も今の僕と同じ状態だろう。もの珍しくあれもこれもと目移りがする。

小間席中にとにかく腰を落ち着ける。

居心地は良い。はるか彼方に天井の竹組がうかがえる。コンクリートと紙

壁に囲われた極端な筒状の空間だが、違和感はない。

小間からさらに階段を数段上がって広間に向かう。通路を進み広間入口へ。一気に明るくなる。
小間の暗さと凝縮感から、広間の明るさ、開放感への変換。この落差が重要だと考えてきた。
広間の外は実際の景色など見えない殺風景な体育館内ではあるが、それでも開放感にあふれている。ここでは軒の高さと天井がまず気になっていたが、なかなか良い空間感覚がある。びっくりするのは屋根裏。なんと本物の竹で化粧屋根裏が組まれていた。竹組はやや細く華奢すぎる感があったが、それでも棟天井から大きく被さり低い軒まで一気に張り出す風情は、なかなか伸びやかで気分がいい。座ると、こんもり包まれるような内包感がある。空間はひとまずこれでよいのではないだろうか。
問題の箇所がある。
床の間から琵琶床、さらに付書院の入り組んだ取り合い。いわば床と付書院の立体交差の部分だ。心配していたとおり、何となくぎこちなく硬い表情。平面、天場は寸法的にも決まってくるが、それらが折り重なりながら交差する下部、台座部分をどうするか？
図面上はもちろん、1/20の模型でも何とも決まらなかったところだ。これは原寸モックアップで考えてみようと思っていたところ。
しかし、今日は無理、時間的にも押し迫っているし、第一こんなにギャラリーがいては落ち着いて考えられない。
今日はモックアップ自体に大いに驚き、面食らっていったん引き上げる。
明日からじっくり腰を落ち着けて見る。

06.02.12　モックアップ検証を受けて

10日のお礼をかねて内海、山本、両氏にメールを打つ。
体育館での設置という条件下のモックアップでは、どうしても光の入り方が、正確に確認できない。
モックアップでは小間の屋根のひさし部分が省略してあるので、現場とは食い違いも起こるだろう。14日の検証までに、小間の屋根の部分を取り付けてもらいたい。その件について打診。小間の囲いだけでも実際の現地で再現できれば良いのだが…無理だろうか。
また、展示室のコンクリートの濃度、僕はMAXの5.2％で決定と思っていたが、内海さんから届いた議事録では、3.5％で決定とあった。この件

は重要なので、確認する。

✉️ 内海・山本さんへのメール
内海様　山本様
10日はお疲れ様でした。
大変立派な大模型で驚きました。
イメージと原寸模型が大きく食い違わなかったことにまず安堵しました。
お2人のおかげです。ほんとうに、感謝です！

今後、検証すべき事は小間のスリット窓からどの程度の光が入ってくるのか。小間空間の明るさがどの程度の範囲なのかということをさらにつっこんで検証する必要があると思われます。
小間西側と北側の部分でよいのですが、現モックアップに屋根のひさしを取り付けてもらえないでしょうか。
人工光源を入れた光壁もおもしろいのですが、基本的には、少なくとも茶会では光壁は使用しない方向で考えています。おひさまの運行、自然の光を直接・間接に取り入れ空間と時間の推移を感じさせることが最も重要なことと考えています。ですから昼間は人工光源を一切使用しません。
申し訳ありませんが、小間屋根ひさしを西と北だけ設置、14日に出来るでしょうか。
体育館の光を変えて光の入り方、小間空間の明るさを検証したいのです。
山本さん、現場、外部での小間の外壁囲いだけ（内部しつらえまではいりませんが、広間も不要）のモックアップでもやはり無理でしょうか？

さて、そのほか連絡やらお聞きしたいことを送付します。
まず、茶室コンクリートについて。
茶室（小間・広間）については墨混合比をMAXに高めたもの・型枠幅は40で行きたいと思います。

円筒形水露地は、やはり墨混合比をMAXに高めたもの・型枠幅は60。
その場合、枠を横使いか、縦使いか。（現段階保留）
寄付は、墨混合比をMAXに高めたもの・型枠幅は60。
寄付へ通じる通路は、墨混合比をMAXに高めたもの・型枠幅は60と40の混合というのは如何でしょうか。

展示室コンクリート
展示室関係は山本さんにもお話したように、初期打ち込み試験よりも墨混合比をUP3.5％と申しましたか。5.2％ではありませんか。
ただし、内海さんとも立ち話しました様に、展示室コンクリートも含めて混合比限度いっぱいの黒壁でも良いようにも思います。
近年の美術館は白い壁ばかりで、やるならいっそ黒い方向で強調しても良いかなと思っています。この件は14日の打ち合わせで決定ということで良いでしょうか。

とりあえず以上です。宜しくお願いします。
樂吉左衞門

✉内海さんへの返信メール
内海様
これも2/10打ち合わせと重複しますが、送付いたします。
茶室導入部通路・寄付について。
> ・寄付（スペースの拡張は以前にご提案申し上げましたとおりです。）
　スペース拡張、なんとか小さな準備室（水屋）が確保できそうですか？
　床バリ古材は以前お話ししたとおりです。5月に入ったらバリへ古材調達に参りましょう。5月前半かと考えています。3泊4日ぐらいでしょうか。
　壁、コンクリート打ち放し。墨混合比をMAXに高めたもの・型枠幅は40〜60。
　入口はどうするか。多分太鼓張り坊主襖あたりに落ち着きますかね…。
　天井の素材はもう少し時間を下さい。竹にすると茶室とぶつかるので変えたく思います。さらりと木素材かななどと思っていますが…その場合少し太い梁を使って深さを出したい気がします。
　天井高はMAXどれくらいまで高くすることが可能ですか。
　寄付内部2500ぐらいまで可能ですか？
　たとえば、机椅子を置いて立礼形式にも転用できれば等と考えています。
> ・トイレへの前室への出入口建具：入口と同じもの。
　入口と同じもので原則了解です。
> ・トイレ入口・木製引き戸…高さ天井いっぱいの2100。
　天井の高さ形状決定の後。
> 丸炉…詳細イメージ、配置、お教え下さい。
　寄付のイメージが少々確立できていません。近日中に詳細決定いたします。14日お持ちできるかと思います。
> ・下足の収納、要、不要についてはいかがでしょうか。必要の場合、後置き式でなく…ということであれば式台東側の壁面に埋め込むことも考えられますが、ご方針をお示しください。
　下足＋簡単な手荷物収納は必要。後置きでは不細工なので考えましょう。
　これも2/14日にご相談させて頂きます。
以上宜しくお願いします。　　樂吉左衞門

P.S.重要
展示室の打ち放しコンクリートの墨混合比を高める件。
先日来の現状から黒方向にさらに高める。特に時間経過の中での黒色の薄まりを考え、あと数％墨混合比を高める。

特に茶室はたしかMAX（5.2％ではなかったでしょうか）それでいきたいと思います。
展示室も実はMAXの混合比にしようかとも考えています。
変更には時間余裕がないと思いますが…如何でしょうか。
近年の美術館の白い壁にも少し抵抗があります。

いっそ黒コンクリート壁で行くことも大いにあるのではないかと思います。
試験打ち壁のMAX状態5.1はとても美しいものでした。
とりいそぎ
樂吉左衞門

06.02.14　モックアップ検証

さて、小間の光に関して微調整にはいる。早速、小間の軒ひさしを増設してもらった。これで光の入り方がさらに厳密になる。
ひさしが付いた分さらに小間が暗くなったような気がする。
設備を担当するアサヒファシリティズの恩田賢一さん、稲陽逸さんに体育館の室内の照明をいろいろ変えてもらって様子を見る。少しでも実際の自然光の入り方に近づけたいためである。

小間席床の間上部と点前座上部の天窓の位置関係を調整した。床の間のすぐ前あたりに棟が平行に通っている。天窓の位置が微妙に後ろに引きすぎてこれでは直接床の間の壁に光が落ちることもある。棟ぎりぎりまで天窓の位置を移動。点前座は点前畳の真中に当たる位置に微調整、それぞれの解放口大きさを3分の2に小さくしてもらうことにする。小間の上には大きな解放口の天窓はかえってまずい。
しかし、その分さらに小間内部の明るさは減少する。

その他打ち合わせ。
寄付、茶室導入部通路の天井の形状プランがわからない。素材は何にするか未定、竹は既に茶室の天井で使用済み、他には何があるか？　通路の床は一応バリ古材の予定だが、揃うだろうか？　通路と寄付を仕切る壁面はどうする？　太鼓張り襖、パネルのようなもの3枚引き？　一応そういった方向を指示するが、いずれもありきたり、いま一つ面白くない。実際打設されてからでも十分時間があるだろう、現段階では未決定。少々不安だが、ひとまず保留。素材をさらに考えてみる。

水露地の壁面を3500に増幅してもらうこと。
小間スリットは斜めに内側に向かって広げる。特に下部は角度を限度いっぱいにまで鋭角にする。それによってコンクリートの厚さを通して光が入ってくる感じが強調されるから。
小間靴脱ぎ石は基壇が石なので、石材では重なりすぎる。石に変わる強い

2006

木材、バリ古材、もしくは枕木のような荒々しく強いものというイメージを伝える。
枕木という素材がふと頭に思い浮かんだが、それは結構面白いかもしれない。以前、京都市の市電を撤去した時、レールの敷かれた御影石の敷石を思い出した。日本の鉄道はもうずいぶん昔に枕木を廃してコンクリートの枕木に替わっているが、まだ昔のままの枕木があるかもしれない。山本さんに枕木が手に入るか当たってもらうことにする。

天井がない小間茶室内部、筒状の空間が実際どのような感じを与えるのか、アイディアと図面の中ではつかみきれないものがあった。
今日はじっくりと感じ取ることができる。
三畳半という広さの小間は、半分はコンクリート壁、もう半分は紙壁で囲われた天井のない四角い筒状空間。床の間の奥、コンクリート壁にそって見上げると、壁は途中で切れてその上に薄闇の空間がぽっかり空き、さらにその上高くに天井がある感じ。
床と点前座上部の天窓を閉めると、煤竹を組むことになる天井が薄闇の中で没するかのよう。この無限の奥行きを感じさせるその雰囲気はなかなか気に入っている。
しかし小間席囲いの上に天井がなく、空間がぽっかり空いているというのは、どうだろうか？
伝統茶室、とりわけ小間の天井は、床の間、点前座、客付と何段かに切り替えられ、しかも素材も違えるなど複雑に入り込んで美しい。もちろん見所でもあり、それによって空間の閉塞感を取り払っているのだが…。ここはストンと高い天井が闇の彼方に控えているという感じ。大判の和紙数枚を吊って、小間の天井を構成することなども考えてはいたが、さて、どうだろうか？
しばらくじっと眺めていたが、それもいま一つイメージが納得できない。そればかりか、この筒状に薄闇の中に奥まってゆく天井は、時間が経つにしたがって光の反影がかすかに異なりゆっくりと変化してゆく。その見え方がなかなか良い。第一印象としてはそんなに悪くはない、不自然な感じもしないし落ち着いた気分でいられることは確かである。
今結論を出さなくてもいいだろう、何度か見るうちに印象が変わることもある。ここはなんといっても茶室の心臓部、とても重要な部分だ。

広間の解放空間はまずまず良いだろう。屋根の被さり方も棟から大きく伸びやかに降りてくる。ここは、外界への解放を感じる、と同じだけ、室内

は内包的な抱かれる様な空間であることが重要。抱かれる内包性があってこその解放性なのだ。現代の建築一般の開放感は、内包するもう１つの軸足がない。ただ明るく見渡しが良いだけ、心をためるもう一方の軸足がない。
さて、頭の痛い問題は床から琵琶床付書院の部分。
これは平井さんと後日じっくり相談しなければ埒があかない。

小間床柱の位置、床前垂壁の下限上限、幕板差し渡しの下限、点前座正面板の下限、このあたりは道具とのバランスでとても重要なところ。
躙り口側紙壁の桟の入り方。これに関しては、躙り、通路への出入口（給仕口を兼ねる）など二つの入口の桟のしまい方と関わるため平井さんの専門的なノウハウに沿って検討。あとは紙壁に現れるそれらの桟の影による壁面のコンポジションの在り方をデザインする重要な箇所、桟の影は、アクリル三角柱の光影の大枠を決めるコンポジションとなる。
躙りは四角で、紙壁の太鼓張り内側に入れ込む形で決定する。

小間スリット位置関係修正。スリットは、四分割の紙暖簾の位置からはみ出さないよう調整する。
広間床同様、茶道口（内囲い敷居の高さ、敷居、吊り戸）に決定。
付書院の垂壁（コンクリート打ち放し）の下限位置を80上げる。

とにかく平井さんと2人で墨出しをしながら、修正寸法をモックアップの柱や壁に直接書き込んでいった 図37、38 。

他こもごも。
午後から設立準備委員会の方々がモックアップ見学に来られる。
栗和田館長はじめ、辻尾専務、彌生画廊の小川さん、新居さん、宮永顧問、齋藤部長他、準備委員会の方々。
内海さんも少々緊張気味ではあるが、なんといっても立派なモックアップである、晴れやかな顔立ちだ。
内海さんが解説をまじえ全員を案内した。
皆、モックアップのすごさに驚かれている様子。
建築内容については、僕に遠慮をされているのか、感想はさしたるものなし。
扶二子がモックアップ広間で、点て出しではあるがお茶一服を全員に振る舞う。お菓子は京都塩芳軒から朝届けさせた。広間軒下から広がる景色は

図37
体育館に再現された、茶室の原寸大モックアップ。

図38
平井さんとの採寸作業。モックアップでは、
ベニヤ板に紙を貼りブラックコンクリートを
再現している。

体育館の中。葦茂る水辺ではないが、それなりに皆さん感激された様子であった。

06.02.17　モックアップ検証　特に小間空間を中心に導入口周辺の採光

先日に続けてモックアップの検証。今日は、関係者は誰もいない。じっくりと検証できるだろう。宮永顧問が待っておられ、コーヒーをいただき早速茶室内部へ。
午前中から茶室細部寸法の検討に入る。

印象、先日と同じ。やはり小間空間導入部が暗い。スリットが入口背面壁上部に開けてあるが入室口全体の明かりとしてはあまり効果がないようだ。中潜りをくぐって頭を上げたその全面の壁に一条のスリットの光が落ちる。そのイメージは充たしているが、全体としては暗い。特に体育館のトップライトからの光だから壁立面に開けた縦スリットからは光が入りにくい。実際の自然光ではどうだろうか？
入口上部に天窓を開けるべきか？
明るさを導くには、天窓を開けることがもっとも手短な解決方法だが…。どうしても不安がよぎる。ひとまず、保留。

その後、内海氏との打ち合わせ。
8カ所のモックアップ修正箇所をあわせて提示する。
さて、広間床、琵琶床、付書院の取り合い、特にそれら下場の組み合わせに取り組むが、難航。改めてじっくり行うこととする。
宮永、齋藤部長にお願いして、体育館に隣接している佐川急便の宿泊施設、レークさがわに部屋を取ってもらった。21日は泊まり込んでこのモップアップに取り組む。

06.02.21　泊まり込みでモックアップ検証

10時過ぎ平井さんとともにモックアップ現場へ。到着、今日は夕刻までじっくりと茶室細部を検証する。
広間の化粧屋根裏の竹材を納入する横山竹材店のご主人も合流、モックアップを見せる。化粧屋根裏はやはりブラックコンクリートとの調和を考え煤竹とすることに決定したが、広間から小間と全体に被さる煤竹の量は生半可なものではない。これだけの量の煤竹が集まるだろうか。

横山のご主人もモックアップを見てたいそう驚かれた様子。たぶん二重の驚きであっただろう。茶室の設計プランそのものに対するものと、精巧な原寸のモックアップ出現への驚き。
とにかく集めていただき、結果を待つ。ただし、人工の煤竹も考えに入れる。人工といっても、塗料着色ではなく、人工燻しによる着色であるが。
平井氏と竹の組み方を検討する。桟となる丸竹のピッチを詰める。

広間の床の間関係を考える。
まず、床框(とこがまち)を何にするか？ アイディアがない。コジャレた皮付き丸太の段りなどは使いたくない。ここはあまり遊ばずに禁欲的にやり過ごしたいのだが、それが難しい。北山杉では柔らかすぎるし、栗でもいまいちありきたり、いっそのこと伝統の書院茶室を踏襲して真塗の床框にするか？
平井さんと頭を寄せ合ってもこれぐらいのアイディアしか出てこない。後まわし！ 保留！
問題の箇所は床から一段上がる四方形の琵琶床とそれに重なりながら直角に交差する付書院の下部分。伝統的な茶室では、琵琶床、付書院とも下部分はたいてい戸袋になっている。紙襖風な引き戸がはまっているのだが、ここでそれをそのまま踏襲することはできない。ではどうするか。やはり石しかないと考えているが…襖の代わりに、石を単に戸袋風にはめても滑稽なことになる。重なるように立体的に石を組み込みたい。
現在モックアップの琵琶床、付書院の下場はコンクリート風に着色した発泡スチロールでできている。
そこで、まずは現状のモップアップの床、琵琶床、付書院を解体して取り外すことにする。はじめからやり直しだ。早速平井さんにお願いして、それらをバリバリと引っぺがして取り払ってもらった。それらを改めて組み直す、山本さんにお願いして、現場から何か発泡スチロールの固まり端材を持ってきてもらった。それをゴリゴリ切って石材に見たてて琵琶床と付書院の下場を組み上げてみた。
難しい！！
組み上げては、琵琶床の板を置き、少しさがって眺めてみる、何か決まらない感じ。また角度を違えて組み上げる。下がってみる。やはり決定的な感じに欠ける。あまりにも部分の取り合いが集中している。
僕と平井さんと2人、午後からの半日、そうしたことで時間を費やしたがそれでも結論にはほど遠い状態だった。
もう1つ重要な部分でしかもまだなにも決まってないところ。
付書院の窓の形状と在り方。

これがまた伝統茶室のように障子をはめるわけにはいかないし、スリット
も既に使いすぎてもう使えない。どうするか！　どうするか！

付書院の窓も随分とにらみ合ったが、こちらは一つ決定的なアイディア
に至ることができた。
以前からこれしかないかもと、頭の端では考えていた事だが、絶対にこれ
しかないだろうという確信がようやく高まってくる。
平井さんに「あす稲葉さんの所からもらった小さめな黒檀の厚板が預けて
あるのを持ってきてほしい」とお願いする。
付書院の窓は、このバリの黒檀の厚板をコンクリート壁にはめ込み、板と
コンクリート壁の間に20ほどの隙間を開けて板を支える。つまり付書院
窓は分厚いバリの黒檀古材でふさぎ、わずかにそのまわりに隙間を廻らせ
スリット状にして光を導く。
これはなかなかのアイディアだと思う。ブラックコンクリートの壁に調和
するものはこれしかないだろう。
面白いものである。アイディアが薄ぼんやりと頭の端に浮かび何日も放置
され、時には頭の奥にしまい込まれて半ば忘れたように置きざりにされ
る。それが何かの拍子に突然にひらめき、たちまち確信へと到り着き現実
のものとなる。その現れ方が建築という組合わせがものをいう世界では
なかなか劇的で面白い。焼物と大いに異なる所だろうか。

午後、ひとまず広間から離れる。
小間の紙壁の骨組をどのように組み上げるか。これも難問であった。
幸いにも内側と外側の紙壁の間にアクリル三角柱を組み入れることに関し
ては、思ったような良い効果が得られそうである。西側の紙壁はコンクリ
ート外周壁に開けられた横スリットから十分な光が入って、三角柱の光の
影が小間内部に反映する。問題は北側を囲む紙壁の光の反映。東の外周コ
ンクリート壁に窓を開けて光の入る通路を紙壁と並びで設ける。東から光
を取り込む為だけの500幅、奥行3000程の空間、光の窓通路を設けるの
だ。たぶん現場モックアップでは光の入り方が弱すぎるだろう。早速平井
さんがモックアップのベニヤ板の東側壁をノコギリでギシギシ切り開いて
窓を大きくする。体育館ではトップライトからの光しかなく、実際にはも
う少し明るく反映するだろう。
小間の暗さは実際の自然光との違いを考慮しながら何度も確認したが、や
はり天窓を開けてもらうべきだろう。特に水露地から入った所がかなり暗
い。あまり多くを設けるのは煩雑になるので避けたいが、暗さに関する配

慮は優先しなければならない。

すでに天窓は床の間の上と点前座の上に開けてある。これに加えて、水露地から入った所の真上に1つ、さらに階段を上がったあたりの上に1つ。計2カ所の天窓を追加して開けてもらうよう恩田さんに伝える。天窓に関しては電動開閉式、ただし閉鎖に向かって絞り込んでいくときに、カメラの絞りのように中心がずれないような方法を考えてもらう。

明日再度検証。

06.02.22　モックアップ検証　付書院窓　石材　小間の光

8時朝食、その後ただちに体育館へ。体育館はすでに暖房が入っている。何という気遣いなのだろうか。ありがたい。

昨日の広間付書院の検証を独りでする。

昨日試みた床の間、琵琶床、付書院をしばらくじっと眺める。これではやはりだめだ。また発砲スチロールの固まりを組み直してみようとしたが、手が止まってしまう。アイディアが浮かばない。前進なし、立ち往生である。

平井さんが早速バリ黒檀の板を携えて到着。付書院の後ろ壁の窓を板の寸法にそって割り出し、平井さんがベニヤの壁をノコギリでまた切り開く。みるみるぽっかりと長方形の大きな窓が開けられた。そこにバリ板をはめ込む。仮固定して検証する。イメージしていた通り、コンクリートとの出会いはよく、あとは板とコンクリート壁の隙間からどれほどの光を入れ込むか、隙間を微調整しなければならない。これで難問の1つが解決できそうだ。板を中央に浮かすように固定しなければならないが、これは平井さんの仕事、直径20〜30の鉄棒を4カ所上下に差し込んで板を固定するように平井さんに指示。

琵琶床、付書院の下部分は相変わらずうまくゆかない。ただし、素材は石しかないだろうことは平井さんとの了解事項。石といっても、割れ肌の石だから、形状など実際に組み合わせながら考えなくては。この発泡スチロールの固まりをいくら並べ替え組み直しても埒があかぬ。

午前中の時間がすぐに終わってしまう。

山本さんが、縁石に使う候補石として、いま日本で手に入る、石の見本ブロック 図39 を何種類か集めてくださった。

小さなブロックではあったが、中国山西黒、アフリカジンバブエ、ベルファースト、イタリアの黒大理石、の4種であった。イタリアの黒大理石は

2006

図39
石材候補となる石の、割れ肌の見本ブロック。「ポルトロ」はイタリアの黒大理石、「インパラブラック」はベルファーストのもの。

黒と白の石が混ざりあって、きっと磨けば美しい床石になるだろう。美しすぎるのでまず最初に却下。山西黒とベルファースト、ジンバブエは少しずつ黒の濃さと細かい石英の混ざり方が異なるが、同じ系統のものであることがわかる。この系統の石が良いだろう。

午後から小間の光の採り入れの検証を行う。昨日の指示どおり天窓を増設してもらった。
設備担当の恩田さん、稲さんに体育館のトップライトを最強にしてもらう。しかし体育館という限られた方向からの人工光ではなかなか自然の光の再現にはほど遠い。
実際には時間によって随分異なるだろうし、もちろん天候にも大きく左右されるだろう。
体育館の屋根の天窓を全開にしてもらう。わずかに自然光が入る。
全員で小間の明かりを検証するが、さらに困ったことは、われわれの目は、すぐに暗さになれてしまうということだ。入ったときには暗く感じても、そのうち明るく感じてくる。これで良いような気もするし、やっぱり暗いような気もする。
さらに体育館のトップライトの方向と強さを何度も変えてもらった。恩田さんと稲さんが連携して、ライトラインを点けたり消したり、調光を調節したり。随分とまめまめしく動いてもらった。

レークさがわで昼食、山本さんも加わる。食事しながら「難しい！ 難しい！」の連発しかない。山本さんがにこにこしながら黙って聞いている。
「まだ時間は十分ありますから、モックアップも来月上旬までは残しておきますから」
山本さんは常に笑顔を絶やさず穏やかだが、現場での仕事ぶりは非情に厳しい。時たま、いいかげんな仕事ぶりを認めたときは怒鳴りつける事もあるという。当然の事だ、建築は大勢の人々のチームワークの結実だから。しかし、僕は山本さんの笑顔のフォローにいつも大いに助けられている。

広間に戻る、しかし床の間の良いアイディアはなし。
「いっそ琵琶床をあけてしまって全く支えなしで左コンクリート壁から差し込むように琵琶床の板を浮かせて取り付けることも考えられます」と平井さんのアイディア。付書院の下は石組として、それに差し込むように琵琶床を設置、二辺をコンクリート壁と石組で固定、残る正面側二辺を下支えなしで浮かす。

琵琶床が付書院の下石組から突き出てくる感じが良いかもしれない。
とにかくは一案として考えてみることにする。

06.02.27　モックアップ検証　天窓からの光

先日依頼した2カ所の追加天窓が開けられていた。随分明るくなった。
「天窓は、わずかに東向きの屋根傾斜に開けられていますから、午前中は比較的入りやすいかもしれませんね。しかし、屋根コンクリート躯体から天井までの距離を通って入ってきますから、光量は半減することが考えられます」
内海氏のアドバイス。
「しかし実際は小間上部周囲には地上の水庭が張り巡らされていますから。天井軒下のスリットから水面を反射して入り込む光が結構あるかもしれません」
その反射光の揺らぎも決してうるさ過ぎないような感じで入ればよいのだが…。1/20の模型で天井軒から下へ200の幅で西と北壁面に横スリットを回すように指示したが、実際にはこれが結構威力を発揮するだろう。
特に小間の明かりはスリットや天窓から差し込む自然光のほかに光源はない。
しかもほとんどはスリットだから、間接光になるだろう。わずかな時間帯にのみ、スリットからの直接光が茶室の中に入り込む。それらを紙壁が受ける。きっとそれは劇的な効果を発するだろうが、全体の光量の問題とは別次元での話。部屋全体への安定した光量は、天窓からの光に頼らざるを得ない。天窓にはそれぞれ電動の絞りによる調光システムを考え、光を調節する方向であるが、新設の場所は屋根裏の空間が特に狭くて、なかなか技術的に難しいとのこと。しかしここは是非、絞りがいる。明るすぎても台無しになるのだから。
恩田さん、稲さんがモックアップの屋根に登り、板で天窓をふさいだり開けたりして光の入り方を検証した。危ないモックアップ模型の足場で2人には大変申し訳ない感じがした。よく動いてくれる。

会議後、全員で夕食、とにかくこの巨大な原寸大のモックアップの出現に大いに話が盛り上がった。このモックアップだけでも大変な費用がかかっているらしい。
僕には何よりも有難いもの。とにかくよくできた原寸模型、モックアップだ。壊すのが惜しいような気がする。

06. 02. 27　ブラックコンクリート打設失敗

夕方、山本作業所長から電話が入った。
「実は、先日の打設試験の結果をふまえて、地下南側展示室の一部に本打設を行ったのですが、うまくいかないのです。試験打設と違って大壁面になると違ってくるのか、型枠を外すとコンクリートの表面がうまく硬化しなくて、表面だけなのですが、気泡が多くボソボソとした感じになってしまいまして…。もう一度試験をし、修正して、できるだけ黒い方向で行いたいと思いますが、やはり、黒い色材の混合比を落とさなければならないかもしれません。その点ご了解ください、申し訳ありません」といった内容であった。
山本さんの声はいつもと違ってとても重たく暗かった。
「ああそうですか、わかりました、よろしくお願いします」
とぐらいしか返事の言葉が出なかった。
期待に反してがっかりしたからというわけではなく、山本さんのまじめで実直な人柄と風貌がたとえようもなくしぼんでいるのが目に見えるようであったが、僕はといえば、思い入れの深いブラックコンクリートの、そのことの重大さに比して意外と落ち込まなかった。
先日、あれほど感激した試験打設のコンクリートの表情が大きくトラブっているというのに！
自分でもあきれるほどさばさばした気分だった。
僕はどうも最後の土壇場になると、あきらめがよいというか、神頼みというか、なるようにしかならないと思ってしまう。
僕はその性格を長年の仕事である陶芸のせいにしている。
我が家の焼物は、まったく400年前と変わらぬ、原始的というか素朴というか、いくらデータを重ねて考えても、2度と同じ風には焼けない窯である。世の中のあらゆる事象の中で、同じという事は存在しないと思っている。だから僕はいつも精一杯の経験と全身の感覚を動員して考え、対処する。それでも窯の全容はもちろん、わずかなことも摑みきれないでいる。だから覚悟を決める。「人事を尽くして天命を待つ」かっこよく言えばそうだが、あとは神頼み。
自然の大きさはそれほどに計りがたいものがある。
このコンクリートの打設も、何回も何回も様々な試験を繰り返してきた。その結果をもって地下バックヤードの壁面で試験打設までやった。こんなに周到に試験を繰り返してコンクリート打設を行う工事現場が他にあるだろうか！　これはひとえに山本さんのこだわりと意味の重要性に対する理

解、彼の実直でまじめな性格、そして持ち前の粘り強さのおかげでここまでこぎ着けてきたのである。まさに人事を尽くしてきたのである。僕はそのことがとてもうれしかった。だから、この電話を受け取ってからもがっくり落ち込まない。あとは山本さんにすべてを託す。その思いだけである。気持ちの区切りがついたような、妙にすがすがしい気分、不思議な思いであった。

06.02.28　コンクリート再打設

先日打設に問題のあった箇所の再打設が始まった。型枠に木目の杉板を使用しているが、コンクリートの硬化が始まる時に、僕にはよくわからないが、杉板がコンクリートの中のなにがしかの成分を吸収してしまうことから、表面の硬化がうまくいかず、気泡が発生してボソボソした肌となるらしい。

建築にかかった当初、僕は「墨汁でもドカーっと混ぜて黒いコンクリートにしてください」と内海氏に暴言を吐いたが、「それはできません」と即座に答えた内海氏の返事の意味が初めてよく理解できた。砂や小石をかき混ぜてドロドロになったコンクリートの打設が、これほどに繊細であったとは…、まさに化学であることを僕は理解した。コンクリート打ち放し専用のコンパネなら、剥離剤もよく効いて美しい表面打ち放しができるらしい。よく見かけるあのうっすらと光沢のあるつるつるした表面のコンクリート打ち放しは、専用のコンパネだからあのような感じになるのだそうだ。しかしあの冷たい肌ではなく黒くて柔らかみのある肌、これはなんといっても生の杉の木肌なのだ。

モックアップ検証の後、夕方帰宅前に現場に立ち寄る。巨大なホースがポンプ車から伸びて、まるで生き物のよう、巨大な怪物の動脈のようだ。ドクドクドクと生コンクリートを送り込んでいるのだ。
現場には中に入った気泡を抜いて型枠の隅々まで生コンを行き渡らせるため、木槌で型枠を叩く音が響いていた。山本さんと少しばかり立ち話をした。
しきりに山本さんは頭を下げるが、こちらこそ頭を下げたい思いがする。ほんとうによくやっていただいている。
コンコンコンコン、木槌の音が型枠と鉄筋、迷路のような足場の錯綜する地下から、立ち上るように夕暮れの現場にずーっと響いていた。

なぜこれほどまでも、僕が打ち放しコンクリートの黒い壁にこだわらなければならないのか。

それは茶室という特別な建物の大切な壁となるからだ。

茶室における壁、それは単なる建築物の構造や様式の問題ではなく、素材、つまり物質自体がシンボリックな意味合い、鮮烈な思想性を負って存在しているから。それを痛切に感じさせたのは、やはり利休のつくった茶室「待庵」だが、そこでは藁すさ混じりの荒壁が塗られて狭い空間を囲っている。当時桃山時代、狩野永徳や長谷川等伯の障壁画に飾られた絢爛たる書院建築の時代、秀吉御成もあるハレの場に何たることだろうか。事もあろうに粗末極まりない馬小屋のような荒壁仕立てとは。

待庵の茶席に初めて入ったその時のショックは、僕の中で今も鮮明に残っている。

脆く、弱く、貧しく、粗末な土の風情、いやそればかりではない。当時の人にとって土はまさに汚れ・不浄とともにある。乱世戦国の世、少しばかり時計の針を返せば、都といえども腐乱した死体がいたる所に転がっている凄まじさ。土は腐敗とともに肉体の死を包括する。生命はまさに土に帰る。しかし、同時に新しい種を宿し、命を育む場でもある。生死一如。汚浄一如。この飽食の時代を生きる我々は、それを質素慎ましやかな侘の美意識とただただ賞賛するが、そんな趣味的なものなのか！　僕らのイメージを遙かに超えて「待庵」の土壁のシンボリックな意味は、時代と人の意識に凄まじく烈しく突き刺さったはず。

僕は佐川美術館に、昔の茶室の写しではなく現代の茶室を建てたいと思った。では利休の荒土壁に代わって、現代という時代にありふれた素材として、しかも使い方によっては時代の常識と価値観を鋭く射抜く素材は何であるのか。

僕は迷わずコンクリートを思ったのだ。

打ち放されむき出しのコンクリート、それしかないように思われた。

茶室は裸の素材そのものの組み合わせで構成される。だから素材には物質性そのものを充分に語らせなければならない。土は土、竹は竹、紙は紙のままである事。塗装や張り付けによる表面装飾・変換は禁物である。冷たく硬いイメージを持つコンクリートが、茶室を囲む壁として適しているのだろうかと多くの人は考える。しかし佐川の地下部、雪の降りしきる初めての打設試験の時、はずされ今できあがったばかりのブラックコンクリートの大壁面は、うっすらと杉の木目を転写して晒された生肌のように清々しく美しかった。雪がはらはらと黒肌に振りかかり、一見その硬く冷たい質感の奥に、土と同じ温かさをかすかに秘めていたように僕は感じたのだ

が…。

しかし僕がコンクリートを茶室の壁面に用いる非情な決意をした理由は他にある。

それはコンクリートという素材こそは、我々が近代という世紀を歩んだ証し、同伴者であると思えたからだ。我々人類はコンクリートという素材に近代の夢を託した。柱と梁、縦と横の構造から逸脱して、埋め込まれた鉄筋構造と型枠さえ形成できればあらゆる形態も構築できる。自由で無限の可能性を秘めた素材。しかもそのイメージはまるで石のように硬く不変、我々の信頼を託すに値する。我々はまさにコンクリートで近代の生活空間・都市を囲った。それは自我の膨張を伴い、自然から遠ざかる我々自身の意識の囲い込みでもあった。

しかし、その夢は壊れつつある。コンクリートの永遠なるイメージは脆くも無惨に阪神大震災で破られた。巨大なコンクリートの残骸がやがて都市を埋めるだろう。希望と夢、僕は今なおコンクリートという素材に愛着を感じ、そして同時に人類の傲慢さへの自責憂愁の思いを感じる。愛憎一如。それはまぎれなき同伴者。

物質素材それぞれにはそれらが負っているシンボリックな背景、意味合いがある。それらはすべて人間との長いお付き合いの中で付加された歴史なのだ。鉄という素材には、灼熱の溶鉱炉から流れ出る火の流れと飛び散る火花、それらが鋼鉄の鉄材を造り上げ、巨大な船を海に浮かべ、時に戦争を起こし、コンクリート同様、我々と共に近代を歩んできた。紙もガラスもあらゆる素材は、そうした固有の歴史を負っているのだ。もっとも現在生み出された新素材は、そうしたことには希薄ではあるが。茶室の素材はそうした意味を負っている。だから選びきらなければならないし、素材に語りきらせなくてはならない。

節のない高価な床柱や板、珍品を取りそろえることでは決してないことを知るべきである。

僕は現代の茶室を分厚いコンクリートで囲い、水の下に沈めた。進歩に色取られた我々近代の魂を沈める必要がある。コンクリートに穿たれたスリットから薄闇に差し込む霧状の光の帯、水面の反映が僅かに揺れ入る。中央には黒い巨石を配し、その上に三畳半の茶席を囲う。小間「盤陀庵」とは、昔、仏陀が座禅をしたという座禅石から戴いた名称。だから佐川の小間はその「盤陀石」にあやかって水底に没した座禅石、その上に座って自己自身を見据える。

06.03.01　光の入り方の確認　アクリル三角柱

先日からアクリルの光の反映の仕方の検証を行ってきた。3メートルの長さのアクリル三角柱は結局継ぎ目なしの1本のままでの製作は断念した、できなくはないが、強度の面でもかえって弱くなり、費用もうんと飛び跳ねるそうだ。しかし不幸中の幸いというか、アクリルの継ぎ目が結構面白い効果を生み出し、和紙にまるで竹の節のような感じでその影が映る。継ぎ目をうまく散らせばそれなりの効果がある。

問題は北側を囲う紙壁の光の在り様。ここは東側のコンクリート壁面に大きな開口部をつくり光の取り入れ口を設け、その為だけの光の通路をつくったが、いま一つ紙壁へのアクリル柱の反映効果が薄い。

検討の結果、紙壁を光の取り入れ壁に向かって一方の幅を広げてより光が入るようにした。

この壁は東からの光が横から入るのだが、実際に現場ではどれぐらいの光量だろうか。躙り口をふくむ壁面は当然西からの光を受ける。東と西からの光が、それぞれの壁に反映される。きっとこの光の違いは時間によってさらに様々に変化して楽しませてくれるだろう。

さて、ここまでは良い、モックアップでの紙壁への写り込みも良い。

問題が1つ、問題というよりは心配事が1つある。

細いアクリル三角柱は紙壁の構造を保たせる素材ではない。あくまでも光の取り入れと反映。構造は縁枠を形成する木枠のみであるから、もしそれに人が寄りかかった場合、あるいは最悪、倒れかかった場合、アクリル柱ではもちろん支えきれずに下の土間まで転げ落ちる。

この危険性をどのようにクリアするのか。

最後にこの難問がある。本当は最後の難問ではなく最初に考えるべきものなのだろうが…。

皆の意見、アイディアを聞く。

内海さんの意見…デザインを優先させたいところだが、どうしてもとあれば別に金属の手すりのようなものを基礎石に立てる。あるいは上からピアノ線でネットをかける。

平井さんの意見…左右の柱に添わせて支柱を立て、手すりのようなものを金属で張る。

いずれも大きくデザインを傷つけるし、全員やはりなんともできない感じであった。

ここまでが先日来の話。少しアイディアが浮かんだ。三角柱は1本ずつ向

きを変え前後にずらして設置しているが、それらのうち外側にずらして設置したものを、アクリルではなく例えばステンレスにして強化する。ステンレスであれば多少の力の負荷があってもアクリルよりは強度があるだろう。

応急的に平井さんに金属テープをアクリルに張り付けてもらった。

結果は上々、確かにアクリルよりも反射が一様で面白くはないが、さいわいにも茶室内部の紙とは直接接してはいないので光り方が柔らかくぼけている。これならうまくいきそうである。

早速山本さんに検証を願い、試作を発注してもらう。

06. 03. 02　広間付書院下部・琵琶床難航

広間付書院窓はすでに解決、稲葉さんから分けてもらったもう1枚のバリ産黒檀の古材（小）を窓にはめ込む。コンクリートの窓切り込みとの隙間から僅かに光が洩れる。バリ板現物を実際にはめこみ、コンクリート壁面との間に開ける隙間を決定、付書院の窓の寸法を決定する。

琵琶床と付書院の下部の石組アイディア難航、保留のまま。実際の石の割れ方や表情、形を見てからしか在り様は決めることができない。

もちろん下部を石構造にすることが前提となってのことだが…。

平井さんのアイディア「付書院下部分を石にして琵琶床天板を石に差し挟むように壁に取り付け、琵琶床の下は空間のまま浮かすことはできます」とのこと。

先日も聞いた有力な案だが、決定できない。

06. 03. 05　モックアップ最終検証

午後、次男雅臣とともに体育館、モックアップを見に行く。

彼にはいずれ参画してもらうつもり、特に石彫を学んでいる彼の意見を聞く。蹲（つくば）いの制作を彼に任すことになるだろう。

モックアップもいよいよ最終検証である。全て重要なところの寸法は平井さんと2人で、モックアップ現物に書き入れた。床柱の位置の修正、垂壁の高さ、小間点前座正面板の位置、茶道口の寸法、給仕口、広間の鴨居の高さ、中潜りの寸法、紙壁の構造と柱の入り方、躙り、スリットの位置と寸法等々。メジャーであたり、修正を加え、モックアップに値を直接書き込む。それを現場で恩田さんがひかえ、山本さん内海さんに報告、図面修正を加える。

モックアップで重要なところが随分とクリアになった。まだまだ難題が出てくるには違いないが、ひとまずこれでモックアップの取り壊しとなる。壊すのが惜しい感じがする。
最後に大きな気がかりとして残ったものは、やはり付書院の床関係、琵琶床、付書院の下部分のプラン、アイディア。
先送りするには大きな負荷材料！

石材については内海・山本両氏に伝えてあるが、とにかく一度自分の目で石を見てみたい。それにはやはり関ヶ原石材を尋ねてみるのがよいと雅臣も言う。彼の春休み中、近日早急に関ヶ原に行こう。

帰宅後内海氏にメール。

✉内海さんへのメール
内海慎介様
昨日、5日、次男雅臣と佐川体育館へ参りました。
手水鉢、他検討いたしました。結果は恩田さんにお伝え致しましたが、一応ご報告いたします。
1. 広間手水鉢
    設置位置をガラス戸内・室内からガラス戸外部・湖水の位置まで後退させる。
    それにより手水鉢は湖水の中から立ち上がる。
    水中150＋水上1050＝1200ぐらいの高さを予想。
2. 小間手水鉢
    850角以内　最大500h以内ぐらいを予定。
3. 広間・小間の茶道口付近畳寄せ
    恩田氏に伝えておきました。
4. 水屋の目隠し壁面延長
    広間茶道口背面の水屋壁面を現状の途中から斜めに折りまげて延長する。
    それにより広間の客から水屋内部を見えなくする。
    水屋の動きもいちだんと良くなる。
5. 広間縁石
    現状のまま柱のみ、先日提示いただいた位置に変更。
    内海さんから変更ご提示いただいた縁石縮小案も水が軒内に進入し、水中から柱が立つなどの魅力があり捨てがたく悩みましたが、思案の結果、石廻縁部としてのノーマルさを越えた広がりと割れ石の羅列する雰囲気を選択しました。
    また、ガラス戸閉め切り状態での外部からの見学通路となるため、縮小案は狭すぎる弊害を招きます。
6. 広間中央にある石の上に乗る軒柱（特に西側）は角にあるものを残して、構造上とる事ができないのでしょうか。
    あるいは、西側の柱を中央から、手水鉢方向に少しずらすのも一案かと思いますが、いかがでしょうか。

7. 小間天窓４カ所の寸法をそれぞれ＋100拡張する。
8. 広間琵琶床付書院の構想は、いくつかの案を最終段階で現場決定する。
9. 付書院窓は先日の稲葉氏からの板２枚の内、厚いほうで決定する。
   あの板の実寸＋30でコンクリート窓を開ける。
10. 展示ケースも再度拝見しました。
    基本的なケース台からの照明方法については現方向で良いかと思われます。
    展示台そのものの形状はさらに考慮が必要かと思われます。
11. ガラス窓ケース内部の台の形状、ガラス四方ケース内部の形ほか
    特に展示ケースのモックアップの取り壊しについて８日ではなく、さらに延長をお願いします。先日東洋陶磁美術館を見学しました。ケース内背面壁が照明で明るくならない工夫など、なるほどと思われるものもありました。

以上です。宜しくお願いします。
モックアップ、大変有意義に活用させて頂きました。感謝します。
樂吉左衞門

06.03.08　関ヶ原石材行き

雅臣を伴って関ヶ原石材に行く。竹中からは内海氏、石工事協力会社の大東マーブルの担当者、宮永顧問、齋藤部長。

関ヶ原石材を尋ねるのは何十年ぶりであろうか、芸大在学の時、それに樂美術館設立の時、樂美術館もロビーはたしかポルトガル産のうすピンクの模様の大理石を使っている。
僕が大学の彫刻科に入学して間もない頃、もう30年以上も前になるが、初めて見た石彫の感激が頭の中に鮮明に残っている。
先輩が、巨大な石に小さな矢穴を１つ１つ開け鉄の楔を打ち込んでゆく。巨大な石の上に登り、小さな楔（矢）穴を20センチぐらいの間隔に彫り込み打ち込む。一列に並んだ楔の頭、彼は大きなハンマーを振り下ろす。カーンと響く金属質の音。巨大な石塊に対して楔はあまりにも小さい。真夏の石場で麦わら帽を被ってひたすらハンマーを下ろす。
こんなことで石が割れるものだろうか。先輩は黙々とハンマーを打ち下ろす。幾度振り下ろしただろうか、やがて、突然というよりは、神様の手がすっと石面をひと撫でしたような感じ、まるでそれまでかたくなな石が、その天命をうけて静かに自らを開く。一筋の割れ線が石の中央楔穴に沿って走ったと思った瞬間、コトンと肩を落とすように石が傾いた。先輩の額からでる汗、荒い呼吸の弾み、それに比して巨石の割れ方はあまりにも静かだった。彼の無心の努力の積み重ねと労働に、石自らが己を開いた。その感激、その石肌の美しさ。それがほしい。

しかしその後、僕は石彫には進まなかった。
ノミ１本で巨大な石に挑む忍耐と持続力は僕にはなかった。芸大に入って石彫の授業を受けたその時からはやばやと退散した。以来石彫には携わらなかったが、今、次男雅臣が大学で石彫を専攻している。大学２年生の時からすでに石彫一筋と言おうか？　僕などは芸大の彫刻科へ進んだものの学生の時は何をしてよいのか皆目見当がつかなかった。自分の専門分野など確立するにはほど遠い在り様だった。
僕が19歳の夏に見た美しい光景、ガンガンとなくセミの声とハンマーを打ち下ろすノミの音、それ以外には何も聞こえない真夏の芸大の石場、永久に続けなければならないようなハンマーの打ち下ろし、カーンと弾きかえす石の音。巨大な石が僅かに動き、ビシーッと一筋が走る瞬間。
なんとも神々しい思いがした。
人間の行う地道な永遠の働きにたいして石が自ら答え、自らを開いてくれる瞬間。浪人の時に読んだアルベール・カミュ『シジフォスの神話』を僕は思い出したものだ。
僕はそんな石を手に入れたい。シジフォスの石！

関ヶ原はまだまだ寒かったが、直方体に荒取りされた巨大な石が、無数に列んだ風景は、まるで軍船が立ち並ぶ軍港のようでなんだか僕をわくわくさせる。
関ヶ原石材の方の案内で、ひと通りの施設を見学する。
巨大な石切の機械が水を大量に流しながら巨石を切っている。『シジフォスの神話』なんて言うものではない。これは「ガンダム」の世界。神をも畏れぬ巨大なマシーンが巨石を厚さ数ミリの板に裁断しているのだ。
石の見本の展示室も見る。小さな宝石のような石たち。そうではなくもっと荒々しく粗野で、逞しい石、意外と黒い石は少ないこともわかった。
今日は取りあえず見学のみ。

---

06. 03.　　水露地のサンプル

4月29日に黒樂の窯を焚く。1月末から制作に入っているが、佐川のモックアップのこともあり時間をかなり取られた。しばらく現場には行けそうにない。後はメールにてやりとりをする。

内海氏から水露地のサンプルにと、水の流れを使った色々な既存の建築のビデオが送付されてきた。

建築に水をあしらうのが今は大流行、常套的な手段、アイディアと言えそうである。
早速感想を内海氏に送る。

✉内海さんへのメール
内海慎介様
水落壁のビデオ拝見しました。たくさんのサンプルを集めて頂き感謝します。
拝見した感想…水がジャージャー流れ過ぎ、水音がうるさい、水の流れや水しぶきがうるさい。
全体の感想として、佐川にイメージするところのポイントは以下の感じかと思います。
1. 水の泡沫、泡、飛び散りを完全になくしたい
　流下時点での水の飛び散りをなくす
　流下の緩やかさを捉える
　落下速度は同じでも見た目の緩やかな落下
　（この点でソウルの水壁はすごかったです）
　落下地点での水の泡立ち、泡沫の飛散、波立ちをなくす
2. 水の落下音を完全に消したい
3. 水の流れがあって水の存在を消すような感じ
　水量は可能な限り少なくする

佐川ではコンクリート枠はやはり横枠かなと思います。
縦の継ぎは目地をそろえない。ランダム。
枠の上下の段差が流れにどのような影響を及ぼすのか、その場合横枠幅をどれぐらいの細枠にするか？
水落ち箇所に少しアールを取って、落下地点の水の飛散を和らげる等が考えられます。
いろいろサンプル調べて頂き有難う。
樂吉左衞門

✉内海さんからの返信メール
樂吉左衞門様
ご連絡ありがとうございます。不適切なものも混じっていたかと思います。ご容赦下さい。サンプル1の水量をベースに検討してゆきたいと思います。また具体的なイメージをいただきましたのでたいへん参考になります。
竹中工務店　内海慎介

この露路に水を流すというコンセプトも、僕の中で色々と変貌を遂げてきたと思う。この地中に堀り込まれた円筒形の露路空間に水を導き入れる。それは「循環」の思想を象徴し外部の水庭から地下への水の循環と浄化を意味付けしようとした。しかし、途中では水を流すアイディアが先行し、1本のピアノ線につたわすような水の落下やバラガン風な石溝を突き立て

て豪快に水を落とす等々。人間の考えることは、本質を見失って枝葉を増大させたり別なコンセプトにいつの間にか鞍替えしていたり、人生の縮図みたいに様々な軌跡を歩むものだとつくづく思う。

06.03.　コンクリートのその後

✉山本さんへのメール
山本俊之様
暖かくなったと思えば、昨日今日は冬に逆戻りですね。
いろいろお疲れ様です。
その後、コンクリートの方はいかがですか？
硬化不良は何とかうまくいったでしょうか。
一度見に行きたいと思いながら、制作に入ってしまっています。
そのうち暇を見て伺います。
なかなか難題のようですが、よろしく願いします。
樂吉左衞門

✉山本さんからの返信メール
樂先生
温かいメールを頂戴し有難うございます。
何度も試験を繰り返したコンクリートですが、改めて黒色コンクリートと杉板の相性の難しさを感じています。
先日、先生と現場でお会いした後も、本社技術部と改善策を加えながらホール・展示室の壁を打ち終え、現在養生中です。
現場は次の準備もあり足場で溢れていますし自然光が入りにくくなっていますが、先生にお越し頂く日をたのしみにしています。
山本俊之

06.03.14　バリ行き

バリ行きを決定する。栗和田館長も同行されるかも知れない、稲葉氏に確認。

✉内海さんへのメール
内海慎介様
5月宜しくお願いします。

こちら、扶二子と自分は一足先に行って皆さんを待ちます。
連休のことなので、二人分切符、とりあえず手配しました。
皆さんホテルなどどのようにされますか？
稲葉邸に便利なところを聞いておきます。

　　　　　栗和田館長はいかがされますでしょうね。連絡待ちです。
　　　　　樂吉左衞門

06.03.15　石材中国発注

広間縁石割れ石の製作を中国に発注する。
石は山西黒、先日モックアップで見たジンバブエ、ベルファスト等一連の共通する石材か。
とにかく中国原産地に発注をかけるという。
中国の石切場で製作すると言うのだろうか。石そのものに問題はないが、果たして僕のイメージする割れ肌が中国の職人さんに理解できるものなのだろうか。中国は今ようやく近代化に向かって猛進撃中。規格にはまった狂いのないピカピカに磨かれた石こそ最上級の高級品と考えている国だ。しかし、日本も大差はないのかもしれない。さすがに画一的な表情から、個性、固有性を大切にしているものが多いが、何かアンバランスな表現が多い。先日も散歩の折に京都の地方裁判所の石壁を見たが、自然の割れ肌を使いながら寸法的には規格に従った統一寸法で目地をとっている。自然なはずの割れ肌が規格目地の中に押し込められて窮屈そうであった。結局効率を最終優先させる現代建築！

06.03.29　コンクリート本格打設開始

いよいよ始まる。うまくいくように祈るばかりである。

06.04.07　展示室プラン

　　　✉内海さんへのメール
　　　内海慎介様
　　　その後、ご無沙汰しております。進行具合はいかがですか。一度現場によせて頂こうと思いながら、制作で時間がとれません。コンクリート打設、山本さんが、かなり苦労されていたみたいでしたが、墨の調合とのかねあい、うまくいきましたでしょうか。

　　　また、設計の方も進んでいることと思います。
　　　第4・5展示室の出入口に立てる磨りガラス壁面ですが、プラン保留にしたいのですが。僕から提案したことですが、少しこの間から気になっています。磨りガラスは結構多用されていて、今ひとつ新味に欠ける感じがしています。さらに現在流通している磨りガラスは、昔のものに比べて加工が妙にデザイン的になりす

ぎて安けない感じがします。第1展示室展示台の後背壁面を木材で仕上げる予定ですが、それに対面する第4・5室出入口も同じ厚めの木材の材質で、磨りガラスとは逆に重厚感を強調したほうがよいような思いもしています。集成材で真っ黒の壁にするとか…全くほかの素材ということもありますが…。
いかがでしょうか。一度ご相談をと考えています。

創造社藤谷社長が、小間の天窓の絞りの装置について内海さんに連絡とるのだけれど繋がらないと言っていました。いろいろプランを考えているみたいです。一度連絡を取って下さい。
宜しくお願いします。
樂吉左衛門

✉内海さんからの返信メール
樂吉左衛門様
ご連絡ありがとうございます。
以下ご報告申し上げます。
1. 現場現況
　4/7（金）にギャラリー部分の屋根（＝1階床）のコンクリートを打設しました。軀体工事の節目をようやくクリア出来、茶室、渡り通路等に取り組むべく準備をすすめております。
2. 顔料と型枠の相性の問題と思われる不具合は完璧に克服するところ迄至りませんでした。必要最小限の補修を慎重に施すことを検討する予定です。
3. 茶室関連の図面、施工図のモックアップ検討結果による訂正図が本日完成予定でございますので、本日便でお送り申し上げます。（平井様にも同じものお送りさせていただきます。）
　ご確認よろしくお願いします。
　水屋内のダクトスペースについての調整、トップライトの形状・大きさについて天井伏せとの調整…については検討継続中でございます。
　また天井割付が南、北妻部中央で乱れておりますので微調整して馴染ませる工夫を要す…と考えております。
4. 素材の件
　石材　黒御影ジンバブエ　割れ肌…4/14（金）頃（未確定）、作業所入場予定です。
　展示室1壁材…法的条件の不燃処理可能な素材の板での見本手配を開始致しました。
5. 水生植物の件
　2シーズン目の改善を加えた実験を4/3（月）より開始しました。本館水庭南隅部の日当たりの良い場所で土のボリュームを増した（ガマ島）（ヨシ島）（ヒメガマ＋ヨシ島）を加えて昨シーズンのものも移設しました。4つの島で観察再スタートです。
　5月下旬頃、現地で水生植物の配置エリア等ご検討いただき6月末頃面積確定いたしたいと考えています。
6. 平井様の件
　3/23（木）に作業所事務所で山本＋内海でお打ち合わせさせていただきまし

た。
工程やコストの件のすり合わせを検討開始していただくこととなりました。
（その後、茶室図データもご要望がございまして本日お送り申し上げる予定です。）
7. 展示室4・5入口部、壁仕上げの件ご連絡いただきましたご方針、磨りガラス壁面不採用について個人的には賛成でございます。上記の現物検討と併せてご検討お願いいたします。ガラスは他の素材と較べて材質感が極めて強く、展示室ゾーンについては打ち放しコンクリートと不燃の板くらいに素材を限定したほうが、作品、展示台、ケース等が映えるのでは無いでしょうか。
4・5入口正面壁を板に変更する場合には、その左右の展示ケース側面壁の仕上げについても、ガラスでは無く、鋼板塗装のケース腰、垂壁と同様のニュートラルな仕上げに変更をした方が無難と思います。
併せてご検討下さい。

竹中工務店　内海

06.04.10　石材　展示室プラン等

✉内海さんへの返信メール
内海慎介様
お久しぶりです。以下ご連絡ありがとうございます。
一度現場に伺いたいと思いつつ、制作に追われております。

さて現場現況ご報告有り難うございます。
素人は簡単に顔料を混ぜるだけと考えてしまいますが、なかなか大変なことであると認識しました。山本さんにも宜しくお伝え下さい。
少し混合比を少なくするとおっしゃっていましたが、茶室部分、墨色混合比は結果いくらになりましたか？
宜しくお願いします。
中国発注の石材サンプル4/14（金）頃作業所搬入予定とお知らせ頂きましたが、見本でしょうか？　見に行く時間をつくります。
先日3月、次男雅臣が小間の蹲いの石材を見に、関ヶ原石材に行ってきたようです。なかなか割り方が難しいのと、手頃な素材がなかなかないとの報告でした。ここ近日中に再度関ヶ原石材に行くようです。一応候補をおさえて、手順なども相談するようです。関ヶ原で一部の作業をして、あとは学校で作業するということもあるかなとのことです。
候補が決まれば、5月帰国後、私も関ヶ原まで同行し確認、決定という段取りになるのではと思います。
第1展示室壁面は、最も重要な部分でもありますが、どのような風合いのものが可能でしょうか。
また、第1展示室展示台後ろ壁面の木材は、強い表現のもの。当初のイメージは我が家の台所で使用（梁材として）の35ミリ幅を寄せた集成材を考えていましたが、…他に何か良い素材が有ればお教え下さい。

また、この展示台後壁面は第4・5展示室の入口壁面（当初磨りガラスの予定の部分）にも対面になる格好なので同じ素材の壁面をたててと考えていますがまだ確定できません。
また第1展示室展示台はやはり今のところ、黒色系銅板厚地腐食板を考えています。
5. 水生植物の件
　蒲はヒメ蒲ではなく普通の蒲も試験して下さい。
　方向としてはヒメ蒲ではなく普通の蒲、（近江八幡の水郷で見た）の方向でお願いします。葦がうまくいけばもちろん葦で！

> 5月下旬頃、現地で水生植物の配置エリア等ご検討いただき6月末頃
> 面積確定いたしたいと考えています。
了解しました。かなり広範囲になることを予定しておいて下さい。

> 4.展示室4・5入口部、正面壁仕上げの件
磨りガラスという素材は、他の素材と協調しない全く異質な素材質感があり、それが僕は好きなのです。我が家の台所の古色のついた窓を全面磨りガラスにしましたが、逆に古い家のたたずまいが、その磨りガラスによってモダンなものにかわってゆくのです。磨りガラス自体は個性はそれほど強いものではありませんが、ある意味で無機質独特の存在の希薄さがあり、それが逆に周囲のものとの同調を拒み、周囲を変質させる作用があるように思えます。
ただ、最近は僕自身建築に目がゆき、いろいろ見ていると、結構磨りガラスも安易に多用され、何となくそれも軽薄な使用のされ方が目立ち、ちょっと気がそがれております。4・5室でわざわざ、磨りガラス台壁面を見せなくても、それを主張しなくてもよいように思いました。
上記に書きましたように、集成材の厚壁などを考えていますが、いずれにしても第1展示室作品後ろ壁面と同じ素材で統一すべきかと思われます。
また、左右の展示ケースの壁面仕上げは、内海さんおっしゃるようにニュートラルな仕上げで良いのかもしれませんね。
正面の入口壁面の素材の決定と共にその時考えましょう。
以上のようなことです。5月宜しくお願いします。
樂吉左衞門

06.04.24　集成材の検討

集成材の見本が写真で送られてきた。

✉ 内海さんからのメール
先日は、有難うございました。
さて下記ご報告申し上げます。
1. 地下展示室1（および展示室4・5の入口正面の）壁用の集成材風の木材（米松30×60）各種の見本が出来ました。隣接する材料の面に凹凸をつけたもの、若干面取り加工したもの、板目使い、柾目使い、着色（水性塗料）の濃淡のバ

リエーションを較べてみました。
とりあえず添付ファイルで写真を添えさせていただきます。次回作業所ご来場時にご確認いただきますようお願いします。
2.割れ肌の石につきましては早速石材業者に実物を見てもらい、再検討に着手しました。
3.水屋、トップライトの件、厨房排気開口、および小間トップライト4台（すでに計5箇所）に更に屋根開口の追加は、外観上の弊害を考慮してやめて、人工照明（光天井のような）でいったほうが良いように思います。
4.眼鏡ケース、私のものです。お預かりいただけますでしょうか。
5.バリ・スケジュール拝見しました。よろしくお願い申し上げます。
竹中工務店　内海

✉内海さんへの返信メール
内海慎介様
さて、集成材、写真ではしかとわかりませんが、小さな見本サンプルなので、集成材特有の木片を強烈に圧縮した強さが見られず何とも希薄な感じがします。一応この段階では、板目の木目はあまり目立たないようなものが良いと思います。やはり、柾目のものかなと思いますが、板目柾目混じり合った、多少節などもある下手なものも選択の1つとしてあるようにも思います。
第1展示室、周囲の壁面も集成材でいけますでしょうか？　防火加工云々の制約がありますが…。周囲壁、作品台正面壁とも同じ素材でゆく可能性もあると思います。

割れ石の件、宜しくお願いします。大きさはあれくらい大きいものがよいと思われます。
水屋トップライト了解しました。おっしゃるように、光天井のような少し平均的な光量の得られる人工照明で行きましょう。

次回はバリでお目に掛かることになりそうです。宜しくお願いします。
樂吉左衛門

✉内海さんからの再返信メール
樂吉左衛門様
眼鏡ケースの件恐縮です。
・見本の樹種は不燃加工可能です。また塗装への影響はございません。第1展示室の壁すべてをこの素材でと認識しております。（作品台正面壁、周囲の壁とも）また展示室4・5入口衝立壁も…ですね。縦張りが良いのではないでしょうか。
・地下1階の茶室導入部通路および寄付について
天井材を板でとうかがっております…この部分も不燃処理の課題がございますので、同じような色の同じような素材をベースに検討したいと考えております。表面仕上げはラフなもの、化粧梁状の部材を加えること等も含め検討可能と思います。
竹中工務店　内海慎介

06. 05. 01 〜 11　バリ行き木材調達

稲葉さんにお願いしているインドネシアの民家の古材が集まった、と稲葉さんから既に連絡を受けていた。日本に搬送してもらって選別するよりは、バリの稲葉さんの元まで出向いて現地で選別するほうが合理的。久しぶりのバリ、稲葉邸訪問、大いに楽しみでもある。栗和田館長も興味を示され、バリまでおつきあい願うこととなった。ただ、我々は先発して材の確認と、館長一行を迎える準備をする。友人の戸田博さんが同行、いろいろ案内をしてくれる。扶二子が随分と気を遣って計画をたてていた。

稲葉邸に宿泊する。4000坪の土地に、2棟の家屋と、プールとバリの小さな穀物倉庫だったという民家が建っている。よく管理された芝生と南国の木。所々にコレクションのインドネシアプリミティブアートの石・木像が立っている。
このように書くとまるでどこかのリゾート風な別荘という感じでしかないが、どのように説明してもし尽くされないものが、この稲葉邸である。すべては稲葉氏の設計。
特に2棟の家はすごい。きわめ尽くされ、削ぎ落としきった空間、白い漆喰の壁面である。部屋は白い箱、何ら余分な出っ張りもない平面、置かれる家具も机と椅子、あるいはベッドに転生した白いシルクの薄布のかかったバリ民家の小さな納屋の木の骨組、あとはバリ・プリミティブのアートがさりげなく部屋を飾る。僕が特に驚いたのは箱状の空間の感覚、特に出入口などの開放部分の間合いである。何とも大胆な空間の開け方である。ダイニングはまるでガレージの出入口のような開放部分が白い壁を切っている。見たこともない開放感と壁面の閉鎖感。
僕が佐川の建築で出入口にこだわるのは、稲葉邸の影響が大いにある。開放と閉鎖を徹底して思い切って行うこと。細い、広い、高い、低いの感覚を中途半端にしないことを稲葉邸から僕は学んだと思う。

さて、稲葉邸の裏庭に案内された。
500角はあろうか、見える部分でも2000近くの高さになるだろうか、要するに地面に突き刺さっている巨大な柱だ。何年も風雨にさらされて表面が黒くなっているもの、白カビのようなものが全体を覆っているもの、そのようなものが6本ほど立っていた。
「これなんかどうだろうね、樂さんが気に入ってくれればいいんだけど」
すごい、これは懸案の第6展示室に3基据える予定の展示台になる。とっ

さに思った。
小間茶室用にお願いしていた板は、脇に何枚も置いてあった。それぞれが強い表情を持っている。手斧ではつり落とした痕がなかなか素朴で強い。なんとも言われぬ古びた緑の塗料が塗ってあるものもある。これはオランダ統治時代のもの、落ち着いた時間を感じさせる美しい色合いだ。このまま使えたらいいのに！　茶室ではこの色は無理か。「塗料を落として代わりに少し黒めの自然塗料で色合わせをすればできますから」とのこと。
床柱用に頼んでおいた柱も4〜5本そばに転がっていた。なんとも強い。恐竜の骨のような感じ。以前玉峰館で見せていただき、そのまま京都に送ってもらったのもある。2本ほどその中から選ばせてもらって、あとは現地で実際に立てて見て、どの柱を選ぶか最終決定するということにさせてもらった。

そのほかに、大きな長い角材、これはエントランスロビーの立礼の椅子にしよう。以前玉峰館で見つけたバリの洗水石を組み合わせた立礼卓に合わせるには、この太い角材しかない。これを長椅子として並べる。おそらくチーク材の一種、堅くて強い存在感、岩の柱列のような感じ。これが5〜6本ロビーに並べば、壮観に違いない。
素材の強さとはこういうものだろう。出会えばその瞬間にすべてのイメージが決まる！

栗和田館長一行を迎える準備完了。

栗和田館長一行が到着。
その夜は宿泊のホテルで全員がそろい、館長招待の夕食会。
稲葉氏夫妻を館長に紹介する。

館長一行を稲葉邸に案内する。稲葉さんと戸田さんの案内で稲葉邸を見学させてもらう。内海さんは稲葉邸についてはいくらか情報を既に得ている様子で、稲葉邸招待をとても楽しみにして熱心に隅々を見学していた。
ひと通り見学が終わって、さて一行を裏庭に案内、問題の調達材を披露した。
だが、感想を述べる人は誰もいなかった。たぶんこの泥まみれ、カビまみれ、一見、腐っているのではないかとさえ疑われる野ざらし状態のしろもの、「良いですね」とも「すごいですね」とも述べようがないに違いない。館長がどのように思われたか、ちょっと興味を持つ。

その夜は稲葉邸で館長ご一行歓迎パーティーをした。稲葉さんにお願いして芝生の野外でウェルカムパーティー、ディナー、食後、松明の明かりの中でバリダンスを見せてもらった。
ガムランの音が夜の闇に響き、踊り子の小さな姿態が松明の明かりに炙られて蛇のように、魚のようにくねくね身もだえして夜の静寂を泳いでいるようであった。

翌日館長一行はジャカルタのボロブドゥール遺跡を見学に行かれた。戸田さんが案内、扶二子が同行した。僕はその間に、選んだ材の寸法を測りリストを作成した。これで一気に茶室のイメージが確かなものとなった。稲葉さんのおかげである。

館長一行を送り、我々は戸田さんと翌日帰国した。

---

06. 05. 12　緊急重大事項　トイレ壁施行変更

バリ滞在中に内海氏との打ち合わせについて1件気にかかるところがあった。
広間茶室脇、水露地、寄付の客用トイレ。ほとんど内海さんにまかせたままの状態であった。
トイレについてはそれほど気にかけてこなかった。茶室、特に広間の通路脇のトイレ床は通路と同じ木というわけにはいかないから、やはりジンバブエの石磨きのようなものだろうか。そのような話のまま進んでいたように記憶する。
バリ旅中、内海氏の報告では壁もそのまま石張りにする予定という。
しかしここはやはりコンクリート打ち放しのままでトイレ内部も仕上げたい。ここまで突っ切ってきた打ち放しであるから、トイレだけ別素材にしたくはない。周囲からできるだけ目立たぬようにすべきだろう。
石張りを立ち上げるにしても最低の高さ、つまり掃除などで汚れ除けとして最低の高さまで、あとは打ち放しでいきたい。
考えれば考えるほど心配になってくる。
内海氏にメールを送る。

　　　✉内海さんへのメール
　　　内海慎介様

旅のお疲れはいかがですか？　お陰様で公私とも充実した旅でした。
さてその節すこしお伺いした、茶室関係トイレ内装の3件ですが、周囲壁を一応茶室と同じコンクリート打ち放しで仕上げておいて下さい。
周囲壁面を全面、石張りで立ち上げるのもかえって目立つ感じがします。
コンクリート打ち放しは伝統茶室の聚楽壁の代わりと考え、床からある高さまでを石張りで、それから上を打ち放しのままでというのが一番オーソドックスかなと思います。
一応その方向で打設だけお願いします。
またトイレの戸も考えなければなりませんが…。引き戸とドア式の開き戸では施工がちがうでしょうから。どのようになっていましたでしょうか。ぎりぎりで申し訳ありませんが宜しくお願いします。
15日いかがでしょうか？
樂吉左衞門

✉内海さんからの返信メール
樂吉左衞門様
たいへん充実した特別なスケジュールでプライベートでのんびりしたバリとはまた違った趣でございました。
トイレの件、石張りを前提とした工事対応が完了しており、コンクリート打ち放しへの変更は困難な状況です。扉は引き戸を予定しております。

15日（月）…作業所ご来場ご予定でしょうか。
あいにく、打ち合わせ予定がございまして、
16（火）午後、17（水）15：00まで、18（木）終日、22（月）終日、23（火）終日のいずれかでしたらご同行させていただけるのですが。また枕木見本についても手配しました。入場予定、未定です。
内海慎介

✉内海さんへの再メール
内海慎介様
トイレに関してこちらも放念してしまっていて今更申し訳ないのですが、何とかなりませんでしょうか。
茶室のトイレは茶室の正式な付属品扱いで、伝統茶室では今でも砂雪隠風なものを残す場合もあります。佐川の茶室の場合、特に広間脇のトイレは三方の壁が床から天井まで石張りでさらに天井はどのような仕上げをされる予定でしょうか。どう考えてもトイレだけが異質な感じで独立してしまう様に思えるのです。水露地脇のトイレはまだ石張りでいけるかもしれません。
しかしながら、広間脇のトイレは難しいと思います。
水露地のトイレに関して、壁面を石張りとすれば、張る石の材質はジンバブエに統一するべきかと思います。表面の仕上げは別にして。もう1つ寄付のトイレもありましたね。
16・17日は東京行き、講演とがんセンター検査が入っております。18日午後一

度寄せて頂けるかと思います。
　　　樂吉左衛門

　　✉内海さんからの再返信メール
　　樂吉左衛門様
　　5/18（木）（午後）ご来場ご予定の件了解しました。
　　時刻が決まりましたら、ご連絡お願いします。
　　但し山本の外出予定（13：00～15：00）を可能であれば外して頂けますでしょうか。
　　展示室（1）壁面
　　展示室（4）（5）入口、正面壁　茶室広間脇便所の壁の素材について、どのようなことが可能かについて、少し検討時間を頂き5/18（木）ご来場時にお打ち合わせさせていただきたく、よろしくお願いします。
　　内海慎介

　　✉内海さんへのだめ押し再々メール
　　内海様
　　それでは18日、午前中に参ります。
　　さても、
　　広間のトイレの件はやはり、別な素材といってもかなり難しいかとも思われますが…。
　　ジンバブエで床から壁まで立ち上げても異様に重たい感じになるし、別石でもそこだけが変わった趣になる。床をそのまま通路から引き継いで栗材にという手もありますが、壁まで栗材にすることもできないし、では、壁はその場合どうするか？
　　やはりもっとも周囲全体の成り立ちから目立たないのはコンクリート打ち放しではないかと思われます。一部に石材、あるいは栗材を用いることは必要として…。
　　バリでお聞きした、ライムストーン系の目立たない色合いの石で仕上げるのは、逆に最も目立つ存在になってしまいます。
　　ご検討、宜しくお願いします。
　　吉左衛門

　　今日はこれまでである。かなり心配になってきた。絶対にこれは譲れないところと決意する。兎に角は5/18（木）10時頃より作業所にて検討する。

06.05.18　現場打ち合わせ　茶室付随トイレ変更の件

　　今日は少々覚悟をもって現場に向かう。
　　先日からの内海氏の返答のニュアンスでは、かなりトイレ壁面をコンクリート打ち放しに戻すことは難しそうである。

現場に到着、久しぶりの現場であるが、コンクリートは地下1階部分から2階部分を完了し、最上部の型枠が完成しつつあった。いよいよ全容、といっても型枠と足場パイプの巨大なジャングルジムであるが 図40 。

早速に現場、茶室部分を検証、といっても僕の気持ちはもう決している。強硬にコンクリートの打ち放しを主張するしかない。
しかし、それはかなり現場に負担を強いることになることを初めて説明された。なぜなら、問題の箇所は化粧石張りの余裕を持って設計され、すでに茶室部分の壁面までは型枠成形を完了しているのだ。
コンクリートを流し込んで、そのままにしておけばそれで打ち放しになるというものではない。細かい寸法が合わないし、しかも打ち放しではないから型枠も打ち放し用の杉板を使用していない。
僕が思った施行変更よりは事態はもっともっと深刻なのだ。内海氏、山本氏の顔の表情が何よりもそれを語っている。
現場打ち合わせは重苦しい雰囲気に呑まれていった。
何とか折衷案はないか？
僕はいつも独りだから、他人を説き伏せ、組み伏せることは大の苦手。ここは強硬に押さなければならないとの決意で、自分で自分を鼓舞する。
たとえライムストーン系の化粧石張りでなく、割れ肌の感じのジンバブエの化粧張りにしても、やはり割れ肌に調和する石張りの厚みは出ないのではなかろうか。少しそんなことも頭の端に上ったが…。
とにかく、打ち放しの方向に設計変更願うよう強硬に主張するしかない。
最後は山本さんの決断であった。
「樂先生、わかりました。取り壊して、やります」
僕の強硬意見も、僕がなぜこうまで強行するのか、そうしたことも理解できるという顔の表情である。
僕は安堵した。つくづくほっとした。僕はやはり建築家には向いていない。
帰路、車を運転しながら、何度も現場でのやりとりが思い出された。精神的にはくたくたに疲れた感じであったが、どこか充実した思いがあって疲れを癒した。山本さんと内海さんへの仲間の絆というのかそういう熱いものが僕の心の中に流れていた。きっと彼らにもそれは通じていると僕は思っている。

図40
足場となるパイプに囲まれた、現場の様子。

06.05.19　残響音の緩和　天井の吸音素材

昨日の重大事項のこともあるが、兎に角現場は進行している、新たな件で内海、山本両氏にメールを入れる。

✉ 内海・山本さんへのメール
内海慎介様　山本俊之様
昨日はお疲れ様でした。おかげさまで放置していた部分、随分と詰めることができ、大きな前進でした。
1件、提案確認があります。
コンクリートの密室に近い空間の中で、やはり気になるのは音の反響であったと思います。靴の音、人声などの反響がかなりの悪影響を及ぼすように思います。そこで、天井の素材ですが、なにか吸音・消音効果のある特殊素材を使用するわけにはいかないでしょうか。
特に暗室の部分である展示室などはほとんど見えないでしょうし、十分使用できると思われます。効果があるならば是非使用したいと考えます。
さらに、もしその素材が視覚にさらされても美的に調和でき得る素材なら、さらに使用範囲を広げることも考えられます。ご検討下さい。
本館照明ライト関係も一部うかがいましたが、次回の現場打ち合わせでおおよそお聞かせ下さい。
例えば第1展示室作品展示壁の裏面には花入を掛けて花一輪でもと考えます。
第6展示室の囲いの部分などの照明など少し具体的にご相談したいと思います。
茶室導入部通路の天井材は昨日の話では、最終的に第1展示室の木材と同じ北米松になったのでしたか？　それとも集成材でしたか？
樂吉左衞門

✉ 内海さんからの返信メール
樂吉左衞門様
昨日は長時間お打ち合わせいただき、ありがとうございました。

天井素材の件
展示室1～6は岩綿吸音板に黒の塗装を予定しておりますので、音の反響については心配ないと考えております。
ロビーについては木目付きGRCですので、スリット部分の内部のスペースにガラス繊維のマットを張ることで吸音効果を確保する計画です。

照明計画について
次回お打ち合わせ時にご説明申しあげます。
寄付天井、約20程度の米松材250幅程度（不燃処理、可否は検討させていただきます。）整い過ぎないとのご主旨からしますと展示室床に予定の米松（薄い黒塗装については、少し濃くすべきかと思いますが）での検討に着手しようと考えております。
内海慎介

18日の検証はトイレ設計変更ばかりではなく、重要事項がかなり前に進んだ。展示室天井材、吸音効果を含んだ素材、これについてはさすが専門家で、すでに考え済みの様子であった。
ロビーは木目付きGRC、これは僕にはよくわからない初めて聞く素材、いや、前にも聞いたことのある素材かも知れない。平山館からの通路の木目調の側壁部分も確かその素材であった。わかりやすく説明を受ければ、平山館の木目状の壁面のようなもの。これも木目状の打ち放しのコンクリートのように見えるが、全く違うものであるそうな。
木目を出した人造セメント板、悪く言えば、コンクリート打ち放し壁面もどきであろうか。僕は「もどき」版に少々ひっかかるが…、内海さんのアイディアにここは頼ってみることにする。

さらには懸案で決定延期していた部分、茶室導入部通路、ならびに寄付の天井素材。
三人寄れば文殊の知恵、誰の発案だったか、「天井も米松ではどうでしょうか？」
なぜ、これに気づかなかったのだろうか！
ロビーの米松を今度はそのまま天井に反転用いる。
こんどは皮付きのまま厚みを見せて張ってゆけばよい！

ただし、岩綿吸音板という素材も使えるものならもちろん茶室への導入部分の天井にも使用できるのかも知れない。どのような素材なのか？　僕は聞いた事のない素材の名に興味をそそられた。

こうして少しずつ少しずつ解決してゆく。

　　　　　✉内海さんへの返信メール
　　　　　内海様
　　　　　了解致しました。
　　　　　吸音の件、既にお考え頂いてありがとうございます。岩綿吸音板に黒の塗装したものを一度見せて頂けますか。それが他にも使えるものなら例えば、茶室導入部通路の天井にも使用できるかもしれないと考えています。
　　　　　板材に黒い塗装をかける現在の案ですが、どうしても木である必要はないわけです。
　　　　　雰囲気上、耐えうるものなら使用も可能かと…一応、考えます。
　　　　　樂吉左衛門

✉ 内海さんからの返信メール
樂吉左衞門様
下記見本の件、了解しました。次回、打ち合わせ時、ご覧頂けますよう準備します。なお、茶室導入部通路については眼が近いため、岩綿吸音板に黒の塗装したものでは、いささか、壁や、床の表情に対して貧弱かと思われます。やはり、GRCもしくは、板くらいが、バランスが良いのかと思われます。打ち合わせ時にご検討ご判断いただきますようお願いします。
内海

なるほど、ふむふむ、よく理解できる。内海氏の適切なアドバイスの返信。了解する。
やはり茶室導入部通路、寄付天井は米松厚板、皮付きを並べる。これで決定！

同時に茶室導入部通路の床材の問題、バリ帰国以来、枕木という素材が、僕の中に強く浮かび上がってきている。たしか、数ヶ月前に山本さんに枕木の入手を打診していた。その後、バリ稲葉邸であの力強いインドネシアの古材を目のあたりにし、これに匹敵するものは、枕木しかないという思いが強まってきた。
鉄道に用いられた枕木、あの荒れた肌の木材が使えないだろうか。
すでに山本さんからの指示で平井さんが手配、見本が程なく届くという。
楽しみである。

06.05.20　枕木

平井さんから電話連絡が入る。
「枕木を入手したのですが、とても使えるものではありません」
「なんでや！！」
僕はとっさに言葉を荒げた。「なんで使えへんのや？」聞き直した。
「防腐剤が塗ってあって、臭いがくさく、これを室内に使うと目が痛くなるぐらい異臭を発すると思います」
僕は押し黙った、で、気を取り直して、
「なんとか洗い流せへんのかな」と尋ねてみたが、「圧力浸透させていて洗っても落ちません」。
がっくりした。
バリ帰国以来、日増しに枕木への期待が僕の中で大きくなってきていたのだ。「とにかく見に行くから」。

「いや、ご自宅までこれから持ってまいります」
「ん？　防腐剤が…」
僕はそれでも何とかならないものかと一抹の期待をかけて、平井さんの到着を待った。
「失礼します」
いつもの平井さんの声。急いで表に飛び出す。
黒々とし傷つきはがれ、草木の後が一部風化している。しかし、確かに平井さんが言うように油染みたコールタールのようなものが付着して、強い揮発性の臭いがする。
「これーなんとかならんのか～～」
さすが僕も力なくたずねる。
「切ってみましたが、やはり中のほうまで染みこんでいます。日本みたいな雨の多い国では圧力注入して防腐剤を染みこませないともたないのです」
僕はなんともがっかりした。本当にがっかりした。
「でも、他にないか、もう少しあたらせて下さい」
平井さんが僕のあまりの気落ちに気遣ってくれた。

夜、平井さんから電話が入る。声が張り切っている。
「あれから色々探し回ったんですが、オーストラリアの枕木が手に入りそうなのです。業者は一応防腐剤は塗っていないと言っています。入手しないとわかりませんが」
「平井さんそれ絶対至急入手してほしい」
嬉しい知らせ、なんと嬉しい知らせか！！
オーストラリアの枕木か！　なるほど！　あそこは雨が降らないから防腐剤など塗る必要がない！
平井さんの大収穫！！

06. 05. 23　グラウンドの小さな動物園

宮永顧問にお願いして、再度佐川のグラウンドにある大きな鳥小屋とそれに付随する庭を見せてもらった。野球場が2面取れそうなグラウンドの真ん中に庭石に囲まれた小さな庭園動物園がある。なんとも不思議な場所に不思議なものがあるとかねがね思っていた。先代佐川急便の会長が趣味で作られたものと聞いている。
近日中に取り壊されるという。

以前見学させてもらった時、大きな庭石がいくつも使われているのに目が留まった。
あの中の石が、佐川茶室の石材として使えないだろうか。
再度確認に行く。
この庭園式の小さな動物園には、鶴の大きな飼育場所と池のある庭園が付随している。今は鶴の檻はからっぽ。
この庭には巨石がふんだんに使われており、以前見た時に気付いたのだが、畳二畳もある平石が数枚あった。小間茶室の基壇石にできるなーとながめていたのだ。
確認するとその大石は3基あった。問題は厚さであるが、若干少ないだろうか、池淵の厚さが見えている石にメジャーをあてた。何とかいけそう。後は土の中に隠れて確認できなかったが、とにかくこの小さな動物園は取り壊されるというから、主だった石を4〜5個引き上げて現場に持っていってもらうことにした。他に蹲いにできそうな黒いやや方形の巨石もあった。その他の石はどうされるのだろうか、「全部捨ててしまいますのや、美術館で利用できるものがあったら言って下さい。それでこれらの石も生きますから」と、宮永顧問。

06.05.24　第2・第3展示室　床スロープ廃止決定

昨日、グラウンドの動物園の石を検証しに行った時、現場に立ち寄った。先日平井さんから枕木入手の朗報を聞き、茶室導入部の廊下にそれらが張り巡らされたイメージなどを思い描きながら、館全体を山本さんと共にまわった。枕木は地下、第1展示室の展示台にもきっと使えるのではないだろうか。この小さな空間に、枕木の無骨で屈強な壁が立ち上がり、展示台の背面となれば…、そんなことを思いながら第2展示室を見ていた時である。
山本さんが言いにくそうに静かに口を開いた。
「樂先生、この部屋の床のスロープですが、取りやめるわけにはいかないでしょうか」
僕はこの山本さんの話を、内心予感していた。なぜなら、これまでにも何度か、スロープの再考を山本さんは僕に訴えていたから。展示室の床にスロープを設け、展示ケース前の床を200ほど高くする。展示ケースから遠ざかりスロープを下れば0レベルの床高にもどる。
これによって、見る人は、近くで高みから見る視線と、やや離れて低い視線で見る2つの視線を得ることができる。見込みを見ることもこれによっ

て可能となる。僕は展示ケースと対面する壁付に高いベンチを造り座って眺められるような事も考えた。
アイディアとしては面白いのであるが、内海・山本両氏からは賛同は得られなかった。理由は、スロープをつけるには展示室の引きがたりないこと。可能だが、狭苦しいところでスロープを造らなければならないことによる様々なリスクを考えると、両氏の不賛同も納得がいくのではあるが…。
山本さんはもぞもぞと遠慮がちに言葉を続けた。
「特に夜の航海の部屋ではかなり暗い空間ですからスロープはかなり危険を伴います」
確かに、今は工事用のサーチライトがついてある程度は明るいが、サーチライトの角度から少しでもはずれたところは真っ暗闇である。引きがあまりにも少ない。ケース際から1500も後ろに下がれば、すぐスロープにかかる。知らない間に後ろずさりしようものなら、この薄暗い空間、確かに危険かも知れない。
僕はこの案にこれまでから結構力を入れてきた。この山本さんの提案は道理を含んでいて否定できないが、さりとてそう簡単には「そうですかやめましょう」とは言えない。その場ではっきりと決定はできなかったが、内心は山本さんの意見を大旨受け入れることに同意してひとまず帰ってきたのだ。

今日一日経ち、現場に電話を入れた。山本さんが電話を取った。彼の電話での口調はいつもとても暗い。あのにこやかな笑顔の山本さんとは思えない暗さである。「結構怒るとすごい剣幕で怖いです」と下請けの職員さんが言うのを聞いたことがある。様々な現場の難題を背負って業者の人々に指示を通さなければならない立場、電話の線から届くその強面の声も、もっともなことだと僕は納得する。唯、僕が「樂ですけれど…」と一言漏らすと、いつものにこにこ顔の山本さんに戻り、優しい口調となる。どちらが本当の山本さんなのか。それはもちろんにこにこ顔の優しい眼差しの山本さん、いや、両方とも本当の山本さんだと僕は思う。
「山本さん、昨日はありがとう、その時話題に出た展示室のスロープ床だけれど、山本さんの言うようにやっぱり廃止の方向でお願いします。床はフラットでお願いします」
と僕は一気に話した。
山本さんは「そうですか、それは有難うございます。有難うございます。有難うございます」と3度も礼を言った。
もともと僕の思い入れだけで突っ張ってきたプラン。実際にはリスクの方

が大きいのだから、破棄するのは当然。そんなに礼を言われたのでは僕が困る。僕も恐縮してもぞもぞ訳のわからない礼を述べ、互いにまた礼を述べてそれで電話を切った。

何か温かい気分がほんのりと僕の心の中に広がっていた。

一つ大きな決定が、良き方へ修正された。

06.05.25　蹲い制作

✉ 雅臣へのメール

元気ですか。佐川の打ち合わせで小間の蹲い石の候補を見つけました。まだ決定ではなく候補の1つです。今度取り壊すことになる佐川さんの庭があって、そこに大きな石がごろごろしています。自然石です。小間の茶室の基壇石に使用できる平たい大石の候補もあり、それに合わせての蹲い石もあり、一応の候補にしても良いと思っています。2面ほど打ち落とし、水のたまるところを掘れば、後は手直し程度でいけそうにも思います。

決定すればジンバブエの石の代わりとなります。一度こちらに帰ってきたときに見て下さい。石の質、状態、ひび割れとか石目とか、風化の具合とか、君の意見を聞き決定したいと思います。広間のほうの手水鉢はこれまで通りです。夏には茶室の全体構造を見ることができるでしょう。言っていたように全体の雰囲気などを見て構想してください。6月末には茶室の屋根の部分のコンクリートが打たれます。よろしく。

元気でやって下さい。

樂吉左衞門

✉ 雅臣からの返信メール

メール読みました。小間の蹲いの件で茨城の日本石材に行きました。やはり発注することになるので関ヶ原石材で立ち会いのもと作る事を考えていますが、佐川さんに蹲い石があるということなら一度見ようと思います。関ヶ原石材に頼む場合は石工の髙木さんの予定もあるので近々連絡をしようと考えています。どちらにしても八月末には仕上げたいので近々帰ろうとおもいます。

樂　雅臣

06.06.01　オーストラリアの枕木と対面

オーストラリアの枕木が平井さんの工房に到着。鷹峯を越えて杉坂の工房に急いだ。

工房の入口に3本の枕木が立てかけてあった。黒くくすんだ色、ささくれ摩耗した角、楔の穴、厚さは150ぐらいは十分にある。幅は4000余、長さは3000はありそう。結構長い。僕はそのうちの1本を持ち上げようとした。平井さんがすかさず、

「重いですから、当代、無理です、やめて下さい、腰痛めますから！」
と制止した。なんて事はない、と僕は持ち上げようと腰を入れてそれを浮かそうとしたが、そう簡単には持ち上がらなかった。
「もうやめて下さい」
平井さんが制止する。この状態でこの姿勢では確かに持ち上がらない。なんと聞けば1本60キロはあるという。
これはすごい木だ！　人間が鉄道に利用するため切り出されて、貨車の重圧に耐え、穿たれた楔の痕、バラス石（敷石）の尖った角に傷つけられ、きっと人間の糞尿だってかぶりながら、あの乾燥した太陽の照りつける砂漠で永年耐えてきた。
すごい力ではないか。これほど傷つけられて、これほどに勝手な利用をされて、それでもこの枕木は逞しく強い。木、自体が内にもっている自然の力強さというものだろうか。なんと美しいではないか、なんと優しいではないか。
僕は思わず手で撫でた。とたんにチクッと黒い小さな棘が刺さった。

僕の探していたのはこれだ。僕は確信した。
これを、茶室の導入部、寄付、それに、第1展示室の展示台に使おう。
ずーっと保留のままに流れてきた第1展示室のイメージがこのときに僕の中でできあがった。

---

06. 06. 04

✉ 内海・山本さんへのメール
内海様　山本様
6日打ち合わせ宜しくお願いします。
そのほかに、10日午前中、現場によせて頂きたいと思います。
次男雅臣が蹲い候補の石（鳥小屋の石）を見たいということで、帰って参ります。学校の都合で9日夜帰宅、10日（土）現場行きということにさせて頂きたいということです。土曜日は現場は仕事されていますか？
もし休日なら、石を見られるようにだけ手配お願いします。

先日、第2・3・4・5室の図面戴きました。ガラス面の割付など最終決定したいということでした。6日、現場で再確認して決定したいと思います。宜しくお願いします。

第1展示室作品台の背面壁は枕木で積み上げたいと思います。
作品の台そのものは銅厚板＋枕木基礎台。
6日のご相談の上、平井氏には枕木の発注手配をお願いしたいと思っております。

宜しくお願い申し上げます。
樂吉左衞門

06.06.05

✉ 内海さんへのメール

内海慎介様
明日宜しくお願いします。10：30ごろに現場に行けると思います。
平井氏はその時間までに現場合流。枕木の見本持参。枕木は理想的な調子です。

寄付について一段床を上げずにそのまま枕木の床フラットでゆきたいと思います。したがって寄付を仕切る襖不要となります。外気遮断の方法は何か別案を考える。履き物の履き替えのみ、何か方策を考える。

当初案の変更ですが、明日の検討課題でお願いします。では明日宜しくお願いします。
樂吉左衞門

06.06.06　現場打ち合わせ

岩綿吸音板はなんだこれかと理解をした。とにかく最もポピュラーな現代建築素材。最も避けたい素材だが…吸音効果のため仕方がないか。
枕木は、不燃処理の問題が残る。

現場の事務所脇に水露地の壁面の部分模型ができている。壁面の流水の状態をそれで試験するのだ。幅1000、高さ2000程のパネル状のもので、現物と同じようにコンクリートを打ち放しにして上から水を流す。その水の落ち方を試験するのだ。
恩田さん、稲さんが水の調節をする。
コンクリート表面、10センチ幅の杉型枠の僅かな凹凸をどのように水が流れるか。
理想とするイメージはすでに内海・山本両氏に伝えてある。
決して滝のようにザーザーしぶきを上げて流れるのではなく、表面をなめるように流れ落ちる。音をできるだけ立てない。しぶきもできるだけ上げない。しかも直径およそ6メートル、高さ3メートルの大壁面をムラなく一様に流れなければならない。
問題は上下の型枠の凹凸、下を出すか、上を出すか、何ミリ程度とするか。
理想とまではいえないが、試験をもう少し重ねれば、これは何とかなりそ

うである。

その後、現場をまわる。
すでに地下部分は完全に基礎が出来上がっている。コンクリートから放出される湿気が加わり、地下はなんだか生ぬるい蒸気風呂のような感じ、カビとも化学製品ともつかない、今まで嗅いだことのない臭いがした。これがコンクリートから放出されている例のガスなのだろうか。風を送るために大型扇風機がいたるところで低くうなっている。
第1展示室に関しては、枕木の展示台を中央に設置する、展示台後ろの壁面は枕木を天井まで積み上げるように指示を出す。
枕木は平井さんの担当、困った顔をしている。この60キロもある巨大な枕木を4メートル近く積み上げるのだが、さてさて何本の枕木を積み重ねればよいか、それをどのように固定するのか。
確かにたいへんなことだが、僕は知らん顔で指示を出す。最近は僕も少し建築家的になってきた。建築家の処世を学んだというか…。
第1展示室から裏側にまわる。
第1展示室の後ろは第2・第3、さらに第4・第5と続く交差点の空間。
その交差点に立つ。
ここに枕木を積み上げた壁面が見えるとイメージする。さてその壁面に対峙する第4・第5室を分かつ正面の壁は？　しばらく眺めたが、結論が出た。この部分もずっと悩んできたところなのだ。初めは磨りガラスの大壁面で受けようとした。コンクリートと磨りガラスの大壁面の対比、ぼやーっとした透明感と光、
次には、集成材を積み上げる方向に変更、その方向の中で対壁となる枕木の積み上げ壁に最終的に至るのだが…。
その枕木を決定してイメージすれば、それに対面する第4・第5の中の壁面は何か？
コンクリートの打ち放ししかないのではないか！！！
結局巡り巡って元の地点に戻ったというか、原点に復帰したというか。奇抜さを求めれば絶対磨りガラスの大壁面、しかしそれだけのことかも知れない。
徹底して見せ場を作ってゆく現代建築、あっと驚くような見せ場、それがなければ満足できない設計家と一般大衆。そこに奇抜さだけが先行すれば、それはとても空疎なものになる。もっとも磨りガラスは素材としてもはや奇抜さもないが…。
見せ場の演出をとことんまでやりきってしまうことより、「如何に手を引

くか」ということも重要なこと。僕の茶碗も見せ場があるが、同時に手の引き方をいつも考える。建築も同じだ。見せ場において徹底してやりきらないこと。

僕はそう思う。杉本さんの設計したいつか見た韓国ソウルのホテルのバー。あのすごさは、見せ場を徹底してやりきってしまうすごさだ。この佐川での僕とは正反対かもしれない。

素材の強さ、存在感はすごいものだ。枕木の出現が、第4・第5室の正面壁の決定を示唆してくれた。モノの力とはこういうものなのだろうか。

第1展示室の壁面は、米松黒塗装乱張り（縦）。床パターンと同調は不要。自立壁、展示台は枕木を使用。寸法見直し、（2100×3200）次回図面で確認。免震は行わない。

一挙に前進する。第1展示室の壁素材も、あえて集成材など使う必要もない。床と同じ〈米松黒塗装乱張り〉でいく。
第2・第3室のスロープの床も廃止したが、それに伴うベンチの高さの再調整を相談する。

さらに次々と決定する。
1. 展示ケース→　ガラス割付寸法の見直し。第6展示室ケース配置見直し、照明配置見直し等。次回訂正図で確認を行なう。その後施工手配に移行。但し、展示台のみ継続検討事項とする。
2. 第2展示室→　外光を取り込むトップライトには半遮光ロールスクリーンを見込む。ガラスは不透明のものとする。樂館導入部通路及びロビートップライトは透明ガラス。
3. 樂館導入部通路→　突き当たり壁「守破離」銘板。原寸型紙により確認 W700×H400×h1500（芯）
4. 茶室導入部通路→　床は枕木古材に決定。天井は米松300幅黒塗装の板厚20を60の隙間を設け、その内部に吸音材を設ける。次回原寸見本で検討。
5. 寄付→　（および寄付水屋、寄付通路）床は樂館導入部通路と同じレベルにする（下足ゾーン立札方式）。仕上げは茶室導入部通路と共通。茶室導入部通路との区画の在り方検討を要する。
6. 水露地→　仕上げコンクリート。原寸見本型枠60幅凹凸断面、流水テストで検討。一般壁面と近い表情とすること。60幅の杉型枠2〜3の段差を設けた原物見本により次回再検討。

その他、立札水屋、サッシュ鋼柱、樂館導入部通路で使用する天井GRCパネルは本館同様の凹凸もので決定、などなど。

5時30分終了。
京都に戻り、扶二子と、イタリアレストラン・カーサビアンカで夕食をとって帰る。
不思議なものだと思う、膠着していたものがほんの1つの素材をきっかけに動き始める。

06.06.08

いよいよ茶室の材の手配に入る。
茶室化粧天井に使用する、煤竹の手配を横山竹店に発注するという。横山竹店は僕の自宅から油小路通りを南に200メートル下がったご近所さんである。たしか、今の社長の横山さんは僕の妹の小学校の同級生ではなかっただろうか。
京都でも有数の竹店であるが、何よりこの近さが気に入っている。いかにも京都的な職人風景がある。
小間の木材はバリ古材で統一。問題は広間の木材。床柱と琵琶床、付書院の天板、床垂壁代わりの垂壁板。平井さんは、京都や岐阜の銘木店をあたってくれているがなかなか良い材がない。
大学時代の友人で木彫と木工家具を製作している河原美比呂君にたずねる。面白い銘木屋が四国松山にあるという。
あとは、平井さんの最後の砦、東京の新木場。

✉ 平井さんからのメール
樂　吉左衞門様
昨日も御指導ありがとうございました。
本日早速枕木の契約発注（150本）を済ませました。
今月25日頃をめど（受け入れ態勢準備完了時）に、10トントラックで杉坂に届きます。又、昨晩グレー神代杉（土中に300年以上埋まっていた木）の話において、今、大本命筋（東京新木場）に問い合わせをかけたばかりです。この店の返答待ちですが、日本でも有数のこだわりと、在庫を持った店で、私が知る最後の砦です。下話（在庫）は他所よりキャッチしていましたが、土地柄単価面においても最終手段で、これからの交渉が？　と思い躊躇していました。
ここでの交渉ができない場合は、当代の御友達にお手配を御願い致します。

又、今日横山竹店に行き、12日の材料手配確認を済ませてきました。
横山さんも今回の仕事を受けさせて戴ける意義を感じ、できるかぎり本物の煤竹を手配しようとしているみたいです。ただ割竹は無理で同系統（燻煙竹）に製造し、竹垂木、小舞竹、間垂木を出来る範囲を用意しようとしていました。此れも、平井をバックアップしてやろうとありがたい力を感じました。
平井康史

06.06.12　煤竹の検討

横山竹店に見本の煤竹を見に行く。
割付けた平竹に丸竹を組み合わせたパネルが用意されていた。
煤竹の調子はなかなか良い。垂木として組み上げる丸竹は天然煤竹、一面に張り合わせる割平竹は人工的に燻製状に燻したものを使用しているとか。
天然の丸竹はそれなりに美竹というか、縄模様が黄色く入り１本１本色合いが異なり、光沢も美しい。
平竹も天然の煤竹でそろえることは可能という。
しかし、あえて平竹は人工のいぶしものにした。以前久多の家に煤竹を使ったがそれは中国産の色付け煤竹で、なんとも気分の乗らない代物だ。しかしこの人工的にいぶされたものは、それなりに見られる。むしろ屋根裏全面に引き詰めることになる割平竹は、人工の一律なものがよいと判断する。いぶし方をもう少し強く濃くしてもらうようにお願いする。
問題は竹の組み方だろう。
葛屋葺きの屋根なら竹を下から組み上げてゆくのだが、今回は反対からの段取りをふむ。出来上がったコンクリートの屋根軀体に、上はチタンで葺き。
竹天井は組み上げるのではなく「組み下げる」？　のだ。工法は簡単にいえばパネル状にしてコンクリート屋根軀体に取り付けることになる。
見本の煤竹はいかにもパネルに竹を張り合わせた感じ、パネルと竹の取り付け方の問題だが、きっちりと敷き詰めすぎていること、パネルにあまりにも密着して、完全固定しすぎている。もっと自然に、もっとラフに少々歪んでいても隙間が空いてもよい。極端にいえば割平竹をばらまいたものを少しまとめた感じだろうか。
「いやー、仰る意味はよくわかります。きっちりすることはいくらでもできますが、仰るそれが一番難しいんです」と横山社長の言、再度見本製作をお願いする。
夜、平井さんにメール。

✉平井さんへのメール
平井康史様
今日の竹化粧天井打ち合わせについて、ほぼの方向性が出せてよかったです。
再度、竹の張り合わせと、垂木竹、細竹との調子を確認してみたいのです。
横山さんにご足労ですが、見本またつくって頂けますか。
申していたように、
少し割平竹の調子が平面的な感じがして、隙間をラフな感じでつけて頂くように指示しました。あまりにもきっちりと詰めすぎているため、竹パネルみたな感じの平面に見えること。自然なゆるみがないことが決定的です。
隙間だけでなく、完全にボードに密着させないで、竹の自然な抑揚、そり、垂れ、ゆがみなどを表してもらいたいのです。
合板に取り付ける方法がもう一工夫いるように思います。
多分、あまりにも密着させて取り付けているからだと思います。
あれはどのような方法をとって合板に取り付けておられたのでしょうか。

屋根裏はこの茶室の数少ない重要な美的な表現部分ですから。
その辺の所の調子を、再度一部見本で組んでもらいたいのです。
宜しくお願いします。
樂吉左衛門

06.06.14　第1展示室展示台設計図面

内海さんからメール拝受、添付書類で第1展示室の枕木展示台が図面化されてきた。
内海さんの素早い取り組みに驚く。
疑問点変更点を図面修正して返信送付する。

✉内海さんからのメール
樂吉左衛門様
添付ファイルで、
佐川美術館　展示室（1）・展示台　検討図
お送りします。ご検討お願いします。
（台免震無し、照明＝天井のみとしております。台の高さ・枕木割付を背面と揃えるため、低く変更しております）
下地の構造・ガラス支持の詳細は検討途上でございます。更に寸法調整を必要とする可能性がございます。

平井様
取り付け方法等に改善策、また、お気付きの点ございましたら、アドバイスお願いします。
また枕木古材の成分については成分分析を行い、害は無いとの判断を得た上で文

化財研究所に報告を行う必要がございます。30センチ程度の断片を次回打ち合わせ時（6/21）にご持参いただけませんでしょうか。
よろしくお願いします。

✉ 内海さんへの返信メール
内海様
拝見致しました。
一部変更案を記載致しました。展示台の高さが、840とモックアップ検証時よりも低くなっているのは、何か理由がありますか？
割付上　120（枕木の高幅）×7＝840とか？
もしそのようなことであるなら120×8＝960にして下さい。
一応訂正案の上記添付図面ではモックアップ時検証の900よりも20高い920としていますが、高いほうは960でもかまわないと思います。
ライトの取り方は3列別系統調光でお願いします。いずれも背面衝立までのばして下さい。
展示台は1050幅、これは枕木幅210×5本ということだと思います。
真ん中3本分、つまり210×3＝630、もしくは3本分＋α＝670ぐらいの幅で、厚さ20の腐食銅板を埋め込みたいと思っています。免震台は不要でOKです。
侵入センサーは必要です。それから各部屋ごとの防犯カメラ等の設備はどうなりましたか？
宜しくお願いします。
樂吉左衞門

06.06.17　割れ石発注の難問

次回現場打ち合わせは21日、10時半よりと決定。
このところ心配になり始めている問題が1つ。
中国に発注の石材について、結果がどうも思わしくない。以前の打ち合わせで第1号の見本を見たが、見本自体は小さすぎてなんとも判断できなかった。内海・山本両氏には石のイメージは十分伝え理解されているが、さらに大東マーブルの下請け、さらに恐らく電話か何かのやりとりでの中国の担当者、さらに中国原産地の職人と伝達してゆく時に、結局は別のイメージになってしまうのは当たり前のことかも知れない。
こんな風なものという印象論のやりとりでは無理だろう。切り出し自体の方法論を提示してやらないとだめだ。

06.06.21　各項目の決定事項　中国産石材に失望

現場作業所にて打ち合わせ。

10時30分に作業所に入る。まず現場事務所で机上打ち合わせ。
前回未決定事項などを議事録（6/6）に沿って確認を行った。

〈B2F展示室関連〉
1. B1Fホール天井用GRCパネル見本（型枠のうづくりを強調したもの）を検証→　決定
2. 第1展示室展示台　台の高さはH＝960（120×8）でよい。→　決定
   背壁は、FL+960（展示台の高さ）を基準に割付ける。H＝3060（960＋210×10）とする。→　決定
   照明は個別調光のライティングダクトを3列、背壁より2800程度とする。
3. 展示ケース　ガラス割付変更図確認→　決定
   展示室4～6島状ケースについては、天井部分にロの字形でライティングダクトとした図確認→　決定

〈B1F寄付、水露地関連〉
1. B1F寄付への通路および寄付天井、原寸見本張りにより検討。
   400～500幅程度の杉　幹皮付無垢板黒塗装、不燃加工品　厚さ30の透かし張り（スリット幅80～100）とする。隙間内部はグラスウールを張り付け、吸音効果をつくる。
2. 通路と寄付の区画は、段差は設けない。
   厳冬・酷暑期には別置きの坊主襖か何かを吊り込み、区画できるようにする。（空調必要）→　決定
3. 水露地　仕上げコンクリート　原寸見本流水実験による検討。再実験。

〈その他〉
1. 立札水屋　配置について、作業台をアイランド配置とする等改善項目あり。→　継続検討
2. 石材　黒の割れ肌　ジンバブエの割れ肌仕上げが困難のため、山西黒（黒っぽいもの）割れ肌で継続検討を行う。　等

作業所の横に新たな水露地の実験壁面が仕上がっていた。早速水を流す。コンクリート表面の剥離剤のせいか？　水が分流する。量を多くするとジャージャー音と撥ねが飛散する。恩田さんが水量調節に苦労している。壁面全面に均等に水を流さなければならないが、問題は水量の調節の仕組みと壁面の段差の状態である。型枠上下の段差を0にすると水の流れが速く

なる。やはり型枠の上場を僅かに出して、流れてくる水をためながら下に流す。下場を出すと水が散る。何ミリほどが適切か。南京下見板風3ミリ段差のもの。陰翳が強く横線が強すぎる。同様のもので1.5ミリ段差のもの、及びそれを上下反転したものを作成し、再実験を行う。

問題は中国発注の石材見本（広間縁石に用いる）。
山本さんはじめ現場には何度もイメージを話してきたから、みんなよく理解できているが、僕もこれ以上なんとも説明の仕様がない。山本さんはじめ現場は一生懸命対応してくれている。正直がっかりするがあまり顔に出せない。「先生が中国まで行っていただかないとこれはだめですな、ハッハッハッ！」と顧問の宮永さんが重くなった雰囲気を和らげた。しかし実際、中国山西省にまで出向くわけにはいかない。
ノミで人工的に割れ肌を作ろうとしているから、そこには石本来の強さがない。ノミの割れ方がガタガタうるさいだけ。
これではないのだ。石が自らの力で割れたような決定的な割れのラインと肌がほしい。
この前関ヶ原で見た、切り出したままの巨大な原石の採掘時そのままの表情を、ちょうど食パンのヘタだけ切り落とすように、原石のヘタだけ手に入れるわけにはいかないのか…。それは無理！
では実際に原石を割ってもらってはどうか？　それもどのような割れ方になるかわからないし、ロスが大きすぎる。やはり、それはだめ。
巨大な原石を真半分に割って、またそれを真半分に割って、限界まで繰り返しそれぞれを機械で半分に切り離す。2等分、さらに2等分、さらに2等分、そうすれば16枚の割れ肌ブロックが取れることになるがどうか？
内海さんも大東マーブルさんも山本さんも、皆が押し黙る。
僕から考えれば何でもないことなのに、なぜできないんだ！
なぜ、だめなのか？
今日はもうこれ以上押さない。
もう少し彼らのやり方を見ることにする。これではだめだということは、だれもがわかっている。
ジンバブエ産のものと中国山西省産のものの2種の割れ見本があったが、中国山西黒1本に絞り込み再度見本を依頼する。

06.07.10　打ち合わせ　横山竹材店　杉坂平井工房

午後早々、内海氏が来る。自宅で合流、横山竹材店にぶらぶらと向かう。

ご近所さんだから気楽でよい。
人工焙煎煤平竹と天然煤丸竹の組み合わせのパネルが3枚用意されていた。
煤竹そのものの組み合わせはこれで良いだろう、敢えて全てを天然煤竹にする必要はない。色のばらつきのある天然煤竹よりも、この場合は統一がとれた人工煤竹の色合いの方が良い。前回よりも濃く仕上げてもらっている。
問題は敷き詰め方、ランダムな感じのものと、きっちりしたものなど少し配慮してあるが、いま一つ硬い感じがする。パネルに張り付けるのだから致し方ないが、左右の不揃いな揺らぎと前後に竹がしなる揺らぎが一致していないのだ。
平井さんに平竹1枚1枚をもっと緩やかに張るよう指示、ランダムに張り付けたものは、前後の竹のしなりがパネルに張り付ける時に殺されてしまっている上に、左右にランダムさを強調するからちぐはぐになる。
しっかりと説明をし、あとは本番、平井さんの施工の腕にまかせるほかない。

平井さんの車でさらに杉坂に向かう。ここ、平井さんの工房は、鷹峯を越えて、京見峠を越えてわずかに山間に開ける小さな村落、杉坂にある。
工房の奥に枕木を仮組した展示台が置かれていた。周囲の木材を圧倒して、まるで怪物のよう、強烈な存在感である。このような荒けなく強いものの上に茶碗を置いて茶碗が負けてしまわないだろうか、誰もがそう思っているに違いない代物。これは僕の作品どうしの戦い。茶碗という作品と枕木の展示台というもう一つの作品。いかなる対峙を出現させるか。
実際は壁面がもっと高く天井まで立ち上がってゆくから、その異様さは更に増す。
しかし、面白い、なんとも強烈で痛快な代物になった。あとは寸法の調整。台の高さはH=960、台の長さ2100を2500に変更、奥行きを深く。
その他床材に用いる枕木を検証する。
工房の奥の河原に枕木がずらっと寝かせてあった。しかし初めて見た時の枕木とイメージが違う。
「平井さん、これ洗いすぎたのと違うか」
「あまりにも汚れすぎていますから、高圧洗浄で少しだけ汚れを洗いました」いや、これではだめだ。肌が殺されてしまっている。脂気をなくしたように病人みたいに青ざめている。できるだけ洗わないこと、いや洗わなくても良いのだ！　面倒だがモップ綿布でも何でもよいから手磨きしても

らうよう指示した。

06. 07. 11　現場打ち合わせ

早ご飯をすまし、佐川に急ぐ。2時前から打ち合わせ。

前回議事録（6/21作業所打ち合わせ）の確認。
茶室造作材の検討、前回打ち合わせよりの懸案…第1展示室展示台、B1F茶室導入部通路および寄付、天井材、原寸見本貼、水露地（滝コンクリート、原寸見本流水実験）水生植物…について打ち合わせを行なった。

平山先生館前の水庭の南角で、この春から葦・蒲の試験栽培を継続しているが、もう2年前だろうか第1次試験の時に比べると驚くほどの進歩である。種類は葦、蒲、ヒメ蒲の3種、周囲に小水草をあしらう。すでに僕の背丈を越えようとする勢い、特に蒲の生育がよい。葦がもう少し逞しくなってくれればよいが。葦と蒲を混栽させる方向で考える。蒲はヒメ蒲を使用する。本蒲は幹も太く葉の枚数が少なくごつすぎる感じ。
心配していた葦・蒲の育成に希望が見えてきた。とにかく「葦育成チーム」なるものまで作って研究を重ねたのだから。直接担当の恩田・稲両氏、関係者の努力もよくわかる。

随分と様々なことが少しずつ決定されていく。問題は広間。広間の床関係、なかなか決まらない。
最悪なのが広間縁石と水露地の石組。今日も中国から送られてきた見本を見たが、手直しを指示すればするほど悪くなってくる。
こちらの意味を理解できていない。斜めにドリルを入れて、はつるように割れ肌を丁寧に作っている。まるで浅いすり鉢状の凹みができている。
これではどうしようもない！！　完全に手詰まり状態だ。
「なんでもっと素朴に割ることができないんですかね…」
「更に訂正、試験させます」
大東マーブルさん、とにかく継続検討。

その他打ち合わせ事項
照明は個別調光スポットライトを天井内に格納する（調整及びメンテナンスは天井裏のみからとする）。枕木古材は現物を敷き並べて検討。半分に割って使用には裏面をみせる。表面仕上げ（磨き、オイル拭き等）は見本

により継続検討。→　保留
他、B1F通路、寄付天井及び床、水露地コンクリート流水実験は、南京下見風板枠幅1.5ミリ段差で続けて実験継続、他茶室造作各部。

06.07.12　石材の発注先変更

雅臣と電話で話をする。結論としては中国発注では無理だろう。石の目を読みながら、矢を打ち込んで手割りをする昔ながらの方法を中国に発注すること自体に無理があるのかも知れない。不思議なことだ。伝統を重んじる国に伝統技法での発注ができないとは。
「日本でも、正確に目を読むことのできる石工さんはわずかしかいないから。関ヶ原の髙木さんもそうだけど、ほかに出雲のほうに1人いると彫刻仲間から聞いた」
雅臣と電話で話しながら僕は「関ヶ原にもう一度行こう」と決心した。
雅臣と日にちを打ち合わせた。
27日関ヶ原行き決定。

06.07.26

✉ 内海・山本さんへのメール
内海様　山本様
28日、雅臣と現場に参りますが、石の業者の方に同席頂けるようにご手配下さいますでしょうか。
具体的にもう少しつっこんでご相談できると思われます。
ではよろしくお願いします。
樂吉左衞門

06.07.27　ジンバブエ黒石と石工髙木さんとの出会い

扶二子の運転で雅臣と関ヶ原石材に行く。
内海・山本両氏は現場打ち合わせが入っており、我々だけで行く。ゲートで名前・部署を記載していると、関ヶ原石材の永松正信さんがすぐに現れた。
関ヶ原石材の今在庫する全ての原石の中から黒い石を見せてもらいたい。
永松さんはすぐさま僕らを加工場の横の石置き場に案内した。
なんと！　巨大な直方体の黒い原石、長さ4000あまり、幅2000を超えるか。

そんな巨大な原石が2段積みで50ブロックぐらいはあっただろうか。
雅臣と2人、我々は「おお、ある〜！」と感嘆の声を上げた。
すごいど迫力だ！　山からまさに切り出したままのブロック、はげしい割れ肌、鋭く尖る角、切り出しのドリルの痕が何本も通っているものもある。それもなかなかの表情だ！　最近は手彫りではなく5メートルでも一気に掘り貫くドリルを何本も差し込み、石の目など関係なく直方体のブロックに切り出すという。強引と言えば強引な手法。
しかし僕はとっさにこれだと思った。
石はアフリカジンバブエ産、山西黒も1つ2つ混じっていた。
やはり、ジンバブエだ！　これしかない！
僕は興奮気味にその場で決意した。
以前内海さんたちと見学がてらに来た時にもジンバブエ産の黒い原石はあったが、これほどの数ではなかった。
なんと美しい肌か、硬質で密度が高く引き締まっている。御影石のように雲母や石英がガサガサきらめいてはいない。硬質の肌に細かな石の粒子がわずかに燦めきながら強力な力で圧縮されている。僕は何度も肌を撫でる。冷たくて気持ちがいい。
僕はかってに自分の中で決定した。佐川の茶室にはこの石を用いる！！
永松さんに尋ねた。
「これらの石のヘタの部分だけ切ってもらうわけにはいかないですか」
「まあそれは、できないことではないですが…相談してみますが。でもこの方向はだめです。残部が利用できなくなるので」
この客はえらいことを言い始めたと困り顔だが、それでもできないとは言わなかった。
しばらくすると向こうから、帽子を被った見覚えのある姿の方がにこにこしながらこちらに来られる。
髙木嗣人さんだ。関ヶ原石材に隣接する敷地に髙木工房を経営され、彫刻から建築壁面、手水鉢など、あらゆる石の加工を手がけておられる。髙木さんの石工としての高い技術を頼んで、有名な彫刻家も髙木さんの工房に依頼制作したりもする。
「切り出された原石がこうして並んでいるとすごい迫力ですね」
「この硬質な肌がなんとも言えない魅力で、僕はいつも加工する時、手を加えないでこのままのほうが美しいと思うことがあります」
髙木さんが、にこやかに僕に話しかけた。
こんなに巨大な、猛々しい石の群像に出会うと、人間のすることなんて卑小なものに過ぎない気がする。

僕は髙木さんに僕のプランを話し始めた。

髙木さんが僕のプランを理解するのに、さほど時間はかからなかった。矢で手割りしたままの割れ肌を、茶室の縁石にドーンと敷き詰めたい。

僕が話し始めてすぐに、髙木さんは興味を示された。

「面白いな〜、そりゃ〜面白いなあ〜、そんなことができたら僕やってみたいな〜」

僕は何度も何度も石のイメージを佐川で担当者に説明してきたが、髙木さんは、僕が話し始めるとすぐにその全容を理解されている。

僕は嬉しかった。昔彫刻を学んだ時の気分、仲間意識のようなものを僕は髙木さんに感じた。

この人に委ねるしかない！　直感的に僕は思った。

髙木さんと雅臣と3人で50ブロックほどの全ての原石を詳細に見てまわった。割れ肌の特におもしろいものを選び出した。永松さんに借りたガムテープを、その中から特に美しい面に貼って印を付けた。2段積みのものは上に登り、狭い隙間から窺ったりした。

「これ、おもろいなー」

「このドリル穴が通っているのもなかなか面白い感じになってる」

3人、あれがいい、これもいい、うきうきしながら見てまわった。

「髙木さん、この石を半分に手割りして頂いて、その半分をまた半分に手割りして頂いて、最終厚さ40〜50センチのブロックができますか？」

「石が割れるのは、石自体の重みで割れてくれるので、ある程度の厚さは必要です。薄くなると矢を入れても斜めに逃げてしまいます」

最近は石目のことなど考えずに巨大ドリルで無理矢理定型の直方体ブロックに切り出してくるので、目の方向が全くばらばらだそうだ。目の読み方も教えてもらったが、髙木さんのように触っただけでは僕にはわからない。

永松さんも乗り出している。

「ここにも面白い割れ肌がありますよ！」

こういうものだ。モノに感激することは皆の気持ちを高め、寄せ始める。

髙木さんに託せば間違いない。

中国発注の全く手の打ちようもない行き詰まりの中である。

僕は髙木さんを天の助けだと思った。

髙木さんへの製作依頼を竹中さんに了承してもらわなくてはならない。すでに下請けとして大東マーブルさんとの関わりはどのようになるのか。気の悪いことにはならないだろうか、少々気がかりなことであるが、ここは

どうしても髙木さんに依頼しなくては成り立たない。帰路の車中、僕は、また強く決意した。

雅臣は、蹲い制作に使用する原石候補を確保した。髙木さんの工房に泊まり込んで制作するという。永松さんが関ヶ原石材の男子寮を手配してくださる。
僕は水露地の石組についても、このジンバブエを使用することにする。
さて水露地の石組制作だが、それを雅臣にまかせようかと思った。大学4年生で、建築と関わる仕事に遭遇できるチャンスは滅多にあるものではない。きっと勉強になるだろう。広間縁石の下には様々な設備が通っているが、水露地はさほど複雑ではない。
帰宅後、雅臣に話した。彼も大きな挑戦ができることを喜んでいた。
夜、内海・山本両氏に連絡。

> ✉ 内海・山本さんへのメール
> 内海様　山本様
> 先ほど関ヶ原石材より帰って参りました。
> 小間蹲いの石材についてジンバブエのものから2点ほど候補を上げ、石工の髙木さんにも意見を聞き、石目なども検討、結果1点に絞りました。
> これに決定したいと思います。
> 詳しくは関ヶ原から内海さんの方にも連絡あると思います。
> また、広間縁石についてもそろそろ結論を出さねばなりませんが、これまでの見本ではやはり難しいと思います。
> 詳しくは明日の打ち合わせでご相談致します。
> 明日10時半過ぎに参ります。よろしくお願いします。
> 樂吉左衞門

06.07.28　現場打ち合わせ　関ヶ原髙木さん制作承認の件

雅臣と2人、10時半過ぎに現場に入る。山本さんが迎えてくれた。
早速山本さんに、昨日の関ヶ原での報告と髙木さんへの製作依頼をする。
山本さんはすぐに了解してくれた。
「わかりました。先生が満足行くようなものができるのなら、当然そこに依頼しましょう」
僕はさらに突っ込んで聞いた。
「山本さん、正直言って、大東マーブルさんもよくしていただいていますが、関ヶ原石材と髙木さんに依頼することになると、大東マーブルさんの立場はどうなりますか？　ちょっと気になるんですが」

「いや、それは竹中で処理しますから」
僕はそれ以上、立ち入らなかった。
雅臣の水露地制作も話した。山本さんの顔が一転してニコニコ顔になった。
「それはいいですね〜」
小間の蹲いの埋め込み位置、水露地の確認をして、昼食をいただいて午後帰宅する。
ずっと滞っていたものがスキッと前方が見える。爽快な気分だ。
夜、平井さんにハッパをかける。

✉️平井さんへのメール
平井康史様
昨日は関ヶ原石材に雅臣と行ってきました。
小間、蹲いの石を決定してきました。やはり現場で実物を見なければならないと思いました。
広間の石床材も、関ヶ原と直接相談し、結局、関ヶ原で原石そのものを選択、新たに割って貰うしか方法がないと考えました。
さて、今日、稲葉さんから電話あり、成田に着かれたとのこと。荷物はもう成田に着いているので、これから通関の手続きをして、8月初旬には発送、現場に到着します。
いよいよですが、その他の材の決定もしなくてはなりませんが。
取りあえず、平井工務店の手持ちの材料を徹底検討、それでなければ別調達ということで、1つ1つ考えて当たっていかなければなりません。
8/2にそちらで手持ちの候補の材を佐川現場で検証したいのですが、手配できますか。
琵琶床、付書院天板（これもこの前1枚候補がありましたね）、その他まだ拝見できていないものなど。
それから、山本作業所長からの伝言。
とにかく、見積もりはまだ出来ない部分があっても、その他、新規参入の会社の出す書類を至急出して貰うように。
これは信用の問題だから、しっかりと対応すべきと僕も思います。
8/2までに提出するよう、よろしくお願いします。

P.S.
もし床石材を関ヶ原石材から入れるとすれば、3000×1500ぐらいの大きな石床材も敷くことが出来ます。そうなれば関ヶ原の一番古い石工さん、髙木さんに参加してもらうことになります。
樂吉左衞門

06.07.31

広間の木材について木彫家の友人河原君にも応援を頼む。

> ✉河原君へのメール
> 河原美比古様
> その後ご無沙汰しています。元気ですか？
> こちら、いろいろイエローカード貰って病院通いもありますが、まあ、何とか元気です。
> さて、以前佐川美術館の建設についてお話した木材のことですが、
> 神代のケヤキ・杉・楡などの材なかなか見つからなくて苦戦しています。
> なんか、入手の心当たりないでしょうか。
> 寸法は
> 1200〜1500×3000×厚さ30ぐらい　　　　1枚
> 1200×1500×厚さ40〜50ぐらい　　　　　1枚
> 600×2800×厚さ40〜50ぐらい　　　　　　1枚
> あと半間ぐらいの入口の板戸に出来るもの　　2枚分
> こんな所ですが、どうでしょうか。
> やっと夏らしくなりました。これから京都のものすごい夏の暑さ、蒸し風呂に辟易することになりそうです。では又。
> 樂吉左衞門

06.08.02　現場打ち合わせ

11時、佐川美術館到着、現場打ち合わせに入る。
茶室広間の木材を検討、平井さん候補材（手持ち分）を現場に持ち込み検証する。
桑の垂壁板、栗付書院天板（集成材ふうに継いだものと、鉄分によるアク出しで黒変したもの）、栗角柱材を広間現地で検討。
黒変したものは色の違和感が強い。白い白木ではなく、やや濃い色合いを持つ木質系の色の範囲で、風合いの良いものを捜すこととなった。
神代杉（広間電動昇降机天板用＝新木場に保管）、栗、桑、欅(けやき)、カリン等が考えられる。

石材については、関ヶ原石材にて、ジンバブエ割れ肌への取り組みに可能性が出てきたため、中国での検討からこちらに切り変える。8月下旬にも関ヶ原石材工場にて製品検査を予定。山本さんが関ヶ原に後日打ち合わせに行く。

第1展示室の展示台　枕木古材について
材料の表情、寸法にバラツキが大きいため、すべての使用部材を特定し、それにより寸法を決定する（平井工務店にて明日選別する）。
枕木相互には極力、隙間＝目地を設けない。ただし面取りなどの調整はしないでそのまま積み上げダイナミックな感じを残す。

水露地
円筒形壁の高さについて、現地原寸模型で検討。地上面から立ち上がる水露地の円筒形型についてさらに内部の高さを確保するため地上水面よりせり上がる部分をさらに高くする。
原案と、原案＋600のもの2種を現地に仮模型を作り検討。原案で決定。円筒形の最上部が水面より500突出するが、仕方がない。水露地底部をこれ以上下げられないのだから。
本来ならば、水面から立ち上げずにそのまま円形の筒状のくぼみに水が落ちるようにしたかったが…。大きな譲歩となった。これは僕の譲歩の中で最大の譲歩である。
外部から立ち上がった円筒形の仮枠を眺める。この突起をなくすことができれば当然それが外観的にはよいが、やはり内観をとる。内部から見上げた時の高さがほしい。それを優先する。

B2Fエントランスロビー天井
GRC板、大判現物見本を検証、スリット幅を150に仮設置した。これはなかなか良い。GRCという少々もどきじみた素材に違和感があったが、実物はほとんどコンクリート打ち放しそのままの感じ。内海さんの推薦だが、大ヒットかもしれない。これが広いロビーの天井に張られるのを想像する。天井が高いため木目の強調もさほど嫌みにならないだろう。
いや、これは本当に内海さんの大ヒット、できれば全ての展示室もこれにしたい。

茶室トップライト内
遮光装置の方法の説明を受ける。とにかく中心がずれないように開閉できれば良い。詳細の検討に移る。電動ロールスクリーン2系統を重ねて開口を調整する。

夕刻帰宅、雅臣にメールを入れる。

✉ 雅臣へのメール
関ヶ原の雅臣の石の件、雅臣のほうから関ヶ原、髙木さんへ連絡してどんどん自由に仕事進めて下さい。竹中も了解。また、床敷石の件も関ヶ原、髙木さんにお願いする方向で竹中も了解。多分連絡とって作業所長の山本さんがまず打ち合わせに関ヶ原に行きます。そんなことです。宜しく。

✉ 雅臣からの返信メール
21日から関ヶ原石材にて仕事をします。始めの一面はNHKさんが取材にこられます（21日）。関ヶ原石材、NHKの安田さんには連絡済みです。宿泊場所は関ヶ原石材の社宅を貸してもらえることになりました。1泊千円ぐらいとのことです。

06.08.05 東京新木場

平井さんと東京新木場にある銘木店を2軒ほどまわる。
神代杉のどでかいものを見る、裏側に大きい腐れ。
ウレンゲという外材のでかい一枚板。
広間床柱の候補…目に留まったもの、一尺もある太い桑、これは島桑といって痩せた岩場で風雪に耐えながら育ったもの、滅多にこれほどの太さのものはないそうだ。他に桑の柱、こちらは山桑、山の肥沃な土壌で育ったらしい。くらべると木目の混み方、木目の模様の複雑さなど全然違う。他に一位(いちい)の床柱。

2軒目、鴨川商店の会長さん、とても気持ちのいい職人気質のおじいちゃん。木の話になると夢中になられる。天然記念物だったか、巨大な欅を切った話。幹に大きな腐れが入っていて、今にも倒れそうで危険なため伐採に踏み切ったとか。一生に一度出会えるかどうかの出会いだったそうだ。その木を自ら切ることの栄誉と木への愛情がヒシヒシと伝わってくる。この人は本当に木を愛している、会長の顔は始終笑顔を絶やさない優しさに溢れ、誇りに充ちている美しい顔だった。ひとたび木の話になると終わる事がない。
ひとまず、めぼしい木材を記憶し帰京した。

06.08.07

✉ 河原君からのメール
樂吉左衛門様
今朝、さっそく北海道の材木屋さんに電話しました。神代の幅広はあまりないけ

どきれいなのは持っているようでした。一応見積もりを送ってもらうようにしています。最近中国からチベットの方の木を買ったそうです。これもきれいだから見に来いよと言われました（木の名前は不明）。あと、800×3000くらいの板の件ですが。真桜なんかもきれいな気がします。これは900くらいの幅の桜を僕が持っています。但し厚みが30（仕上げが）くらいです。木は古く、明治の頃に切り倒されたものと思います。赤みがあって品のいい木です。あと、鳥取の方に古い材木屋さんがいて、いい木を持っているというのを聞いたことがあります（これは僕も一度行ってみたい）。もちろん調べることは出来ます。
なんやかや大変でしょうが、いつでも僕に出来ることなら協力したいと思います。遠慮なく言ってください。
暑い日が続きますが、元気でがんばりましょう。ではまた。
河原美比古

06.08.11　現場打ち合わせ

〈造作材〉
1. バリ古材着荷（一部開梱）の確認を行った。
　　平井氏により一旦、加工場（杉坂）に搬送。写真ファイルを作成のうえ使用場所の検討に着手する。
2. 広間床柱材の新候補として黒壇、栗（あく出しで黒変、その後風化させたもの）他5点を現場で検討。次回（8/29）他の候補材を見て再検討を行なう（今月中、もしくは9月上旬には決定が必要）。
3. その他の内法材…広間琵琶床天板　床框材　茶室便所入口扉（無垢材で）
　　茶室広間　机天板（常は床下に収納されている机、電動昇降式で特別食堂としての使用時対応のもの）

〈石材〉
関ヶ原石材にて、ジンバブエ（黒御影）の割れ肌大判見本を作成中。
8月24日関ヶ原石材にてこれを確認、及び、必要な割れ肌用、原石採用ブロックの選定を行う。
割れ肌材ジンバブエ：茶室広間縁石、広間付書院床台座石、小間基壇石、水庭外部渡り通路飛石（東端1か所）、水露地飛石
JP仕上げジンバブエ：1F～B1F通路床材、A階段（1F～B2F）床材、エントランスロビーへの大階段（B1F～B2F）床材、B2F便所床
水みがき仕上げジンバブエ：茶室まわり便所3か所床材、B2F便所、茶室まわり便所2か所壁材

〈第1展示室展示台〉
展示台背面自立壁の枕木材と側面ガラススクリーンを分離する。
これにより、ガラスは床から天井まで（H=3500）上下2辺で支持する。

以上の方針変更とする。
〈茶室天井遮光装置〉
施工図にて方針を確認。スクリーン生地は黒色とする。試作品を作成し、8/29現地で検討を行なう。

〈便所仕上げ〉（茶室以外）
手洗いについてはカウンター天板方式（本館同様）とする。
床石（ジンバブエ等）壁石（ジンバブエ等）：細幅のものを積み上げた表情…で検討を行う（1F茶室のみ、壁コンクリート打ち放し）。
天井＝ボード、ペンキ（1F茶室のみ天井、竹又は板）。
B2F便所ブース仕様は米松黒塗装の単板張り（第1展示室壁と同じ表情）。
〈水生植物〉
配置変更案の水庭深さ（50、200）範囲図が提出され、この方針で詳細検付。
〈小間手漉和紙〉
石材決定後、和紙の素材検証を行なう。

06.08.24　打ち合わせ　関ヶ原石材

関ヶ原石材へ原石の選定に行く。
9時半自宅を出発。平井さん運転、扶二子同行。ICで山本さん・宮永顧問・小内さん・大東マーブルさんと合流。すでに雅臣は関ヶ原に泊まり込み、蹲いの制作にかかっている。
関ヶ原石材の西はずれにある髙木工房に向かう。
工房の前にはすでに割られた巨大な原石が10あまり並べられている。鋭く尖った割れ肌。

雅臣の割った蹲い石候補2点を見る。
いずれも見事な割れ肌だ。上部一辺に、わずか10センチ強の矢穴が点々と付いている他は、一点の曇りも逡巡もない割れ肌。ハンマーを打ち下ろしても、キーンと跳ね返される、おそろしく硬質な目の詰んだ石であるという。
雅臣は2つに割れたどちらの石を使用するか、すこし迷っていると言う。
確かに甲乙つけがたい美しさがある。
結局一片がやや欠けた物を使用することに決定する。
髙木さんに教わりながら、目の読み方も学んだ。他にも割ったが、この石に取り組み、初めてピシッと割れが走った時は感動的だったという。

本当にそうだろう、よくわかる気がする。
本当の感激は体で感じるものだ。考えて考えて考え重ねて、その全てを託して最後はそれを体で感じる。手を汚さない感激は本当の感激とは言えない。石も陶芸も建築という仕事も。

ひとまず昼食、内海さん合流。
午後から髙木さんの説明で、小間基壇候補の石を検証する。以前に佐川の動物園での石を候補にあげていたが、この関ヶ原でジンバブエの巨石と出会った時にそれらはふっとんでしまった。

さすがに面白い表情の割れ方をしている。
人工的にはつったのではなく、まさに自然の割れである。そこに楔(くさび)の痕や、切り出しのドリル痕が走っていたりする。
面白い、見ていても飽きないが、さてその中でもさらにどこの部分を取り上げ、どの部分を捨てるか。
その中から3種を選び決定した。
平井さんがまず高さを確認、さらに必要な寸法を確認。更にどの部分を取り上げるか。
ドリル目の通った所、面白い形状の凹、張り出す量感、こちらを取ればあちらが無くなる。なかなか悩ましい選択であったが、決定を下し平井さんが墨を入れる。
髙木さんと検討、テーピングをして決定する。

永松さんと残りの原石の選定に入る。
「おそらくここにあるほとんどを使うことになるでしょう」
と永松さんの説明。

あっという間に時間が過ぎる。日が暮れるのが早くなったのか、すでに夕暮れの気配、髙木さんにくれぐれ礼を言って関ヶ原を発つ。

06.08.28　現場打ち合わせ

全員で場内石工事各所を巡回、確認。特に小間盤陀庵、基壇石、蹲いの大きさ納まりを現地で検討。小間基壇石の天場、特に躙り、畳との接続部分などサンプル石で検討をすることになった。
水露地の底については、石ではなく、ブラックコンクリート（濃い目）の

コテ押さえに変更する。
水露地中央部、ハス鉢用開口900程度、化粧蓋を設ける。水露地はあまりにミニマムな空間、何か佐川さんで茶会以外にゲストハウスとしてご使用の時の演出として、コンクリートに囲まれた何もない円形の水の空間に、せめて蓮1輪などあってもよいかと、蓮鉢収納のための凹部を設けたが…。どうだろう、必要ないかもしれない…。

問題の広間の木材だが、やはり東京新木場を再度訪問することにした。
9月5日平井さんと行く。

06.09.02　再度関ヶ原検証

扶二子の運転で関ヶ原に行く。
雅臣、制作中の小間埋め蹲いの水溜部分の彫り込みを始める。溜口の円の大きさの確認立ち会い。寸法は打ち合わせ通り1100×1000、そこにどれ位の大きさの袋穴を開けるか。
直径320を中心に、前後数種寸法の円盤型紙を雅臣が用意していた。
何度か試行錯誤しているうちにわからなくなる。目の学習、慣れは感覚を麻痺させる。時間をあけて午後最後確認、決定する。
割れ肌なので凹凸はある。

髙木さんには小間の茶室の基壇の石組から製作してもらう。その天場仕様だが、天場水磨き平面と天場割れ肌が考えられる。ここには例の紙壁の中に組み込まれる三角柱が突き刺さる。
念のため、磨き仕様も含めて見本3点を現場に送ってもらうことにする。
1.天場を水磨きで平に切り取ったもの
2.天場を自然風の荒れ肌にしたもの
3.躙り口の天場の表情見本、荒れ肌を砥石で磨いたもの

このジンバブエの割れ石は、まさに盤陀石、水没する座禅石だ。水没する茶室のテーマの伏線になる。
この巨大な石の上に我々は座り、茶の湯を営む、まさにこの石の上に小間が立ち上がるのだ。

雅臣は髙木工房の人になり始めている。学校で習うこととは違い、ここは実践の場、技術的にも学校では学べないことが学べると言う。

06. 09. 05　東京新木場　再度検証

平井さんと再び東京新木場へ。前回訪れた鴨川商店の他、梶本銘木店を加え2軒をまわる。残暑が厳しい。鴨川さんの若社長が車で駅まで来てくださった。それぞれ倉庫を見学。とにかくさすがに銘木店、黒檀のすごい四方柱、北山杉天然しぼ、松、一位、立派なものが並んでいる。
ほぼ4種類の床柱・板材を候補にあげることができた。

槐（えんじゅ）　　床柱用（白太＋殴りあり）　　1本
一位　　床柱用　四方柱　　　　　　　　　1本
桑　　　床柱用　四方柱　　　　　　　　　1本
黄肌　　琵琶床、付書院用板材　　　　　　1本

おおよそ床柱には、前回鴨川さんの所で見たあの島桑が良いと僕はにらんでいる。鴨川商店の倉庫で僕が島桑をしげしげと眺めていると、鴨川商店の会長があらわれた。小柄で顔全面にこにこされて。
「この木目の美しさは他の桑にはありませんな。暴れていますがなー、この島桑あたりをどう料理するか、腕の見せ所ですなー」
だんだん僕の気分もこの島桑に傾いてくる。
しかし平井さんはやや引いている。この暴れ方では木取りして細くしてゆけば、かくれた節とか小さな腐れだとか何が飛び出すかわからない。そばに一位のすごい柱があって、むしろその柾目の通った格調の高さに惚れている。一位の柱はよく神社の内陣用になっている材だ。節はおろかよごれやシミ、木目の乱れすらない。まさに格調の高さということになろうか。
先ほど見た槐も、白太の部分のモダンさは捨てきれないものがある。
他にウレンゲ、本桜の大きな一枚板、うすピンク色が本当に美しい。栃の木の大きな厚い一枚板もあった。これは木目が派手すぎて好きにはなれない。
ずいぶんゆっくりと時間を過ごした。鴨川商店の会長の話を聞くのは本当に楽しい。職人の気心がヒシヒシと伝わってくる。心ときめくものがある。5時半頃ようやく鴨川商店をおいとました。
平井さんはそのまま京都に向かう。僕は別に用があり東京に残る。
夕食後、ホテルで独り昼間の新木場で見た木材を思案する。あのウレンゲも捨てがたいが、たぶんあの暴れ者の島桑しかないかな、と内心僕は思った。

06.09.06 　水露地蓮鉢設置取りやめ

東京から帰宅する。新幹線の中は意外といろいろ考え事ができる。普段は本を読んだり、うつらうつらしたりするが、さすがにこのように佐川の建築が佳境に入ると、本を読んでいてもいつの間にか建築のことを考えてしまう。
1件、変更を決心する。
水露地の中央に蓮鉢を埋め込むスペースを空けることをやめる。やはり原案を貫いて余計なサービス精神は削除する。
帰宅後、内海・山本両氏にメールを打つ。

> ✉ 内海・山本さんへのメール
> 内海様　山本様
> 水露地水底の件。
> 水露地中央に蓮鉢を置く窪みを造りましたが、それを取り消して戴くことが出来ますか。やはり水露地の底面を何もない真っ平らの平面にしたいのです。使う人のために余興的アクセサリーをということで蓮鉢など設置しても…と考えてきましたが、やはり当初の考えを貫き、円筒形の水露地には何もないことにしたいと思います。もちろん穴に蓋をしても目地が見えますから、それも無し。それから壁面際水底に電気照明を埋め込む話も伺いましたが、それも無し。
> 底面を黒磨きのコンクリート仕事で行いたいと思います。
> 照明は蠟燭を置きます。水面ぎりぎりで、あるいは水中に沈めて。その照明器具は別に設計します。
> 臨時、あるいは作業などに必要な場合の照明は出来るだけ見えないところに最小限設置。
> たびたびの変更で申し訳ありませんが、その方向でよろしくお願いします。
> 樂吉左衛門

06.09.07 　杉坂平井工房　枕木展示台検証

ほぼ組み上がっている枕木展示台の最終の高さを調整する。問題はこの展示台にのせる作品を直接置く金属板をどのようなものに仕上げるか。銅板黒色サビ、鉄板色サビ、アルミサビ板等々。

06.09.11

> ✉ 内海さんからのメール
> 樂吉左衛門様
> ご連絡ありがとうございます。

>中央の蓮鉢くぼみをなくし、全面底仕上げ＝ブラックコンクリートは目地無しでひび割れなどなく仕上がりますか？
3.6メートル×3.6メートルピッチくらいの面積を目安に目地を入れ、また円弧壁沿い（通常は壁面より約300の位置の同心円…今回のケースでは壁と床の接する部分の円形でも良い）にも目地を入れて、亀裂の誘発として備えることを通常行っています。添付ファイルで、亀裂誘発目地の配置案、お送りします。ご検討お願いします。

>200の水深は石張りをしなくなった分、深くなったのでしょうか？
厳密に申せば石厚分、深くできる可能性がございますが、部分的に水景用配管も埋設されており、亀裂のリスクも増えますので、200のままとさせていただけませんでしょうか。

>電気照明はたとえば3通りの対応が考えられます。
>1.準備作業、非常灯として
>2.一般の簡単な見学などの場合
>3.特別な拝観、茶会、夕景夜間などの特別催し
>項目3についてはろうそくなどの明かり照明＋最小限の電気照明
>項目1・2については電気照明
>最小限の照明についてはまた、次回打ち合わせで案をお聞かせ下さい。
了解しました。

>先日、関ヶ原に行って参りました。手水確認。別紙の通りです。19、20で四国松山、九州博多に木材を見に行きます。
打ち合わせ記録拝見しました。
埋め込み蹲い、原案と別のもの（創作性を加えたもの）いずれを採用されるかの決定時期、いつくらいとなりますでしょうか。
寸法が変わると、埋め込み穴のサイズが変わるのではと懸念されますので。
木材の件、よろしくお願いします。

✉ 内海さんへのメール
内海様
水露地目地の件、目地無しではどうしてもすまされないのでしょうね。
石張りを取りやめたのも、目地の煩雑さを回避したいことと、もう1件、水深を少しでも確保したいことです。
石張りの水底は飛石代わりの床石と接近してしまう上、同じような目地痕が強く残ります。水底は鏡のように、出来るだけ目立たないように。
目地がどうしても必要なら、添付書類に表現してあった同心円の目地が絶対目立たないよう色、形状など宜しく工夫をお願いします。
水深はできればせっかく石張りを取りやめたのですから、可能な範囲で深くお願いします。小間蹲いの採用決定は10月半ば過ぎで良いでしょうか。
屋根裏竹の施工が、10月半ば過ぎまでかかるとして、その頃に決定、搬入という段取りでは如何でしょうか。

もちろんもう1作が早く完成し、寸法など分かれば問題はありませんが。
よろしくお願いします。
樂吉左衛門

06.09.12　関ヶ原　蹲い完成検証

平井さんの車で扶二子と三人、関ヶ原に蹲いの最終確認に行く。
雅臣の制作した小間の蹲いの完成を今日検証する。大きなジンバブエ原石を矢で二つに割ったものをほぼそのまま蹲いとする。先日水溜穴の検証を行い穴の位置、大きさを打ち合わせたが、今日はその仕上がりを見る。
大きさは打ち合わせ通りでまず良い。色々寸法の異なる型紙で検証し決定したが、やや小さいかという懸念が残っていたがやはり刳り抜かれるとそれなりの大きさが感じられる。
中央に穴が開けられるだけで、石全体の量感もよけいに感じられる。割れ肌の表情も良い。手前左右にやや斜めに欠けた部分があり、石の表情を造っているとともに使用時の水落の効果もある。うまく割れたものだ。中央の穴の刳りの表情がやや硬いようにも感じた。「もう少し刳りを内側で大きくとり、穴際を少し柔らかくしてはどうか、その方が刳りの大きさを感じると思うが」と意見を出した。
制作担当の雅臣は、
「穴の際を面取りやや丸みを付けて柔らかさを出さないで、むしろ無表情的な方向でいきたい」との言。
なかなかしっかり自分の意見を持っていると思った。
伝統的な蹲いならもう少し角を取って、刳りを内側に袋状にやや大きくとるだろう。しかし元々伝統的な感覚を払拭した空間である。より抽象度を強める意味においても余分な表情は不要かもしれない。
制作者の意識がそこにしっかりと通っているならそれはそれで良い。
よし、これでOK。最終決定としよう。
ジンバブエの原石を2つに割った内の1つ。もう1つの固まりもすぐ横にある。
こちらの方もなかなか捨てがたい固まりである。やや大きさも大きく、手前正面の左右の欠けもなく方形がそのまま維持されて天場の平面性も強い。
こちらの石も良いかと僕は前回の打ち合わせの時も迷ったが、雅臣のはじめからの選択通り、欠けのある方の石で良かった。欠けの表情も押さえた感じで良いのではないか。あまり表情が多すぎると塊としての強さ、抽象

度をスポイルする。禁欲的な抽象性が重要だと思う。
雅臣の表情も満足げである。原石を半分に割った巨大な蹲い、雅臣の打ち込んだ矢痕が一方の角に１列に刻まれている。石の筋目を読みながら矢を打ち込む。髙木さんから伝授をうけた伝統的なプリミティブな技法。人間の力が巨大な石に挑んだ痕跡、自然と人の営み、格闘の痕跡がこの矢痕なのだ。自然そのものの姿をあたかも仕込まれた見せ場のように見せるのではなく、自然と人間の営みがどこかで決着を果たす、その決着の在り方が重要なのだ。
自然を淫しないこと、ことさらに自然美と称する趣を見せないこと。できるだけ自然臭さを押さえて人間が自然に挑んだ禁欲的な表情。雅臣の開けた蹲いの穴のやや無表情な硬さもむしろこれで良いのかも知れない。伝統的な「味」にすり寄らないことが重要である。
佐川の動物園のあの味のある自然石を用いないでよかったという思いがふと頭の中をかすめて通って行った。
それにしても石肌は美しい。自然の不確定さがどこかで自然の制御によって整えられている。そこを読み取り、矢を打ち込む。単なる自然石とは違う。人が作り出した人工の姿とも違う。人間の、作者の造形表現を極力押さえ込みながら自然の奥の法則を読み取り、作者自身の表現と結びつける事。人間の意識を越えた自然の造形、しかも人間との関わり、作者である雅臣の意志なくして成立しない作品だ。
表情、造形の変化や面白さ、情緒性を、きっぱりと極限的に削ぎ落した潔さがある。
この巨大な量感、天場の割れ肌ばかりではなく縦面の割れ肌も美しい。土間に沈め込まないで、全体が見られるようにしたくなる程立て面の割れ肌も良いのだ。しかし、これを見せないで土間に埋め込む。
狭い空間で現実にこの量感が立体として現れるより、視覚的に見えなくすることによって、想像の中にその量感を感じさせる。
２トンほどもあるのだろうか、これが小間に設置されるのが待ち遠しい。
彼は大学の夏休みをかけて関ヶ原石材の社員寮に泊まり込んで制作した。髙木さんの指導もある。学校では学べない実地の現場にたった技術、大学とはぜんぜん違うことが学べたという。この１ヶ月で人としても成長したように思う。学校という囲われたところから、実際の社会と接したことは彼にとって何よりも大きい収穫、石工魂の固まりみたいな髙木さんとの出逢いも素晴らしいものがあっただろうと思う。
広間縁石の石組に関して髙木氏とプラン検討。
水露地石組に関して雅臣とプラン検討。

帰宅後、内海氏からの返答メールを受信。
水露地の深さは「水深200の予定を、250を目標に深くする…を検討させていただく」と言うところで合意する。

06.09.14　現場打ち合わせ

10時半現場に入る。
関ヶ原から髙木さん、雅臣も合流。小間席基壇石の天場仕様の見本を搬入、検討に入る。小間蹲いの配置検討、水露地について、底面仕上げをブラックコンクリート仕上げ、その他、水屋仕様、寄付、葦蒲の配置、B1F通路、寄付付近、建具仕様について、通路等々。
さて、重要な仕様案件は、広間畳と縁石との取り合わせ、特に縁石の割れ石とそれに接する畳との間に敷居など中間緩衝材を差しはさまずに割れ石と畳とを直接ぶつける。関係者一同の顔が少々まどいを見せる。あの烈しい割れ肌、凸凹もまちまちの不ぞろいの石肌と直接畳をつきあわせる…？　そのようなことがうまく納まるのだろうかと、皆の顔は明らかに疑問符が数枚張り付いている表情だ。とにかく割れ石の硬く粗い表情に直接畳の柔らかい表情がぶつかる。おさまり方のイメージは僕の中では明確だがあとは技術力、髙木さんの腕に頼るしかない。

06.09.16　枕木展示台

✉平井さんからのメール
樂　吉左衞門様
昨日今日と、佐川様現場小間の窓製作と日程がかち合うため、先日来中断していた展示台を製作しています。
展示台の高さは、1030で手前に仮床を畳一畳分位置いています。
現状、一見配色形状（原型を損なわないようにとの指示により、埃取りを行っただけ）でのイメージは、寂れた感じの中に過去の活き活きとした足跡（傷跡）が現れている（活気のあった炭鉱を復興していく未来を秘めた）かな？と思われる（私は）。
追伸、展示台は少し高いかな？　と思われる様にも？
今後とも宜しく御願いいたします。

✉平井さんへの返信メール
平井康史様
展示台仮組、月曜日には是非拝見に上がりたいと思います。

多分夕刻にはいけると思います。
おっしゃる通りですね。
(傷跡)は確かにそのものが過去に存在したことの証であると同時に、そのもの自体の深さと厚みを現在に加えています。そしてそのこと自体が未来にもつながってゆきます。枕木1本においても、人間の歩みにおいてもそれは同じです。楽しみに致しています。
樂吉左衛門

06.09.19　木材調達　博多・松山

朝6時、伊丹空港から福岡へ。齋藤氏、宮永顧問、扶二子同行。
福岡では、彫刻家・木工家である友人河原美比古君のところで琵琶床候補材、本桜1枚を見る。残念ながらねじれを修正し、平面を出した段階で、厚さは思ったより取れず、30ぐらい。薄すぎる。
すぐに引き返し、松山へ飛ぶ。河原君知人の銘木店に、その他、垂壁板用神代タモ等の用材を見に行く。
僕はこの銘木店がとんでもないところで、大いに気に入ったのである。
松山空港からタクシーで向かう。河原君の案内で、よくはわからないが宇和島の方に向かっているのだろうか。松山の町をとっくに過ぎて田舎道の国道をひたすら走る。
前方に山、くねくねと山道を登る。こんな所に銘木店があるのか？
もうすぐだと河原君は言う。
トンネルが見える。「トンネルの脇に細い道があるのでそれを左に入って下さい、そのリゾートホテル何とかって看板のある所の角を曲がって」。あたりは山、民家や家などはない。一体どこに行くのか。野道のような細い道路に入ってしばらくすると、なんと「リゾートホテル○○」と書いた建物。どこがリゾートか？　壊れかけた連れ込みホテルではないか。更にくねくねと行く。前方小高いところに廃材を積み上げたような場所が見える。一瞬、詰まった。まさかあそこが銘木店？
どんどん河原君の案内で僕らのタクシーはそこに向かっていく。まさに廃材ではないのか。到着。

山と積み上げられた灰色の材木群、柱もあれば板もある。確かに風通しを良くするために板と板の間に小割をかまして浮かし、平積みで寝かしてある。それで何とか、これは廃材ではないと思える。積み重ねられた巨大な材の塊が、野原のあっちこっちにボコボコと置かれている。野ざらしだ。日焼けしたご主人と奥さんが飄々と現れ出迎えてくれた。ウッドヴィレッ

ジ双海株式会社代表取締役好川重幸という名刺をいただく。
しかしこの木塊の中から何を選べというのか？ 九月とはいえ太陽がジリジリと暑い。奥さんが缶入りのジュースや昔懐かしビー玉入りのサイダーや缶コーヒーを出して下さった。
とにかく喉をうるおして…。さてどうするか？
ご主人が案内してくれた。河原君がポケットから木工用の小さな鉋を取り出して、横積みされた厚い一枚板の端を削り始めた「これは楠。これは欅、これは栃」…。
なるほど、納得した。河原君が福岡の工房を出る時に小さな鉋をポケットに忍ばせたのを僕は知っていた。何にするのか？ その時わからなかったが今理解した。ここの材はすべて野ざらしだから、桜も楠も欅も、灰色になって見分けがつかない。でも、鉋で削ると本来の木材の色と質を現すのだ。
これは面白い。分厚さや大きさを見計らって「これはどうか」「あれはどうか」、河原君が鉋で削る。
蜂が時々飛んでくる。見ると積み上げた板に穴を開けて巣を作っている。山なので材の陰に入るとひんやりと冷たいが、ヤブ蚊が出てくる。
暑さに弱い宮永顧問はもうギブアップ。
他にも同じような場所があって更に多くの材がある、とご主人。この山の少し登った所にもあるからと案内される。トラックの荷台に乗って振り落とされないように山道を行く。トラックは前後左右にゆれ、振り落とされないまでもむち打ち症をおこしそうだ。
確かにまた灰色の木材の山、山、山。
しかしこれは面白い。扶二子も夢中になっている。まるで骨董の掘り出し物を見つけるよう、まさに宝の山だ。夕方ぎりぎりまで夢中で探した。
候補の材が幾つか。
本桜の一枚板、幅が3メートル程あろうか、長さ4メートル近く厚さ15センチあまり。黄金丹？ よくわからない南方の材。タガヤサンの長い一枚板、残念ながら3分の1の所で割れている。山積みの一番上に乗っかっていたもので、ご主人がよじ登って確認。僕もよじ登って確認。野ざらしだから見事に縦に割れが入ってすでに2枚の板状態。しかし…、この割れは美しい！ 名前を尋ねると、タガヤサンという事だ。
ちょっとひらめく！！
それから栃の大きな一枚板も魅力。
値段を聞くとご主人は口の中でしばらくモゴモゴつぶやいて「まあ18万」。あれは？ 「モゴモゴモゴ…15万」。

安いといえばものすごく安い。本桜の一枚物なんて200万といえばそれも納得するが…。しかし状態はすこぶる悪い。僕には基準がわからない。河原君は自分の木工用の素材にするため積み上げてある一山丸ごと買った。少々割れが入っていてもうまく継ぎながら使用すれば充分使えるそうだ。

結局決断できずに終わる。

しかし旅館に着いてどうしても気になる。明日、帰るまでにもう一度見たい。

河原君が連絡、明日朝一番で再び向かうことにする。

06.09.20　再び木材の山に

午後から東京三井記念美術館で講演を引き受けている。時間は限られている。

目指すはあの大きく割れているタガヤサンの一枚板。もう一度材の山によじ登る。河原君が鉋をかけてくれた。皮付き、その部分は白い。中心部は茶味を帯びた黒。なかなか美しい。しかし僕が最も気になっていたのは縦3分の1に通った割れである。完全に2つに割れている。昨日ちょっとひらめいたことの答えが出た。この割れを利用する。割れた板を双方少し離して（たぶん20〜30）金属か何かでジョイントして立礼の机にする。そして唐銅かなにかの丸炉をそこに仕込む。

そう思った瞬間、保留していた寄付の立礼テーブルのプランが僕のイメージの中で全て決まった。

素材の力はいつもながら、すごい。

あとは気分も楽になって、使わないかもしれないが、僕の個人用にしてもよいと、本桜の一枚板2枚、黄金丹の一枚板を求めて急ぎ松山飛行場へもどった。

面白いところだった。ご主人とも気心が通じてきた。また行きたい気がする。別に必要があるわけではないが、でもまた行ってみたい気がする。

河原君に感謝。彼はもう少し残って材を見るという。

06.09.22　現場打ち合わせ　蹲い仮設置検証Ⅰ

搬入された蹲いの仮設置を検証に現場に行く。

現場に置かれた蹲いを合板で囲み、土間の位置までこれも合板で組み上げて床を作った。合板の囲みはコンクリート打ち放しの土間角壁を示す。く

ぼみ壁面は、土間壁面との隙間150前後、土間面より10未満突出した形で土間下に沈める。

打ち合わせ通りほぼこの仮設置でいけそうだが、不定型な割れ面の水平をとるのが難しい。ゲージ・物差しは通用しない。あとは見た感覚が優先する。若干対面が下がっている感じ、石自体左対面が下がっているため、よけいにそう感じる。

蹲いに実際に水を張ってさらに検証。

やはりわずかに水面も左下がりだ。あふれた水、手水を使った水が手水内に戻らぬような勾配が必要。あふれた水が手前にむかって流れ、ちょうど左側の欠けたあたりから下に落ちる。偶然とはいえ絶妙、好都合の割れ方である。雅臣も満足げであった。

15ほど左奥角を上げてもらうように指示。

ひとまず、小間基壇石に刺さるアクリル三角柱の設置打ち合わせをする。小間内の畳寄せを検討、躙り口をふくむ畳寄せはジンバブエ石で。しかし茶道口はどうすべきか、細かいところだが、悩ましいところだ。

茶道口の水屋側は板張りである。畳寄せをジンバブエに統一すると、畳＋ジンバブエ畳寄せ＋水屋床板材と3種類の素材がぶつかる。何かうるさすぎはしないか。ジンバブエの畳寄せが目立ちすぎはしないか。畳寄せを従来の茶室通り木にすれば今度は躙り口で、畳＋木の畳寄せ＋ジンバブエ躙り口上場と、同じように3種類の取り合わせとなる。

結局、躙りをふくむ畳寄せはジンバブエ石をL字に回し、もう一方、茶道口をふくむ対面の畳寄せは木の材質とした。異なる畳寄せが共存するが、茶室内部のうす明かりの中ではその違いが目立たないだろう。

茶室はまさにこの細部の取り込み方、素材同士の折り合いが重要である。これを間違うとバラバラになるか、なんとも野暮ったいものとなる。

06.09.27

✉ 雅臣からのメール
蹲いの件で打ち合わせにいけないので、傾きをよろしくおねがいします。10月入り、水露地のモックアップは出席、図面をもらいしだい関ヶ原へ入ります。

06.09.28　現場打ち合わせ　蹲いの仮設置検証 II

22日の蹲い微調整の結果を検証に現場に行く。

蹲いの向正面を15上げたのだが、これによって上部の平面性がよりしっ

かりと確保されたと思う。蹲いのくぼみからあふれる水も手前に流れる。
これで設置OKだ。ゴーサインを出した。
それにしてもこの蹲いの量感はすごい。これが土間に沈む。その巨大な姿、厚みの全貌は見えないが、小間のうす闇の中で、この蹲いを限りなく厚く感じさせるだろう。水底の中に根を張ったように。
ほかに小間のアクリル三角柱のジョイントの再検討をした。ジョイントに接合時の気泡がまだ残る。小間の外の紙を簾のように巻き上げるのでこのアクリルは客の目にも見える。もう少しすきっとしないものだろうか。再検討、再試験を指示する。

> ✉ 雅臣へのメール
> 　蹲い検証を済ませOKを出しました。15向正面を上げ、隙間を狭くしました。石の存在感が強まりました。手水穴と水面の水平がわずかに損なわれ、穴向正面から水面が沈んで、わずかに水が減ったように見えますが、これは致しかたないでしょう。我慢できる範囲です。
> 　以上です。髙木氏、永松氏は本日は欠席。次回打ち合わせ10/10関ヶ原石材にて、予定しておいて下さい。

06.09.29

内海氏から第6展示室展示台免震装置のアイディアの図面が来る。ここにはバリの殴りの入った太い無垢材が展示台となる。免震が難しい。最悪免震なしでも良いと考えるが、内海氏のアイディアはさすがプロ、まわりが落ち込む用に設計されて床表情は傷つけずに同一壁面からバリ材が立ち上がる。これならいけそうであると感心する。

06.10.08

> ✉ 内海さんへのメール
> 内海慎介様
> 昨日東京で講演があり1泊東京で過ごし東博の仏像展を見て帰りました。
> とりわけ、唐招提寺の一木の仏様3体は圧巻でした。
> 檀像の小さい仏様も精緻な上に完璧な造形を具有して信仰の対象として素晴らしい物でした。
>
> さて、照明の件、やはり少し気になったことなど記します。
> 三井記念美術館の「樂茶碗展」ご覧になられましたか？　是非ご覧下さい。内容的に最高の物が出品されています。ただ、照明にいま一つ工夫が必要に思われました。

さて、東博の独立ケースは、デザイン的には古めかしい物ですが、照明の工夫ができる範囲で、なかなか努力されています。
下四方角からチューブ状の光ファイバー、ケース内天井四隅からの部分小スポット＋チューブ状の光ファイバー、そして天井裏の間接螢光灯照明など。
見栄えはよくありませんが、努力の跡が窺えました。

さて佐川の展示照明、体育館でのモックアップ以後時間も経っており、打ち合わせ確認も必要かなと思います。

特に天井からのスポットの製品確定など進行状況はいかがでしょうか。
第6室は物が小さいだけに天井面からのスポットだけでは難しいように思われます。天井からの管状光ファイバーを仕込むこともぜひ一考下さい。もちろんその場合は天井から管状ファイバーが露出することにはなります。
東博の管状のファイバーもそんなに気にはなりません。

他の展示ケースも、散光ではなく集中光を使用することが主力となりますが、レンズなどで極度に集中させると、何か、宝石店のショウケースの様な照明になる懸念もあります。
以前モックアップの時に、おおよそ、確認したのですが、全体を通して再確認致したく思っています。
先日お送り頂いた展示室の椅子関係、まだゆっくり拝見できておりません。10日打ち合わせの折にご相談致します。
直接壁からなんの支えもなしに突き出す椅子、構造施工上なかなか大変ですがよろしくお願いします。
報告をかねて。
樂吉左衛門

06.10.09

✉ 内海さんへのメール
内海様
送付ありがとうございます

内海さんからの〈アサメラ材使用のベンチ・椅子・扉について…考え方をラフにメモしたもの 図41、42〉拝見致しました。
展示室5のアサメラ材使用の大型ベンチは単純な形状、方形、あるいはやや長形の分厚い無垢を考えています。例えば300厚の2000方形の厚板を1基中央置き。
又、第2第3はやや高めの壁付きベンチ。以前モックアップでどれくらいの高さにしていましたでしょうか。モックアップ当初の寸法でよいと思いますが。
700ではちと高いでしょうかね？　多分650ぐらいでしょうか。
また第4展示室の壁からの独立ベンチも、低いと壁面の高さにも部屋の空間にも収まりにくいので通常よりもやや高めでしょうか。550〜600あたりでしたで

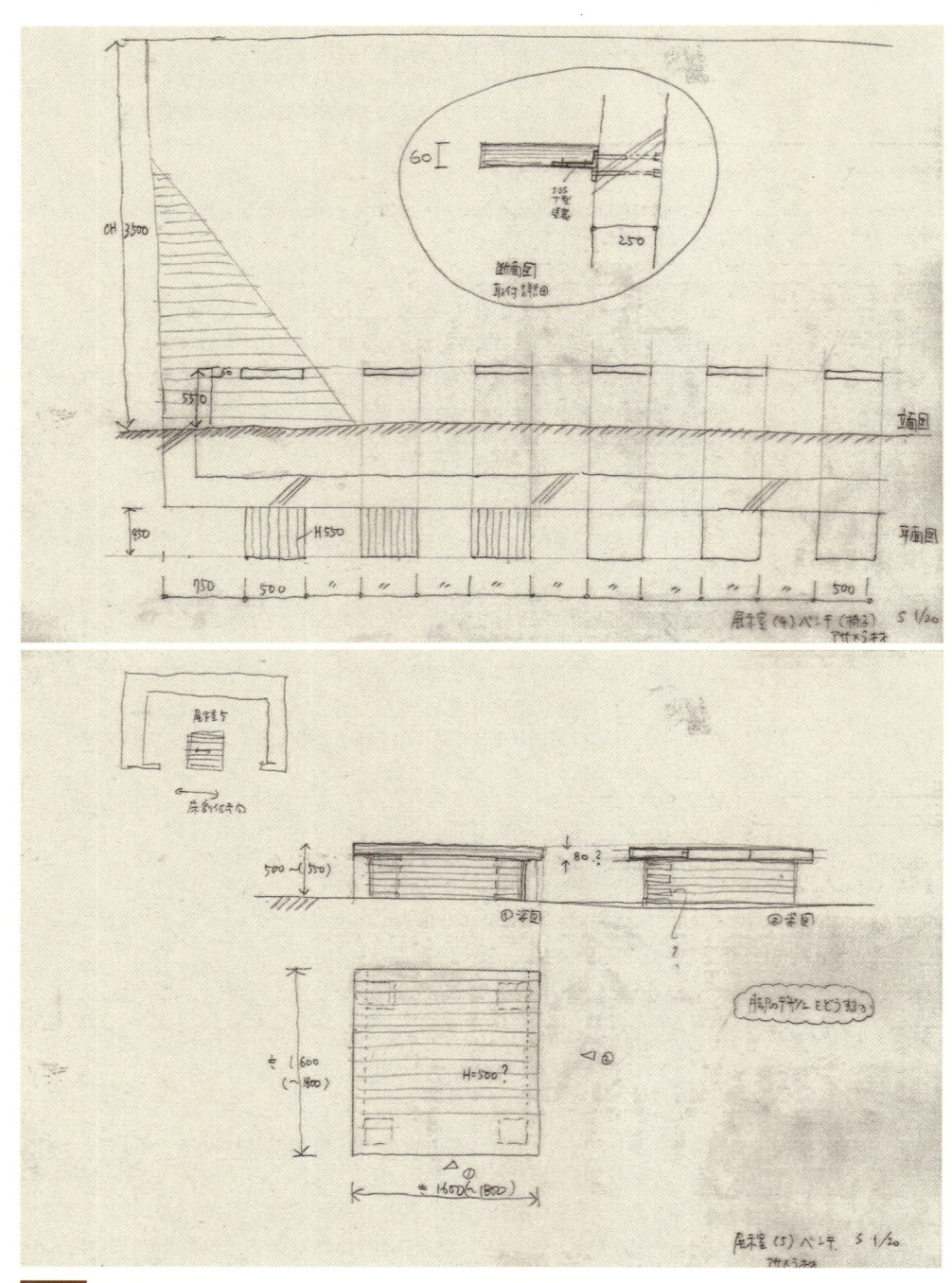

図41、42
第4展示室と第5展示室ベンチのラフスケッチ。第4室は1人掛けのものを6脚、壁から直接ボルトで支持する。第5室は大型のものを部屋の中心に、それぞれ設置する。

しょうか。
樂吉左衞門

06.10.10　打ち合わせ　関ヶ原石材　小間基壇石検証

　小間の床そのものとなる基壇石の検証に関ヶ原石材に出かける 図43 。現場にはジンバブエの巨大な切り出し原石の固まりと、矢で打ち割られた荒々しい割れ肌を見せる分厚い石の固まりが所せましと置かれている。
　工房内には小間の石組、以前に、数ある原石から割れ肌の美しいものを厳選して三面を使用するよう指示を出しておいたのだ。それが今回は小間の台座の石組として組み上げられている。この台座、基壇石の上に直接畳が敷かれるという設定だ。
　問題は巨大な柱状の石の組み方とその表情である。井桁のように組み敷くわけではないが、どのように納めるか、それのみ気がかりであった。
　できるだけ普通に組むこと。民芸風にしないこと。
　その点、髙木さんの腕と感覚は信用に値する。僕の意図をよく理解してくれていると思う。こんな異例のことを髙木さんは誤りなく理解する。石とのつきあいの長さ、経験の豊富さによって、何よりも石を理解している。「矢で割ったままの割れ肌」を使用したいと言えば、それだけでそこに共通する意味と表情の繋がりを僕と共有できる。基壇石の組み合わせはできるだけさりげなく、少し出っ張った所を小やすけで殴る程度でうまくいきそうだ。
　そばに何枚かの広間の縁石用の巨大な敷石が仮設置されていた。矢で打ち割られた自然の肌の荒々しさ。これが広間のまわりに、しかも畳と何ら隔てられる緩衝材もなく地続きで水際まで広がっていくのだ。大いにデコボコ、手の切れそうな鋭角の割れ面、石と石の段差も埋めない。当然目地も通さない。目地も埋めない。目地の隙間からは部分的に敷石下の水面がのぞけるだろう。
　上を歩いてみた。鋭利なデコボコの連続。ボケーっとよそ見するわけにはいかないだろう。伝統茶室の露地の飛石だって自然石、よそ見をして歩めるものではない。
　水際の縁石がそれぞれの石の大きさ形状の違いによってデコボコに突き出したり凹んだりしている。髙木さんから「これは図面では直線を通していますが、どうしましょうか、直線に切り落とすことはできますが…」、すぐさま、いやこのままにしましょう。デコボコがあっても石自体の強さの表現を優先させましょうと返答した。例えば八つ橋のような、伝統的な庭

打合記録		作成年月日　2006.10.11
		作成者（　内海　）

件名	出席者	月日	06・10・10（火）
佐川美術館別館	樂吉左衛門先、雅臣氏	時間	10：45－12：30
樂先生打合せ	佐川急便　小内係長	場所	関ヶ原石材
	平井工務店　平井氏	時間	15：00－16：30
	髙木工房　髙木氏	場所	岐阜白木建設
	竹中工務店　(営)三和　(作)山本　(設)内海		

① 石材の検討　10：45－12：30　関ヶ原石材の髙木工房にて
　・広間、犬走りについて
　　全体割付図および北端部分、現物の割肌石仮組みで検討
　　割肌の起伏の状態は良好。
　　廊下よりの出入口部はもっとスムーズな石に。
　　犬走りの奥行を約400MM程度伸ばす。
　　水庭との接点も人工的な切断によらず、石の粗さを残す。
　　（それに伴い）蹲の配置を見直す。　軒庇の外へ設置。
　・小間　台座石について
　　出隅コーナー部分を仮組みした状態で再度検討する。
　　斜めに配置される石の屑の形状についても再度検討する。
　・水鑵地　飛び石について
　　上記2か所と同材ジンバブエ割肌を使用する。　小間蹲で使用した石は使用しない。
　　雅臣氏によりデザインの検討中。
　　広間犬走りの全数の仮組みを行なって、次回打合時、再度検討を行なう。

配付先

P.1/1

図43
打ち合わせ後に、竹中工務店から送付される打ち合わせ記録。これを基に打ち合わせの詳細を確認する。これは関ヶ原、髙木工房での広間縁石、小間基壇石の検証後に送られてきたもの。

石の配置を模した意識しすぎた組み合わせ、配置は最も嫌うところだが、髙木さんは充分その間違いを理解しているだろう。このまま石の出っ張りをいかして敷き詰めていっても良いだろう。きっと気取りのない、より強い表現になるだろう。

雅臣担当の水露地のプランも模型が制作されていた。広間の荒々しい割れ肌の表現に対して、水露地は同じ石、同じ割れ肌仕上げの中で、どのような差異を出すか。

雅臣の取り組みが楽しみである。

午後、岐阜にある竹中の木工下請け、白木建設まで移動、美術館展示空間から茶室空間へ向かう通路まわり、寄付、水露地周辺の天井材の配置を検証に行く。

白木建設の広い工房内に敷き詰められた米松割れ板の配置を検分、特に弱い表情のもの、皮肌の傷んだものを10枚ほど取り替えるようにする。

これは天井になる材。幅400前後、厚さ30の板材で、両側は皮はぎのままなので30の厚みがそのまま感じられる。何しろ枕木の強烈な羅列の床に対峙する天井である。枕木の荒々しい強さをしっかりと受け止めてくれなければならない。

帰路、巨大な夕日が西ぎわにかろうじて引っかかり、琵琶湖に近づくころにはすっかりと夜の中。

06.10.12　東京新木場　床柱最終決定

平井さんと東京へ飛ぶ。再び新木場、鴨川商店へ向かう。床柱他、広間材の最終調達のため。

もうすっかり親しくなった鴨川商店の会長、若社長が出迎えてくださった。

さっそく、倉庫へ向かう。

僕は先日伺った時以来、あの島桑に心が寄っている。いや心の底のほうではもう決している。ただ僕は専門家ではないので、その最終決断が少々不安。

島桑に関しては大きな節などがあり、木取りによってさらに拡大する予想がある。立てかけてあった島桑を引き出して平井さんがこまかく点検する。ねじくれた木目が走り、どこが芯なのか素人の僕にはわからない。所々に小さな節がいくつかある。

裏側を向けると大きく深い背割りが走っている。大きな割れや歪みを防ぐ

ためにあらかじめ背割りといって切れ目を入れておくのだが、長い乾燥の年月の中で背割りは少しずつ開きながら、今でははっきりと深い溝を刻んでいる。柱に背割り等というものが施してあることなど知らなかった僕には、その深く大きく口を開けた背割りの痕は結構ショックで、それがとても痛々しく僕には思えた。会長がそんな僕の表情を察してか、
「太さは一尺は充分にあるから、あとはどのように木取りするか、そこが腕の見せ所ですな、これをどう料理するか」「この島桑は他でもちょっとありませんな」
会長大自慢の一品である。
しかし、平井氏はこの島桑を使うのはかなりの冒険だという。彼としては一位のしんさり（心去り、つまり木目の中心を含まない木取りの材）の四方柱に魅力を感じているようだ。
「木挽きの親方に連絡して墨出ししてもらいましょうか」
会長の提案。
早速木挽き職人の親方に連絡、わざわざきてもらって墨出しをしてもらうことになった。2方向の面取り方を検討、平井氏も真剣に材の木取りを検討した。
「この小さな節が中の方でどのように広がっているかわからないですから」
平井さんは慎重だ。床柱に関しては結局結論が出ないまま、他の資材の選定に移る。1つすごい材が見つかった。台湾産の赤楠の一枚板、厚さは400強もあろうか、とてつもなく分厚く、幅は1500ほど、長さは2500ぐらいか。
もう20年近く鴨川さんのところで寝かされている。赤色の木目、木挽き痕が残り美しい。琵琶床の材にも使えるが、ロビーに設置する立礼テーブルに使用できるかも知れない。
時間ばかり経ってゆく。僕は今日中に京都に帰らなければならない。
あとの詳細検証は平井さんに任して、一足先に鴨川さんからおいとまする。
最後に平井さんと打ち合わせ。
彼は最後まで一位に執心している。彼の言おうとすることも理解はできる。すでに充分に暴れた？　コンクリート打ち放しの床壁に、このさりげない表情の、しかし格調に於いては他に引けを取らない一位の四方柱を建てたいというのだ。
島桑はあまりにも冒険過ぎるという。それも伝統数寄屋の棟梁としてはもっともな意見だった。

これだけ何度も足を運んでいるのに、まだ床柱が決まらない。いや、僕の中ではすでに島桑に決しているのだが…。あとは平井さんの気の熟するのを待たねばならない。彼の中にも迷いがあってはならない。これだという確信、覚悟が平井さんの中で生じてくるのを待つ。

06.10.13　新東京木場　鴨川商店での材調達の報告書

✉報告書
内海様　山本様
昨日東京新木場、鴨川商店に床柱その他広間床関係の材を調達下見に行って来ました。以下報告書です
〈床柱〉
前回、前々回の鴨川商店での調達時において候補にあげていた
1.一位（心去り、四方角）
2.島桑（白太付き扁形四方角）
3.島桑（四方角）
4.山桑（四方角）
以上の4候補の中から、今回の確認を以って候補材1本を選んだ。
3の島桑に関しては大きな節などがあり木取りによってさらに拡大する予想がある。4の山桑（四方角）に関しては特に特色も少なくあえて選択する理由見あたらず。
最終的に、
1.一位
2.島桑（白太付き扁形四方角）
のものを選択した。

自分としては当初第1回検分の時より、2の柱のゆがみや白太の表情に魅力を感じていた。
選択の方針としては以下、2方針に添って検討。
1の一位は、広間の床柱としては規定の四方角柱として素直で格調はあるが、変化に乏しくあまり目立たない存在としての床柱を考える。この場合、コンクリート打ち放しの空間にあまりにも無表情過ぎはしないか、その点が懸念される。
2の島桑は、力強さと荒々しさを持っている柱としてコンクリート壁面の空間を引き締める役割を十分果たせる柱。柱の個性存在が強調される方向。ただし木取り仕上げの在り様で行き過ぎた場合は下品さとわざとらしさへ落ち込む可能性もないとは言えない。

以上の方針から上記2本を検討。
平井氏は最後まで、1の一位を主張、従来の数寄屋建築の経験上、もっとも意見と思われたが、自分としては2の島桑（白太付き）を用いてみたく、検討を重ねた。
木取りの結果によっては深い背割りと割れが一部に入り、これを4.8寸程の角材に仕上げるにはかなりの冒険となる。削り落としてどのような表情を表してくる

のかが未知数である。
鴨川氏をふくめてさらに検討の上、木挽きの親方に現場まで来てもらい、墨出しをしてもらってさらに検討した。
2方向の面取り方を検討、平井氏も真剣に材の木取りを検討した。
結果、自分の希望に於いて2の島桑（白太付き）を第1候補に選び、さらに平井氏を現場に残して検討を進めてもらうよう依頼した。

10月13日
平井氏来宅、昨日の検討報告を聞く。
平井氏はこの島桑を扱うのは、やはりの冒険であること。
価格も高額であること等を考え、一位の採用（一位も同様に高額）、あるいは安価な山桑（四方角）の選択の可能性を、安全性の面から考えを示した。平井氏が様々な経験を踏まえて慎重を期すのも納得がいくことでもある。
島桑を扱うのは平井氏としてもかなりの力量がいる事は十分承知、ゆえに挑み方と覚悟がいるようであったが、しかし、これほど挑戦的・冒険的な茶室設計の中で、この力強い個性を選択せず他の材を選択することは、よほどその材に選択の意味がない限り、安全性を第一としておとなしい床柱をただ選択する事になると伝え、検討の結果、島桑（白太付き）を第1候補に選んだ。

今後は、慎重な木取りが必要、自分も立ち会うつもりでいるが、何ぶん高価な材ゆえ、ご検討頂きたく思います。ご了解頂ければ進めたいと考えています。
詳しくは平井氏からの報告をお聞き下さい。

また、琵琶床、付書院、広間テーブルの材として、平井氏が赤楠を候補材として紹介したが、今のところ第1候補となるべき材と考えています。

以上です。

樂吉左衞門

06.10.14　島桑の床柱

僕の気持ちはもうすでに決していた。あの暴れた激しい島桑がブラックコンクリートの床壁にぶつかりその個性をしっかりと主張する。今はまだ黄みを帯びた薄い色だが、やがて黒々と時代の寂色を深めていくだろう。きっとコンクリートの壁を引きつけ、床の空間を引き締めてくれるだろう。
平井さんも納得してくれた。これで決まりである。
佐川の茶室は決して高価な材を使わなかった。しかしこの島桑はとても高価、と僕は思う。
今後は、慎重な木取りが必要、自分も立ち会うつもりでいる。

06. 10. 19　関ヶ原　小間基壇石組検証

先月から髙木さん担当の小間基壇石、広間の縁石も、雅臣担当の水露地石組もずいぶん進んだ。

今日は髙木さん、永松さん、雅臣、山本氏、内海氏他、今回は栗和田館長一行の検分 図44 がある。

縁石の石組は西側の半分を割り終え、髙木さんの工房の中に仮設置されている。鋭く切り離された割れ肌の石が堂々とした存在感で並んでいる。

思わず飛び乗ってその上を歩いてみる。スニーカーの厚い底を貫くように石の鋭い凹凸が足の裏に伝わる。山や谷、丘もある。1つ湖になるような大きな凹みもある。ここは水が溜まるだろう。それも面白いではないか。1つ1つの石の表情、そこに野原や山、海の岸壁を散策するさまざまな発見、楽しみがある。所々穴も開いている。矢痕が周囲に廻っている石もある。ドリルに貫かれた痕もある。ガタガタの目地の隙間からはカニやヤドカリがはい出しそうな気配。子供に返ったようにワクワクする。ここは湖の中の岩の上の茶室なのだから。

栗和田館長は初めてこの石組をご覧になる。

「この上を歩かせるのかね」と驚きの表情がうかがえる。

もっともなこと。床の敷石という概念では捉えることができない暴れ方。樂さんの考えあってのことだから、とよくよくの理解と信頼を戴いている。有難いことだ。館長のこのフォローがなければここまでやってこられたものではない。

06. 10. 21　平井さんからの報告

平井さんからメールが入った。「本日小間足場がとれました」。

コンクリート打ち放し壁と煤竹の化粧天井との相性はなかなか良いとの報告。

施工中から確認していることだが、無機的なコンクリートと自然材である竹の取り合わせは成功していると思う。2つの異なる世界、個性を迷わずぶち当てることが重要だと思ってきた。そこに中途半端な取りなしはいらない。

添付書類で内部写真も送られてきた。時間は15時過ぎの撮影。

この小間で最も重要なのは光の在り様だ。闇と明かりの配合である。

西向きのこの茶室に最も光が差し込む時間だ。どのような光の落ち方、明るさだろうか。

共2総文OA帳64.A4			100・2

打合記録

作成年月日　2006.11.06
作成者　（　内海　）

件　名	出席者	月日	06・10・19(木)
佐川美術館別館 樂先生打合せ	樂吉左衛門先生、雅臣氏 佐川急便　栗和田会長、宮永顧問、小内係長 平井工務店　平井氏、高木工房　高木社長 竹中工務店　（営）三和　(作)山本　（設）内海	時間	14：00～17：00
		場所	関ヶ原石材

関ヶ原石材にて　広間　犬走り　割れ肌石
　　　　　　　　小間台座石　出隅部納まり
　　　　　　　　水露地　踏み石の配置基本方針（図面、模型）の確認を行なった。
　　　　　　　　水露地石も、ジンバブエ割肌とする。

配付先

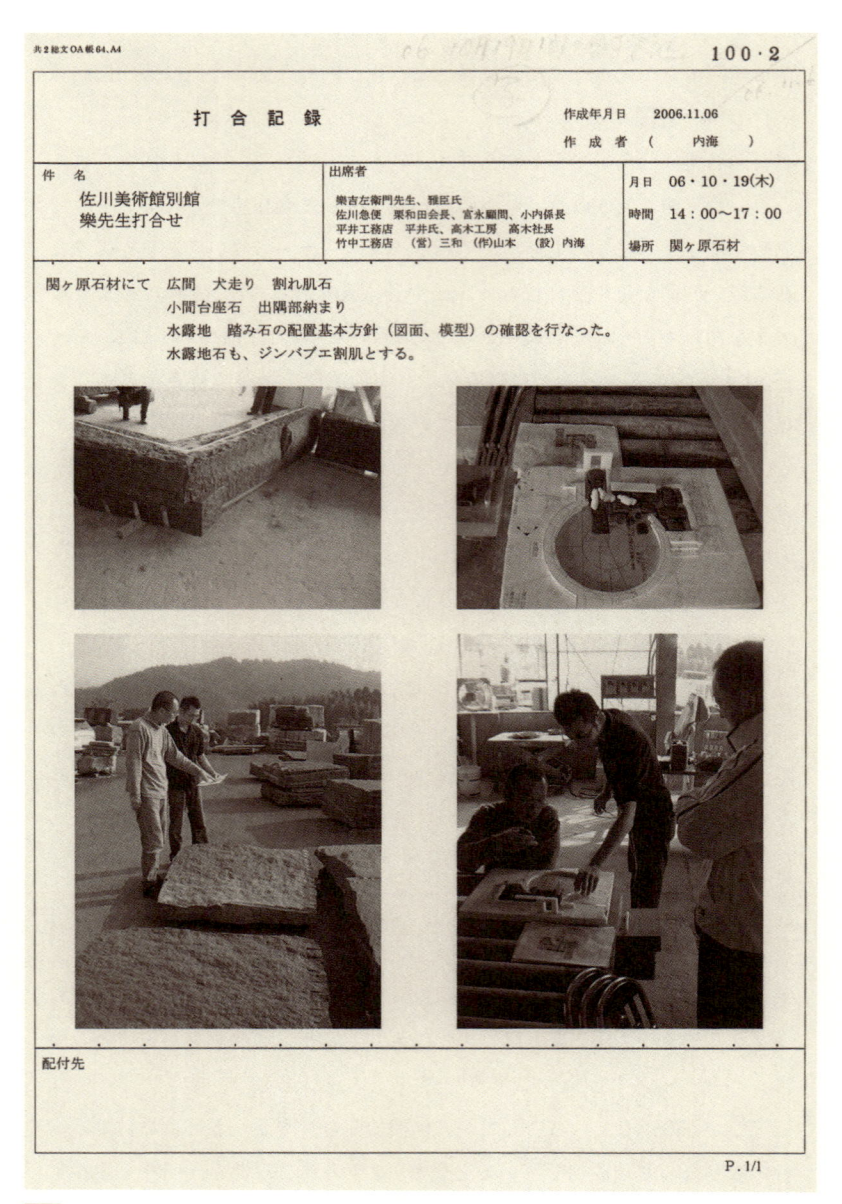

P.1/1

図44
栗和田館長も参加された小間基壇石、水露地石組構想の検証。次男の雅臣から説明を受ける（内海氏作成の打合記録より）。

2006

コンクリートで囲われたこの小間空間では光こそがすべて。自然の本体も、時間の経過も外界との繋がりも、唯一空間に差し込む光だけがそれを人に感じさせる。自然そのもの、時間そのものである。あとの要素はすべて捨象したのだから。

天井に開けた突上窓に代わる天窓からの光の落ち方はどうだろうか。特に点前座上方、床内上方の天窓から落ちる光は、うす青く静かな光をほんのりと落としているだろうか。

---

06. 10. 29

11月26日黒窯を焚く。窯に向けての制作がかなり詰まってきている。今後の予定について問い合わせる。

11月7〜10日あたりでいずれか1日現場打ち合わせ。
但しこの時までには小間基壇石の現場設置が完了していること。

12月4日以後に関ヶ原打ち合わせ。広間縁石の確認、水露地敷石の確認。先日の水露地踊り場についてはやはり割れ石で決着。設置も可能であることを確認する。

広間の敷石については、この打ち合わせで何らかの手直しの必要があれば再度12月中旬あたりに再度打ち合わせを設定、それを最終確認として、その後佐川現場搬入（年内）。

水露地については11月にほぼ石割り作業の完了、基本的な石組の仮設置。広間敷石の佐川搬入後に関ヶ原現場での水露地敷石の本格的な仮設置を行い、最終確認後、佐川現場へ搬入。そのようなことだろうか。

1つ重要なことがある。
先日現場検証の折、水露地を囲む杉型枠コンクリート壁面が、水面にかかるあたりで終わってしまっているのを発見した。これは水底面までコンクリート壁が下がっていなくてはならない。途中で切れていては困る。すでにコンクリート打ち込みは完成しているが、何とか変更手直しを指示した。しかしそれはどうもかなり大変なことらしく、内海さんも、さすがの山本さんも簡単にわかりましたとは返事がない。沈黙がしばらく続く。おや、これはまたしても重大なる設計変更らしい。2人の気配で初めて僕は察知した。しかし僕は素人であることを楯に無理矢理変更を求めた。平井さんが中に入って、なんだか訳のわからない言い訳を代わりにしている。「君は黙ってろ！」と、もう少しで大声を上げそうになった。とにかく前向きに考えてもらう事とする。ここは絶対に引けない。

杉型枠仕上げ、水底からの立ち上げへの変更結果は、その後、どのようになっただろうか。まだ返事はない。

06. 11. 03　作陶惨敗

2日の午後、3日終日制作。しかし惨敗。形が見えてこない。土の中に何か、新たに光る形の兆しのような物が見えてこない。2日午後は結局1碗も作れなかった。3日茶碗原形を作っては結局崩してしまった。その繰り返し。これも難しい。練り返すときにどうしても水を加えるので、土のコンディションがだんだん悪くなる。切り味、切ったあとの土がヘラにくっついて、いやな切り肌になる。先日から作っては、また土に戻して、何とか結局3碗残したが、この3碗も、これから削りの工程を経て最後まで行き着くことができるかどうか。

06. 11. 04

腰を悪くした。今日は午前中寝ていた。午後佐川現場打ち合わせ。少々こき使いすぎなので、肝心の窯焚きの時まで持ち越さないよう、いたわろうと思う。
お火焚き、京都はまだそういう風習が社会の中で生きている。お稲荷さんの掃除もしなければならないし、結構段取りタイト。

水露地のトイレについて心配な事項があった。トイレ戸口の使用がどのようになっていたのか、トイレ関係は内海さんに委ねてきたのだが、水露地トイレは腰掛に近く、トイレ内部が水露地腰掛から見える。扉の設置がどうなっていたのか？　今さら僕は何を言っているのだろうか…。今度は水露地のトイレだ。以前茶室広間のトイレは、内海さんの石張り案での進行を途中で変更させた。狭いトイレだけの空間ではあるが、すでに組み上げた型枠を壊して打ち放し杉板型枠で打ち直させた経緯がある。
今日は水露地トイレの確認も含めて現場検証した。
トイレはやはり扉が付いていない。コンクリートも打たれた今、扉の施工は不可能（外付けは可能だがそれはあまりにも不細工すぎる）。
しかしトイレのニッチは思ったより狭い空間。扉を付ける必要はないことを再確認。床をJP仕上げから、ジンバブエ割れ肌の仕上げに変更指示した。水露地の床となるジンバブエの割れ肌との一体感が必要。水露地腰掛から

見える続きでここを別の素材にはできないし、同じジンバブエでも割れ肌以外の別の仕様、マチエールにすることはできない。

06. 11. 07　小間基壇石・蹲い石設置

今日、佐川の現場に小間の基壇石と埋め蹲いが搬入、設置される。あの巨大な基壇石と蹲いが広間の狭い通路からさらに階段を通って小間に下ろされる。雅臣の制作した埋め蹲いはジンバブエ石で1000前後方形、厚さ600、おそらくそれだけで2トンを超える。

土間に埋める形で設置する。土間凹みのコンクリート打ち放し化粧壁面との隙間幅は120ぐらい、一度設置し吊り下げるロープを抜くと二度と動かすことはできない。僕は黒茶碗の作陶の最終段階、今日の設置には立ち会うことはできない。とにかくは現場に任せて仮設置、後日確認し決定することにする。

基壇石が設置された小間空間、コンクリート打ち放しに囲い込まれた狭い空間、巨大な埋め蹲いと小間の基壇部分、つまり小間そのものの床にもなる基壇石との取り合わせ、極小の空間に対して逆に巨大な蹲いと基壇石。いわば空間の要となる存在がこの石たちである。これらの石によって空間が単なる広さの概念、感覚から解放され、狭さではなく凝縮という集中度を持つことが重要なのだ。それは広さの空間概念から内的な深さの観念へとつながるはずである。

06. 11. 08　朗報

昨日の設置が無事すんだことの報告が山本さんからあった。
ほっとした。あの狭い通路伝いに壁などにも傷を付けずよく運び込んだものだ。
それから、もう1つのとびきりの朗報。
水露地円筒形壁面の水底からの立ち上げについて、水面下部の足らない部分を再現してほしいと頼んでいた。あの交渉の時点では、内海・山本両氏の表情は、沈痛な趣、返答はなかった。今日山本さんからの返答、「先生がおっしゃるように何とかさせてもらいます」との事。
詳しくはわからないが、すでに打設済みの下場300ほどを継ぎ足さなければならない。今更そこにコンクリートを流すことは不可能だ。どのようにするのだろうか。「手作業になりますが何とかやります」、なんともいつもながら山本さんの努力だ！　嬉しいことである。山本さんに感謝する。こ

この訂正は絶対に引けない箇所だったから、ほっと心が落ちついた。

---

06. 11. 12 　枕木展示台金属板

第1展示室展示台に組み合わせる金属板の製作にかかっている。枕木の展示台と組み合わせて茶碗を直接のせる金属板だ。先日から試験を行っていたが、今日1号試験結果がきた。色合いは、試作としてはまずまず。しかし、茶黒く油もしくは蠟の汚れのような物がティッシュに付着する。油で拭いた時に付着した油の残りなのか？ 蠟自体、あるいは蠟と黒染めの顔料が落ちているのか？ 気になるくらいにちょっと付きすぎる。

---

06. 11. 14 　枕木展示台金属板

平井さんと金属板の製作者の創造社藤谷社長と金属工芸の村上さんに連絡し、先日の件を伝えた。
手元に残して頂いた黒染め鉄板試作品2点につき、その後、いろいろ検討する。その結果、ノミ打ち表面荒らしの板を以下の4点で再試作を依頼。
1.黒染め（濃い方）ムラ無し。
　ただしペーパーの番線を落として思い切り細かいペーパーで仕上げる（少し細かくしたぐらいでは違いがわからないのでしっかり細かくする）。
　現状試作品ではペーパー線状痕がやはりうるさい感じがする。ライトがあたるとさらに目立つだろう。
2.黒染め（濃い方）ムラ有り。
　ただし現状の試作品では、ペーパー痕、黒いムラ共に少々うるさいのでムラはおさえた感じ、ペーパーは上記1と同じく細かいペーパー仕上げとする。
3.黒染め（濃い方）打ち肌。
　ただし打ち痕をもう少し浅く（弱く）、細かく。現状試作品では打ち穴が目立ちすぎややうるさい感じがする。
4.黒染め（濃い方）
　試作品にはないのですが、打ち肌の試作品を観察すると、打ち穴のない部分の表情がなかなか良いのです。この打ち肌の試作品の打ち穴のないものができるかどうか。
　小さな打ち穴と打ち穴の隙間の平面は何となく肌が荒れていてなかなか良い。

06. 11. 16

しばらく佐川を切り離す。作陶仕事に集中。

> ✉ 関係者へのメール
> 内海様　山本様　各位
> 当方の窯の都合で、12/4まで打ち合わせできない事、申し訳ありません。
> 12月4日、関ヶ原打ち合わせの件、勝手を言いますが、京都を9時半過ぎ出発とさせて戴きたく存じます。11時過ぎには現地に入れると思います。また以後の佐川現場打ち合わせは12月6日とさせて頂きたく、そのようなことでよろしくお願い致します。
> 樂吉左衞門拝

06. 11. 22　緊急打ち合わせ検証　展示室天井素材変更に関して

前日、平井氏から茶室に関するメールあり。その折に第4展示室の天井が張られているが、その素材が通常の穴あきの新建材ボードで、しかも色は白、どう見てもブラックコンクリート壁や今後張られることになる北米松の床には合わないと思う、との話が出た。

天井の材は大半が暗い照明の闇の中に埋没するため、特に特定の素材は指示しなかったが、いくら何でも新建材のボードで、しかも色は白とは…。後日に黒く塗装するのであろうか。内海氏がそのような判断をするはずがないとは思いつつ、いずれにしても緊急検証の必要性があった。

2日後には黒樂茶碗の窯を深夜から焚く。10日からはじめた釉掛けの最終段階で、例年より遅れている。こちらも時間がない！

昨日夜、内海氏、山本氏宛にメールを入れ、朝一番で現場に行く旨を知らせた。僕が行くまでに彼らはメールを見ないかもしれない。

朝、山本氏に電話を入れ、9時30分現場到着。

小間の蹲いの仮設置ができているので、まずそれを検証、わずかに左下がり、左をもう5ミリ上げるように指示、この畳半畳ほどある巨大な蹲いは一度据えると二度と動かせない。

心配の展示室天井を気にしながら指示を出し、第4展示室、地下へと急いだ。

天井は穴あき状の凹凸のある白いボード。平井氏の報告通り。もっとも、平井氏は自分が報告したことは伏せておいてほしいとのこと。現場はさまざまな人々の共同作業だ。気を遣っている。

ついで他の展示室の進行を検証。

天井は、第4展示室のみならず全ての展示室ですでに下構造枠組が設置を完了、ボードの張り付けを待っている状態。天井は穴あきのある白いボードだった。

正直、声が詰まった。白色に関して、山本氏に尋ねた。これはあとで黒く塗装するとのこと。おそらく完成時には闇に没するだろう。しかし第6展示室は天井が低い。素材が見えてくるのでは…。内海氏も別な打ち合わせからこちらに合流。さらに問題は第2展示室だ。この展示室は唯一天井から外光を大きく取り入れている。「昼の航海」と名付けた展示室。部屋全体は明るい。この最も忌むべき新建材ボードが確実に見えてくるではないか？

素材は、ブラックコンクリートから、床材である幅広の北米松黒塗装厚板材と、徹底的にそれで押し通してきた。装飾性を可能なかぎり削ぎ落とし素材・物質そのものの抽象性を押し通してきたのだ。アプローチの通路、エントランスロビーの天井もGRCではあるが、コンクリート表現を押し通した。このコンクリートの固まりの中に入り込むような緊張と重圧を、敢えて表現の前面に押し立ててきたのだ。日常のマンションや待合室などに見られる新建材ボードは最も忌むべき素材である。せめてこの外光の入る第2展示室は今からでも枠組を撤去、ロビーと同じコンクリート風GRCにすべきだと強く主張した。

これは、大変な設計変更で、工程上、費用上大きなダメージを負わすことになる。しかしここで引くわけにはいかない。山本氏が必死で耐えている。実際には張り替えだけではすまない。ダクトの位置やさまざまな設備とも関係する。今更！！！という思いが、当然その場に居合わせた内海さんにも、山本作業所長にも、大屋智明現場監督の顔にも表れている。

帰りがけに蹲いの再確認をした。5ミリ左を上げて正解。これで安定感が出た。土間から手前で5ミリ、右後ろ一番凸面で12〜3ミリプラス。あとは土間から沈んでいる。見えないことによってさらなるこの石の大きさと存在感が感じられる。ああ、しかし、あの新建材が見える。全てを台無しにする！

帰路車中、展示室天井の件が大きく心に広がる。強引に変更を指示したが…彼らの気持ち、工程進行への支障、経費的な損失、下請けの職人さん達の心情、さまざまなことが暗雲のように湧き起こる。目がしょぼしょぼする。かなり神経的に参っている。

帰ってから、送付されてきた過去の打ち合わせ記録を見る。06年6月6日、現場打ち合わせ。
天井材を岩綿吸音板で了解、その見本の提示まで受けている。天井でしか吸音効果を期待できないので、岩綿吸音材を使用することに決定したのだ。
なんということか！！　僕はすっかりそんなことは忘れている！！　なんというバカな話だろうか！　我ながらあきれ果てて落ち込む。
内海・山本氏に急遽、メールを打つ。

✉内海さんほかへのメール
内海慎介様　山本俊之様　平井康史様
今日は強引な事を申しました。
既に、過去、図面、現物見本などで示して頂いていたにもかかわらず、現時点での変更を指示し、申し訳なく思います。
過去の時点で、イメージが想定できなかったこと、また、僕の頭の中での思いこみやイメージが、様々な条件の中で照合できていなかったことなど様々、責任を感じています。
至らなかった点、お許し下さい。
さて、内海さん、仰せのように、とにかくは、第6展示室及び第5展示室の天井の色合いを現場で再度検証して最終決定ということにさせて下さい。

ただし、外光の入る第2展示室の光導入口（開口部立壁面）に関しては現状を変更、コンクリート壁面（GRCでしたか？）同様の質感で仕上げることでご了承下さい。

一応の方向として、光導入口開口部立壁面のみの変更でいく事を考えています。しかし、もし無理が言えるなら、ロビーと同じ雰囲気で第2展示室の天井が葺けたなら、最高には違いありません。それでは、第2展示室だけではなく第3の「夜の航海」にまで連結して及ぶ点、そこまで突っ込んでいくかということは、難しいと僕も同調します。

山本さんの実直なお顔の表情を窺うだけで、その主張の及ぼす負担、進行のダメージ、困惑、様々、それ自体の大きさが理解できます。また、主張していることの強引さを自省します。
お二方には良くして頂いてありがたく思います。
ただ、以上の点、何とか打開を考えてゆきたいと思います。
取り急ぎ本日の事柄こもごも。
樂吉左衞門拝

---

06. 11. 23　困惑

嵐みたいな気持ちの動揺から一夜明けた今日。僕の頭の中もはるかにクリ

アになる。なんともあれだけ打ち合わせを繰り返し、実際に黒く塗った岩綿吸音板の見本まで検証しているのに、イメージとして僕の頭の中で像が結ばれていない、結局理解できていなかったのだ。
しかもそれが、まだ黒く塗られてない白いまま張られている現状を見ると、その強烈な印象に僕の中の動揺は決定的となる。
どうしてもこれは変更しなければいけないという思い、いや「決意」を秘めた僕の強引な主張に、内海さんはうなだれ、山本さんの目はうっすら潤んでいるように見えた。居合わせたもの全員が押し黙って行き場のない、納めようもない重苦しい雰囲気だった。そんな状景が頭に浮かんでくる。
あのとき内海さんも、山本さんも、僕に決定的な言葉を口にしなかった。
この決定的な言葉！
「先生、この岩綿吸音板の設置はすでに以前の打ち合わせで確認ご了承頂いています」
「見本も見て納得頂いています」
ああ、なんという人達なのだろうか！！
あの時の2人の顔、必死で何かに耐えている顔を何度も思い出し、今、熱いものが僕の中にこみ上げてくる。今度は僕自身の目が潤んだ。

僕は現状の打開策をもう1度検討した。
第2展示室、「昼の航海」の部屋だけは変更してもらおう。天井に開けられた天窓、幅1000、長さ7000、高さ3000余り、この長方形筒状の外光の入る大きな光の取り入れ口。ここはまともに天井面が見えてくる。ここだけはコンクリート打ち放しの表情に変えてもらうことで、この事態を納める事とする。

---

06. 12. 05　打ち合わせ　関ヶ原石材　広間縁石・水露地石組　広がりと凝縮

黒樂の窯を焚き終わって再び茶室に取り組む。髙木さん担当の広間縁石、雅臣担当の水露地が7割方、仮置きされている。
髙木さんの工房内に敷き詰められた激しい割れ肌を見せる分厚い石の固まりが所狭しと敷き詰められている。黒く鈍い光を帯びて荒々しく、激しく、緊張をはらんで並んでいる。圧倒的な量感。激しい起伏。客は初めてここに通され、この上を歩かされるのかとたじろぐに違いない。この分厚い石のガタガタの羅列自体が確実に非日常の世界の広がりでもある。
腰を落とすと石の粗面の広がりは大海原のように見える。太陽を背にして、黒く濃紺に広がる海がうねっている。波が風の中で、波濤の稜線を鋭

く幾重にも重ねている。この先の無限の広がりの彼方から海音が聞こえてくる。

また、1万メートルの上空から見た地球。青みを帯びた黒い山脈、両側から削ぎ込まれ、鋭く尾根が切り立ち、何本かの雲状の連なりと斜面を従えながら。

縁石の空間がこれほどの広がりを持っていることは、予想以上のことであった。髙木さんの工房の内で仮設置されているからだろうか。実際の設置時はどうだろうか。

この黒鋼色の波濤の広がりは、時に広がりゆく琵琶湖の湖面の光を集めてさらに激しく鋭さを増し、黒光りすることもあるだろうか、夕照の中、黒鋼の尾根を赤く染めることもあるだろうか。

髙木さんには1点だけ注文をつけた。縁石の広がりには3カ所の尾根状の突出した石が離れてうまく配置されていたが、その中の1つが、いかにも絵に描いたような形の良い姿で、2つの山の盛り上がりを備えている。それがあまりにも目立っていること。「強い石を1つここに…とも思ったのですが…」と髙木さんの言葉。よく理解できる。この縁石の激しい、破格な、強い表現のとどめをこの石を含めた3つの石に重ねて求めた。これでもかという意気込みが、この石を設置させる。ただそれが見えてしまうようで僕は少し引っかかった。充分に激しく力強いのだから、さらに形の良い山並みをここに造ることはない。「双子山」と名付けたこの石をもう少し抑えた石に取り替えるようお願いをした。

髙木さんの広間縁石の検証の後、野外に仮設置してある雅臣の水露地石組の検証に外に出る。

午後になって外気が急に落ち始めている。間近にそびえ立つ伊吹山はうっすらと白い。

雅臣の石組は一目で彼のスタンスが理解された。広間と同じジンバブエの石を用いて、しかも広間縁石とはことなるコンセプトが必要である。広間のエネルギーを激しく放出しながら無限に拡大していく方向に対して、水露地の閉鎖空間に設置される石は、あくまでも凝縮させ、表現を押さえた方向で取り組もうとしている。石の表面の起伏や抑制された石の形状も、割れ肌のランダムさを損なわないかぎりで抑えた、長四角形の形状を基本としているようだ。激しい広間の縁石を見た後だからか、何か物足りないものがある。しかし広間のように暴れることはできない。むしろ自ら制約を与え自重し、力を内にため込む。そんな意識が感じられたが…しかし、

何か決定的な終止符、とどめの何かが足りないように思えた。何が足りないのか。すぐに回答が見つからない。
とりあえず細かな建築上の取り合い、小間の入口中潜りあたりの石組の在り方を検討した。すでに夕暮れが近づき始めている。寒さが一段と身にしむ。

今回の佐川の建設事業を当初から取材していたNHK安田さん一行が、新幹線の都合もあり、だいたい取材できたので帰ると挨拶にきた。もう少しいればいいのに、重要な何かがまだ解決を見ないのだから…という思いが少し頭をかすめたが、そのまま挨拶をして彼らの車を見送った。

その後、再び水露地の石組と取り組む。随分時間がたった。ようやく何かがわかりかけてきた。水露地導入部正面に唯一立体的に立ち上がっている石に言及した。
どうもこの石がいま一つ魅力に欠ける。雅臣がかなり苦労して割り出し、手を加えたものだが…。何か他に強い印象の石はないのか。髙木さんの工房の周囲にはこれまで制作された石や、さまざまな形状の端材の石が散在している。僕らはそれらを物色した。
「これなんかどうでしょう？ かっこいいですが」と平井さんの声。僕は「ほ！」と声を発した。ひょっとしたら面白いかもしれない。
早速髙木さんのご子息がフォークリフトを動かしその石を移動する。見ると、明らかに同じ石からのものだとわかるもう1つの形の良い石が横にある。「これも使える！」。走って水露地の仮設置を確認、導入部にもう1つこの石を立ててはどうだろうか？ 雅臣が早速手配する。
導入部脇と導入部から正面奥に立つ2つの立石。緩やかな自然の丸みを帯びた面に、矢痕が一方の稜線に何本も打ち込まれている。両方とも同じような局面を共有しながら個性を持っている。まるで対になっている石像の門のように、前と奥に対峙する。奥の石が置かれた。
周囲の石組に緊張感が漂うのが感じられる。たった1個の立石によって。2つめの石が下ろされた。方向を雅臣が決める。どうか？
「おお！」
思わず周囲から歓声があがる。前と奥、たがいを見据えるように立ちはだかる2つの立石。「天阿」－『淮南子』に出てくる天上の群臣の通る門の名を思い出す。暗くなり始めると見る見る時間が経つ。うす闇の到来の中、先ほどからの霧雨がみぞれに変わった。先ほど、髙木さんが焚いていてくれたドラム缶の焚き火に当たっていた内海さん、佐川の宮永顧問、齋藤さ

んをはじめ皆が石組のまわりに集まってきた。

それぞれの心の中で感動が走っている。この石2つで雅臣の水露地の石組が命を持った。空間に締まりと凝縮が出たのだ。こんな2つの石で世界が変わることに皆が感動し驚いている。「NHKさんはどうしていないの？」「呼び戻しましょうか」小さなどよめきが起こった。同時に満足感があたりを満たしている。焚き火がパチパチと音を立てながら赤々と燃え、冷たいみぞれが衣服を濡らしている。

これで最終確認を22日にしよう。それでOKならば搬入と設置。先が見えてきた。

✉ 雅臣へのメール

　やー！　お疲れさん。お父さんも勉強になった。君が広間の石組とは対極の閉鎖空間で、意識的にかなり抑えた配置デザインをしていたのが、あの2つの立石で1つの世界観を持ったね。締まりというか、ぐっと全体が引き締まって言葉を発した。たった2つの石で君が考えてきたコンセプトが言葉を発する。おもしろいね！
　あとは、茶室入口（中潜り）から2つ目の石と寄付からの入口の枕木階段から水露地に入って2つめの長いほうの石を替える。
　枕木階段から2つめの長いほうの石は、現状のままでも行けるけど、少しクオリティーをアップするとさらに見違えるようになると思う。その2つかな。ではまた次回見るのを楽しみにしています。

06.12.06　現場打ち合わせ

10時半現場に入る。作業所で打ち合わせ確認事項。
後ろ築山についての植栽。これは宮永顧問はじめ設立準備委員会の皆様にまかせる。ただ、低木の植栽にツツジ類を入れないようにだけ念を押す。葦や蒲の繁る湖面にあの鮮やかな赤いツツジの花が咲き乱れては全てが台無し。言っておかないときっとそういうことになる。

蹲いの微調整の確認、茶室のライト関係、天窓の外仕上げを煤竹にする。佐藤先生、平山先生から扁額の文字が届いたが、扁額の大きさ、取り付け位置を確認。
第1展示室の背面、積み上げた枕木が完全に天井についておらず、後ろ側隣室から光が洩れる。天井に組み込むように指示したはずだが…。わずかなところが最も大切。割付の問題から下場を切って天井、上場で枕木を合わせて詰めることにする。

さて、先日来問題化している第2展示室天井。
展示室天井の中央に開けられた長い明かり取り（天窓）の部分は現枠組を取り壊し、筒状壁仕上げ、岩綿吸音板仕上げをGRCコンクリート打ち放し仕上げに変更する。山本さんも納得いった顔つき、いつもの柔和なニコニコ顔を取り戻した。
その他、展示ケース、水露地、バック階段、トイレ関係を打ち合わせる。4時過ぎ終了。

琵琶湖大橋あたり、湖風景が夕景の中にみるみる没してゆく。西の方、比良に太陽がもうすぐ落ち込んでゆく。
ここ数年、本当にこんなに琵琶湖の景色を眺めることになるとは思ってもいなかった。扶二子の運転、助手席に乗ってぼんやり湖岸の風景を眺めながら帰宅した。

06. 12. 07　東京新木場　赤楠木挽き

今日平井さんが東京に飛んだ。新木場・鴨川さんの所で赤楠の木挽きに立ち会う。
厚さ400・幅2500・丈3000ぐらいだったか巨大な楠の盤を縦に、たぶん3枚の板に木挽きする。このような巨大な板を正確に木挽きできる棟梁は新木場でも1人しかおられない。前回鴨川さんの所でお目にかかり、島桑の墨出しをしてくれた方だ。僕は棟梁の木挽きを見に行きたかった。どうしても行けず残念だ。すべてを平井さんに託す。

06. 12. 14　赤楠　打ち合わせ　杉坂平井工房

木挽きされた赤楠が10日に平井工房に届いた。今日はそれを見に行く。
朝の冷え込みが一段と強く、京見峠はうっすらと雪が積もっていた。今日は初雪。
幅2500あまり、長さ2400ほどか、厚さ400の赤楠が4枚に木挽きされ平井さんの工房に寝かせてあった。
こんな大きい楠の一枚板、樹齢何年なのだろうか、鉄釘を含めた水で表面がビタビタに濡らされてある。水気をたっぷりと含んで黒々とした重量感をもっていた。この赤楠1枚はそのまま立礼の机に、さらに1枚は広間の琵琶床にする。

06.12.18　平井杉坂工房　小間床・中柱点前座　検証

今日は予定がキャンセルされたので、急遽、杉坂・平井工房に手直しを加えたところを検証に行った。

平井工房の中で、小間の床と点前座のそれぞれの板柱材が仮組されていた。

稲葉さんが探してくれた4本の内から一番太くて背丈のあるものを床柱に選んだ。バリの黒檀の大床板の上に堂々と立っている。手斧目のきいた黒色のバリ板1枚が壁から床柱に渡され、床正面の空間を仕切っている。その床柱に奥壁から荒々しく積み重ね差し込まれた5枚のバリ板でできた幕板。強烈な強さを感じさせる。荒々しく無骨な自立する空間。しばらくその床と対峙した。しかし、何かさらなる深まりがほしい。なんだろうか。仮設置で床脇、床奥の壁が本来のブラックコンクリートではなく、臨時の合板だからか？　おそらく本設置ではもっと素材が引き合い、空間の奥行きとまとまり、緊張感が出るとは思うのだが。

次に点前畳、中柱と点前座正面板の検証。何かのドアだったのだろうか蝶つがいになる突起が隅に突き出ている、厚さ35、幅900　高さ1600ぐらい、黒々と枯れ果てて粗い繊維を凝縮した表面。水の中でもおそらくは沈んでしまうだろう強烈に重くて強いバリ古材を、特別に稲葉さんから分けてもらい、点前座正面の向壁として予定していた。しっかりと点前座の空間を確立し作品を受け止める平面として、じつはこの板が点前座にはまるのを楽しみにしていたのだ。しかし…。決定的に小さすぎる！　中柱と床正面の半間の空間でどうしても小さすぎる。何か他のバリ古材はないのか？　あった！　もう1枚、2000あまりの長さの一枚板。手斧目がみごとに表面を打ち出し、甲冑のように覆っている。しかもごく自然な手斧目の入り方。日本の職人では技術がうますぎて美しく装ってしまう。装いがないこと。それがとても難しいことなのだ。

ののびやかな平面は、床前空間を区切り、確立させる。この板で良し、この板しかないだろう。

中柱に用いるバリ古柱が難しい。予備に置いてあるバリの古柱から候補を選ぶ。平井さんは、手斧目に皮表面の丸みが残されているものを見つめている。「これを僕に削らせて下さい。手斧目を整えずに、中柱の限界の太さまで削ってみたいのです」「いいよ、やってみたら」。じつは平井さんはもう1本、日本の稲掛けの古材を用意していた。昔から何かの折に使用し

ようと工房の奥にしまっていたもの。3000近くあろうか、先は稲掛けだから二股に分かれて留められている。中柱にもってこいの太さ。栗の繊維が逆毛だっていかにも素朴な味わい。侘びの美意識とは少し違うが、確かに日本の味わい。しかしバリの古柱とは異なる。何とも言えない弱さと優しさが同居しながら、長い年月を生き延びてきた感じがする。早速中柱に立ててみた。悪くはない、柱に差し込むバリの古板が少し強すぎるか？いずれにしても、もう1つの候補として、後日、現場での仮設置の検証に持って行こう。おおよその検証ができた。

仮設置の床と点前座を見ながら、ふとこんなことが浮かんだ。中柱から雲板を30〜40幅で、点前座茶道口奥壁にさらっと渡してはどうだろうか。伝統の茶室でも、点前座道安囲いをはじめ、雲板や細めの梁をさっと渡す例も多くある。佐川の小間はいわば吹き抜けで天井も高い。その高さのある空間、縦の空間の中でこの点前座の雲板の渡りは、小間の中に床に対する点前座という準空間を形作り、あまりにも単純に削がれた空間に心地よい複雑性、奥行きのある空間の重層性を与えるかもしれない。
「僕の久多の仕事場の吹き抜けにも、階段に平行して雲板が走っている」
「こういう考えもあるかな、どう思う」。そんな話を平井さんにしながら現場仮設置で実際に見てみることとする。

もう1件、検証しなければならないこと。第1展示室の枕木を積み上げた展示台。この前の現場打ち合わせで、展示室天井まで達するように修正した。すでに現場で設置済みの鉄骨を、もう400余り継ぎ足すよう変更したのだ。この鉄骨を中心に立てて、はさみ込むように枕木を積み重ねる。今日、平井さんの工房に、その指示通りに積み上げられ仮組されている。圧倒的な量感、存在感、まだ表面処理していない荒々しい肌、泥と鉄サビと経年変化による複雑な色合い。何か鉄鉱石の鉱掘坑道の支えの壁面を見るような趣がある。これに茶碗をのせるのか！　誰もがそう思うに違いない。風雪にさらされ楔を穿たれ、レールの鉄粉を浴び、敷石が激しく食い込み削がれ荒れた肌合い。このただ荒々しい粗野な趣にしか見えない枕木の古廃材が、何か風雪や人間の過酷な要求にここまで耐え忍んできたのだと思うと、この荒々しさの中に、モノ本来のやさしさが滲み出てくるように僕には思える。痛められ傷つけられ、それでも耐え忍んできた枕木。なんと、いとおしいではないか。
これを最終的にどのように仕上げてゆくか。これからの課題だ。荒々しさの中でこの枕木がじっと耐えてきたやさしさを、なんとか慈しみが感じら

れるように仕上げてやること。

これまでにも平井さんはさまざまな方法を用いて対処してきた。泥水を被り鉄粉の飛沫を浴びた枕木を、高圧洗浄の水で洗ったり、ワイヤーブラシ、バフ（回転磨き器）などで表面のささくれだった汚れを落としたり…。それで幾本かの枕木が魅力を失ってしまった。しかし僕は先日メールで、もう仕上げの段階に入ったからには、ワイヤーブラシやバフ、高圧水洗浄には絶対かけないようと、それらを禁止する指示を出した。このささくれだって汚れた表面を木工家具のように手磨きすること。たぶんそれしかない。手間仕事だ。さらに茶室へ通じる通路や寄付、水露地への床も枕木である。

隅にある乾いたきれいな雑巾で、磨いた。まだまだ真っ黒に汚れが付く。それでも磨きつづけると、デコボコの凸面がわずかに鈍い光を持ち始めた。色落ちも止まったようだ。磨かれた肌は？　美しい。傷がささくれ立った傷ではなく、美しい時間の痕跡になっている。

「手磨きをするしかないよ、平井さん」

大変な手間をかけるが、僕も磨きに参加したい気分だ。磨けば磨くほどこの荒々しい粗野な枕木が潤いを取り戻す。磨く手のだるさもあるが、捨てられたものがまたよみがえる。見る見る僕の手でそれが変質してゆく。それはじつに手応えのある充実感ではないか。

夕暮れすっかり暗くなった杉坂を平井さんの運転であとにする。

✉平井さんへのメール　Cc内海・山本さん
平井康史様
本日は杉坂工房打ち合わせ有意義でした。
小間の組み立ての方向が見えて随分前進したと思います。
今日を踏まえて21日検証したいことは、
　床柱の位置……図面の段階では床間口と床板の奥行きを同寸として枡床の寸法間
　　　　　　　合いを考えてきましたが、今日仮設置を拝見、若干（おそらく1
　　　　　　　寸あまり）間口を狭める必要がある様に思いました。現場で検証
　　　　　　　致しましょう。
　床垂壁材の高さ……やはり少し低いように思います。わずかのことでしょうか。
　　　　　　　　　現場実寸の天井高との関わりが重要な要因ですから、やはり
　　　　　　　　　現場です。
　点前座……ほぼこの設置で行けると思われますが、現場で確認致しましょう。
　　　　　　21日にはこの辺の箇所は全て決することができると思われます。

点前座の中柱はバリ柱の削り込んだものをしっかり黒色付けお願いします。バリ柱なら黒系に、しかし意外と日本の稲架けの表情と色合いも合うのかもしれません。なぜならあまりにも小間の全ての材が似通ってしまう。結局、床柱と中柱で

差異を表現しなくてはならないと思われます。それには栗の稲架も大いに可能性があると思います。まあ、楽しみにしています。
21日は10時半過ぎに佐川に参りたいと思いす。

各位
21日は10時半過ぎでよろしくお願いします。
樂吉左衞門

第6展示室に使う稲葉さんの無垢材に関して、平井さんに念のため指示を出す。

> ✉平井さんへの追伸メール　Cc内海・山本さん
> 第6展示室展示台無垢材について。
> もう2本稲葉さんから無垢材が届きます。今度は表面を洗わない状態で届きます。その表情を見て、現在手元にある2本の表情を合わさなければなりません。追加の2本が稲葉さんから届くまで、再度野外に出し、野ざらしにしておいて下さい。今日の検証で磨くように指示しましたが、今少し待って、その間、野ざらしにしておくよう。
> 絶対に高圧水洗浄をかけないようお願いします。
> やはり仕上げのこの段階では、無垢材その他（床の枕木含めて）全ての材について、高圧水洗浄、ワイヤー系ブラシ、バフによる磨き等は行わないよう。
> 最後はやはり手洗い、手磨き、です。
> 手間と人手がかかるでしょう。でも宜しく。
> （山本さん誰かそちらから磨きのSOSできませんかね？）
> 樂吉左衞門

06.12.19　関ヶ原石材

平井さんが関ヶ原に行く。広間床框の墨出しのため。
先日の関ヶ原打ち合わせで、床框にできそうな端材を見つけた。雅臣が割った端材である。細い3000あまりの長さを持つ端材、よくも途中で折れずに残ったものだが、その割れ方がなかなか良い。床柱、琵琶床、付書院、それぞれ材が確定してきた中で、床框は最も悩んできた部分である。周囲が強くなってゆく分、床框の在り方も変わりつつある。まったくイメージがつかないまま放置？　いや保留してきたのだ。しかし先日関ヶ原で割られた石の中から、この細長いまるで槍のようなジンバブエの端材に巡り会った時、床框のイメージが像を結んだ。
今日は平井さんが墨出しに向かう。加工は雅臣に委ねる。割れ石の縦面、天場は鏡面磨きにする。

✉ 平井さんからのメール
今帰宅し、本日のメールを拝見いたしました。
年内の仕事や、打ち合わせに一段と焦りを感じて来ました。
本日も、関ヶ原石材に行き、石床框を製作指示している時間は、楽しく、時間の経過を忘れ、没頭してしまい、終われば6時を過ぎていました。
ところで、本日の床框は、自分なりには良い墨が打てたと思いますが、御当代の意に添うかは？　22日が楽しみです。
22日に「そこそこ」とOKが出して頂けなかった折には、当方が保存、框に頂戴したく思います。
髙木様や、息子様、永松君も佐川様の仕事の忙しい中協力していただき、その分今夜も遅くまで仕事をさせてしまう結果となってしまいましたが、私にとって、信頼でき、感謝すべき財産が増えました。
御報告までに、今後とも御指導の程、宜しく御願いを申し上げます。
（有）数奇屋囲　平井工務店　平井　康史

06. 12. 21　小間床　点前座　材現地搬入検証

昨日から平井さんが、これまで検証してきたプランに沿って床板、床柱、幕板、垂壁板、中柱、点前座正面板、向板を現地設置、現場での最終検証を行った。

小間の在り様すべては今日の検証にかかっている。今日は久しぶりに、大学から帰宅した長男篤人（あつんど）が同行した。

10時半現場到着、直ちに小間へ。

強烈な床柱が突っ立っている。バリ板手斧目垂壁が何か重たい。何かそれぞれがかみ合っていない分、床柱の太さと強さ、垂壁板の重たさがバラバラに主張している。床の中が浅い！　わずかに浅い！　今回の床の命は床の深さである。コンクリート壁が囲い、しかも、天井が棟まで吹き抜けている中で、床を床として保たせるには、深さしかない。床を囲い、その深さを見せる。そのため枡床、踏込床の形式をイメージしてきたのだ。しかしなぜか締まりがない。

18日の検証の時に感じたことは、床間口の広さを1寸ほど狭めることだ。計画では床奥行きが1200、床柱間口を床奥行きの1200に合わせて、その上で床柱の位置を床奥にずらす。1200の枡床だけれども、床柱の位置は200余、床中奥に押しやる。しかし実際には枡床の趣はなく床がわずかに浅く感じてしまう。最初の床柱の位置より3寸床寄りに間口を狭める方向に床柱を移動、床柱を中心に枡床の位置になるまで床間口を絞り込むように移動してもらった。今度は狭すぎる。同時に反対側、茶道口から床柱までの空間の間が抜ける。少しもとに戻す。まだ茶道口側の空間が広い。さ

らに床柱を茶道口方向に移動、全て設置をやり直した。
枡床からわずかに台目床に傾斜した広さ。これで床内はしっかりとした空間の凝縮性緊張感が出た。何とか茶道口から床柱までの空間との比率も保たれている。でもやや間が抜けるか？
すかさず平井さんから、18日に指示しておいた中柱から茶道口奥壁へ渡す雲板の提示があった。やってみよう。仮の20小幅の薄板が、中柱と奥壁の間に渡された。みごとに茶道口側の空間に点前座の存在感が引き立ってくる。おおっと声が漏れる。やはり予想通りこれだ。あとは床柱脇の幕板の吹き抜け下場の位置。下からどれ程を空けておくか。下から150の位置で現在は設置されている。これでも良いようにも思われるが、もう1寸ほど下げてもらい検証する。

さて床が決まれば、あとは点前座。
平井さんはバリ中柱と稲木の候補材から、まずは稲木を設置、おそらく彼の推奨だろう。稲木はすでに10年近く使用されたものだろうか、筋ばってグレー茶に枯れている。先が稲掛けだから、二股に分かれていて、いかにも風情と味がある。それにバリの一枚板がよくはまっている。この板は手斧目が無造作に入り黒々として重みと存在感、しかも味わいがある。言うこと無し。
稲木もなかなか面白い。バリの強烈な床柱とそれに差し込まれたバリ板の存在感、緊迫した床の趣に対し稲木は柔らかさを添え、床柱とは異なる素材感を感じさせる。平井さんはじめ内海さん、まわりのNHK取材班からも面白いとの賛意が上がった。篤人も結構気に入っている。上部先端で2枝にわかれている所がなかなか面白いと言う。確かにその通りだが。
じっと眺める。眺めれば眺めるほど、時間が経過するほどに、しかし、と何かが心をかすめる。なんだろうか。何かこの柱だけが異なる趣を醸し出している。それが面白いと感じることもできるが、時間の経過の中でやがてそれは、腑に落ちない感じへと傾いてゆく。何がそう感じさせるのか…。味わい！　そうだ、この柱だけが、まるで伝統茶室の侘びのしつらえの尻尾を残しているのだ。だから、皆には安心感や納得の味わいにもなる。
やはりバリの柱に変えてみよう。
まずは昼食。午後再開した。
午後一番に新しい目で見る。まず、弱い。決定的に弱い。取り替える。平井さんが、バリ古材の柱を中柱用に手斧で削って細身にしたものを持って来たが、やはり弱い。ただちにバリの柱と取りかえた。
篤人がまず最初に同調した。

「やっぱり強くて、こっちの方がかっこ良いかも。部屋全体としても違和感なく調和しているし」

彼は僕と一緒に稲葉さんのバリの家にも、玉峰館にも行っている。バリプリミティブの良さは充分わかっている。なまじっか、茶室の常識的な知識がない分、ストレートに判断できるのだろう。普通、茶の湯の常識なら同じ太さの床柱と中柱を立てたりは絶対にしない。

決定的な弱点は高さが足りない。この時点で皆の意見を聞いた。やはり稲木のほうが面白いのでは、という意見が大勢を占める。

山本さんが「僕はバリ柱のほうが好きです」と一言。

「ほお」と内心思った。これまでにも彼は的確な意見を控えめに述べる。

さらにバリ柱の残るもう1本の柱（はじめは床柱として考えていたもの）に設置替えをする。中柱としては極端に太い柱が立ち上がる。太い。強烈な強さ、破格な異形体。床柱が2本あるという感じ。床柱が負けはしないか。手斧目の趣は中柱に使用する材の方が強い。しかし、圧倒的な太さと、背の高さはなんといっても床柱の方が格を持っている。床柱と中柱、甲乙付けがたい、兄弟のような響き合い。根が同じ生まれだから当然ともいえる。直感的に中柱はこれだと感じた。

ただし、点前座正面が圧倒的な強さで迫っている。その前に置ける器物は萎縮しないだろうか。あらかじめ検証のため持ってきた琉球風炉と田口釜、信楽鬼桶水指、僕の茶碗、棗を置き合わせる。面白い。道具の後ろにそびえ立つバリの一枚板、強烈な中柱、その前で道具がかえってのびやかに見える。決して萎縮してはいない。やはりしっかりとした存在感のある強さは、他者を活かすのだと確信する。コンクリートに囲まれた空間、2本の強い柱、バリ板の囲みの強さ、床の深まり。この茶室の全貌、本心がこれで決まった。迷いなく決まった。

この床の間にいったい何を掛けるのだろうか。ふとそんな思いがよぎる。歌切や、適当な墨跡ではもたないのは明白、ここは従来の侘び茶室ではない。現代という世界に歴然と自立する空間。

古墨跡は充分に調和するはず。きっと現代美術でも良い。

客は床前の掛物に対して深々と頭を下げる。しかし、きっと客は現代美術に頭を下げるのかと疑問を持つに違いない。床の軸に敬意を払って頭を下げる。でも、はたしてそうなのだろうか。僕は思う。茶室とは何よりも自己と対峙する場所であると。床の掛物と対峙する。その対峙を通してその彼方と此方を貫き通す我を越えた何か、その広がり、そのはじまり、そのおわりに対して頭をおのずから下げる。床に書いてある墨跡が偉い禅師の書かれたものだから…、それもある。それもあるが、その軸と対峙して己

を越えた世界を感じ取るそのことに頭をおのずから垂れる。僕はそうだと思う。そうあらねばと思う。そうありたいと思う。現代美術の中でもそうしたものを感じさせる作品はある。何も教訓じみたものでなくても良い。己自身の存在と対峙するもの。

この茶室は「盤陀庵」。水底の座禅石だ。

僕は夕闇迫る帰路の車の中で思った。もう一言がいる。「看脚下」、この言葉をこの茶室の入口を入った壁に掛けよう。縦字で板にかかれた「看脚下」、この小間の空間に足を踏み込んだときに初めて目にするもの。「看脚下」面白いではないか、足下を見ないと水の中に落ちてしまいますよ！ つまずきまっせ！ ごつごつと岩盤の横たわる水露地、荒磯が広がる、まさに「看脚下」しないと転んでしまう。

足下ご用心！ 頭を打ちそうな狭い潜り、躙り口、通い口、「看頭上」も必要かもしれない。

茶の湯は何よりも己自身を見つめることだと僕は思う。

「看脚下」己の足元を見よ！ 自己をつかみ取ること。でもこの茶室の過激さの中で、この言葉がとんだジョークにならないように！ とも思う。

今日は天下分け目の関ヶ原。全ての決着がまずここにある。自分で自分が納得しうるところまで詰めること。妥協を自分に許さないこと。

平井さんはじめ、内海さん、山本さん、大屋さん、最終仕上げ段階で加わった上垣幸司さん、本当によくつきあってくれたと思う。何度もやり直させ、そのつど手間をかけた。ありがたいと思う。彼らの力あってのこと。またもう一つ、ここへの到着は、何かバリの板の持っている根底的な強さと存在感に手を取られて導かれたような気がする。自分の表現ということに留まらず、バリの材に導かれてここまできた。そんな思いがする。

もう1つ嬉しいことがあった。昼食の会話の中で、NHKの安田さんに内海さんがこんな事を話した。

「自分たち建築業界は、規格にはまった、図面に描ける仕事を守っている。床は床、壁は壁、しかし今回は違った。広間の石1つでもつい先頃までこんな事が実現できるとは思ってもいなかった。そんな発想が僕らにはない。広間の縁石の石張りも、あれを僕らが抱いてきた床と思ってそれに当てはめようとするから駄目なのだということが解った。床という概念から今回離れることができた。あれは僕らの思う床と考えてはいけない。作品というか、踏み込む作品なんだと思う」

とさわやかな笑みを浮かべながら語ってくれたそうだ。内海さんも最初からのとまどい、拒否感との葛藤があって、いま、この人はこの人なりに、

規範を破ったこの破格の建築物の完成を、その過程を、楽しみ始めているのだと思った。嬉しかった。

平井さんとは乾杯の祝杯を挙げたかったが、明日の関ヶ原石材での現場検証がある。一足先に現場を失礼した。比良山が闇に没しかけている。琵琶湖が深い群青に沈み込もうとしている。

> ✉ 平井さんへのメール
> 平井　康史様
> 今、家に着きました。
> 本当にありがとう。迷いなく最良の形で決断でき良かったと思う。この型破りな茶室の中で、最後までこだわった中柱の半端でない強さ、本来細くさりげなくあるべき中柱の、まるで床柱と競わんばかりの激しさも、本来この小間の方針を考えはじめた当初からの思いだったと振り返り、しかもそれがバリの木材の本来の強さにただただ導かれてここにたどり着いたという、感動的なものとの出会いがあってこそと思います。
> それにしても、大変な苦心と苦労をかけました。良いアドバイスも提案も戴いたし、前答を翻し何度もやり替えさせてしまったり、まあ、良くついてきて頂いたと感謝しています。
> 今日は乾杯でも一緒にしたい気分だけれど、明日の関ヶ原検証もあり、それぞれの乾杯で今日は収めましょう。
> これで、小間の9割方の方向は確実なものになったと思います。
> 爽快な気分です。
> ありがとう。取りあえず御礼まで。
> 樂吉左衞門

06.12.22　打ち合わせ　関ヶ原石材　石関係最終検証　広間の材決定

昨日に続き、今日は広間縁石、水露地の石通路などの最終確認に関ヶ原まで行く。

平井さんの運転で10時半すぎ関ヶ原石材・髙木工房に到着。直ちに髙木さん担当の広間縁石の石組を確認する。前回の確認で広間縁石の一部の変更、裏通路関係の石組も見る。

髙木さんの工房内に所狭しと敷かれた縁石の広がり。決して狭い工房ではないが、ぎっしりと割れ肌の大石がつらなって工房は少々息苦しそうだ。それに比して石の壮観な趣、思わず飛び乗って歩いてみる。岩場を歩くような、1つ1つに異なる大きさ、足裏にごつい尖った起伏、激しい亀裂。粗面の感触が厚いスニーカーの底を通して伝わってくる。内海さんが昨日言った「あれは床ではない」という言葉が核心をつく。連続する黒い岩肌の風景。歩いているだけでも僕は楽しい。山本さんがニコニコしながらそ

ばにいる。「昔、学生の頃、大学をサボって芸大行きとは反対の電車に乗り、独り江ノ島までよく行きましたよ。江ノ島の裏側の岩場で1日昼寝をしたり少し岩場を散策したり本を読んだり、なんかそんなことも思い出します」僕がそう語ると、山本さんは3、4度無言で笑みを浮かべてうなずいた。先日の打ち合わせの「双子山」は片方に1つの山を持ち、そこから緩やかにひろがってゆく平面の美しい石に変えられていた。さすがだ！　隣り合わせの石との繋がりも一段と良くなった。縁正面の後ろ側の通路状の石組もできあがっていた。割れ肌と、ドリル目の入った割れ肌の石が小気味良い間合いで敷かれている。ここはあくまでも通路の性格を持つ。だから、峯や谷の見せ場はむしろ不要。平面性を強調した割れ肌の中で、ドリル痕と割れ肌をうまく生かして表情を作っている。髙木さんの目の確かさが伺える。この石組はまさに僕自身の考えを完璧に汲み取った髙木さんの作品である。単なる石屋さんやタイル屋さんには決してできないものである。あの時髙木さんと意気投合して、髙木さんに託そうと直感したことがまさに的中した。

まさに髙木さんなくしてはできないものだと思う。

雅臣の水露地の石組はほぼ決定済み。導入部の立石を5センチ程後方にずらし、わずかに向きをよじった。これだけで見え方が違い、だんぜん引き立つ。あとは設置の時に調整しよう。

ただ、今回気になったことに、小間入口の中潜りがあった。潜りの上場に石が置かれ幅が見えてきた。客の背丈よりもかなり低い潜り。本来の潜りはもっと低いものだが…それにしても低くてまたぎにくい。着物を着た女性は潜れるだろうか？　僕の中で心配が生じる。

「もう少し広げることはできませんか」

「もうコンクリートをはつったりすることはできませんよ」

横から平井さんが先まわりして釘を刺す（ぐう！）。

「せめてこの敷居に載せた石をとって、その厚さ分だけでも下げられませんか」

「防水やコンクリートの化粧打ちなどが必要になり、結局同じぐらいの厚みになります」

と山本作業所長（ぐぐ！）。無理か。

ここまで突っ張らずに、一般客のためにもう少しやさしくすれば良かったか。ここは茶の湯の小間空間、核心への入口だから、可能なかぎり狭めて緊張を高めたかったのだが。肥った客は通れるだろうか、着物を着た婦人は通れるだろうか。しばらく沈黙が支配した。これまでにも数々致命的な

設計変更を、無理を承知で指示したりもしたから、みんなの緊張が伝わる。
「踏込石をわずかに上げてまたぎやすいようにし、中潜りの下場はできるだけ施工時に少しでも下げるように努力しますから、それでお許し頂けませんか」
山本さんのたまりかねた一言（ううッッ！）。そうしか仕方ないだろう。今から広げることはできない。

昨日、小間床、点前座の材木仮設置の帰り道、車の中でふと「看脚下」の文字の木札を、水露地から小間への潜りをくぐって頭を上げた先の壁に掛けようと思いついたことを、思い出した。まさに看脚下、頭上注意だ。本当にこの茶室は「看脚下、頭上注意」。この木札をいたる所に掛けておかなければならない。
その後、宮永、扶二子、山本、内海、大東マーブル各氏と別れて、僕は平井さんと残って、広間の付書院の下場に入れる石を探した。体育館でのモックアップの時からずっと悩み、決めきれずに保留し続けてきた箇所だ。付書院の下は通常は戸袋になっている。それではこの茶室広間には合わないので、やはりジンバブエ石かと見当をつけてきたが…なかなか良い石が見つからない。
付書院に石の固まりを据え、その割れ肌の天面に板を置こうという考え。石面の天は割れ肌そのまま、デコボコの上に木の天板を置くと。天板と石の間はデコボコの隙間も空く。そのことによって戸袋替わりに薄くした石がはまっているのとは異なる石の厚みを感じるだろう。以前から目を付けていた上品な割れ肌の薄板があったが、肌は良いがなんとしても薄すぎる。平井さんは縦縞模様にドリル痕が連なる石はどうかと推奨した。面白いかもしれないがドリル痕に生彩がない。もう1枚良い厚さの石があるが、割れ肌が今ひとつヌルッとした感じで魅力に乏しい。
もうないかなと少しあきらめ、また髙木さんに割ってもらうしかないと思い始めたとき、工房入口に引き痕の鏡面を見せて伏せてある良い寸法の石を発見。裏側に手を当てるとまさに割れ肌。早速フォークリフトで裏返してもらった。文句なしの割れ肌、真ん中付近に斜めに太い割り出しのドリル痕が走る。このドリル痕を活かしながら早速墨出し、天の割れ肌を少しあらたに割ってもらって姿を調整。これならいける！
広間の床はこれまで最後の詰めのところでイメージが決まらなかった。この石ですべてが歴然とし始める。
話は前後するが、広間床框は、先日来、平井さんの提案でジンバブエ石の割れ石を使ってはとの提案。前回の当地での検証で、割れ肌作りの時に出

た細長い形の良い端材が寝かせてあった。それを見ていた平井さんの頭に床框への転用が浮かんだのだ。電話で床框は石ではいけませんかと言う提案を聞いたとき、僕も同じように石の端材を思い浮かべたのだ。平井さんは今日に間に合うように墨出しをし、完成させていた。割れ肌の縦面、鏡面磨きの黒光りする天面が鋭く乱れた稜線を境にぶつかっている。
「少し目立ちすぎませんか、天は鏡面磨きにせず水磨きのほうが良いと僕は思いますが」
という平井さんのアドバイス。それもよくわかるが、同じ割れ肌を生かし切るには、鏡面を立たせ、ぶつけたほうが良いように思うが…、保留にする。しかし今、それが直接ぶつかって刺さってゆく付書院の下の割れ肌石材が決まってみれば、床框は即座に鏡面だと確信する。中間の雰囲気を介在すれば、どちらもが個性を弱めるからだ。
付書院の石の決定によって、僕の中で自然にこの石自体がイメージを誘発し、不確かな部分を明確にしていく。雲が晴れるように。
決まったことは島桑の床柱、それに組み合わせるジンバブエの床框、框の上の畳床、赤楠の琵琶床、それに交差する付書院の下場のこのジンバブエの石の固まり。その上方壁面にはめ込まれたバリ黒檀、はめ殺しの付書院窓。
さて未定の付書院の天板と床前垂壁板は何か。やっぱり黒い色目の板。幅700、長さ3000の雲板は鴨川さんの所で見た黒い板しかない。それを垂壁板に使い、付書院天板にも使う。
モノの力はすごい。1つ決まれば、そのモノ自体の力が周囲のイメージを確信させる。鴨川さんに連絡、早速部材を確保してもらった。
これでほぼ全体の組み合わせが見えてきた。
26日から広間縁石の搬入、28日が今年の仕事納めになる。

06.12.25　水露地の石組　夢中の思索

昨夜につづけて、真夜中に目覚める。
どれほど眠ったのだろうか、なぜか眠気がない。ずっと考えつづけてきたそのままのつづきのよう、あるいは夢の中で考えつづけてきたのだろうか、今まで眠っていたようには思えない。
意識が冴えて、突然、水露地から小間への潜りの石組のアイディアが浮かんだ。水露地から小間に抜ける潜りは、先日から極端に絞り込んだ小ささが気になっていたのだ。なにせ高さが1100しかない低い潜りを、しかも高さ100ほどの敷居をまたいで潜らなければならない。コンクリート壁の

厚みも結構ある。きっと頭をぶつける人もいる。しかも鴨居はなし、コンクリート打ち放しの壁角である。
本来の茶室ならばこの寸法の潜りは決して狭すぎるものではないが…。コンクリートの厚みがある分、通りにくい。少しがんばりすぎたかもしれない。もう少しやさしく、一般の人のために潜りを大きく取ればよかったか…？
ただ、気持ちとしては小間への最初の入口、日常からの結界の役を果たす潜り、可能なかぎり絞りたかったのだが…。同じことを何度も思い巡らす。潜りの敷居と石組の間に100程の隙間が空いている。わずか100でも潜りに近づき、敷居をまたぎやすくすべきか。先日の関ヶ原の打ち合わせでもその話は出した。100程の隙間を敷居に詰めるだけでも少しは現状よりは通りやすくなるかもしれない。
ただ、左右の壁面は石ではないため、大きな石を敷居に接して設置することができない。潜り幅の小さい石を大きい最後の組石に組み込むように接合する方法だが、水露地の石を踏み歩んで最後の止め、締めとなる大事な石の強さが組み合わせることでスポイルされるかもしれない。
そんなことをこの前の関ヶ原の打ち合わせで話し合ったのだが。

時計を見れば3時過ぎ。夢中の試作からつづいて突然のひらめきは、2つの石を組み合わせるのではなく、最後の大石を2つに割る。その一方を、潜りの敷居に直接ぶつける。1枚の石の一部が切り離れて前方中潜り寄りにずれた感じ。かつて1個の大きな石であった形状を留めながら、人工的に切り離され、ずれた感じ。大小2つの石が組み合わされたよりも1つの存在の量感を損なわせず、ずれを起こした感じ。氷山の一角に亀裂が走り一部が切り離れて、ずれを起こした感じ。面白いかもしれない。潜りに石が接する分、人はくぐりやすくなる。明日、雅臣にこのアイディアを伝えよう。

06.12.26　つづけて夢中に思索する

今夜も真夜中に目が冴える。何の前触れもなく突然目が覚める。寝苦しかったわけでもなく、突然目覚めて頭がさえざえと稼動する。
昨夜につづいて今度は風炉先のアイディアが突然浮かぶ。寝ながら考えていたのだろうか、夢を見ていたのだろうか、しかしその記憶は無い。
先日関ヶ原の打ち合わせの折、雅臣の割った石の端材で、今度は風炉先屛風だ。薄い割れ石の板が関ヶ原にあったが、あれで風炉先を作る。石の風

炉先！　二枚折りの風炉先屏風を割れ肌の石の薄板で作る。寸法は正規のもの。一部の凸面を磨く。ドローイングを小さな石の中に組み込む。石とドローイングの組み合わせはどうだろうか。伝統的なスタイルの中で、一部に石を張るのではなく、石そのものの風炉先屏風。完成された威風堂々とした石の風炉先屏風が、俯仰軒のコンクリート壁を背に立っている。本当に夢なのだろうか…。しばらくぼんやり考えながらいつのまにかまた眠りについた。

06.12.28　佐川現場仕事おさめ

現場に到着、直ちに広間縁石の設置現場に急ぐ。
ヘルメット姿の大東マーブルさん、そして髙木さんがいる。
ガラスの内側を張り始めていた。髙木工房に仮設置していたときとは異なる趣。ガラス内、コンクリート壁内の割れ肌の縁石。思いのほかブラックコンクリートと同調している。色合いも非常に似通っている。目地から基礎床が見える。艶のある黒ペンキが塗られていたが、それは髙木さんが艶無しの黒塗装に変更の指示をすでに出していた。いまそのペンキが届くまで仕事待ち。目地の間に沈み込む基礎床の色仕上げ、光沢の黒ペンキ仕上げではどうしようもない。たとえちらっとしか見えなくても、それが見えればせっかくの割れ肌の自然味あふれる情景も台無し。そんな細かな配慮ができるのは、やはり髙木さんだからだ。設置に関しては大東マーブルさんが請け負うが、髙木さんなくしては設置できないからと、山本さんに髙木さんの立ち会いと指導を受けるよう念を押しておいたのだ。
まだ外の強烈な荒々しい石組には到っていない。それは来年1月半ば頃になるだろうか。この縁石が敷き詰められた広間を早く見たいものだ。
これまで誰も見たこともない床になる。自然の形状、荒々しさにそのまま繋がっている。それに拮抗するように、平井さんの広間内部の強さが試される。
床柱と垂壁板・石の床框に仕切られた床の空間の強さ、深さ、赤楠一枚板の存在感、付書院天板、付書院窓のバリ黒板の板木、僕はこの付書院のつぶし窓にはめ込んだバリ古材板を、板木がわりに見立て打ち鳴らす。床前上部を区切る垂壁板は当初考えてきたコンクリートと同調するようなさりげない神代系のやさしいものではもたないことを確認する。
むしろきっぱりと周囲の壁から分かつ黒系の堅い板しかないと確信する。先日すでに平井さんに、東京新木場の鴨川さんの所で見せてもらった外材のウレンゲを確保してもらっている。間違いなくウレンゲしかない。あの

2006

黒みを帯びた堅い材質の板でしっかりと床の空間を自立させなければならない。あとは床柱、ごつい島桑の料理法。どの面で墨を引くか、どのように皮面を見せるか。節をどのように取り込むか。じっくりと料理しなければならない。すべては来春、楽しみでもある。
現場展示室を廻って水露地潜りを確認。展示室は見るたびに進展を確認することができる。
水露地潜りは思いのほか潜りの壁厚が厚い。かなり潜りにくい。どうだろうか。

いよいよ今日は、仕事終い。
内海さんも山本さんも本当によくこの素人に付いてきてくれた。佐川の栗和田館長の絶対的な後押し「樂先生の言われるように」という指示があってのことに違いないが、本当にいやな顔せずフォローしてくれたと思う。
栗和田館長にはもちろん感謝でいっぱいである。同時に大きな責任を背負っている思いがする。
重たい責任であるが、それに答えるには僕自身の意志を貫き通すしかない。
みんなで送ってくれた。内海さんのいつにない晴れやかな笑顔。山本さんの朴訥な笑顔にはいつも助けられる。
雲がやや厚くなって、夕靄が湖上をうす墨を混ぜたようなピンクに染め、南の一角には雲の切れ目、その下の湖面が銀色に輝いている。
来年はいよいよこの茶室も完成の日を迎えることになる。

2007

07. 01. 02 ~ 07. 09. 17

07. 01. 02　中潜りの寸法

いよいよ2007年、新しい年を迎えた。今年9月14日が開館レセプションと仮決定された。この1月2月が茶室、展示室とも正念場を迎える。
昨年来、水露地から小間へ向かう中潜りの寸法が気になっている。
コンクリートの壁厚があるから、同じ寸法の潜りでも、木戸潜りよりは遙かにくぐりにくい。
自宅の潜りを採寸してみた。地面、足の位置から250の高さまで木板が立ち上がって、替りはその上敷居から1020の高さで開いている。地面からは通高で1270高ということになる。平井さん（平井工務店　棟梁）のいう1100はどこから計った寸法なのだろうか。手持ちの図面を調べればわかるが…。とにかく5日に現場の仕事が始まる。それまではどう動きようもない。5日になったら山本さん（竹中工務店　京都支店作業所長）に連絡、現場に実際のレベルに基づき合板で足場を再現してもらおう。まずはそれを確認してからのことだ。

何ということだろうか。正月早々、いや、昨年末よりずっと中潜りのことが気になっている。一度気になると、どうもそれが頭から離れない。僕の小心な性格。われながらあきれ果てる所もあり。

07. 01. 05

水露地から中潜りへ向かう細い通路に、飛石を設置した時と同じレベルで合板の足場を組んでもらった。
潜りを抜けた小間空間の土間部分もレベルを上げて仕上げ状態と同じにした。
とにかく、くぐり抜けてみる。僕は特に不自由は感じなかった。山本さんにも、設備担当（アサヒファシリティズ）の恩田さん、稲さんにもくぐってもらう。ただ、頭を打つ可能性がなくはないが特に不自由ということもない。
問題はコンクリートの分厚さが僕の計算外のことであったという事。同じ寸法の潜りでも、薄い板戸を1枚くぐるのと、分厚いコンクリートの壁を潜るのとは、大きな違いがある。頭と腰をそれだけ長くしっかりと下げて通らなければならない。

07. 01. 06　林屋・赤沼氏現場案内

　関係者以外で初めて林屋晴三・赤沼多佳両氏を案内した。地下展示室をまず案内。その後、地下B1から水露地、小間、広間と順次案内した。
　林屋先生の感想、「りっぱなもんだねー」美術館本体は特に感想なし、もっと小さいスペースを想像しておられたようだ。確かに陶芸作品、特に茶碗を主体とする美術館としては空間そのものが大きい。さらに実質的な展示スペース、外のゆとり空間を格別広く取っている。それぞれの展示室には異なるベンチをおき、くつろぐことができるが、現在はまだ設置していない。分厚いコンクリートに囲まれた大きな空間がぽっかりと何もなく空いている。エントランスロビーは特に広く、真っ直ぐな壁面がのびているだけ。僕はこのロビーは気に入っている。何ともこれ以上に抽象化できない突き詰めた緊張感と同時に空漠とした感もある。ピラミッドの中みたいだ。
　ロビーに降りて行く階段も全容を現し、後はジンバブエの石を張るだけ。この部分のデザインは全て内海さん（竹中工務店　設計部副部長）にお任せしてあったが、僕は結構この階段部分も気に入っている。広くゆったりとした勾配、照明関係は階段の壁付下に段に合わせて設置されるらしい。巨大なロビー空間に階段に合わせてギザギザライン照明が壁下を下る。シンプルで、きっとこの空間にマッチするだろうと想像する。
　問題の水露地から中潜りであるが、おふたりともなんなく通過、問題なし。しかし、おふたりは茶人であるから、潜りそのものに慣れておられる。
　林屋先生は広間の茶室が気に入られたようだった。広々と水葦原に向かって水平に広がる空間、その開放感は心地よい。「僕はここでぜひ釜を懸けたいよ、早く完成して」といつものように気さくな感想を述べられた。
　じつは、白状すると、僕は林屋先生も含めて、知り合いや友人、ことに建築にうるさい友人にこれまで一切現場を見せなかった。人それぞれに感じ方があるから、正直、それを聞くのはなんだかうるさい気がする。結局自分の思い通りにするのだから…。
　この時点ではコンクリートも打たれ、主な石材も設置、もはや動かし変更できない。林屋先生から「小間の壁をもう30センチほど下げる方がよい」と意見をいただいたが…。もう変更はできない。

07. 01. 10　小間アクリル三角柱割付

　昨年打ち合わせをした小間、紙壁のアクリル三角柱の割付が図面化されて

きた。1本ごとに前後にずらしてジンバブエ割れ石にほぞを彫って、三角柱を割れ石に突き立てる。その間隔も前回しっかりと打ち合わせて確定した。図面もそれが正確に反映されている。問題はアクリル同士の接合部の配置。一律に570、後は750の間隔で整然と横一列にジョイント口が並べられていたが、これは不規則な並べ方に変更指示をする。この継ぎ目は紙に映ると丁度竹の節の影のように見える。それをランダムに配置するというなんでもないことがじつは結構難しい。

07. 01. 13　越前和紙

打ち合わせ事項
1.茶室取り付け寸法を確認、最大の漉き幅の可能性
2.特殊漉き（繊維撚り、落水、粗繊維混ぜ）…他に可能な特殊漉きは？
3.特殊漉きと通常生漉きを合わせることが可能か
　極薄の特殊漉きに通常生漉きを合わせる等のバリエーションの追求
4.光の透過性の問題
　紙質
　漉き厚（3～4匁ぐらいか？　要検討）
5.透光性の現場実地検証　後日
　小間　内張り紙
　　　　外張り紙
　　　　蹲い前垂らし紙（内張り紙と同じか、あるいは外張り紙と同質）
　広間　内建具＝太鼓張り吊り戸　他
　　　　外建具＝狐格子蔀戸風
まずは先方のこれまで製作されたものを拝見すること。

07. 01. 15　島桑床柱の製材

帯鋸の回転音、挽き切られ粉になって舞う島桑の粉塵。
7回目を挽き終わったときだ。平井さんが「おぉー、出てしもた！」と大声を上げた。何が？　見ると3ミリ程度の小さな節穴が1つ。なんだ、その程度のことか、と安心してはいけない。ど素人の僕でも、東京の新木場・鴨川商店さんの所でずいぶん学ばしてもらったのだ。黒ずんだ3ミリ程度の小さな節穴、それがどういう意味を持つか、充分に理解できる。これは不吉な前兆！　なんとか災いを避けねばならない。さらに面を落とせば、この節穴はどんどん大きくなり、最後は手の付けられない災いを招き、全

てを台無しにする。平井さんが頭を抱える。
とにかく岸壁にしがみつくようにして長い年月を生き長らえ、ここまで大きくなった島桑だ。木の芯はよじれて、いたる処に節がある。節があっても当然、ごく自然のこととして、それをむしろ命の強さだと考え、折り込んできた。しかし、
「床からなんぼの所や！」
僕がすかさず訊いた。
「1600あたり、ちょうど目線あたりです」
他には節穴はない。客付正面、目線ど真ん中、わずかに小さな汚点のような節穴。
「これは避けんといかんやろ！」
平井さんも当然のことながら同じ意見。

この島桑は9寸もある太い柱。芯は右左に蛇行し激しくよじれている。こんな大きく深い背割りを入れなくても…と思うが、鴨川さんの所で入れられた深い背割りに沿って、ギロチンで割られたみたいにパカッと傷口を開けている。人工的に割れを作ってやらないと、乾燥時に無数の割れが入ってしまうのだ。この材は、鴨川さんの所でもう何十年も寝かされてきたもの。もうこれ以上は狂わないだろう。
この9寸、いや背割れの面ではおそらく1尺以上あるこの太い島桑を5寸にまで製材しようというのだ。どの面で木取りをするか、全てはこの判断にかかっている。表面は穏やかでも、芯に向かって面取りを進めていくほどに、何が現れるのか。大きい腐れはないと確認済みだが、それでも、背割れに沿って小さな腐れが入っているかもしれない。いくら鴨川さんの所の島桑でも、こればかりは賭けでもある。
鋸引きに入る前に幾通りかの木取りを検討した。完全な四方柱にするなら要は簡単、しかしせっかくの力強いよじれのある暴れ島桑、できれば皮付きをどこかに残し、柾目ではなく木目を正面と床付に出したい。皮付きを残すのは難しいのだ。どの面に皮付きを残すか、客付正面、あるいは客付正面角に残すか。5寸の細さにすると皮はそんなに残らない。木の強さ、木目の美しさと両立しなければならない。
一気に切るのはとても怖くてできない。2〜3分かけて少しずつ帯鋸で挽く。背丈ほどの幅の帯鋸がジャーッと音を立てて回転する。島桑を台座に固定、平井さんが自ら台座の稼動ハンドルを握る。ゆっくりと滑るように島桑が帯鋸の回転にかかる。ジャーン、ひときわ回転音が大きくうねる。下方に向かって激しく吐き出される木の粉塵、午後の傾いた黄色い太陽の

光に攪拌された粉塵が舞い上がる。鼻の中がむずがゆい。薄板が切り離され、真新しい木肌が現れた。やや黄色みを帯びた不ぞろいの歪んだ美しい木目。
少し落としては考える。今度は別面を落とす。また表情が違ってくる。また考える。また落とす。4〜5回帯鋸を挽いて、斜めに木取りする方法を放棄、ほぼ元の木取りの方向で行く決心をする。

7回目だったろうか。帯鋸を挽き終わったときだ。小さな黒い節穴が現れたのは…。どうすべきか、90度回転させて正面を別面に変えることも可能だ。しかし、木目の表情がいま一つ。逆の面はどうか？　皮付きの始まる手前途中で帯鋸を止めて、皮付きを残し、不要に太い所は手斧で殴りを入れる…さまざまな可能性がまだ残っている。平井さんと僕と二人、考え込む。しかし、結局は節穴ぎりぎりの下で引き落とし、節穴を排除することにした。
客付正面の木目が少し一方に偏る。しかしもともと芯の木目の表情もねじれて左右に蛇行している。平井さんと相談のうえ決意。大きく4分ほど節のすぐ下で引き落とす。どうか。一か八かのところはあるのだが…。切り落とされた新しい表情。中央の力強い木目の中心がやはり削り落とされてしまっている。木目の表情がなくなる。3メートルあまりの木の端から端まで視線を移動、注意深く何度も移動、下方の一部に木目が中心に座り面白い表情が残っている。皮付きの角はまだ残っている。
確かに中央部の木目が逸れたので少し表情が弱くなるが、芯にあたる部分が現れたりはずれたり、それがこの風雪にさらされた島桑の特色、木目の上から下まで芯が通っているわけではないのだから。人の手間ひまをかけて育てられた上品な北山杉や檜ではないのだ。人間とは関わりのないところで根を生やし枝を広げ、僅かずつ僅かずつ、ここまでになった天然の島桑なのだ。
改めてこの島桑の育ちや歴史に思いを寄せる。

もう製材し始めて4時間近くがたっている。日が西に傾き、僕らの影が製材所の木材の残骸の上に細長く延びている。寒い。
「焦ることはありませんから、今日はここで止めて考えましょうか」
自分に言い聞かせるように平井さんがつぶやく。
「うん、そうしよう、20日には初釜の手伝いが終わって東京から帰るから、それからにしよう」
「こんどは帯鋸ではなくて自分ところの小型の製材機で少しずつ面を出し

ていきましょうか」
「ぜひそうしてみて」
製材所の方に礼を言って、一足先に杉坂の平井さんの工房に引き返した。未完成の島桑は平井工房の若い衆がトラックに積み杉坂へ。
杉坂の工房に着いた頃にはすっかり日が傾いている。杉坂の谷間の平井さんの工房、夕方から気温が下がってきたのか、寒い。工房の中にはすでに8割方木組を終えた小間の床と床柱、脇壁の板が組まれ、がっしりとした姿で黒々と立っていた。

夜、内海さんからメール。添付書類でアクリルの接合ランダム割付図面が送付されてきた。ほぼこれで良いのではないだろうか。

> ✉ 平井さんからのメール
> 内海様　山本様　大屋様　Cc.樂吉左衞門様
> 本日午後1時過ぎより、樂吉左衞門様の立会い、御指導の下で、広間床柱の製材加工を行いました。
> 御当代と、試行錯誤をいたしましたが、完成品までは及びませんでした。
> 東京での初釜から帰京後、完成予定です。

---

07. 01. 16　越前和紙の五十嵐製紙

朝、僧堂行き。「碧巌録提唱」を拝聴。
大徳寺山門前で平井さんの車に拾ってもらう。扶二子同乗。京都11時前に出発、米原から北陸道、12時頃、武生インターを出、内海・山本・他関係者と落ち合った。近くのでっかいショッピングセンターのような蕎麦処で昼食。越前は日本三大蕎麦で有名、期待に反して、延びたコンニャクのような蕎麦が出てきた。蕎麦通の平井さんがっかりしていた。武生の町からさらに郊外、車で20分ぐらい走ると小高い山が前方に現れ、周囲は田畑が広がる。もちろん何も植わってはいない。今年の暖冬は全く異常だ、この豪雪地帯に雪が全くないのだ。大寒だというのにあたりはまるで春の風情。畑には緑々と若草が繁っている。和紙の里という看板の脇を通過、このあたりから山裾に入る。こんもりとした里山に開かれた小さな集落、立派な鳥居のある古い神社がどっしりと里の中心にあった。
そのすぐ脇の細い道を曲がってすぐの所に目的地、五十嵐製紙はあった。小さな事務所、雑然とした事務机の脇に赤ん坊の柵の付いたベッドが置かれている。若奥さんが子供を背負ってお茶を入れてくれた。ここはご主人と奥さん、15人程の職人さんがいる工場。早速初打ち合わせ。さまざ

な生漉きの見本を見せてもらった。
　コウゾ、ガンピ、麻、それぞれの生漉きの和紙。光に漉かしても漉き斑のない、表面の密度がいかにも高くてパリッとしたきめ細かさと光沢がある。僕ら初めての客にまずは工場自慢の最上級の生漉き和紙を見せるのだろう。しかし僕のイメージするものからは上質すぎるというか、均一で美しすぎる。もう少し粗い繊維の残る漉きムラのあるものがよい。当然光を通してくる漉きムラの不均一なニュアンス、そのほうが柔らかさと深みのようなものがあるだろう。「均一」というものが価値となっている現代であるから当然のことだが、面白味がない。
　ただ、難しいのはその不均一の在り方、加減である。意識して不均一にしたものを欲しているわけではないことを、五十嵐さんに重々伝えた。
　広間の内建具・外狐格子に使う和紙素材はコウゾと麻の手漉きを選んだ。コウゾはわずかに黄色がかっている。コウゾの産地によって違うとか。麻はコウゾよりも白い、もちろん漂白した白さとは違いどこか清廉な白さで、僕は気に入っている。
　とにかくはコウゾと麻で畳ほどの大きさの少しムラのある漉き方のものを見本に製作してもらうこととなった。2ヶ月半ほどかかる。
　小間の内張りは、おそらくコウゾのものでいけるだろう。こちらはむしろ白さからやや黄みがかったものが良さそうだ。
　問題は、外側の暖簾状の垂紙である。僕が京都の紙屋で偶然見つけた、ネパールの繊維をたたいてただ引き延ばしだけ、粗い繊維が横に絡み合っただけの透け透けの紙（？）の話をすると、さすがに専門家、それらしい見本を取り出してくれた。やはりコウゾの繊維をたたいて絡み合わせ、それを真ん中に挟み込むように漉く。繊維が絡み合って透けている。上から漉く紙をどの程度薄く漉き込み、かつ強度を保てるかが重要。
　もう1つ、もう少し繊維を意識的に横並びに整えること。繊維が絡み合っているというよりは人の意識が加えられ整えられた感じ。
　そうした見本を数種類製作していただくことをお願いした。
　打ち合わせののち工場を見学した。手漉き、畳一畳ほどの大きさ、漉いてからうっすらとした青みを帯びたぼかしを加え、金泥をランダムに流し散らす。漉き職人さん2人で漉いていた。
　細かく工程の説明を受けた。暖冬とはいえ水浸しの工場内は特に寒く感じる。
　ずいぶんゆっくりとさせてもらったが、次の予定もある。五十嵐工場を後に、佐川の現場へ。すっかり暗くなり6時をまわってしまった。
　直ちに地下展示室へ。

各展示室の椅子を検証した。別素材でモックアップされている。第2・3室の長椅子、第5室の分厚い無垢材でつくる角置き椅子、これは展示室の真ん中にどっかりと据える。第4室の壁から突き出た1人掛けの椅子はコンクリート壁から支えの足もなく板が跳ね板風に5〜6脚、リズミカルにぽんぽんぽんと壁から突き出ているだけの椅子。
それらの高さ・寸法などを決定した。各室に違った椅子を整える。椅子は左右対称を基本にした展示室の平面プランに変化と楽しみを与えるだろう。

帰路車中での心配事。
佐川現場からの帰路、平井さんに枕木床材の話を確認した。先日15日の杉坂打ち合わせの時、平井さんの工房の一角に積まれた枕木を一瞥、小口だけではあったが、何か黒く均一な感じがして少々気になっていた。
「水露地の石を運び込む前に、枕木を地下の水露地から吊り下げておろしたい」という。ということはもう搬入準備が整ったということ。
「平井さん、枕木最終仕上げどうなった？」
半分に切った枕木の片割れの新たな断面に線路の下に敷くバラス石を打ちつけて傷を付け、実際の枕木のように仕立てようという平井さんの試みが、その後どのようになったのか気にかかった。「本当の枕木よりも良くなりましたよ」と朗らかに平井さん。冗談だろうが、まあいい。断面は当然新しい木の肌となるが、
「色付けはどうしたのか？　色はちゃんとあったか？」
「全部オイルステンを塗りました」
啞然とした。そんなばかな！！
「均質な色になってしまうだろ！」
「いや、たわしモップなんかで擦ればもとの感じになります」
そんな簡単なものではないと思ったが、それ以上追求はしなかった。
「その人工に造ったものが、全体の何パーセントになるんや？」
少し沈黙があって、
「60パーセントです」
それはないだろう！　何のためにこの枕木という不埒な材の使用を決心したのであろうか。
また1つ心配事がふえた。ああ、何というばかな話か！　あす表千家の初釜のお手伝いで20日まで東上する。検証は21日。それまで心配が引き延ばされる。

07. 01. 21　杉坂平井工房　島桑床柱製材　枕木検証

20日夜、東京から帰宅。

朝10時平井さんが迎えにくる。写真家畠山崇氏も同行、杉坂の平井さん工房へ。

東京出発前に、枕木の件で平井さんにメールをしておいたこともあり、平井さんは少々緊張している様子、いつもより冗談が少ない。もし、枕木の調子、雰囲気が悪ければ新しい枕木に全面やり変えることもあり得るニュアンスをメールであらかじめ伝えておいた。

こちらも見るまでは心配だ。いまさら、百数十本の枕木を新たに購入・取り替えるような事態になれば、1本の費用はそれほどではないが、その労力と時間のロスは大変なことになる。平井さんはじめ皆の落胆もあるだろう。さらに落胆によって人の気概が損なわれることが一番問題だ。

少々どきどきしながら平井工房の入口を開け、やや暗い作業場へ。急ぐ素振りでもなく急いだ。

大きな赤楠の板、去年暮れに途中まで裁断した島桑柱、さまざまな材、木片。その奥に、20本ほどの枕木が床に並べてあった。

第一印象。やはり、表面に塗布したオイルステンが鈍いツヤを放っていたが、それが何とも油っぽい感じがした。しかし人工で表面に傷を付けたものと、枕木そのままのものとは、あまり差を感じない。おそらく言わなければ初めての一般の人にはわからないだろう。

長年の風雪をうけ、下に敷かれたバラスの石に傷つけられながら列車の重量をうけてきた枕木。風雪に侵され、食い込んだバラス石の傷、ささくれた材の繊維、列車の車輪の振りまいた鉄分のサビ痕…さまざまなニュアンス、自然と人間の営みの痕跡が長い時間の中で降り積もって、この堅い木の表面に宿っているのだ。

施工上2枚に割られたその新たな断面は、表面の痕跡とは異なり木目のぎっちりと詰まった堅い木質で、ややワイン色に赤みを持っていた。これだけ痛めつけられて風雪にさらされたのに、中の材はまだ力強く生きている。その美しい新たな断面に自然の風化と労働の時間の痕跡を人工的に付けようと平井さんは言うのだから。

「まあ、できっこないやろ！」と少々高をくくっていたのだ、実のところ僕は。

しかしその僕の予測は当たってもいたし、はずれてもいた。

それほどに平井さんの古傷、古色付けはうまくいっていた。

僕は元の枕木そのものを知っているから見分けがつく。見分けがつくとや

はり気になり始める。これで妥協してもいいのかもしれないが、やはり、この枕木を探し当て、破格なこの材の使用を決定し、さらにこの破格な在り様に期待をかけてきたものが大いに損なわれる。平井さんの落胆ぶりを見るのは僕としては嫌だが、迷ったときは根本の考え方に帰ること。多くの人の共同作業の中ではそれが指針を与えてくれる。

僕は並べられた枕木を手ぼうきで掃き、乾いた雑巾で磨いたり、柳の根の繊維を束ねた磨き用のたわし（柳薄栗(やなぎうずくり)）でゴシゴシ磨き込んだりした。しかし油っぽい感じは取れないし、磨き込んだ木の良さが余り出てこない。20本ほど試験的に並べられた枕木のそばには、すでに同じように仕上がった何十本もの枕木を重ねた山が数棟あった。その山の量感に少々気分が圧され気味になる。

ほこりを被った山棟の一番上に置かれていた枕木を柳たわしで磨いてみた。「これもオイルステンを塗ったの？」と尋ねる。「同じように全ての材に塗りました」「でもこれはなかなか調子がいいね、油っぽい感じがしないし、磨いているとこんなに美しくなる」

その材の肌は元の枕木そのものの肌であったのだ。やや茶赤味を帯びている所、黒みを帯びている所、バラス石の傷跡や凹み、柳たわしで磨き込むとそそげた弱い部分はそげ落ち、堅牢なこの材特有の肌が現れてくる。オイルステンの油っぽい感じがしないのは、新たな断面に比べて、油を若干吸いにくいからだと平井さんから説明を受けた。磨き込んだ木本来のツヤが美しいのだ。

やはりこの調子で整えることだろう。

すぐには結論を出さず、取りあえず他の行程材の検証に移る。

赤楠、一部柳たわしで木挽きの面が磨いてあった。最初に見たときよりも色が濃くダークに渋くなっている。磨かれた面は器材の縮緬状の皺肌にうっすらと木挽き痕が残り、木肌に近い所はワイン色に木目が波打っている。

言うことない材だ。広間の琵琶床にこの木挽き肌のままを用いるか、それとも、パキッと鉋がけした肌で仕上げるか、現場に持ち込みコンクリート壁との相性を見ることにした。

付書院天板、床垂壁板材の候補、ウレンゲに似ているというタガヤサンの板を検証。これはあまりにも赤みが強すぎる。もっとダークな焦げ茶、もしくはグレーブラック系でなければグレーブラックのコンクリート壁とは釣り合わないだろう。平井さんはもう一度新木場に行って確認、他に材はないか見てみますとのこと。

遅めの昼食は工房の一角の茶室仕立ての客間で。出町柳の鯖ずしを皆で食べる。

食後、早速今回の目的、島桑の製材にかかる。
7割強は先日すでに製材所で落とした。今回は仕上げ、目標の5寸まであと1寸5分ほど面を落とす。皮をどの程度残すかということ。
ひん曲がり真っ直ぐに通らないこの島桑の木目を、どのように中心を取りながら柱として通すかということ。それによってどの面を客付正面にするかが決まる。
5分ずつぐらい4面を削り落としていく。電気鉋の金属板の上面をゆっくりと島桑が移動する。鉋が木に食い込む激しい大きな音。平井さんと弟子の若い衆2、3人がかりで慎重に島桑を手押しして、材をすべらせる。
5度目ぐらいだったか、客付の表面に黒い小さな節の痕跡が再び現れる。何が顔を出すかわからない。慎重に1回ごとに節目を読む。客付と考えているこの面はこれ以上削ることはできない。反対面で落とさなければならない。さらに皮付きの出し方の最後の決定。結局、やや芯をずらして墨を挽き、製材の方向を修正した。
「もう引き返せません」と平井さん。
床柱1本といえども、そんな気分になる。
さらに数度に分けて電気鉋に通し、5寸まで仕上げる。
出来映えは。僕は申し分ないと思う。この島桑の風雪の時間が堅くて密な木目に刻まれ、皮肌が四方柱に造形の表情を与えている。決して過剰にならず控え目で格調高さがあると思う。このやや黄みを帯びた桑があの黒茶色の濃い色合いをやがて帯びる。さらに壮健な力強さを見せるだろう。

最後に枕木に指示を出す。
一応、新しい表面処理の材、使えそうなものを4分、元の枕木を6分の割にするよう指示、オイルステンをまず塗らないようにして再度確認する。もう何十本かを新たに注文しなければならない。もっとも平井さんは、予備の必要もあろうかとあらかじめ余分に予約確保しているという。
杉坂は京都の町よりも5度は気温が低い。夕方太陽が落ち始めるとぐんと下がる。目下2度、平井さんの若い衆が教えてくれた。

同じ日、平井さんの所に展示台設計担当のコクヨファニチャーの山内佳弘さんから連絡が入った。免震台との関係で台の寸法を小さいものに取り替えてほしいとのこと。

この展示台は500角のバリの柱古材、稲葉さんのバリの庭に野ざらしで地面から突っ立っていたものだ。展示台といえどもそれ自体が作品。細いものに取り替えられるものではない。どうしても今の材でなければならない。
その旨内海さんにメールする。
僕もいよいよほんまもんの建築家みたいになってきたと、少しばかり自省？　する。

07. 01. 23　平井さん東京・千葉へ　資材調達

平井さんが東京新木場に飛ぶ、鴨川さんのところでウレンゲ調達。厚さ30の広間床垂壁板と厚さ40の付書院天板を調達した。色揚げはなかなかよく、以前より深い茶色に色付いているとのこと。もちろん自然のままの色。
その後千葉に行って枕木を調達。先方の所へ着いたのが5時過ぎ、連絡をしておいたので電気をつけて待っていてくれたとか。
平井さんもエンジン全開というところ。さっそく千葉の現場からメールが入る。

> ✉ 平井さんからのメール
> こちらの要望はやはり難しく頭を抱えていましたが、どうにか対処してくれそうです。
> 要望（1）枕木、表に角のないものはいらない
> 　　　（2）裏使いで傷のあるものはいらない
> 　　　（3）経年変化のあまりにも浅いものはいらない
> 　　　（4）材料の内容によっては返品を行う
> 　　　（5）重たい材に輸送費がかかるので、必要部材だけを受ける
> 　　　（6）材料搬入時期は今月末を目途とする
> 第6展示台の件につきましては、まだ連絡がありません。
> 昨日の山本所長の話では、「私は何の事かわかりません。設計部にお任せします」でした。
> 今日再度、コクヨファニチャーの職長に「どうなっているのか、作業が中断する」と言いましたが、コクヨ山内さんからは現状返答はありません。
> たぶん頭を抱えている事と思われます。

だんだん、平井さんも僕の口調に似てきたような気がする。

07.01.24　打ち合わせ　樂家

懸案の第6展示室バリ柱古材でつくる展示台のあつかい。
バリ古材3柱の候補のうち1台が当初計画の寸法450×450をオーバーしている問題は、いったん切断し、サイズを縮めて継ぎ合わせで対処することにする。
自宅の古い茶室の腐った部材を取って継ぎ合わせて補修することはこれまでにも見てきた。そこは平井さんの数寄屋大工の腕を信用する。
木目などをよく見て中央部付近でカット、接着し、450以下に加工することとする。
〈その他おもな打ち合わせ事項〉
1. 小間北側、採光スリット内部は、コンクリートのうえ白色系のモルタルしごき補修仕上げとする。小間の紙壁・アクリル三角柱に光を導く通路となるところ。わざわざ光を取り込むためだけに設けた通路、まさしく光の路。
2. 小間北側、採光スリット内部に、白熱灯色調光源を設ける。

以下10項目にわたる詳細部分の検討、決定を行った。

07.01.25　がんセンター検診

がんセンター病院検診、前立腺腫瘍マーカーが7から一挙に13ポイントまで上昇、グレーゾーンからレッドゾーンに入ってしまった。
本日検診後、藤元先生の診断、エコーにかげりがあるが腫瘍ではない、上がり方が急すぎるため、むしろ炎症が起こっている可能性のほうが大きい。2月の日赤検診の結果まで執行猶予。
帰路、箱根彫刻の森美術館へ寄る。チェッコ・ボナノッティ氏の展覧会を見る。自己存在への視点、深い問いかけが感じられる。彫刻とともに鋳造の質感・色合いに魅せられる。ついつい佐川の第1展示室展示台、金属板の仕上げ、表面のマチエール、色などを考えてしまう。しげしげとボナノッティ氏の作品の表層を見る。おもしろい。さまざまな腐食の色、ひっかき傷、縮れ。混沌として美しい。金属の味わいを引き出すにはどのようにすべきか。もう少し創造社の藤谷社長に食い下がらなければならないだろう。
表層をウレタン仕上げにするのはどうも気が向かない。
1度これまでの試みの全行程を検証、実地に見てみなければと思う。きっとヒントを見出せるかも。

一つ思い浮かべると次々と建築のことへ思考がまわる。
気になること。小間の紙壁上場の交差する栗の梁。この前の杉坂検証で栗の殴りの梁に黒い塗装をかけていた。何とも人工的な色合いで少し気になったがその場では一応了承、現場での検証にゆだねることにしたが…。
22日から現場に設置しているはず。はたして、あの塗装色がうまく小間の空間とマッチしただろうか？ この２本の梁だけが塗装された別物の違和感を醸し出してはいないだろうか？ 気になる。東京から夜８時半過ぎ帰宅。

07.01.26 平井さん関ヶ原へ

平井さんから関ヶ原行きの報告メールが届く。関係者みんなもがんセンターに行ったのだからきっと心配してくれていると思うので、メールを出す。

✉ 平井さんからのメール
樂 吉左衞門様
前略 御体調、検査はいかがでございましたか？
平素からスケジュールの過密さには、驚いておりましたし、御世話をお掛けしたりで申し訳なく思って居ります。
御疲れの処、本日の御報告をさせていただきます。

本日朝礼後、関ヶ原石材へ行き、今帰ってまいりました。
広間付書院下石壁製作墨出しのみを済ませて帰るつもりが、結局製作、切断加工も指示することと成り、髙木さん永松君と行なわせていただきました。
付書院天板とは、約15程度隙間が現れます、また石上端部も下部より少し張り出したラインに収める事とさせて頂きました。
これは当代の最近の御茶碗の傾斜ラインが浮かんだ事も有っての選択です。
気に入っていただければと思っております。
くれぐれも、御無理の無い様に御願いいたします。

✉ 関係者へのメール
各位
がんセンター病院の検診を終え、帰って参りました。
指数上昇カーブが急過ぎること、触診・エコーでは特に異常ないこと。
何かの原因での炎症が起きている可能性の方が高いとの一応の判断。
以上、大変ご心配を掛けましたが、目下、執行猶予・経過観察中。

明日よりまたまた、よろしくお願いします。
付書院の石材が現場搬入次第、木材を持ち込み、検討したいと思います。いつ頃

になりますでしょうか。楽しみです。よろしくお願いします。
樂吉左衞門

追伸
来週一度、第1展示室鉄板製作、創造社さんでの全工程を拝見に上がりたく思っています。何か思いつくことがあるような気がしております。

---

07. 01. 27　広間垂壁板材ウレンゲ

木場から新たに入れたウレンゲの板材を見る。平井さんが23日に東京新木場まで行って現物を確認、購入した。堅い南洋材。グレー系茶色、茶褐色の木目が通る。広間垂壁用の差し板として使用する。
わざわざ自宅までトラックに積んで持ってきてくれた。
濃いグレー茶、表情も強い。これなら良い。
「この木は細かい割れを生じるので、割れ防止の塗装をしようと思っています」と平井さんの言。
「いやその必要はない。自然のものだから、それよりもこの自然の木の味わいを損ねる塗装はしたくない」
この平井さんでさえ、そんな末梢的な完成度を優先するのか。茶碗も同じか、ヒビ割れがいくと不良品。ヒビ割れも面白ければそれも美のうちなのに。
結局、塗装なしで平井さんも了解。
あす、杉坂に第1展示室展示台の鉄板材が入る。実際に枕木の展示枠にのせて、折り合いを見るため、杉坂に行く。

---

07. 01. 28　杉坂平井工房　枕木展示台鉄板加工検証

第1展示室の枕木を使った展示台の天場材とする鉄板の加工検証のため、杉坂の平井工房に行く。
平井さんの他、創造社藤谷社長、それに象嵌職人の小野さんが同行。
かねてから注文していた厚さ5、幅800、縦2500の鉄板一枚板が杉坂の平井工務店の工房に届いている。2500ある一枚板の鉄板は造船用の鋼材だそうだ。
この鉄板1枚を枕木というとんでもない強くて粗雑な素材に突き合わせる。その上に茶碗が乗る。さらに展示台の後背となる壁も枕木を横に天井まで約3000余りに積み上げる。枕木、鉄板、作品が互いに他を相対化しつつよほど響き合わなければ、この型破りな素材の冒険は失敗してしまう

だろう。

先日来、鉄板の加工、表面の質感を作り出すのに苦労している。鉄はとにかくすぐにさび始める。だからそのサビ予防をしなければならない、と、まず考える。それから導かれることは塗装という作業。

僕は、この佐川の建築のコンセプトの1つに、物質と物質のぶつかり合いということを考えてきた。物質、つまり素材はあくまで2次的な加工の加わらないもの。それらが緩衝的な要素を仲介せず直接ぶつかり合う。コンクリートと木、あるいは竹、それに石、畳、ガラス、などなど。そこに出会い、結びつきや物質の存在する力を創出したいと思うからだ。この展示台も、枕木という圧倒的な強さを持つ粗野で荒々しい素材を主人公にした。その上に茶碗を置くには、枕木と茶碗の出会いという関係だけではあまりにも唐突すぎるし意味を欠く。それで茶碗の乗る中央部を枕木とは違った何らかの素材の板を天場として、枕木に差し渡すことにしたのだ。

枕木を通すように平らな板がはめ込まれる。その板を何にするか。何を枕木にぶつけるかということなのだが、作品を引き立て、なおかつ素材としての存在感をきちっと持って枕木とも調和するもの。それはやはり金属の板であろうとして、銅、鉄などの素材を考えた。銅板は2500もの縦長のものを入手できないこと。鉄ならその寸法の一枚板が取れるという。

鉄で行こうということになり、その表面の色とマチエールをさまざま試験してきた。

槌で打つ。無数の尖った鋼を打ち付けて表面に梨地状の傷を作った。あるいはサンドブラスを吹き付け、砂で表面を磨りガラスのように荒らした。あるいは硝酸、塩化第二鉄で表面を腐食させたりもした。サビ止めが必ず必要ということから、ウレタン黒塗装、ラッカー塗装、などを試みてきた。しかし何かいまいち結果に納得できない。最終的なイメージはどのようなものにしたいのか。はっきりこれと示せるものは僕の中にはない。しかし何かこれまでの試験の結果は違うと感じてきた。僕の中で生まれつつある未形のイメージの原形と何かが違っている。

これでは建築はできない。さまざまな試験の結果からつぎの結果を想定・選択して、最終イメージを示さなければ建築工程としては何も進まない。それに反して、僕は未知数の偶然を含み込む関係の出会いを期待している。茶碗と同じように。

硝酸で荒らしてみたり、叩いてみたり、熱を加えてみたり、その工程の一瞬に見る未知なる鉄板の顔、その顔と枕木と作品が出会う。イメージは常に霧の中、ただ、方向だけを動物のようにかぎわける。全ては不確定の中

に引き延ばされている。
何とももどかしい話である。

平井さんも藤谷さんも、知恵を拝借する象嵌師の小野さんも一生懸命可能性とリスクの克服を検証しつつ、提案を出してくれる。
おそらく、処理方法としてはおおかた出尽くした感あり、もう試験鉄板盤ではなく、本番の鉄板で始めてみよう。溶鉱炉から出た時、冷却時に表面にできる青黒い金属膜、「皮」を付けたまま、硝酸にかける。裏面はサンドブラストにさらして表面を荒らしたものを同じく硝酸にかける。
荒々しい混沌とした枕木に出会う鉄板。ここに2つの選択がまずある。枕木とは対極的な均一面に鉄板を仕上げるか、枕木と同じく混沌の世界を持つ肌に鉄板を仕上げるか。
均一なもので仕上げるのは最も順当。対極的なモノのぶつかり合いと調和。均一な半ツヤの黒ウレタン塗装をかければ少なくとも70点は取れる。常識的な落としどころ、合格点だがそれだけに過ぎない。99点、いや120点でなければならない。
「皮付き」の上に硝酸で腐食させる。おそらく反応の強弱が出て、ムラムラと変化するに違いない。以前の検証試作品の裏側に面白い表情があったのを思い出し、わざと皮付きのままの処理を依頼した。目的や本来のプランからはずれたところに面白さの種が宿っている。
そんなずれを見逃さずにポジティブに引き立てていくこと。
茶碗作りも同じこと。あらかじめ組み込んだプランの中では何の感動をも生み出せない。不確定なずれの中に創造の芽は宿っている。
そんな話もした。
平井さんや藤谷さん、小野さんは全員、昔から黒窯を手伝ってくれているメンバー。窯の時は真夜中から鞴(ふいご)を吹いてくれる仲間。気心も知れている。何よりも職人さん、モノづくりの手練れだ。時間を忘れて話す。
帰りに藤谷さんがわが家に寄った、途中下車。家で食事を一緒する。彼はビール好き。もう夕刻になる前からビールの1缶2缶が空いている。いつものこと。アルコールが入ると言葉がなめらかに、頭も回転するらしい。実際確かにいつもの無口さから随分と饒舌になる。ワインと5～6本のビール缶を空けて12時近くまで話した。
まずはこの鉄板の第1段階の結果を数日後に見る。

07. 01. 30　杉坂平井工房　枕木展示台鉄板加工検証

先日28日の検証課題となった鉄板の表面仕上げの試作ができあがった。小野さんが指導して製作、一面を皮付きの硝酸腐食による荒れ肌面に、裏面をサンドブラストで砂を吹き付けた荒れ面に仕上げてもらった。実際に枕木の展示台に載せてみる。

杉坂の平井さんの工房の傍らでの製作、1000×2100ほどの大きな鉄板を硝酸に浸けて腐食させたり、サンドブラストで砂を吹き付けたりするのだから、手狭な環境でなかなか完璧な作業はできない。皮付きの硝酸腐食は、決して最上のできあがりではなかったが、それでもその雰囲気は感じられるものとなっていた。真っ赤に延ばされた板が冷却されておそらく表面に黒い酸化膜ができる。「皮付き」とよぶ自然な青みがかった鉄色、それに普通は硫酸か何かできれいに洗い取るなどした後、さまざま表面の加工をする。硫酸の洗いをかけずにいきなり硝酸溶液に浸ける。洗われた板を硝酸溶液に浸けたものとは全く違う表情。黒く煙を巻き込んだような色・表情の部分、荒く腐食されて布目状に銀っぽく渋く肌荒れを起こしている部分、ムラムラ縞模様やひっかき傷、線状の痕、さまざまな無数のニュアンス、質感が入り乱れて混沌とした表情。面白いではないか、「この布目状の荒れ肌はどうしてこうなったか解らないが、たぶん裏面を仕上げるときに保護のために布ガムテープを張ったのが影響しているのかも」との答え。思わぬ結果が作用する。均質なものをと試行したのだからこれは明らかに失敗。でもその失敗から思わぬ表情を見ることができる。

早速枕木に合わせて置いてみた。

どうだろうか？　期待、期待。しかし‥‥。

うーん、期待からはずれる。やはりこの枕木とは合わない。その理由もわかる。混沌複雑きわまりない表情が、あまりにも枕木とこの腐食鉄板では近すぎる。それぞれ単独で見るのは面白く味わいがあるが、ベストの調和は難しい。

鉄板を裏返し、サンドブラスト加工に変える。

こちらは砂で一様に細かい荒れをつくったもの。アルミのような銀色の鈍い光沢がある。

こちらの方が枕木とは合う。盤面は磨りガラスの製法と同じ、表情もそうした均一性がある。

方向がこれではっきりしてきた。枕木の混沌とした荒々しい複雑な粗面にはその対照的に均一な表情の板がマッチする。最初から、その選択が正解であるとの予想を持っていたことだが、その正解以上の答えがほしかっ

た。正反する異質な素材の距離感は重要である。全く異なるものであれば良いということではなく、異なりながらある世界観を共有していること。その世界観の中で異質なもの同士が和を形成する。その見極めが重要に思われた。

細砂が風洞機から吹き出す強風でブローされながら鉄板の表面に激しくぶつかる。自動の機械ではなく人間の手仕事としてのサンドブラスト、均一な仕上げの中に僅かに不確定なムラが生じる。そのムラが鈍い光を乱反射する。

完全な世界から僅かにずれを生じる、そのゆとりが、均一と思える砂目の鉄板の表面におそらく奥行きを与えている。それはとても重要なことだと思う。

次回の試作について。

実際に使用する鉄板を3枚製作採寸し、サンドブラストをかける。1枚はサンドブラスト＋硝酸腐食＋苛性ソーダ洗い。2枚目はサンドブラスト＋硝酸腐食＋硫酸洗い、その後に黒染料を塗布。3枚目は予備製作。

07. 02. 03　佐川現場　小間検証

小間の床、点前座の木組などの検証を行う。
気になること2点。

小間内部の天井中程に十字に組み合わされた栗の殴りの梁。最初に小間空間に入って、この梁の存在の強さに違和感を覚えた。すでに現物は杉坂の平井さんの工房で検証済みのもの。検証時には少し太すぎるのではとの思いもあったが、実際に取り付けてみなくては最後のところはわからぬ。むしろその時は黒く塗装された色合いの何か人工的な塗装の扁平感が気になっていた。今日現場に取り付けられた梁は、明らかに太すぎる。その梁の1本は床の壁上限に突き当たっているが、そこでは明らかに床柱と干渉する。力強い破格のバリの床柱よりも梁の太さが目立つ。

平井さんの顔が少しこわばっている。「梁は本来太いものやしね」写真家の畠山氏が少し冗談交じりの助け船を出す。

すでに設置されているとはいえ、これはやり直さなければならない。

平井さんにお願いした。

もう1カ所、現場では言わなかったが、点前座炉縁正面に通常ある1寸5分ほどの幅の小板が省略されていた。本来は、炉壇の取り外しなどにも余

2007

裕を持って、小板という細い木板を炉縁と点前座正面壁（この茶室の場合はバリ板）との間に入れる。しかし炉縁の左は本来畳の部分をバリの板にしている。板と板が小さな部分でぶつかる。できればよりシンプルにしたい。だから確かに平井さんなりに苦労して、小板を取ってそのまま炉縁、左にバリ板を入れた。きっとそれで正解なのだが、実際に点前座に座ってみたが、炉縁幅の道具位置の空間が狭く感じる。

僅かなことだ。たぶん、炉縁の前の1寸5分ほどの小板のあるなしでも、点前座の奥行き感は異なる。おまけに、炉縁の左板に水指を置く、茶碗と茶器、あるいは茶器と茶筅をその範囲の中で置き合わせねばならない。

帰宅後、そのことがやはり気になった。

最初のプランの時点で炉縁の左、水指を置き合わせるところを板にすることに迷いがあった。なぜなら点前畳の続きの世界ではなく、板で仕切ることで確実に異なる境界が生じる。当然茶器類はその空間、境界の向こうに区切られる。狭苦しくはないか、自立しすぎはしないか？

向切の点前座で向切炉の左が板になっている例を少なくとも僕は知らない。もっとも僕の茶室の知識はたいした知識ではないが。でも、こうしたことの配慮から板を用いず炉を切り込んだ点前畳としたのではないだろうか。1枚の点前畳の繋がりは、道具の置合わせの位置を自由にする。向切という炉と水指を同じ平面に置き合わせる空間の制限を和らげる。

そんなことを考えながら自宅の台所の吹き抜けの梁に目を向ける。自宅は江戸後期の典型的な町家建築。土間から8メートルくらいの吹き抜けの台所、黒く煤けた太い梁が通っている。15年程前、土間の一部に床を張り台所とリビングを改築した。もちろん元の姿をそのまま活かして。自然の丸太をそのまま活かしてごくラフに面取りで仕上げている。なんとも大らかな黒い梁。

平井さんに電話を入れる。
「梁をあわてて細くしないよう。殴りを素直な面取りに仕立て直すことで細めることも考えられるから。いま家の古い梁材を眺めて思い立ったから」と。それに点前座の件。この無理難題、今頃になってのゴリ押し。今までに何度も指摘することはできたはずなのに、結局、現場、その場にならないとわからなかった。でも、茶室というのは本来そういうものだろう。電話の向こうの平井さんは大いに困った様子であったが、当惑と同時に、どこまでも付いて来てくれる覚悟は定まっている声の強さがあった。ここまで来れば、あとはお互い妥協せずとことんまで組み合ってみることしか

ない。

明日、実際に道具を置き合わせてみる。

07. 02. 04　小間　道具仮組

いよいよ組み終わった小間に、実際に茶碗を置き合わせて検証する。道具と茶室空間はどのような表情に映るだろうか。先日から気になっていた風炉先小板に関わる炉左側の板を、今日は実際に道具を組み合わせて検証する。

さて、取り合わせる道具は何にするか。茶碗は去年個展に出品した作品から、削ぎ落とした面取りの荒々しいブルーのコバルトの大筆が太く横に走る「巌上に澪洸ありⅢ　巌裂の苔の露路老いの根をはみ」と、腰の丸い舟形の酸化銅による刷毛目が太く横に走って黒色の金属ぽい光沢を放っている「渺雲に浮かんでⅡ　黒銅の雲は陰気を胎んでゆるりと降下する　ならびゆく雲旗をおしたて」の2碗とした。

茶器は当然のことながら藤重中次（ふじしげなかつぎ）、水指は大振りな古信楽鬼桶、釜は慶長与次郎の霰大釜、二代与次郎の特色でもある大きな霰が荒々しく打たれ、いずれも力強い作である。

僕の茶碗に合わすには、少々の強さでは持たないし、中途半端な装飾過多の作品もむずかしい。あの力のある志野の水指でさえ合いにくいのだから。きわめてシンプルで明快な形と姿の力強さが必要だ。ましてやこのバリの古材で組み上げられた床と点前座を持つこの空間には、よほどの強さを持つものでないと取り合わない。

ずいぶん以前からおおよその組み立ては考えてきた。この信楽の鬼桶も今日初めて使う。まさにこのためにある水指。ただ、もう1点、真塗の手桶を持ってきた。これは確実に僕の茶碗と調和することはわかっているが、確認のため。

今日はNHKのハイビジョン特集『樂茶碗　受け継がれた四百年〜京都十五代樂吉左衞門〜』、新日曜美術館『茶室誕生　陶芸家・樂吉左衞門の挑戦』の撮影も入る。

現場に到着、直ちに小間に向かったが、すでにNHKはじめ関係者で小間は結構な人数である。カメラはすでに廻っている。何か落ち着かない。

床の確認、垂壁板の長さを決定、床柱に組み合わされた板の右端を約4寸出して切り落としてもらった。これで床が一応完成する。

最後に床の間の花釘を打つ。花入を実際に掛け、位置を探る。花入は元伯宗旦の竹一重切を携えてきた。この350年前の侘び花入が、コンクリート

とバリ古材の床にどのように映るのか！ 平井さんがはしごを掛け、上から臨時に花入を掛けるフックを紐で垂らしてくれた。伝統的茶室で継承されているおよその位置を平井さんに指示してもらい、まずはそのあたりに花入を掛けた。

高すぎる。1寸ほど下げる。

「平井さん、この高さ、普通の框のある床からの寸法と違う？ ここは踏込床やで？」

「あっ、すいません間違っていました。そうです、1寸下げられた所ぐらいです」

と頭をかく。

用意してきた花を入れる。家の庭に咲いた白椿と梅枝。

NHKの撮影のためライトが明るく何か見づらい。すべてがむき出しになっている。椿の花を止め、梅を斜めに添えた。

「申し訳ないですが照明ライト、消してくれますか」

平井さんが言った。照明が消され茶室本来の明るさに戻る。

床の花入と花がにわかにみずみずしさと静けさを現す。みんなの視線が集中。沈黙。椿の白さがうす暗い床の中でひときわ白く可憐に映る。周りの床柱の豪快な区切りとブラックグレーのコンクリートの壁との調和。

「うーん、古の侘び茶の本領ともいえる宗旦の枯れた竹花入が何ともモダンに見える」

これで良い！ 間違いなくこれで良かった。どこかの茶会で感じるいつもの古びた侘びの風情ではなく、350年前の花入がなんとも落ち着いてモダンに見えるのだ。面白いものだ。

茶の湯の道具は確かに置かれる空間によってその姿表情を変える。だからこそ茶室も現代の空間が必要なのだ。この宗旦の花入がいつもと同じようにまるで教科書どおりの侘び寂びとして見えるようでは意味がない。モダンに見えること、違った表情を生き生きと見せてくれることこそが、このコンクリートに囲まれた現代の茶室空間を建てた意味がある。すべてはその始まりにおいてモダンなのだと思う。宗旦の花入も350年前は侘びというモダンさの中で人々の目を釘づけにしたのだ。それがいつしか枯淡の侘びの決まり文句の中でしか捉えられなくなった。まさにこの空間は、宗旦の花入を生き返らせたのだと僕は思う。

1200という奥行きを持つ踏込床のバリ板が黒光る。粗い殴りの入った床柱はわずか5寸程奥に立て、枡床風な四角い空間をしっかりと区切っている。墨色を混ぜたブラックコンクリートがモダンであると同時に落ち着いた背面を構成している。コンクリートの杉板枠も4センチ幅にして、見た

目の細やかさを現している。
まず床の間関係はこれで良いのではないか。
最後にもう5分、釘の位置を下げて、
「よし、これでお願いします！」
「わかりました！」
と平井さん。声が弾んでいる。
ドリルの強烈な音。最後に平井さんが釘、床の中央にとどめの目、竜の目を穿つ。

午後昼食後、さらに検証。
釜を据える。信楽鬼桶水指を置く。茶碗と茶器を置き合わせる。
炉は向切、点前座右正面に与次郎の釜。炉の右隅には床柱に拮抗するかのような太い異例の中柱がそそり立つ。その中柱と左側壁まで幅半間、高さ2500近くのバリの強い黒い板が立ちはだかり道具の背面を受ける。少々の道具ではこの板に圧倒されて吹っ飛んでしまうだろう。それほどに点前座正面に立ちはだかるこの粗い手斧目を刻んだ黒い板は堂々と自立した拒絶感がある。
僕はいつも自分の作品にはそれを受け取り対峙するだけの強さ、むしろ僕の作品なんかは、はじき飛ばしてしまうだけの強さをもつ空間、背面が必要だと思ってきた。もちろん強さとは単なる形状の強さの表現ではなく、存在する強さであるが。存在そのものの持つ強さというか、地球のあるいは宇宙の重力にまっすぐに向き合って自立している感じ。
取り合わせた道具はしっかりと調和していた。やはりモダンに！
ブラックブルーの激しいヘラのきいたゆがんだ茶碗が、なんとも良く調和している。藤重の鋭角な厳しい茶器が横に添う。言うことはない。茶入は要（かなめ）のようなもの。ひたすら無口に抽象に徹するがよい。鬼桶も良し。大振りな室町時代の古作、茶の道具として注文されたものではない大きさがある。
途中、水指を真塗の手桶に替えた。これもなかなかモダン。できれば利休形のあの大振りな手桶がよいが、この宗哲の手桶はそれに比べてほんの少し寸法が小さい。

さて、問題の箇所の検証。炉左の板敷き（向板）。
点前の中で茶碗と茶器を水指の前に置き合わせるが、その位置が、炉幅の板敷きの中に納まりきるかという問題。納まりきらなければ炉の左横に板を入れることはできない。

僕は茶碗や水指との映りの上で、本来点前座の続きの畳であるべきところをわざわざ炉幅だけ板にしたのだ。もちろんバリの古材を用いる。その古材の黒々とした板の強さが何よりもほしかったのだ。畳では柔らかい。

しかしそこを板にすると、点前座の空間を限定する。水指、茶碗、茶器がその限定された板の上に納まらなければならない。板と畳の境界をまたぐことはできないから、前後どちらかにおさめなければならないのだ。狭すぎるのではないか、窮屈ではないか、あるいは逆に間のびしすぎはしないか。点前に支障はないか。

やはり、鬼桶の水指の位置を向うに少し突き上げざるを得ない。正面からは支障はないが、横からの眺めはどうか…。なんとか置けそうである。おそらく太い異例の中柱のせいでそのわずかな幅の分だけ奥に広いことも幸いしている。正面に立ちはだかる板との空間もまずまず許せるか。

これなら何とかこのままでいけそうだ。先日心配していた炉前の小板を差し挟まなくても、道具の置き合わせ空間は確保できる。先ほどから平井さんが心配そうである。僕があれこれ「うう〜ん」唸りながら水指や茶入をわずかにずらしては検証しているから、もし小板を入れるとなると、床周りすべて組み直ししなければならない。下部のコンクリートの土台も少々削らねばならないそうだ。

板をはめて点前座の強い表情を選択するか、点前の配置を優先して従来通り点前畳つづきの炉畳敷きとするか。

このままで行こう！

「もし、点前がやりにくければ従来通り一畳とし、茶道口寄りの方、後方に板を入れることもできます。畳をもう1枚作ればすむことですから」と平井さん。

「わかった、このまま行こう。替えの畳も1枚作ろう」

先ほどから扶二子が炭をおこしている。湯も臨時のガスボンベのコンロで沸かしている。

「みんなに一服差し上げるから、初使いや、座って座って」

僕が点前をした。めったにしない向切の点前。

山本さんからまずは一服。目が八の字に細くなって何よりも嬉しそう。事務局長の稲熊さん、佐川急便の小内係長。「館長よりも先ですな〜」と満面の笑み。

平井さん、NHK安田ディレクター、カメラマン村山さん、ライト林さん、音声東山さん。山本さんが大屋現場監督や設備関係の職長さんをつれてきた。「固くならんで飲んでや」と僕。最後に安田さんが、僕と扶二子に点てくれた。おいしかった。この数ヶ月の緊張がすっと流れた。これで小

間は80パーセント。しかし床と反対側はまだ工事中、足場こそないが、工事用のライトや養生のための小割の木組、毛布や器材が散乱している。
一緒に汗を流した皆と茶を飲む。気分がいい。何とも爽快、何よりもここまでこぎ着けた喜びを共有している。
「本当のお茶ですな、これが」と平井さんの一声。
もう外はすっかり暗くなり始めた。今日は曇り空、雨が今にも降りそうな1日であったが、晴れていれば西に傾く太陽の残光が、この小間の狭いスリット状の窓から差し込んで、皆の顔を橙色に染めたに違いない。
モダンという言葉がえらく印象に残る1日でもあった。

07.02.14　佐川現場　水露地石の設置

今日から3日間で水露地の割れ石の設置を行う。昨日から次男雅臣も帰京、今日は10時に石工の髙木さん、関ヶ原石材の永松さんと堅田駅で待ち合わせ、現場に入る。
水露地の石は早朝トラックで関ヶ原を発ち現場に搬入、順次大型クレーンで水露地までおろされる。
この水露地の石組は雅臣のデザイン、基本的には彼に託している。大きなものは優に長さ2000を超える巨石だから、1つ1つ調整を取りながら置き合わせていくには時間がかかるだろう。僕は午後出かけることにし、午前中は作陶をさせてもらった。12時頃、やはり気になって雅臣に電話を入れるが通じない。平井さんに連絡を入れ進行の様子を聞いた。すでに入口あたりから数石が置かれ、中でも最も重要な2つの立石もすでに設置されているという。この立石はこの水露地の空間を締める主石。唯一、水の中から城門さながら立ち上がってくる。この石の据え方、見え方次第で、この水露地の空間が決まる。
うまく座っただろうか？　向きは？　関ヶ原での仮設置は何もない野外での仮検証、本番はコンクリートの壁と天井に囲まれた閉鎖空間、どのような空間との取り合いを決定するか。
意外に設置行程の進行の早さにとまどった。やはり3時とはいわず、昼食後すぐに佐川に向かうことにした。

現場到着2時過ぎ。事務所に顔を出さずに直ちに水露地に直行する。大型クレーンの長い腕が青空に伸びている。
重機屋さんの屈強な職人さん達に囲まれて、雅臣が調整のためにノミをふるっている。カーンカーンとノミが石を飛ばしてゆく。彼は片足を大石に

かけ、うつむき加減の作業、僕が来たことにも気づかない。コンクリートの壁に反響して、鋭角の激しいノミの音が響く。気づいた数人の職人さんに会釈をして、設置された石組を見た。寄付（よりつき）から、水露地正面の腰掛待合あたりの石がすでに設置されている。

第一印象。何かやや狭苦しい感じがする。このあたりは寄付からの導入部、最も壁が迫って狭い部分だ。やはり壁と天井に囲まれた空間での石組と関ヶ原の野外での検証の感じとは異なるのか…。

2つの主石、導入部すぐの左脇と正面奥右隅に向き合う立石はどうか。周りに職人さんや器材が散乱していることもあり、思っていたよりは主石の存在が強く感じられない。主石それぞれの方向はどうか？　方向は良い。ノミの矢痕が角に10箇所ほど穿たれた割れ肌の最も美しい部分が、寄付からの導入部に向かって真正面にきちっと据えられている。まず最初にこの水露地で客を真正面から迎える石だから、そっぽを向かれていたのでは困る。

しかし今は周囲が雑然としてこれ以上は検証できない。もう少し落ち着いてからにしよう。

その後いったん水露地の現場をはなれ、平井さんとの打ち合わせ。寄付の床材である枕木の割付の相談、広間床関係の打ち合わせに入る。

さらに、内海さんとバックヤードの築山に建てる東屋（あずまや）の検証を行う。これについてはおおよその用途と規模を話して、設計は内海さんに任せている。この場所一帯はかつて現場事務所があった。いまはそれも移転して、頂上が4メートルの小さな築山になっており、そこに東屋の規模を確認するための板張りと屋根ラインを示すロープが張ってある。

内海氏曰く「準備委員会の方も見られましたが、やはり大きすぎるのでは、とのご意見でした」。確かに。ボリュームがありすぎる。

茶室の右奥、丘に構えられた東屋としては間口が広すぎる。「15人程の収容を必要」と以前希望しておいたが、15人が横1列に座れるよう並べたという。水庭に向かって風景を眺められるように横1列にしたという説明を受けたが…確かに目前に広がる池のさらに遠景には琵琶湖対岸の比良山系が借景として見える。しかし、いくらなんでも横1列では…。

せめて半減するように変更案をお願いした。

夕刻6時過ぎ現場を離れる。
水露地の課題は明日もう一度再検討する。
帰宅後、雅臣と話す。立石が少し低いのではないだろうか。雅臣もやはり気になっていたとか。しかし、

「あれ心棒の鉄のアンカーに接着剤注入したよ」
「え！ 接着剤？」「もう動かへんのか？」
「いや、明日ならまだ動くと思う」
これを聞いて少しは安心した。進行上あとで抜けないから、もうこの段階で接着剤を注入しておこうということらしい。それにしても工程の都合で重要な石の配置を確定するのはけしからんではないか。
明日は、早めに現場に出勤することにした。

---

07. 02. 15　佐川現場　水露地石設置完了

やや自宅を出遅れて9時過ぎに出発、現場には10時に入る。
水露地に急ぐ。が、そこには雅臣しかいない。「もう全部据え終わった」とのこと。
「えっ！ そんなに早く済んだのか、重量屋の職人さん、大東マーブルの担当者は引き上げたのか？」
とにかく検証、石の細部の調整が必要なところがある。小間への通路上の一番長い石がやや左にずれている。数センチのことだが、その歪みは気持ちが悪い。雅臣にそれを指摘。そこへ大東マーブルさんが顔を出す。
「えらく早くすんだね、でも、これ、左寄りになっているの、直せる？」
「わかりました。今、職人を呼んできます」
気持ちよく答えてくれた。内心ほっとする。
さあ、これから手直しをするぞ！
まず、超長い大きな石の左寄りを修正、手前の石を50ほど水露地中央へ移動、これで大きい石との間隔、隙間もやや開いて余裕ができる。この巨大な石、たぶん3トンはあるだろう石をどのようにして動かすのだろう。フォークリフトは狭くて使えない。しかしそれはお手のもの。数本のバールを差し込みテコで数ミリずつ移動させる。意外に簡単そうだが…。そこで本命の修正を指示する。
「この立っている石やけど、ボンドで固定したそうやけど、動かせる？」
「大丈夫です。まだ動きます」
「もう150ほど上げたいのやけど」
背のコンクリートの壁面にテープで目印を入れる。
「わずか右に傾いているけど、左の方向に修正してくれる？」
手押しの小型フォークリフトで少しずつ上げてゆく。傾きも修正。石の底にかませの石板を数枚入れる。
断然、石の存在感が出てきた。言葉を押さえられていたものが、たった

150ほど持ち上げることで突如自らの言葉を発する。傾きのわずかな修正で側壁との狭苦しさもなくなった。もう一方の立石、導入部左手前の石もやはり100ほど持ち上げ傾きを修正した。後ろに見えてくる腰掛位置を確認、導入部から腰掛が見えないような高さまで、入口の石を持ち上げた。これで俄然2つの主石が存在感を発揮した。この最後の調整がどれだけ大事か、雅臣は学んだだろうか。

不思議なものである。この水露地の石組を決定付ける、唯一水から立ち上がる2つの主石が、しっかりとそれぞれの存在を主張し、空間を支配すると、これまでやや狭苦しく感じた石組が、ゆったりと落ちつきを持った。2つの主石が全体をまとめている。ゴツゴツした割れ肌の黒いジンバブエの割れ石が、それなりに納まって、しかもしっかりとした緊張感を作り上げている。

07.02.20　築山東屋

茶室の後方、水庭の対岸の築山に建てる東屋が難航している。

ここに建てる東屋は内海さんに全面設計を任せたところ。今までに何度か内海さんの設計図面、模型を見てきている。パラグライダーの翼みたいな屋根を取り付けたモダンな模型も拝見した。僕は結構その時点では気に入っていて、内海さんもなかなか意欲的だなと興味を持って眺めていた。

幾つかの案ができたのだと思うが、設立準備委員会でなかなか承認してもらえないようで、すこしずつ内海さんの意欲がトーンダウンしているように思うが、どうだろうか？　美術館と茶室は僕が設計しているので、きっと遠慮して準備委員会の方々は何もおっしゃらないが、この築山と東屋には辛辣な意見も飛び交うという。

少々僕にも責任はある。当初はたんなる東屋、休憩所の発想から、野点もできる茶亭へと僕自身も欲が出てきたから、それを内海さんに告げる。僕の中でプランは少しずつ拡張、膨張してきて、最大15人ぐらいは収容できる茶亭になるよう、もちろん野外を含めてであるが、その様な注文を出すものだから、さらに設立委員会の役員の方から様々な注文や指示が出る。館長も出席の設立準備委員会では、内海さんは緊張の上に緊張をしてプランの報告をしているに違いない。内海さんも気の毒に、僕と準備委員会の方々両方に気を遣って板ばさみというわけ。これではなかなか良い案は浮かばないだろう。

07. 02. 22　第1展示室展示台鉄板表面仕上げ

3時半過ぎ平井氏来宅。五十嵐さんから送られてきた手漉き和紙を見る。畳一畳の判型に漉いてもらったコウゾと麻紙の2種と、粗い繊維を織り交ぜてもらったもの2種。しかし届いた見本の手漉き和紙は厚すぎる。これでは襖としては良いが、光を透過する障子紙としては厚すぎる。坊主襖と説明したのできっとこのように厚くしたのだろう。こちらの説明不足であった。その旨山本所長にも連絡、見本の取り直しをする。繊維入りの方は細く30程の間隔を取って規則だって繊維を横に漉き込んだものがなかなか美しくしゃれている。光の透け具合も柔らかに漉けて良い。粗くランダムに漉き込んだものはやや表情が濃い感じ、へたをすると民芸風になる。暖簾のように梁から垂らすには少々難しいか…。少し厚い。

平井さんが「連絡しているよりは私が武生まで走ってきます」とのこと。それが一番確かで早い。

その後、玉泉院を平井さんと2人で訪ねる。玉泉院は樂家の菩提寺、妙覚寺の塔頭である。かねてからここの本堂の狐格子の外板壁がきれいで、佐川の広間茶室「俯仰軒」の鞘の間の外周りを、この狐格子の蔀戸風なものにしようと考えていた。この格子の太さ、間隔を平井さんに見ておいてもらいたかったのだ。貫名玉泉院ご住職が露地口を開けて待っていて下さった。

まずは外から本堂を拝見、採寸。幅270ぐらいの木の格子である。下半分は板が張ってあり、上半分には障子が内から張ってある。俯仰軒にはわずかに木の桟幅が太すぎるかもしれないという平井さんの意見。確かにそうかもしれない。230ぐらいか。あまり華奢にすると周りの強い石組やコンクリートに負けてしまうだろう。250ぐらい必要なのかもしれないが…。よく見ると古いお寺なので桟が中央部でやや痩せている。雨こそ当たらないが、外部の戸だから風にさらされ、何よりも掃除の行き届いた本堂であるから、長年の拭き掃除でもわずかずつ格子の桟の中央部が痩せてきたのだ。このわずかな経年変化、桟の痩せ方がとても良い。無骨で固い格子の表情に柔らかさを与えている。早速そうした経年変化を製作時に取り入れて桟をほんのわずか、気付くか気付かないくらい細めるように平井さんに頼んだ。

堂内にまわったが、そこで外から入る光と影の美しさに見入った。そして驚くべきことを発見した。格子の桟が縁まわりの桟より7～8ミリ内側に組まれていて、障子紙が周囲の枠の部分で直接格子に接せずわずかに浮いた状態で曲面を描いている。障子紙全体が縁のところでわずかに内へしゃ

くっているのだ。紙がその部分ではわずかに桟から離れて、桟自体の影も細く消える。大いに感心した。早速取り入れたいものだ。

平井氏ともども大いに得るところあり、貫名ご住職に礼を言って高尾の創造社作業場へと急いだ。

《無用物の枕木とさび物の鉄板との出会い》
創造社では先日来、藤谷社長、象嵌師の小野さんらが悪戦苦闘した展示台の鉄板が何度目だろうか、試作を繰りかえして一応の仕上がり検証を待っていた。その台の上に載せる僕の茶碗と茶入を持参した。平井さんが枕木の展示基礎台を仮設置してくれて、仕上がった鉄板はその上にのせられていた。

硝酸腐食、サンドブラストで砂を打ち付け細かく砂状の凹凸を付けた鉄板に黒いツヤ消しの塗装仕上げがしてある。

印象はまずまず。やや砂状の荒れ肌が光の加減でほんのわずかに白っぽくムラに見える。ムラはある程度は良いのだがほこりに見えてはいけない。茶碗を置いてみた。映りは上々。

もう1枚、サンドブラストしたままを透明なツヤ消しウレタン塗装をしたもの。光線のせいか、それとも実際にわずかに茶みがかっているのだろうか、上品なベージュがかったグレー色でややムラがある。よく見ると小さなサビもある。なかなかこのサビが取れないという。取ろうとして作業すると別の所にまたサビが出る。小さなわずかなサビ。進行さえしなければこれぐらいの出方はかえって自然で良い。このベージュグレー色のものはなかなかしゃれた色合いだ。

黒ツヤ消しの選択は表面の最終的な詰めは残るが、基本的に作品を活かす色合いとしてまずは常識的な選択かもしれない。しかしこのベージュグレーにはしゃれたモダンさがある。良いのではないだろうか。

この黒ツヤ消しとベージュグレーツヤ消し塗装の2つの方向でOKを出し、この2枚ともを製作してもらうことにした。展示によって、はめ変えることは可能だろう。

今日に行き着くまで、この鉄の天板の製作は結構難航した。コンセプトは素材感。鉄なら鉄そのものの味わいを損ねぬように、精一杯引き出し、大切にしたいのだ。

黒さびた鉄肌をイメージ、そこには硬い鉄を人が槌で叩いてねじ伏せたような槌痕を残したり、無数にノミを打ち付けたりをすることも想定に入れて、人の力、自然の力を読み取ることができるような鉄そのものの肌を欲した。手打ちでノミ痕を細かく入れてもらった見本も製作してもらった。

しかし結局は展示台としては、それらの痕跡や凹凸はライトの光の中では目立ちすぎて邪魔をする。結局、砂を噴射して鉄板に打ち付け肌を荒らすサンドブラストに落ち着いた。700×2300ほどの厚い鋼材である。最初に製作依頼をした村上さんがリタイヤ、そのあと藤谷社長自らが平井さんと共同作業、そこへ象嵌師の小野さんが加わり強い味方が増えた。それでも作業は難航、何しろ鉄はさびる。赤茶色にさびた鉄も鉄らしくて美しいがサビは困る。サビだけは止めなければならないが、サンドブラストした尻から早くも分単位でサビが廻っていくらしい。手早く段取りを追う。サビとの格闘だったらしい。

藤谷社長も平井さんも、小野さんも、黒樂茶碗の窯を焚くときのメンバー、古い古い仲間である。だからこそここまで僕のわがままについてきてくれた。良いものを仕上げようと試行錯誤を繰り返してくれたのだ。まさにやはり頼りがいのある仲間である。有難い。

この方向でOKを出した。平井さんの安堵の顔、「藤谷社長OK出ましたよ」藤谷社長の白髪頭髭面の顔がにんまりとほころんだ。

この鉄板の仕上がり次第で全てが決まる。枕木を組み合わせ天井まで積み上げる巨大な展示台の背面、そこから2500近く延びてくる枕木の展示台。その中央部に枕木に埋め込むように細身の鉄板の天板、後の枕木壁に突き刺さるように延びる。

なぜ茶碗が枕木の上にのるのか？ 鉄板の上にのるのか？ きっと問う人があるだろう。そこにもっともらしい理由はない。ただ、枕木の無骨すぎる無造作な、粗野な表情、内側に凝縮した剛力、粗暴さ、そして非情さ。そうした枕木のこの上もない強さに惹かれた。放置され、痛めつけられ、風雨にさらされ傷ついている。それでも激しく強く生き抜いてきたのだ。それがたまらなく愛おしいと思う。

できあがったら僕が磨いてやる。その上に僕の茶碗を置いてみよう、しっかりと存在することができるだろうか？ 茶碗が萎縮して弱々しく病人みたいに見えないだろうか。はじき飛ばされてしまわないだろうか。茶碗と枕木がどのような関係を作り出すのか、勝負でもある。投げ出され放置されてきた粗暴さ、ささくれだってそげをたてた荒れた肌を僕は撫でる。作品のための展示台ではない。自立した一つの世界を枕木は持っている。この荒涼とした粗暴さの中に放置されたものと意識の襞をかいくぐり考え極めた結果としての茶碗が結び合う。もちろん侘びでも寂びでもない。枕木と鉄板と茶碗その3つの関係の調和、互いが自立しながら結びつく姿を僕は見てみたいと思うのだ。

07.02.23　内と外

　茶室の裏側、敷地の東側に築山がある。先日から築山に造る東屋の施策検討が続いている。4～5メートルの高みから西に向かって広がる美術館の全景が見える。樂吉左衞門館の茶室の屋根越しに、大きな平山館、佐藤館の建物、その向こうは琵琶湖、更に対岸の比良山系の山並み。
　吉左衞門館はとても小さい。地上部分は茶室だけ、特に奇抜な形状でもなく柔らかな曲線を描いたチタンの屋根が水の中に低く浮かぶだけ。ほとんどは水底の下に没している。
　後ろの築山から僕はぼんやりと佐川美術館の全景を眺める。ゆっくりこんなふうに外観を眺めたこともないなーと我ながら不思議に思った。
　建築なら、まずは外観。外観のスケッチを何枚も重ねて、独創的な建築物を考え出す。材の表情を組み入れ、見たこともない建築物を建てること。それが建築家の表現の独自性というものだろう。
　しかし、吉左衞門館は水辺にチタンのいぶし銀のような屋根がふんわりと浮かんでいるだけ、そびえ立つわけでもなく取り立てて奇抜なものでもない。
　僕は建築中に「内と外」の関係を突き詰めるように心がけてきた。というよりも、内側からしか考えられなかったという方が正直だろうか。
　僕は茶碗を制作する時、常に内と外の関係を考える。茶碗はまさに内側と外側が等価な関係で成立しているのだ。どんなに姿が整っていてもその形の内側、見込みの空間の深さと広がりが備わらなくては、その茶碗は本当の意味で存在感を持ち得ない。
　茶碗の見込み、つまり茶碗の内部空間がそのまま建築空間であるような建物。
　外観から思考を始めるのではなく、建築の内側から思考が始まり、その結果として、外部の形状や表情が導き出される。「内から外へ」その意識の中でしか僕は考えてこなかった。唯一外観の広がりを楽しむことができる広間も、その内部から全てを割り出した。つまり広間に座った人の目線から割り出した。極端に低い軒先も、水面ぎりぎりの床高さも…。
　建築における外観と内観はどのような関係を持って施行されているのだろうか。僕には、近代建築の方向が、総じて、外観の優位性の中で進展してきたように思われてならない。外観は社会的な目的と意味を担い、建築家自身の表現の優位性、独自性の追求の場となる。
　それは建築に限らず近代アートそのものの歩んだ道でもあるが…。外観の優位性、モニュメンタルな建築はその典型であるし、個的なレベルでは、

個性を競い奇抜性を優先させる建築家の自己表現の場となる。

奇抜な外観さえできればほぼできあがったと考えるような建築、空虚な内部はあとで区切られ割り当てられるだけ。

建築における「内」とは何か？

「外」とは何か？

佐川の樂吉左衛門館

内観からの発想　→　内から外に向かう思考方向

内観の優位性　→　内観の思考の結果としての外観

外観の強固な表現性の否定　→　葦の群生　→　内的自己否定性

---

07. 02. 24　築山東屋

築山の東屋を内海さんが再考、案を数通り出してきた。メールで送られてきた案はA、B案に続いてC、D、E、F4案あり、E、F案の仮設テント屋根のものをのぞいて結局、屋根付きで後に水屋とトイレを併設する案、C案が良いように思う。ただ細かな部分は見直しの必要あり、更に実際の運用上からも考えて、様々注文も加え提案した。

1.水屋から軒内で呈茶サービスが可能なこと（図面に指示）。

2.上記をカバーする範囲に屋根を設ける。

3.屋根の面積を縮小緩和するため軒内常設ベンチは7脚分に縮小する。

4.屋根の形状をもう少し考える。

5.臨時拡張時のためのテントの形状については後に考える（常時的にはテント無し）。

6.テント設置用地は、常時的には東屋前庭の感じ。

　そこには小さな植栽も可、やや段差があっても可、必要時のみテントを張る。

7.前庭（テントの用地）をもう少し余裕を持たせて広げる。

8.その為もう1000ほど奥に東屋全体を移動出来ないか。

9.常備ベンチ形状はもう少し考えましょう。

　例えば

　　ロビー立礼椅子のようなバリの角材では…

　　バリ古材でなくてもアサメラのような新木材でも良い

　　シンプルなやや角をやさしくした角材ものを置く

10.トイレは少し縮小も可、その分、水屋を広げる。

07. 02. 25　越前和紙製作

一昨日、平井氏武生へ走る。五十嵐製紙にて漉き見本の打ち合わせを行う。参考となる紙きれを持ち帰り、報告に来た。

繊維を混合漉きにしたものでは、横にやや規則立て繊維を並べて漉いたものがなかなかモダンで良い。ランダムに繊維を混在させたものは、やや重すぎて民芸調になっていま一つ感心しない。現場に持ち込まないとわからないが、もう少し薄く漉くことと現状の80パーセントぐらいに繊維量を落としてもらうことにする。

紙材はコウゾと麻、厚さは0.12と0.15の2種を製作してもらうよう再度依頼をする。1週間以内に再見本が届くだろう。

佐川の空間はきわめてシンプル。コンクリート壁の中、唯一光だけを重要視した空間である。特に小間はその光でさえ限度いっぱいに制限している。コンクリート壁スリットと、天井の4カ所の突上窓風な明かり取りから制限された光が入るだけ。その光はさらにこの和紙の紙壁を透過して小間座敷内部をほんのりと明るくする。

「見わたせば花も紅葉もなかりけり　浦のとまやの秋の夕暮れ」…しかしここには花はおろか樹木も苔もない。光こそが唯一外界から届けられる自然。その唯一の自然に意識を集中する。また光は時間を表す。朝方の東の青滲みた光、天窓を降下する真昼時の白光。また夕暮れ時のオレンジ色の光が、西のスリットを透過して小間空間に入る。

それにひきかえ広間は、L字状に開放空間が広がる。大きな桟なしのガラス戸。その内側に狐格子の蔀戸、さらに鞘の間をへだてて内に太鼓襖が入り茶室内部を仕切る。L字状の開放空間とはいえ、ただの開け広げた開放空間ではない。水際の軒の高さは1700、僕の背丈より低い軒が空間を極端に制限し開放空間を上下に切り取る。その制限された外光が3枚の和紙を通して内部に届く。和紙が光を透過する度合いとその表情は最も重要。広間も床柱・框・琵琶床・付書院天板と、材の選択も済み設置が始まっている。

和紙は最後の重要な素材の選定である。

07. 02. 26　築山東屋

昨日築山東屋のG案を受け取る。先日のC案のバージョンアップ版、今日続けてさらにG案の改造版を受け取る。内海さんも乗ってきている。というよりは彼にとってのゴールへのラストスパートかもしれない。

築山と東屋に関しては、里山風の樹木の植栽、あるいは欅で統一、など様々な案があるようでなかなか進まない様子であった。いつか欅と低木は樫の種類とツツジで行う案を聞いたこともあったが…。水面に葦を群生させる茶室の水辺、その奥の築山だ、幾何学形に刈り整えられたツツジではすべてが台無しになる。あの新緑の光の時期に、まるで口紅色の赤い花が下品に咲きまくる。「僕はツツジきらいなんです。ツツジだけはやめて下さい」と申し入れたこともあった。

東屋の設計には途中の時点で、規模の拡大を申し入れた。内海さんに任せながら時折口を出すからよけいにやりにくかっただろうと思う。

先日、細かな部分の見直しなど、僕も注文も加え提案した。

以後、内海さんからの連日のメール、バージョンアップ。僕はこの方向で良いと思うのだが、問題は設立準備委員会の決定評価だ。

07.03.07　築山東屋

内海さんから更なる東屋のバージョンアップ案が送付される。

> ✉ 内海さんからのメール
> 東屋・H案、添付ファイルでお送りします。ご確認お願いします。
> 先にお送りしましたG案以降に便所のレベルの制約を盛り込み、レベル設定を調整いたしました。またベンチ背面壁と屋根の関係を左右対称に整理…屋根サイズを若干大きくいたしました。
> 再度原寸模型作成させていただこうかと考えております。
> …この点についても、あわせてご検討お願いします。
> 内海

屋根が対称になってすっきりしたように思う。これで現地でのボリューム再現模型で最終検討すれば良いのではないだろうか。その旨返信する。

07.03.08　茶室通路窓　煤竹打ち付け施工法をめぐって

12時30分『家庭画報』中野氏来訪、佐川の齋藤部長、宮永美術顧問、小内係長と合流、佐川現場に直行する。中野氏は『家庭画報』11月の特集に佐川の茶室美術館を取り上げるための初会合、現場を案内する。どのような反応を見せるのか楽しみである。

現場には内海氏、山本氏が出迎え、早速館内を案内する。

途中平井さんと合流、僕はそのまま打ち合わせに入ってしまった。中野氏

の案内は扶二子と齋藤部長らに任せた。
すでに寄付、茶室導入部通路、水露地への入口付近まで枕木の床がきちっと張ってあった。もっとばらついた粗いイメージを持っていたが、やはり平井氏は数寄屋の大工棟梁である。あのガタガタの不揃いの枕木の継ぎ目やレベルを可能なかぎり合わせたようで、意外と整然とした感があった。これもよかろう。OKを出した。

水露地から小間へ。小間紙壁を支えるアクリル三角柱の補強にと前回提案した菱形のステンレス柱が1本、試験見本として入っていた。鏡面なので意外にアクリル製と共通した雰囲気がある。影はどうか、角度によって反射光が強く出すぎるきらいもあるため、さらにステンレス柱の本数を増やし追加試験を行うこととする。基本的には安全対策としてこのステンレス柱でいけそうである。
土間の試験見本もできていた。奥田左官が担当する。奥田左官は平井棟梁の翼下、京都でも一、二の腕を持つ左官と僕は認識している。わが家の壁も僕の代になってから奥田左官が塗った。親方は細身に締まったキビキビした男で、仕事の鬼。とにかく、仕事の話になると熱中する。なかなか理論派でもある。僕は彼の仕事の合間に時々話をする。もちろん土の話。どこどこの聚樂土とか、近州白とか、さまざまな土の情報を教えてもらうこともある。彼にまかせれば間違いはない。色見本は5種、茶系2種、グレー系2種、黒サビと呼んでいるもの1種。なかで茶系2種と黒サビについて、もう少し大きな平面見本を次回打ち合わせまでに製作してもらうことにした。ここは、踏石はおかない。土間の上を直接靴や草履で歩く。摩耗に対する耐久性が気になっていた。奥田親方に尋ねた。
「そう思って、土間の柔らかさを損ねないようにして、少し硬く仕上げました。これなら少々歩かれても大丈夫です」
さすがだ。万事心得ている。
面白いことに伝統茶室であれほど多用されている「土」と言う素材だが、ここ佐川の茶室では、この土間が唯一「土」を用いた所となる。

《煤竹打ち付けに一時の気の迷いあり》
小間から広間へ通じる通路へ。ここで細部の詰めが保留のままであった通路窓の煤竹打ち付けに関する細部決定を行った。300近くあるコンクリートの厚みの窓、3000×1800ほどの大きな窓である。ここは煤竹を打ち付けてふさいでしまう。その竹の隙間から光が入り、歩くとコマ送りの要領で外の景色が見える。止まると景色は見えない。要するにここは広間と小

間の中間点、地上部だが、外の景色は完全には見せたくない所だ。
検討するのは煤竹の打ち付け方。
内海氏はコンクリート窓枠の一番外面に煤竹をはめ込む案。内側手前下に明かり用の溝を取っている。そういえばここは天井からも明かりがない。僕は指示しなかったが、彼の配慮で溝状の仕込み明かりを壁厚手前にとっておいてくれた。しかし、煤竹の打ち付けは外面ではだめだ。逆に明かりの箇所も見えてくる。やはりここは窓を隠してしまう形で通路側から完全に打ち付けてしまう。
僕のプランは当初から打ち付けである。
内海、山本両氏は内面に合わせて周囲の壁面から突出しないよう面をあわせて窓の中にはめ込む方法を推薦した。
山本氏はやはり窓枠厚さ内に納めて壁と面一に通す方がよいという意見。
「せっかくの打ち放しの窓の角を見せたいんです」
と冗談風を交えて、でもしっかりと提言する。
「われわれはやっぱりコンクリートの打ち放しという建築法では、面を合わせて直線的な線を強調することが定石で、その脅迫観念から出られないということもあるんですが…」
内海氏が選択の余地を僕に残す。
打ち付けだとコンクリートの壁面に、ここだけ丸竹の厚さ分が通路側に出っ張ってくる。やはり面一にすべきか。こうしていつも迷う所が僕の弱点である。いったんは面一の案に僕自身も傾いたのだが、
「当代、それでは面一で壁厚の中に納めさせていただくということで、よろしいですね」
と平井氏から少し強い口調でしっかりと念を押された。僕がまだ迷っていることを彼は察知してのこと。先程からもう1時間以上、5人で協議している。もう僕自身が結論を出すとき。沈黙、沈黙…。
やはり当初の考え方に戻るべきだ。いや当初の考え方を貫かなければならない。答えは始めから決まっているのに僕は迷う。
「いや、やっぱりここは内側、通路側からの打ち付けにしましょう」
これで決まった。
やはりここは納まりということではなく、しっかりと窓の存在を否定することを見せなければならない。窓があるのだが、竹を貼り付け、窓をいったん打ち消すことが重要。窓厚内に竹をはめれば、「竹のはまった窓」になってしまう。そうではなく、窓であって窓を打ち消すこと、窓の存在を竹でつぶすこと、その意志をはっきり見せることが重要なのだ。
小間から広間へ、地下から地上へ、閉鎖から開放へ、暗さから明るさへ。

この通路はいわばそれらの中間点、どちらでもあって、どちらでもない。
だから窓はあって、しかも打ち消されなければならない。打ち消す意志を
メッセージとして表現しなければならない。外の景色は映画の虚像のよう
にコマ送りでしか見えない。歩けば映り、止まれば像は消え、細い竹で遮
られた影と光があるのみ。
煤竹を枠外付けで打ち付けるか、あるいは窓厚内にはめ込むか。こんな細
部の話も単にデザインの映り、単なる美意識の問題ではない。まず始めに
建築は考え方、思想が根底にある。中でも特に茶室は思想の表現なのだと
思う。
そこをうっかり踏み外すところだった。

広間の建具の検証、風が強くて吊り戸の建具が大きく揺れる。風のある時
は外の大ガラスを開けることができないな。
数枚の建具の見本ではよく検証ができないため、簡易の建具でもよいから
全て建て付けにして、次回に検証することにした。

ずいぶん中野氏をほっておいて気になったが、扶二子と齋藤・宮永両氏が
案内、平山先生・佐藤先生の館も案内、そこで合流した。
その後、宮永・小内氏両氏、中野氏と我々夫婦で会食、大いに盛り上がっ
た。中野氏はかなり興奮、「拝見して、佐川の建築は樂さんのヌードを見
ているようです。はだかの樂さんがそこにいますね」。
それはちょっと恥ずかしい、まあ、しかし確かに茶碗が裸の僕自身である
ように、茶室も僕自身であるには違いない。それにしても少々もち上げす
ぎだろう！
取材プランなども妙案がいろいろ出て、中野氏は大いに食べ飲み、最終の
新幹線で東京に戻っていった。

---

07. 03. 12

✉内海・山本さんへのメール
内海様　山本様
そろそろ、第2、3、4、5室展示台について、決めなければならないと思います
がいかがでしょうか。
第2、3展示室モックアップして頂いているものは、展示室斜めスロープが生き
ていたころのものなので、特に高さの設定など大きく変わってくると思います。
もし15日展示室の施工作業に支障がなければ、現地で考える時間を頂戴できれ
ばと存じます。

第4、5展示室も同様、展示台の形状寸法をいずれ決定しなければならないと考えていますが、まだ時間はありますか。（4月になると時間が取りにくくなります。勝手を申しますが宜しくお願いします）
展示室スポット関係はどのような状況でしょうか。体育館モックアップで見ていますが再度、実地確認しておく必要があるでしょう。
小間菱形ステンレスパイプの試作見本はいかがでしょうか。
　　樂吉左衛門　　拝

✉平井さんへのメール
　平井様
　早速ですが、次回打ち合わせ案件はいかがでしょうか。
　広間建具関係
　鞘の間外回り建具格子については、全開口部を臨時の格子障子を張り回して下さい。寸法はかまいません。ただ、内1枚は玉泉院で検証した蔀戸格子の細い方の寸法を再現して見て下さい。厚さ（桟の奥行き）までむつかしければ、影を検証するだけと言うことで平面状の再現でも結構です。
　内回り建具太鼓張り、又は坊主襖について検証可能でしょうか、全開口部を一応、光が透過する簡単な太鼓張り（紙2枚垂らし張り付け）で再現、不透過の坊主襖の検証の場合は現場で何かをあてて光を遮断できる程度のことでお願いします。
　外内2枚の建具を通して、光の透過度と茶室内部の明るさを検証したいのです。
　小間菱形ステンレスパイプの仮検証は可能でしょうか。実地仮検証の後、良ければ接合部石穴の変更を依頼する。という段取りでしょうか。

　奥田さんの土間見本はいかがでしょうか。
　寄付の立礼机の候補材、2つ割れのタガヤサンとついでに買った桜の一枚板を寄付空間で合わせてみたいのですが、現場に搬入願います。
　以上のようなことでしょうか。
　　樂吉左衛門　　拝

07.03.14　寄付の立礼テーブル

寄付の立礼テーブルの仕様 図45 を内海氏に伝える。製作は平井さん。立礼に仕込む丸炉の製作もそろそろ手配しなければならない。
内海さんからもそれに合わせた椅子のラフスケッチ 図46 を送付してきた。

✉内海さんへのメール
　内海様
　イメージスケッチお送り頂き有り難うございます。
　基本的なプランにそって少し書き込みました。

　立礼机に使用する2枚割れの板（四国で購入した例の割れたタガヤサンの板です）

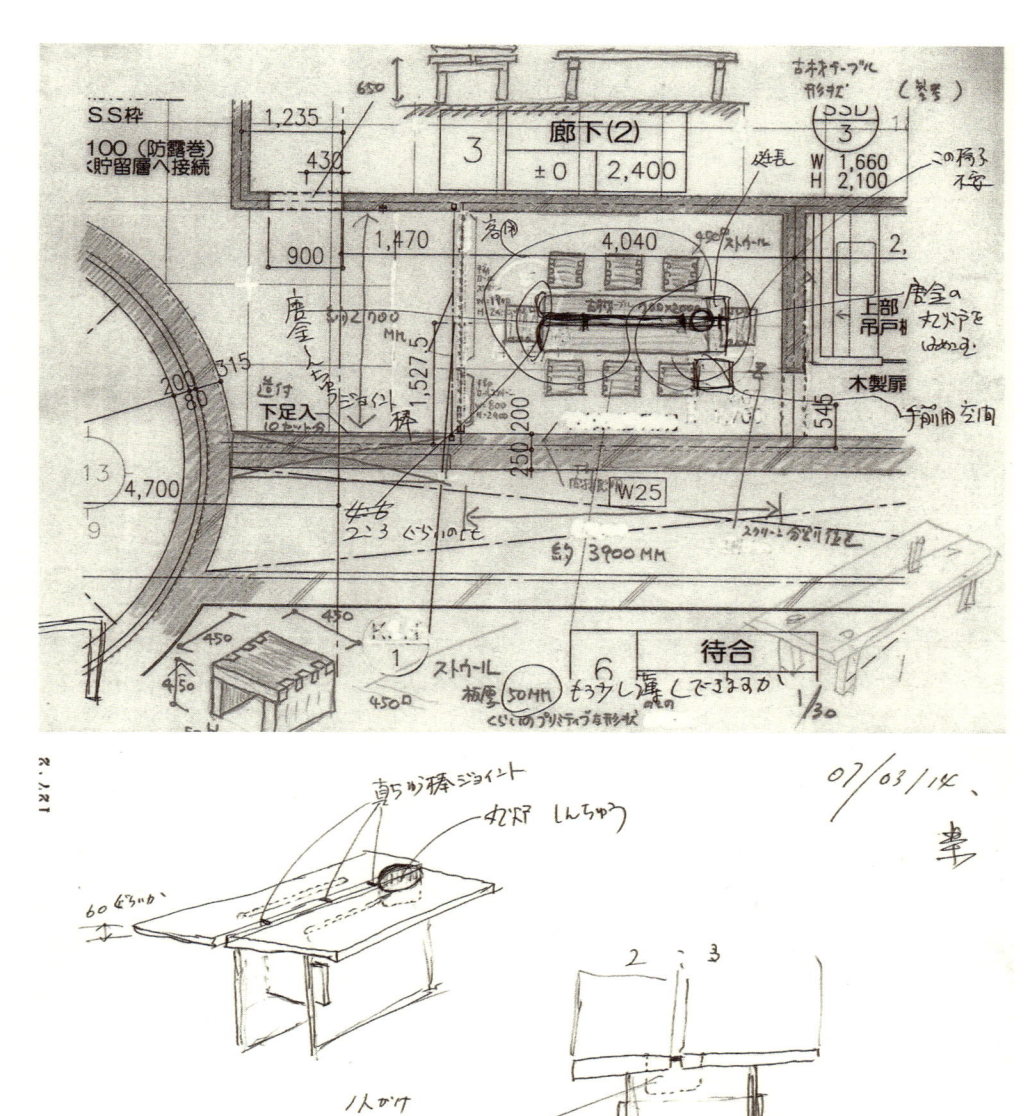

2007

図45、46
寄付立礼のテーブル、椅子について、内海さんより送られた試案に書き加える（上）。立礼机と椅子のイメージを描く（下）。

は、2：3の比率で幅を変えます。
奥付に、割れみぞに掛けて唐銅（真鍮）の丸炉をはめ込みます。
2枚割れのジョイントは丸炉と同じ真鍮か何かで。
奥の水屋側、1人分が亭主（点前）の領域であとは客の領域です。
奥の小口側の椅子は不要です。
机の形状は別紙の通りでいかがでしょうか。
椅子の形状はだいたい描いて頂いたこのような感じ結構かと存じます。
厚さ50というのをもう少し薄めに出来るでしょうか。少しごつい感じがしないでしょうか。構造的な問題もありますが。
椅子は少し下側でわずかに絞るようにお願いします。
机の脚の組み方は少し案を練らなければならないかもしれません。
以上のようなことでしょうか、では明日。
樂吉左衞門

07.03.15　現場打ち合わせ　煤竹打ち付け窓

このところ作陶に打ち込む。だが制作の時間がぽっかり空く時がある。一巡削り終わって、新たに手捏ねの下地を5〜6碗制作した直後の1〜2日、手捏ねの下地は数日置かないと土が柔らか過ぎて削ることができない。12日に削り終え、翌13、14日で次の下地を8碗制作した。これが削りに入れるのは17日か。だから急遽今日は現場に出向いた。ただ親しい知人で、いろいろお世話になっている方のコレクション展「浅井忠」の展覧会レセプションがあり、始まる前に高島屋の会場へ。ご挨拶をして、あつかましくもテープカット前に拝見、オープニングセレモニーが終わるや、そのまま佐川現場に向かった。幸いに11時過ぎには現場に到着した。

まず、広間への通路の煤竹打ち付け窓の開閉について説明を聞く。
前回打ち合わせで壁に直接煤竹を打ち付けたような感じにしてもらいたいと注文を付けた。開閉にレールを付けるため、壁から25ほど隙間が空く。15ほどにする努力をすると言う内海さんの話。しかし、煤竹とコンクリートの壁との隙間は0にしてほしいのだが、開閉という動作を許容してそれが可能なのか、技術的なところだから何とも僕は弱い。少々残念に思いつつ午後、平井さんと交えて再度協議。平井さんから「稼働時には前面に引き出してから横にスライドさせれば通常隙間無しにできます」。早速内海さんも納得、それで助けられる。たかが20程の隙間だが、これが見えてくるのとないのとでは違う 図47 。

次に東屋の検討、おおよそ内海試案を了承する。おそらく、東屋単独の設

2007

図47
広間へと通じる通路、煤竹打ち付け窓。動きながら見ると外部水景がコマ送りになって眺められる。止まると竹の隙間から洩れる細い光と影。中間地点での風景の見せ方を工夫する。

計案としてはもっと良いものがあるだろう。しかし、本茶室の後ろ側、干渉する範囲での建物となる。それ自体としてはもっと質の高いものも考えられるが、ここは単純な打ち放しの背もたれ壁と5〜6人用ベンチ、それに平屋根、という形状で良いのかもしれないと思った。おそらく内海さんもそうしたことを考えているだろう。

食事後、第2展示室へ。展示台の検討。天場の形状を数種指示、次回に検証する。照明についてはそれ以後に再検討する。

寄付で枕木のボルト穴の処理を検討。平井氏の提案の中から、木で埋め込み色合わせをする方法を指示した。合成製品で埋めるのは同意できない。当初さびたボルトで埋め込み頭をつぶす案も良いかと思ったが、結構な穴の数、ボルトでは主張が強すぎる。不採用。結局木でふさぐのが一番素直である。「ではそうさせて頂きます」と平井さん。穴の大きさが異なるがどのように処理するのかとの僕の質問に、おおよそドリルで開けて整える風な回答もあったが、それはしっかりと否定、釘を刺しておいた。穴自体が1つの歴史の証人、いろいろな形状の穴がある。崩れかけた穴もある。まだしっかりした穴もある。それぞれ面倒だが穴に合わせて詰めてほしい。その時、
「角の壁際の穴は通行には関わりませんからそのままに放置してもよいのではありませんか」
おお、山本さんの鋭い指摘。僕がさらに詰めるべき重要な点をきちっとフォローした。時折彼はさすがという意見を一言ポロリと、何気なく言う。今日はもう1件彼のポロリが出た。
水露地の客付のトユの件、僕は聞いていないが、客付の円筒形の壁の切れる所、客が下を通る所だが、内海氏が気を遣って客の着物に雨だれが落ちないようにとトユを考えていた。山本さんが僕に「ここにトユを付けられますか？」と聞いてきた。「こんな所にトユなんて付けませんよ」「わかりました」。細部を徹底させること。細部はさまざまな条件を許容する方向で考えたくなる。雨があたるから、歩きにくいから、躓く、倒れる、落ちるなどなど。その1つ1つに細部が反応すれば全体を貫くコンセプトは薄まり、壊れる。条件を選択して、結局は最小限度に対応、初心を貫くことが重要だ。本当は自分自身に言い聞かせている。トユの有無、細部ながらその有無は重要な事柄である。
そして今日、初めて水露地に水が入った。3700の円筒形の壁から水が壁を伝わって落ちる。滝のように流すわけではなく、水落ちの軽快さや壮観

さを見せるわけではない。水が静かにコンクリートの壁面を伝わっており
る。なかなかいい。少し水面に泡が残っているのが気になる。雅臣の石も
水が入ってさらに良くなった。これで水露地は9割方完成、あとは腰掛待
合ベンチにバリ板を取り付けるだけ。

07.03.16　愛すべき枕木のボルト穴

枕木のボルト穴埋めについて平井さんにだめ押しのメールを入れる。
枕木を線路に留めていたボルトの穴の表情がどれほど重要で愛すべきもの
なのかを平井さんに感じ取ってもらいたいから。

> ✉平井さんへのメール
> 平井様
> 枕木の穴詰めについて
> 穴を詰めるのは茶室導入部通路中央部、出来るだけ最小限にかぎってお願いします。
> あの穴も美観の重要な要素です。コンセプトの1つです。
> あの穴の1つ1つはこの枕木という木材の歴史を担っていて、時間そのものを表現しています。ですから本来ならば埋めたくはないのです。通行上致し方なくと言うところでしょうか。
> 穴は、補修のようにきれいに埋める必要はありません。穴であったことを消さないようお願いします。それぞれの穴の個性、形状を損なわないように埋めて下さい。色はその後に考えてみましょう。
> 次回に僕が埋める穴と埋めない穴を選別しても良いのですが、そこまでは必要ないでしょう。
> まずは大切な穴ですので、余計な確認かもしれませんが、よろしくお願いします。
> 樂吉左衞門

07.03.18　広間建具　最後の難航

先日の現場検証でも懸案となっている広間の建具が難航している。外を囲
む狐格子の蔀戸風の建具は、ほぼプラン通りで決定したが、広間内を囲む
建具が決まらない。伝統茶室なら襖か障子と決まっているから何も悩むも
のではないが、ここはそうはいかない。先日の実験でわかったこと、内側
の建具はまず光を通すこと。それがないと広間が暗くなる。だから、襖は
使用できない。障子はというと、これも全くそぐわないのだ。周囲がコン
クリートの強い表現であるため障子では弱すぎる。しかも、敷居を取り吊
り戸にしたため、なお一層、障子ではあまりにもぺらぺら、そこだけが映

画のセットのような希薄なものになる。敷居がなく障子が浮いているだけで存在感が薄くなり、広間の空間をきちっと仕切れないのだ。
襖と障子の中間、薄目の手漉き和紙で太鼓張りにするしか方策はないか。問題は透けてくる桟の在り方。小間の紙壁と同じく、またしても桟影のデザイン！

07.03.20 築山東屋

このところ内海さんは後ろ築山の東屋の設計に掛かりっきりになっている。設計としてはもう8割は終わったと言えるだろうか。あとは現場。
設計もすでにJ案＋K案まで進化してきている。
設立委員会の注文、指導もあって今回はトイレを男子、女子に分離という報告がメールであった。
「山側への拡張で変更しましたので外観上の影響は少なくてすむと思います」との追記説明。僕が気にしていたから。本当はトイレは1つで良い。こんなに小さな建物に、立派なトイレをしかも男性女性用と設置すると、まるでトイレをするための休憩所になる。伝統的な茶室のトイレはたいてい1つだ。しかし、設立準備委員会の指示だから、内海さんもつらいところか。
臨時で使用する計画のテントについても案を考えてくれている。「最終解への到達に手間取り我ながらもどかしい」とあった。苦労の跡が見える。早速激励の返信をする。1件、水屋方向の壁を閉ざすよう、注文を出す。テントについてはまだ時間がある。使用目的等を煮詰めてゆっくり検討すればいいだろう。

07.03.23

このところ4月末の黒窯に向かって作陶に集中、夜にメールで検討事項をやりとりする。
内海さんからは、東屋の設計について頻繁にメールがはいる。基本的に内海案を了承。その他、水屋などの細かな取り合い、細部の詰めをやりとりする。

07.03.26 現場打ち合わせ　水庭・葦の位置決定など

黒樂の窯焚きに向けての制作、2週間前に制作した作品の削りが21日で一

段落、次の茶碗の下地制作に入った。4月29日の窯焚きに向けていよいよ22日から焼貫の縦ヘラのタイプの茶碗の制作に移った。気が集中して定まることが重要だ。内心の気の充実が形にはっきりと表れる。22日から昨日まで下地を制作した（茶碗の手捏ね形）。まとまりをどこかで意識する、とそれは正直に作品に表れる。それは破綻のないものとなるが、それでは大事なものが抜けてゆく、激しく突き詰めてゆく気力、遙か彼方への視線、造形の強さと存在感、そうした全ての意味が薄れてゆく。むしろ、「破綻」、この中にこそ確かな命がある。生命とは調和と破綻のすれすれの処にあるような思いがする。調和はつねに積み重ねられた認識を伴い、破綻はその調和を、認識を、その積み重ねられた価値観を破る。破綻がどの地点で変換されるか。破綻が破綻のままでなく命を持つ時。

茶碗も茶室も同じことだと僕は思う。

4日間集中、10碗ほどの下地を制作した。気の方向の定まりが見えないものからようやく見えはじめた。破綻の少ないものから激しいものへ時が動いてゆく。茶碗の寸法も大きく、ヘラは激しく土に食い込んでいる。制作時に手で大きく叩き歪ませることに今回は少し自制を加えた。茶碗も極端に大きくなり始める。僕の意識の変遷がはっきりと記録されている。昨日の最後の茶碗、筒茶碗が極限の寸法を超えたような気がする。おそらく気力の負荷が僕の中で限界を超えたのだ。これ以上は気が空転する。ひとまずここで手を置こう。これらの下地を数日乾かして削りに入る。乾くまでに日数が空く。

そんなこともあって、今日は急遽佐川の現場を訪ねる。

《只今葦蒲工事中！》

10時半には現場到着。現場事務所で端的に図面上の打ち合わせの後、現場へ。

水庭に水が張られている。風が波紋をはらはらと細かく波立たせて美しい。これで平山先生の館との間の塀が取り外されればゲートから100メートル以上の広い水辺となって、ひと連なりとなる。

重要な僕の作業は、水庭に設置する葦原の最終位置確認。内海氏が図面上に仮記載したものをもとに、水庭の中には工事現場でよく見る青や赤の円錐表示物が立てられ、葦の範囲を確認できるようにしてくれた。

現場監督の大屋さん、設備担当のアサヒファシリティズ恩田さん、稲さんあと2、3人の現場若い衆が手伝う。長靴を履いて、水の中をバシャバシャ。赤と青の三角工事標識を抱えて行ったり来たり。

なにしろ広いから、僕は大声で茶室の軒から指示を出す。幾何学的に整然

と平行に位置してあった囲いを大きく崩した。西正面には3重に葦のかたまりが被さってくるその間を水路のようにさざ波が通う。南側も葦の島を2ヵ所置き、茶室を取り囲む。東はこの茶室の後ろ側、ここにも2ヵ所に分けて葦原を造った。唯一北側には茶室自体の通路がない。北側は唯一葦を植えず水面を開けておくことにする。
大声を上げて指示を飛ばす。喉が痛くなる。
反対側からも確認する。
東側から始め、南側の2ヵ所を決め、昼食。周りの職人さん達は皆食事に行ってもう人影がない。えらくガランとした工事現場に我々一行だけとなった。
午後から、正面の西側を決定した。横から山本さんがにっこり、「とっても良くなりました」「まだ後になっても動かせますので、次の打ち合わせに職人が待っていますのでよければ」と。
そう、こういうランドスケープみたいな仕事は楽しい。枯山水や蓬莱山の回遊式庭園の型にはまったものではなくて、全くの何もなし。水面は大きなカンバスみたいなもの。島の形状を移動、変形し配置する。きりがないとはいえ、きちっとこれだという1点に絞り込んだ確信に到らなければ。もう4時間ほどが経過、最後の島の位置を決定。決着した。
今日は初夏みたいな陽気とはいえ現場監督や恩田さんは水の中をジャバジャバ大変であった。ご苦労さんだった。

すぐ後ろに平井さんが控えている。広間の蔀戸の狐格子と内部の建具。
外の狐格子は平井さんが細い桟組を製作していたが、太いほうで決定した。しっかりと外部から分けたい。割れ肌の縁石やコンクリート壁に負けないように。
内部の建具は少々難題。何か障子まがいで桟の影もちゃっちい。やはり敷居がないことが強く影響を与えている。通常の障子戸でもなく襖でもないもの、しかも吊り戸であることが中途半端さを助長している。
桟の影の出方を数通り考えて提示した。まだ何度か試行錯誤を繰り返さなければならない。難題中の難題、アイディアがまとまらない。

《愛すべき枕木の穴が！》
小間の打ち合わせを終え、水露地から寄付へ向かったが、とんでもないことを発見した。あれほど念を押しておいたのに、枕木のボルト穴を埋めすぎている。
左右の壁際に僅かに埋木を施していない元のボルト穴がそのまま残されて

いるだけ。通れそうなところは全て埋木が打ち込まれている。あれほど念を押したのに！！！ 怒り心頭！ 何もわかっていないじゃないか！ 平井さんに烈火の如く怒った。平井さんは、若い衆が埋めてしまったと弁明。そんな弁明ではすまされないだろう。前回の打ち合わせの時にも、またメールでもその重要性を強く強く指示したのに。しかし、それ以上追求はしなかった。後日、1つ1つの穴を再度確認して、僕が印を付け、中央のものだけ残して後は埋め木を抜くよう、元の穴に戻すよう指示した。
「まさかドリルで穴を開けて埋めていないだろうな？」
「そんなことはしていません」
との解答にほっとする。もし、ドリルで一律に開けて埋め込んでいたら、全ての枕木を取り替える！
とにかく、一応のきりをつけて地下へ。

第2展示室には前回指示しておいた展示台の見本が並べてある。台の高さ、前幅、色の決定。950から1115までの高さで決定を下す。僕は背が高いからどうしても僕の視点では台が高めになる。扶二子が実際の観客となって見る。1115がMAX。入口を一番高く、次第に低くやがて高く、奥正面が高く、以後壁際で少し低める。波のような連続の高低を付ける。
一番低い台を900または950で検討、いっそ茶碗内側の見込みが少しでも見えるように900にしたいが、まわりの台とのバランスが悪い。940とした。幅は750。やや広めだが、実際に茶碗を置いて検証。この広い空間、大きな床からそのまま立ち上がる展示台、バックは天井まで立ち上がるブラックコンクリート。この大きな空間に小さな茶碗。展示する茶碗同士の距離は3メートルほど離れて1碗ずつ展示。1室わずか8点。持ちこたえられるか。
3点の作品を実際に置いてみたが、しっかり空間を摑まえている。なかなか心地よい空間になる。作品の力は作品そのものであるが、それは周囲の空間をどれほど引き寄せることができるか。空間の中の存在感である。その作品があることで空間がピンと緊張する。それが命である。茶室でもそれは同じこと。
第4展示室の独立ケースの展示台寸法も決定した。
第5展示室は固定ケース内に一応すべての指示した台がセットしてある。これも茶碗を置いて検証。時計を見ればもう7時前。一応次回に再検討することで今日は終了とする。

外は暗い。琵琶湖はもう闇に没し、比良山がうっすらと頂上付近に残照の

かげりを残している。急いで帰宅。

8時過ぎ家に到着。今夜はNHKの安田さんの『ハイビジョン特集・樂吉左衞門』オンエアーの日。食事をしながら放映を見る。

今日は僕の誕生日、安田さんのはからい、プレゼント。が、テレビに映った画像には、正直、つかれた58歳の僕がいた。カメラは年をいつわらない。

07.04.02　現場打ち合わせ　第6展示室　展示台高さ決定など

今日も大いに迷ってしまった。たった40〜50ほどの高さの中で大いに迷う。第6展示室、バリ無垢角材の展示台の高さ。高さ1250でとにかく展示ケース内に納めてみた。幅はバリの古材角柱であるから、太さは材自体のまま。よって高さだけの検証。床から天井までストレートに立ち上げた四方ガラスの中に細身のバリ無垢角材をツンと立ち上げたいのだ。佐川の展示台としては超細身、400前後の太さ。

異例な高さこそがこの第6展示室の特色。限界までの高さを求めたいのだが。

しかし迷ってしまう。第一印象、その感覚を失って一旦迷うと決まらない、さて…。僕の背丈は1770、日本人の背丈がずんと高くなっているとはいえ、一般の背丈の平均はもう少し低い。扶二子が1550。僕が見ていてはどうしても高くなる。扶二子に観客代行として意見を聞く。1250は展示台としては異例の高さ、扶二子ばかりではなく内海・山本両氏もやや高いと言う。照明に手間取るので茶室関係を先にする。ひとまずは保留。

午後一番に再度見る。やはり高い。午前中に第2展示室の展示台の模型を使って1210の高さの台を横に設定してもらった。やはり1210か。1210で行きましょうと決定を下す。さらに照明関係を検証。しかし、見慣れてくると1250でもそれほど高く感じないなと思われてくる、どうも扶二子も同じことを感じているようだ。

「やっぱり高いほうが良いかな」

扶二子に再度尋ねる。扶二子も、

「やはり高いほうが良いかもしれませんね。1210では普通になる。第4・5展示室で普通のケースを見て、この6室はしっかり高さを主張するのが良いのかもしれませんね」

的確な返答だ。再度元の1250に戻して決定とする。

主張はしっかりと通すこと。自分自身に言いきかせる。背丈の平均値とか、ご婦人は背が低めと、外的な要因に左右され始めると結局は迷う。平均はあくまで平均、全員がその背丈ではないということ。主張がしっかりと見

えるように個別化すること。まともな地点、常識から僅かにずれること、僅かな差異を極めることが重要なのだとつくづく思う。
その後、第4・5の展示ケース内部の色調を検証。ライトによって色は変わる。ここも決めるのはなかなか難しい。少々黒味方向で再試験。

午後、奥田左官と土間の打ち合わせ。
前回の300角の見本から、さらに幅を広げて大きい見本にしてもらった。前回良いとした茶系2種と黒サビの計3種について、もう少し大きな平面見本をと頼んでいた。できあがってきたのは、(1) ベージュがかったグレーを基盤にやや赤みの土を部分的にムラムラと混ぜ合わせたもの。(2) 1に番茶を何度も塗り染み込ませ茶色くしたもの。(3) さらにその回数を変えたもの。
計3種類の僅かに赤みを加えたベージュ系3種。
赤みを帯びたベージュ系の質感を、やや粗い砂混じりにしてもらうこと。この見本を次回検証時に製作してもらう。

靴脱ぎ石の代わりにバリ古材柱を使おうと思っている。1点、おそらく穀物を脱穀したのだろう真ん中部分がすり減り凹んでいるかなりやつれた角材。杉坂で見た時は、あまりにもやつれた流木のようで、平井さんはまったく念頭にはなかった様子だが、現場に持ち込むよう指示をしておいた。靴脱ぎとして躙り口の前に置いたが、びっくりした。大変な強さ。小間の基壇のジンバブエ石の割れ肌がおとなしく見える。むしろ石の割れ肌がかすんで見える。何という強い木材なのだろうか。結局これは強すぎる。靴脱ぎ石はもう少しやさしさのある古材にする。

難題の広間内側の建具、太鼓張り襖のアイディア。2分の1ぐらいのモックアップを製作して桟の在り方、光と影の見え方を検証することにした。おそらく何度もまだ見本を作り直して往復しなければならないだろう。

バリ古材板を水露地腰掛として仮設置する。この高さ設置仕様でOKを出す。しかし何度となく地下の展示室と地上部の茶室とを往復する間に、なんとなく気にかかる。石組の中心を占める2つの立石。腰掛右正面の立石の存在感がまだ弱いように感じてならない。たぶん左方向にバリの強い木材が入ったからだろう。もう80〜100持ち上げたいと思う。まだ動かすことは可能か。近くで石の傾きを調整していた大東マーブルの職人さんに尋ねる。可能だという。ここは雅臣の設計デザイン。雅臣が来てから彼に

確認させよう。

07. 04. 09　越前和紙　和紙漉き　武生

8時20分平井さんの運転で自宅を出発、武生インター11時前に着く。すでに写真家の畠山さんが先着、これまで撮った現場工程写真の紙焼きを持参。やはり彼の写真は素晴らしい。なんの気なしにシャッターを切っているように見えるが、できあがってくる写真は的確、アングル、ディテールが美しい。ただの現場の一角が絵画になる 図48、49 。
写真に見入っている間に時間が過ぎる。待ち合わせは11時40分。しかし佐川さん一行はいつも約束の時間より20分は早い。ほどなく宮永顧問・齋藤課長・小内氏の佐川一行、竹中の内海氏・山本氏・三和氏（営業担当部長）も合流。栗和田館長は予定を変更、直接現場・五十嵐製紙へ行かれる。
まずは、昼食、越前蕎麦。太くてうどんみたいな蕎麦を食す。
五十嵐和紙工場ではNHK安田さん一行がすでに五十嵐工場の紙漉工程を撮影していた。
栗和田館長が到着、工場内を案内される。旧工場を案内してもらって、向かいの大判の和紙漉きのできる工場へ。3000×4000ほどの小間の和紙が半分漉かれている。原料はコウゾ、まだ漉いたばかりで型枠にはまったままの上にコウゾのもつれた毛糸状の繊維をほぐしながら貼り並べる。五十嵐和紙工場の方が見本を示し、それにならって我々も繊維を貼り並べた。ずいぶんムラがあり穴、隙間だらけだ。職人さんが見本で漉いたものがあったが、当然きれいにムラなく敷き詰めてあった。しかし、多少ムラがあるほうが面白い。五十嵐さんに「少しムラがあってもいいと思います。余りきれいすぎないように」とはお願いしたものの、「あまり…すぎないように」その判断は難しい。日本的な感性、完全なものから僅かにずれる、僅かにムラになる。その兼ね合いこそが難しい。
その後、実際に3000×4000ほどの和紙を漉いた。館長と五十嵐さんの奥さん、対面に僕と職人さん。少し前屈みになって型枠を和紙の液槽に沈め、和紙液をすくい対面に流す。呼吸を合わせてゆらゆらゆら。次は館長側がすくいこちらに流す。15回ぐらい繰り返す。僕は腰の持病があるから5回ぐらいでもう腰が突っ張ってくる。背の高い者は不利だなとか、何回ぐらい繰り返すのかなど、手漉き和紙体験を楽しむどころではない。本音は早く終わらないかなとの思い。
確かに大変な作業だ。今日は暖かな日和だが、実際はこれを厳寒に行う。

2007

図48、49
畠山氏が撮影した、建築現場写真。

工場の職人さんは女性が多い。1日中水を使うのに皆手が荒れていない。やはり自然のものはやさしいのだ。
全員が漉き体験をする。
その間に平井さん、山本さん、五十嵐さんと打ち合わせ。じつは少々あわてた。小間の土間に梁から垂らす紙壁の最終施工の決定をまだしていなかった。あまりにも沢山のことがあるから、頭の中から抜け落ちていた。
垂紙の下場をどのように施工するか。暖簾のように切り放ちというわけにはいかない。厚手の和紙に張りを持たせるには重りがいる。当初の案は青竹を下場に取り付ける。材質は今決定する必要はないが、軸のようにするのか…。やはり2重にループ状の紙にして垂らし、間に軸を入れる。紙の裏表の違いもループにすれば同じ面でいける。ループ状の施工で指示を出す。
うっかり抜け落ちるところであった。
栗和田館長を迎えての大イベントも無事終わり、山本さんがほっとしている。
帰りに武生の岡太・大瀧神社に詣でる。田舎の神社だと思ったが、五十嵐夫人の熱心な勧めもなるほどとうなずける立派な社、奈良の三輪大社を思い出すような樹齢何百年かの古杉が何本もそびえている。まわりの壁面には龍や人物（神々）に異様な動物も混じりながら精巧な白木彫が巡っている。古い歴史と由緒を感じさせる。4時前、武生を発つ。

07.04.13　現場打ち合わせ　展示室照明　土間など

窯焚き前の制作も最終段階、釉掛けにかかっている最中だが行かなければならない。いつものように9時過ぎ自宅を出発10時半に現場到着。いよいよ95パーセントに向けての詰め、決定事項がある。
各室の展示室の明るさの基本設定、展示ケース内のスポットの明るさ、それに合わせた展示台の色の決定を行う。各室の照明を調整する。基本的には第2展示室「昼の航海」の部屋を除いて外光が入らない。したがって暗めの照明が基本となるが、いざ展示室に入ると、やはり極端に暗い。闇室にスポットを当てられた作品がきらきらと浮かぶ。しかし宝石を見るような感じにならぬよう、暗くなり過ぎないようにしたい。各室のダウンライト調光を上げる。結局最大ボリュームまで上げる。床へ落ちる光が明るか過ぎるが、床はまだ白木のまま、仕上げの黒い塗装をかけると床に落ちる光のまぶしさは解消できるだろう。それにしても最大ボリュームまで上げきり、余裕がないのが気にかかる。展示台の色は光によって大きく異なる。

第2展示室は4種類の白グレー系の色から選んだ。立面と天場平面の色が大きく異なる。天場は白く、影になる立面は黒くなる。各2・3・4・5の展示台の天場の色を濃くしてもらうよう指示、ブラックツヤ有りとツヤ消しで臨時塗装を掛けてもらうことにした。午後には臨時塗装が見られる。

昼食後、小間茶室、土間たたきの3回目の検証。ほぼ方向性が出せた。あまりコンクリートグレーに近づけないこと、やや茶系の聚樂がかった土っぽいものを方向性として選ぶ。奥田左官は前回の方向を踏まえて3枚の色見本を作ってきてくれた。土の乾燥工程での微妙な進行の段取りによって、同じ配合の素材の色が異なる。最後の洗い出しによっても色、表面の表情や粗さが異なる。じつは、なかなか手の込んだ仕事をしてくれている。黒土を基本に聚樂を部分的に馴染ませムラムラとした自然な味わい、色の違いを表現する。同じやり方で奥田親方がしたものとお弟子がしたものとでは感じが大きく違う。もちろん色目も異なる。「逆でやってみましょうか、もう少しサビ色が自然な感じで仕上がるかもしれません」親方が言ってくれる。親方自らの手で、これまでとは逆転して聚樂地に黒土を混ぜる方向でさらに見本の製作を依頼。1週間ほどかかる。黒の窯をひかえ時間が取れないが、もう1度だけ現場に走らなければならないだろう。最後の詰めの段階、職人さんもがんばってくれている。

土間が終わって再び展示室へ向かう。途中、茶室導入部通路、寄付の枕木ボルト穴の復旧部分を指示した。今度は元通り復旧するべきボルト穴を1つずつ確認、具体的に、念入りにも印を付け、それらの埋木を抜き取るよう指示した。小さい穴とはいえ、大きさも表情も1つ1つことなるボルト穴の個性がしっかりと元通りに復旧されることを祈る。

さて、第2展示室「昼の航海」は天場と立面を同じグレーの中間の色合いで決定した。光の当たる天場は白くなるがかえって軽快な感じがするし、天場の抜けた白さが心地よい。これで決定。
「昼の航海」と対称に開く第3展示室「夜の航海」は、逆に天場を黒めに塗り替えたもので決定。黒を強調した。
長椅子も完成していたがこれがなかなかシンプルで、ブラックコンクリートの壁面に合っている。長椅子の下場に緩やかなカーブを付け左右の端を若干薄くしたのが成功している。

問題は第4・5展示室展示ケース内が青みを帯びたグレーに見える。何か

水族館の水槽を見るような感じ。なかなか色合わせが難しい。臨時に真塗風な黒塗装を掛けてもらったが、何にでもマッチする黒ですら何かしっくりといかない。
展示台の形状を横長の異例な寸法にして、見本を作り直してもらう。間口1200（＋200）、逆に奥行きを150ほど縮める。あきらかに横長すぎる展示台。
色はやや茶系に傾いた黒のツヤ消しとツヤ有りを再製作してもらう。
第6展示室はすばらしい。バリの古材がライトに照らされて重厚な味わいのあるテクスチャーを見せている。スポットも前回の検証で、光源の穴の直径をさらに大きくしてもらった。高さは再度確認。1250と極端に高い。一般の背丈の人に合わせて扶二子に再チェックさせる。「高いけれどここはこれくらいの高さがあってこの展示台が生きると思う。これぐらいあって良いのではないかと思う」再び明快な答えだ。これでOKを出す。照明も良し。
帰りがけに再度第4・5展示室へ。やはりケース内がグレーブルーの感じが強い。いっそ藍色、ブルーブラックの台にしてはどうか。ヤケクソではないが、極端な方向性も試してみれば自ずと答えの方向もわかるかも。

その他、本日の指示、確認事項。
寄付立礼机の寸法の指示、同立礼用椅子の素材の指示。バリ古材などの提示も平井さん・内海さんからあったが、ここは極端に狭い閉鎖空間。そこに枕木の床、ブラックコンクリート打ち放し、黒色塗装の米松皮付き広板の天井、そこへバリ古材の椅子を持ってくると、あまりにも重くれる。荒々しい素材ばかりがぶつかり合いお互いの良さを打ち消す。ここは色も白めな桜のような素材。明るさを引き立てる4角いシンプルな1人掛け椅子が軽快さを持ち込むようにしたい。結局桜ではなくアサメラを選択した。ロビーの立礼椅子（バリ古材）を除いて全ての椅子はアサメラになった。あの、悩まされた美しい材を、少しだけ椅子として使う結果になった。
寄付の和紙風ロールカーテンの検証。寄付のしきりの扱いには悩んだが、結局、建具をたてないで、一つの空間の良さを出す方向で簡単なロールカーテンを取り付ける。2枚を選んでさらに実際の明かりの中で検証する。
寄付のライトを追加注文。床近くの壁際の明かりだけでは暗すぎる。立礼机の天井からのダウン追加。
小間アクリル柱紙壁の安全対策用のステンレス柱の再検討、保留。数を増やして、あらゆる時間帯で光の反映の在り方を検証しなければならない。
小間紙壁の上部材梁のやり直しを指示。少しヤスリを掛けて人工的な殴り

を柔らげ、色をツヤ消しの黒方向に修正するよう指示。
第1展示室展示台壁面（枕木）の裏側に掛花入を掛けたいが、天井からのスポットがない。新たにスポットの設置を指示。スポットの明かりが裏側から第1展示室に漏れないよう、集中型、しかもスポットの光の輪郭が際立たないよう注意、調光を組み込むよう。ただし明かりは壁面全体ではなく花を中心に柔らかくやさしく照らすイメージを指示する。
第6展示室のバリ材の天場の仕上げを指示。
バリ古材展示台1基の正面を変更しては、と平井さんからの提案。大きすぎるのでサイズを切り直したもので切り継いだ痕が天場手前に現れるので、位置を後側に持っていったほうが接ぎ痕が目立たないという案。しかし、正面の表情が平凡になる。これは却下。元のままにして敢えて継ぎ目は隠さない方向で指示。
東屋の基本プラン 図50 を承認。椅子はアサメラに決定。
以上のようなことだったろうか。
たくさんのことが決まった。きょうで90パーセントまでは進んだと思う。

07.04.15　第4・5展示台変更案

13日に現場検証をしたが第4・5展示室の展示ケースが何か重苦しく、展示台もいかにも四角い台が置いてある粗略な感じがして、それ以来気になっている。シンプルな良さというわけでもなく、何かが欠けているという思い。しかし何が欠けているのか？
部屋全体もやや光量不足で暗い。中央ダウンスポットの調光をMAXにしてようやく適量の明るさに近づいたという感じとなる。床板がまだ白木のままであるから、黒塗装を掛けるとさらに光量が下がる可能性がある。打ち合わせで、次回検証までに広角のスポットに取り替えてみることにする。
問題は展示ケース内だ。ケース内を色見本に従いグレーの塗装にしたが、スポットの光源によるのかブルーグレーに見える。何かうす暗い水の中を連想する色系統だ。ケース内の床はガラス開口部からほとんど段差を取らないでフラットなため、平面性が強く、そこに長方形の展示台が10脚並んでいる。静かで落ち着いた雰囲気というよりも陰気な気分が先立つ。
色の指定を茶系ブラックにして再試験を依頼しておいたが、色の問題だけではすまない気がしている。展示ケースそのものは変更できないまでも、展示台でも変更するとなると厄介なことになる。この展示台はファイバー調光も備えていて、これまでにも再三試作品を作って検討してきた。台の

図50
竣工後の東屋「望湖亭」。中央には栗和田館
長揮毫の扁額が掲げられている。

正面に10ほどの立ち上がりを付けてファイバー調光を忍ばせる方式は、おそらく他の美術館には見られない新しい方式である。新しい台の構想によっては、これまで変更してきたことをもう一度白紙に戻さなければならない。関係者皆にとっても気の重い話になるだろう。
13日の検証以来、そのようなことを心の隅で考えながら過ごしてきた。今は29日の窯に向かって制作中、釉掛けの真っ最中だ。

今日、扶二子が東京へ所用があって日帰りをしたが、新しくできたサントリー美術館を見てきたという。何より美術館の周辺がにぎやか、現代を感じられて面白かったという。さまざまなブティックが入っていて、とても活気がある。おそらく若いデザイナーによるものだろうか、それぞれのブティックに並んでいるものはなかなかデザイン的に良いものもある。思わぬものが手頃な値段で売られている。その店の中で、ちょっと素敵なカウンターに出会ったという。シンプルな長方形、漆塗の黒色のカウンター。店の方に尋ねると、制作者の作品があるという。それもなんの変哲もないシンプルな丸い小さな銘々皿、1センチほどの縁がまわっている。材質は同じく漆の黒いじ塗。僕が展示台で難航しているので、色、質感の参考になるかもしれないと思い、その銘々皿を求めてきた。
夜8時30分頃帰宅、さっそくその土産を見せてもらった。
なるほど、いじ塗仕上げの台もあり得るなーと思う。ライトが当たるとどのような表情になるのか、次回の検証の時にこの銘々皿を持ってゆくことにしよう。
家のライトにかざしながらいろいろな角度で反射や色の変化を見ていた。裏を向けると、円盤形に縁を面取った平たい台形の姿となってなかなか形が良い。ところが、いろいろな角度から見ているうちに突然ひらめいた！
　この皿を裏向けて眺めていた時。皿の裏向けた時の形を展示台にしてみてはどうだろうか。四方形の周囲を斜めに面取、床から浮かして設置する。台脚は免震台の大きさでよい。台はそれより大きいから床から浮いたような感じになるだろう。いかにも長方形の台を置きましたというより遙かにモダン、軽快さも出るだろう。単調な空間がこれによって救われるかもしれない。すぐにスケッチを描き 図51 、寸法を書き入れて内海さんにメールで送信した。
次回の検証までに試作品を作ってもらうよう指示を出した。

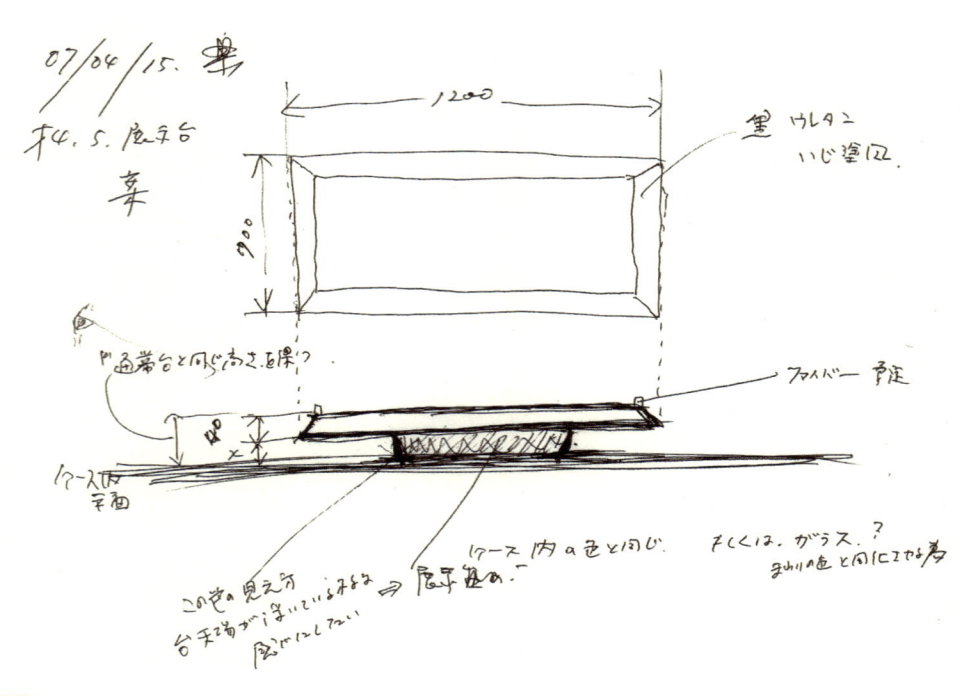

図51
いじ塗の銘々皿を伏せた形状を参考に描いた、第4・5室展示台のラフスケッチ。

07.04.21　現場打ち合わせ　第4・5展示室展示台

28日窯が近づいている。連日釉掛け、この時期は全く外出をしない。だが、仕方がない、午後から佐川現場に向かう。雅臣が同行。彼は窯の手伝いをかねて東京から帰宅しているが、広間の蹲いの制作構想を立てるため現場に同行した。黒窯が終わって5月には関ヶ原入りし、制作にとりかかる。

問題の第4・5展示室に直行した。先日メールで製作依頼した新たな展示台と以前の長方形のもの、それぞれの色を、光沢黒真塗、ややブルーがかった光沢黒、茶色がかった光沢黒、各3種で塗装されていた。
予想通り、展示ケースそのものが魅力を増している。縁面取をして浮かせた展示台の形は大正解であった。1200×700、天場周囲を30度の角度で面取る。指定したこの寸法もぴったりという感じがする。茶碗を置くには広すぎる台、一般の常識から逸脱している。普通せいぜい大きくとも500〜600角ぐらいの寸法であろうか。これ以上大きい台だと茶碗が小さく貧相に見えてしまう。それは作品によるだろうと、僕はいつも大きい展示台の上に自作の茶碗をのせる。作品の強さは作品自体がどれほどの空間を支配するか。周囲の空間としっかり対峙できるかというのが作品の強さである。それは茶碗でも彫刻でも変わらないと僕は思う。この展示室全体の広さも、茶碗を展示するのは非常に大きい。それで茶碗が小さく見えたら、それはその茶碗が弱いのだ。
この展示台もゆったりとした大らかさと軽やかさがモダンにうまく調和していると思う。色はやはり茶系のブラックが良いだろう。茶碗を持って来たので実際に展示し、調光も合わせてみる。その上で3種類の茶系ブラックの中から最も濃い色合いに決定した。
面白いことに、この新しい展示台が決まると、俄然これまでの展示台も光を放ち始める。長方形の台を置いただけの粗略な感じから、そのシンプルさが俄然モダンに見えてくるのだ。色調もなんとブルーがかった黒塗装の展示台がなかなか面白いのだ。ブルーグレーの、何か水の中を覗くみたいに重たく冷たい感じのケース内の色にその台が映え、とても粋なモダンさに見えている。ブルーブラックに見える所は天場の光の当たっている所だけ、影面となる正面の立面は真塗の色合いと替わらないくらい同色に沈み込む。こうなるとケース内のブルーがかった色調も苦にならなくなる。
一方の展示室に全く違った世界、浮き上がった面取りのある展示台が来ることによって、単調で何か物足りない、ただ長四角の台が置かれているもう一方の展示室ケース内が、これまでとは全く違った様子に見えてきた

のだ。
　従来の長方形の展示台もこれで生かされる。決定だ。
　真塗とブルーブラックのものを6基ずつ製作してもらうよう指示をした。
　さて、問題が残る。第4展示室は伝統形の作品を並べる。第5展示室は焼貫のモダンな作品を展示する。しかもこの2室は、両翼に同じ間取りで、相似形で開かれ、ケースの配置形状も同じである。どちらにこれらの展示台を設置するか。
　1つは浮き上がった面取りのある展示台、色は茶系ブラック。
　もう1つは四角い展示台、色はブルーブラックと黒真塗の2種。
　施工業者のコクヨの山内氏は「やはり面取りのあるほうはモダンなので伝統形には合わないと思います。やはりモダンなこうした茶碗のほうが良いですね」、それはもっともな意見だ。
　僕も少し迷っている。迷ったときは内海氏と山本氏の意見を聞く。
　山本氏はいつも適切な指摘をしてくれる。先程も「この展示台とても良いですね」と感心してくれた。彼の意見。
　「このモダンなテーブル状の展示台は第4展示室に。この部屋を特色付ける壁から付き出した椅子のリズミカルなモダンさにもマッチします」
　意見を聞くのは本当に面白い。人によって見ているところが違う。
　コクヨの山内氏は展示台のモダンさから作品はやはりモダンなもの。
　山本氏は展示台と椅子を含めた展示室全体との調和から。
　今回は内海氏の意見が的確だった。
　「長方形の展示台は四角という形の性格から非常に強い主張ですから、やはり現代風な作品の方に合うと思います。テーブル状に浮いた展示台は面取り風な形状が優しく、色も茶系ブラックで暖かです。やはりこちらが伝統系ではないでしょうか」
　決まり！！　少し迷ったときに後ろからほんの僅か、一寸だけ押してくれるような一言。曇り空が一挙に晴れる。
　第4展示室（伝統系）は浮いた面取のあるモダンなテーブル展示台、色は茶系ブラック。
　第5展示室（現代系）は長方形、展示台、色は真塗とブルー系ブラック。

　これで難関が解決した。あとは広間の建具、平井さんと検討を開始する。
　次回検証は黒窯が終わって5月1日、これでしばらく佐川を離れる。連休明けからオープニング展作品の写真撮影に入る。

07. 05. 01　現場打ち合わせ　第4・5展示室展示台　ツヤ消黒塗装検証

一昨日、29日に黒樂の窯を焚く。昨日作品を洗って取りあえず点検、再度見直さなければならないが、佐川に入れても良いと思われる作品が2〜3点ぐらいはうまく焼き上がっただろう。窯の調子はまずまずだった。
午前中、僧堂夏安居（けあんご）開講式出席、終了後、千家、午後佐川に向かう。
久しぶりに長男篤人（あつんど）が同行する。先月から黒窯の手伝いで帰宅しているが、佐川美術館を見てそのまま東京の大学に戻る。雅臣は髙木さんと午前中から佐川入り、広間蹲いの寸法の検証と水露地、広間縁石の石洗いを行っている。明日から、佐川の体育祭全国大会、各地方から代表団がここレークさがわに集まる。主だった幹部の方に美術館茶室を下見披露するという。

早速地下に向かう。
周囲は工事の道具類は全て片付けられ、本番さながらの状態。
地下ロビーの階段を降りる。天井のスポットに白く浮き立つように、きれいに敷かれた米松の床が輝いていた。
「広いなー、ここは何するところかと思うなー」
階段を降りながら篤人の一声。
確かにむやみに広いエントランスロビーだ。目玉はなんといってもコンクリートの西壁一面に明るく落ちる外からの光。
しばらく足が止まる。ゆっくりとロビーをぐるり一巡り眺める。
「でもこの無意味に広い空間がやっぱりいいな〜、なんかどっしりとした空間の存在感がある。なかなかここ、気分いいわー…これが適当な大きさだったらつまらない空間になってしまうからな」
と篤人。
確かに、無意味であることと、無意味さが見せる新たな意味との違いは実に微妙であってしかも決定的な違いがある。
床材の真新しい米松は白い肌のまま、これに黒塗装がほどこされたらさらに重厚な存在感は増すだろう。

第4展示室へ向かう。
今日の検討課題は第4・5展示室最終検証。テーブル形の展示台の色を前回のツヤ有りからツヤ消し塗装に変更、違いを検証する事。長方形展示台の正面の立面のみをツヤ消しにしたものを検証することの2点。
家から茶碗を持ってきたので実際に展示、スポット照明も調光を合わせた。結果、ツヤ有りに決定する。また立面はツヤ消しを用いることにした。

これで全ての展示台に関することを決定、これより製作に入る。
コクヨの山内さんもほっとした表情、嬉しそうだった。

水露地から小間を通って広間に向かう。水露地のジンバブエ石も洗われて本来の黒い割れ肌を見せている。水に濡れるとさらに黒く鈍く光って美しい。
広間の石も磨かれていた。蹲い制作のために雅臣がベニヤでほぼの寸法を囲っていた。900方形1400H。
「やっぱり少し大きすぎたみたい」特に高さが高すぎるか。1100〜1150ぐらいと彼も見当をつけている。どのような形状にするのだろうか。これは彼に任せている。彼の作品でもある。低い軒先、その先に広がる空間、先日植え付けた葦とヒメ蒲が、すでに30センチぐらいに生長していた。彼の蹲いが自らの存在感を発揮しつつ、それら周囲の状況とどのように調和するか。楽しみでもある。

今日は平井さんは休み。29日の黒窯では真夜中からずっと手伝ってくれた。疲れ切っているはずだが、翌30日は佐川で作業、ほぼ建具を除いて完成していた。
付書院の窓にバリ板のはめ込みも完成していたが、予想に反してバリ材があまり生きていない。コンクリート壁枠にはめ込まれたバリ板を支えている金属が良くない。ステンレスのパイプ系のものだが、やや細すぎること、ステンレスよりさびた鉄みたいなもののほうが良いように思われる。
バリの堅い厚板の強さを、細いステンレスのパイプが受け止めきれていないのだ。いかに強い表情のものでも、それを受け止める相手方によって、その強さが発揮され、生かされもする。この場合、受ける金属が弱すぎるのだろう。
せっかく昨日設置したのに申し訳ないが、変更してもらうよう指示メールを打つことにする。
篤人は、たしか小間の床柱を決定した時以来の佐川の現場だ。あの時はまだ小間の周囲も何も整っていなかった。バリの床柱を平井さんと担いで手伝ってくれた。
だから広間と小間は特に印象深い様子であった。
「あの時、この柱を決めるのに大変やったなー、でもこの2本の柱はすごい力やなー」
「こんな狭いところによくこんな強いものが2本も立ってるなぁー」としげしげ。「別におかしくないのが不思議なくらいや。それよりこの2つで

より強いモンになってる。すごい」
としきりに感激していた。
確かに。小間の床と点前座がこれほどに個性を発しているのは、この2本の強い柱による。このような小さな小間の空間に2つの強い発言を許容し得ているのは、他の茶室にはないだろう。この茶室はまさに、これを使用する人を選び、試すだろう。
「こんなすごい空間で、どのような人がお茶をするんかなー。緊張するやろなぁ」
お茶など知らない彼が、きちっと茶の湯という空間を感じている。茶の湯を知っている人が茶の湯の空間を知らない。感じていないのが問題なのだ。
彼は今、東京造形大の学生、次男雅臣と同じく彫刻科だが、彼は塑像を専攻している。何か直接佐川の建築に関われるものがあれば良かったが、残念ながら塑像では関わりがなかった。
しかし、折々に彼の口から出る感想は、なかなか的確にものを捕まえていて、こちらも勇気づけられる。
夕方5時半頃終了、堅田の駅に彼を送った。

07.05.02　フランス行き

フランス行きの決断をすべき時間リミットが迫る。
昨年夏、フランス人の友人アンドッシュ・プロデル君の所に仕事をしに行く計画を立てたが、結局忙しさの中で流れてしまった。「来年はきっと行くから」と彼に話した。あれからもう1年が経ってしまった。彼はフランス人の陶芸家、10年あまり前に知り合った。パリから南に600キロぐらいだろうか、よくわからない。ラスコーの洞窟の近くとだけはわかっているが…。忙しさの中でフランスの地図を広げてみることもできないでいるのだが、扶二子は行くか行かないか、どちらの決断にも対応できるように飛行機の手配だけはしてくれている。しかしキャンセルするにはもう限度いっぱい。決断しなければならない。
この忙しさに、というよりはこの大事な時に1ヶ月以上も日本をあける！佐川の、建築ばかりではなく、9月のオープンへ向けての準備、作品の写真撮り、図録の作成、展示計画、キャプション・掲示物の作成などなど。そんな大事な時にフランスでのんびり作陶をする。
なんてことがあり得るのだろうか？
いや、絶対に普通ではあり得ない！！

あり得ないこと！！！

だから…行く！

「こんな時だからこそ、かえって行くことができるのかも知れませんね」
と扶二子も言う。
5月23日　エールフランス　関空―パリ
確認を扶二子が取った。

07.05.06 〜 10　佐川展示作品写真撮り

フランス行きを決意したからには、スケジュールはさらに拍車をかけて回る。今日から佐川美術館で開館展の作品写真撮影を一気に行う。カメラマンの畠山氏とともにレークさがわに泊まり込みだ。40数点の写真撮り、朝から夜8時頃までぶっ通し。畠山さんの身体が少々心配。
10日最終日、夜になってもまだ撮り終わらない。1作品に最低3カット、試験ポラのカットを含めると200カットにはなっているだろうか。この日は結局深夜2時、ようやく最後の茶碗を撮り終えた。深夜帰宅する。畠山さんはそのまま機材を積んで大阪に帰った。本当に無理をさせてしまった。彼の身体のことが気にかかる。

07.05.15　現場検証　最後の難問－影のデザイン広間建具

現場検証、抜け落ちはないか、指示できうるものすべてに指示を出す。
重要なことは広間の建具。

最終段階になって最も決定の遅れた箇所、それが広間を囲む建具、伝統的な茶室では襖、もしくは障子となる箇所。遅れたのは平井さんの責任ではなく、僕自身がなかなか伝統的な建具に替わるものを提示できないからだ。とにかくやってみなければわからない。これまでの経験から、何度も見本を作っては試行錯誤をしてきた。数日前から外まわりを囲む狐格子の蔀戸と内部まわりの建具見本を自宅に届けてもらっている。
吊り戸にしているために何となく不安定、風で少々ふわふわ動くのはよいが、下部が固定されていないことから来る不安定感と、空間を仕切るということへの希薄さは免れない。瀟洒な建て付けではコンクリートや床の割れ石からはじき飛ばされて、まるでその建具が映画のセットのようになっ

て浮き上がる。
もう1つの問題点は、建具がある程度光を透過させなくてはならないこと。そうしないと広間の空間が暗くなる。電灯は一切つけたくない。自然光が重要なのだ。
不安定感と光の透過の2項目を解消しなければならない。
つまりは障子と襖の中間的なもの。問題は光が透過する時に映り込む中桟の影の在り方。つまり影のデザインである。
桟を竹にして外と中に僅かずつずらして太鼓張りの中に仕込む。小間のアクリル三角柱のように。しかし平井さんの見本も見てきたが、竹の桟影のニュアンスはある程度は出るが、それだけのこと。何となく伝統茶室に寄りかかった中途半端さを拭えない。
やはり外まわり、鞘の間を囲む蔀戸の狐格子に合わすものが良いのではないだろうか。
平井さんの見本の建具の貼り紙を取りはずして、太鼓張りの障子紙の間にボール紙をはさんでそれに四角く窓を開けた。ボール紙の中央を色紙状に切り取り影の映り込みを試してみた。障子紙に挟まれながら障子紙からは僅かに離れているので、影はぼんやりと輪郭が柔らぐ。
なかなか面白いかもしれない。四角の切り込みの大きさを変えながら試してみた。
これならいけそうである。
どのような形に開けるか？　これは色々バリエーションを考えることができる。
平井さんに早速その割付を依頼する。
最終、フランス行きまでにはおおよその決定をしたい。

07.05.22　現場検証　広間建具

あす、フランスに向けて発つ。3週間フランスの友人アンドッシュ・プローデル君の家に身を寄せて、彼のアトリエで制作する。日本の道具も持たず身一つでゆく。見知らぬ土地と風土、土、どのような窯と出会えるのか、ちょっとした航海に出る気分。

そんなこともあって今日は決めるところは決め、指示を出す。
まず先日お願いした広間の建具、見本が3枚出来上がっていた。
格子桟だけを内側に仕込んだもの、あと2つはベニヤを四角に切り込んだものを内側に仕込む。その中心を四角く切り取りそこから光を透過させ

る。今は試験用の半間の建具1枚であるが、光の通過が色紙状にぼんやり明るくなって一面に並んでいる。これが茶室を囲めば、なかなかモダンで粋な空間。光と影の間になるかもしれない。これは確かに面白い効果だ。色々バリエーションを考えることができる…、平井さんと色々考えてみたが、結局まずは、外側の狐格子の桟と光の影の比率を反転させた比率で全面を割付けることで一致、進めることにする。
最後の最後になって、ようやく、指針を出せた。たぶんこれで行けるだろう。帰国後には試作建具がこの広間を囲っているだろう。

外まわり、狐格子の幅・太さ、素材感、色、すべてに配慮が必要。普通の建築のインテリアなら細めの華奢な白木の格子戸もよいのだが、そうしたインテリア的考え方ではここの建具ははまらない。
狐格子の外まわり建具は試作品では華奢すぎた。しかしこれはもう少しで何とかなりそう。桟の太さ割付をもう少し太くごつい感じに仕上げるよう平井さんに注文。僕が参考にしてきた玉泉院の本堂の狐格子をもう一度参考に採寸して再検討、製作するよう平井氏にお願いした。
6月末に一時フランスから帰国する。その時に見本が完成しているよう。しかし、それがうまく周囲と調和しなければ根本的にまたプランを考えねばならない、しかし、時間もない。
ここが最後の峠、平井氏に製作を託す。

広間での検討が一段落、水庭を眺める。葦と蒲の島に植え付けられた苗が少しずつ生長している。まだ30センチほど。蒲か葦かわからないが、つんつん緑の槍を伸ばし始めている。フランスから帰ってきた時にはどれほどに生長しているだろうか。しっかり緑の葉を伸ばしているだろうか。

新しく入った学芸員松山早紀子さんと図録の最終打ち合わせをする。彼女は4月に赴任したばかりの樂館担当の学芸員。来る早々、出品の作品写真撮り、寸法取りと矢継ぎ早に進めてきた。彼女がどれほどに仕事がこなせるのかまだわからない。
写真撮りの時に、まだ銘のついていない茶碗に全て名をつけた。その銘をメモにして、『唐詩選』、『蘇東坡詩選』など、詩の掲載コピーを添えて一括松山さんに手渡し、整理し、図録製作するよう指示した。さいわいにデザインを旧知の西岡勉氏にお願いしたのでまずは安心だが。
出典は岩波文庫の『蘇東坡詩選』、筑摩書房の『唐詩選』を参考にするよう指示しておいたが、早速自分で購入、整理し始めていた。

こんな重大な局面で全ての責任を任せられれば、普通ならパニックに陥ってしまうところだが、彼女は一向にその気配はない。彼女ならできるかも知れない。全てを押しつけた。電話はあるがメールも通じないフランスの片田舎のことだから、西岡さんと相談して進めるようにと言い残した。
明日、11時のエールフランス便でパリに発つ。

07.07.03　現場打ち合わせ　最終段階の詰め

フランスから6月20日に一時帰国。帰国後、樂美術館の展示替え、日赤の検診、がんセンターの検診、境港での茶会、雑用が目白押し、ようやく今日、佐川の検証ができた。
展示室に関してはほぼ完成の状態にある。茶室関係で、小間の土間の仕上がり状況、紙壁の設置状況、それに広間の建具関係の設置状況を検証する。渡仏以前に指示を出し、その方向で仕上がっているはず。

現場到着、ただちに広間へ。まず目に付くのは外まわりの狐格子の蔀戸、中からの桟の影の調子はOK。桟を僅かに枠よりも中に入れ込む様に組み立てて紙を貼るように指示を出したことによって、角の所が丸く張り回され、なかなか柔らか味が出て良い。玉泉院本堂の狐格子の張り方からアイディアを頂戴したが成功していると思う。太さも桟の深さも一応OK。あとは木の素材自体の色の変化が加われば良くなるだろう。

問題の広間の建具。
小さい格子から漏れる四角い光が、色紙状に建具表面をかざる。光の色紙の貼り交ぜという感じか。空間をしっかりと仕切れているかどうか。まず80点というところ。部屋内の明かりの拾い方としてはこれは面白いアイディアではある。色紙状の光の映りもまずは煩雑さを回避できて、それなりの装飾的効果もある。
まずは肩の緊張がスーと抜けてゆく感じ、何とかこの方向で良いと思う。OKを出す。
「ありがとうございます」
平井さんの声が大きく響いた。
「まだ気に入らんとこあるでー。でもまずはこれで行こうや」
と僕。
「ありがとうございます」
律儀な平井さんが同じ言葉を同じように繰り返して頭を下げた。

07.07.08　現場打ち合わせ　最終段階の詰め

先日の打ち合わせ時に土間の仕上がりを検証した。左官の奥田さんに依頼、何度も見本を検証してきたのでおおよそ安心はしていた。しかし、結果は何か気に入らない。奥田さんの仕事が悪いわけではない。見本通りに仕上げているが、結局任せっぱなしでは無理だったということだろうか。伝統的な様式の中では言うことがないほどの出来映えになっても、そこからはずれたものはそう簡単には行かない。こちらも付きっきりで指示しなければいけなかったのかもしれない。

とにかく仕上げがきれいすぎる。見本に沿った色合いとはいえ、結局は仕上げてみないと見えない世界、こちらも仕上げの過程でしかわからないぐらいの取り合いの世界を求めているのだ。

表面を細かく塗り上げすぎている。もっとざんぐり仕上げなければならないし、平面の中央部の盛り方がわずか、本当にわずか盛り上げすぎているように僕には思われる。このコンクリートで囲った閉鎖空間である。土間中央部に向かってわずかに盛り上げるように打てば、土間平面が、なんとなくこちらに向かって突き上げてくるような感じがするのだ。ここは伝統茶室にはない空間なのだから、そこまでの配慮を求めても酷ということかもしれない。

土間階段に仕切りの枕木をかましたが、これはこちらの指示を正確に伝えなかったから仕方がないが、枕木と同じ平面になるように土間を打ち込んでいる。これは枕木幅を上に出すようにして、土間を少し沈めなければならない。これは指示しなかったこちらの責任である。3ミリ程度でも良いから枕木勝ちにしてもらうこと、土間の表面を自然な状態で緩やかな凹凸を作ってもらうよう平井さんに指示を出しておいた。階段土間を僅かでもいいから沈めるよう。

結局、平井さん自身でその直しをした様子。昨日も夜中まで手作業していたらしい。

今日はまず土間から検証。確かに中潜りから一歩足を踏み込んだ土間の仕上げ状態は見違えるように良くなっていた。所々ヒビ割れが入っていたが、平井さんはそれをえらく気にしていた。そんなことはかまわないのだ。平井さんにねぎらいの言葉を掛ける。本当にご苦労さんだったと思う。結果としては奥田さんの職人としての最高の土間仕上げを僕は汚してしまったが、明らかに今見たほうがこのコンクリートに囲まれたこの空間にはピタリとしているのだ。色がやや赤すぎるというか明かるすぎる。これは今、

手直しさせるのではなく、もっと後で僕も立ち会いながら、何か吹き墨のような技法でダークにしてみようと思う。

しかしもっと大きな問題に引っかかってしまった。
小間の躙りの建て付け。太鼓張りのようにと指示を出したので平井さんはその通りに仕上げていたが、僕自身もいまいち徹底していなかったのだ。僕の責任だが、躙り口と広間への通路へ出る戸口、これは給仕口をかねているが、それに茶道口の建具が外からの光を受けて障子状の桟が透けるように影になって見えてくる。周囲の壁は紙壁とコンクリート打ち放しの壁、特に躙り口がはまる紙壁には縦にアクリルの三角柱の光と影がぼんやりと浮かび上がる。そこに障子の桟のように躙り口の建具に影を落とすのだ。横桟などどこにもない所に横桟の影が入る。そこだけが異質な雰囲気を発する。別な臭い、別な言葉。
「これは駄目だなー、平井さん」
「太鼓張りとおっしゃいましたので…」
「でも、これじゃ駄目だ。申し訳ないけどこれじゃ駄目だ」
「坊主襖は内張りして光を遮断しますが、太鼓張りはどうしても光を透します」
「わかってるけど、これじゃ駄目だ、ここには合わへんやろ」
外には内海氏、山本氏はじめ関係者の皆がいるが…何も言わない、いや言えない雰囲気。平井さんとのやりとりは小間の茶室の中でつづく。やがて沈黙。
「平井さん、申し訳ないけどサンプルもう1回作ってくれへん」
「わかりました」
平井さんのきっぱりとした返事に部屋の緊張がとける。

指示は2つ。
坊主襖にして光を遮断、暗くその部分を塗りつぶしてしまう方向。
光を透過させる方向として太鼓張りにする。ただし障子のような格子状の桟は見せず縦の桟のみを使用する。
帰宅後、アイディアをさらに具体化させ図示、メールで平井さんに送付する。
1. 坊主襖→　光の遮断タイプ
2. 太鼓張り→　中にアクリル板を挟んで桟そのものを消去、桟影無しの紙仕上げ。
3. 太鼓張り→　中にアクリルの支柱を入れる。三角柱の代わりに何らかの

　　　　　　　　形状のアクリル支柱。まわりのアクリル支柱の入った紙壁
　　　　　　　　と同じ方向性。

メールでの平井さんからの返事が送付されてくる、少々こちらの説明不足もあり再度メール送付。最終打ち合わせを13日にすることを決定。3通りの試作品を製作、その折に検証する。
15日にはフランスに再度行く、これがぎりぎり最後の検証となるだろう。

それから忘れていたが、思い描いたよりも素晴らしい調和を成していたロビーの立礼の仮検証。
バリ石の四角い蹲いと赤楠の一枚板との取り合わせを検証。
ロビーに仮設置されていたが。これは完璧だった。
あとはその赤楠をどのような足で支えるかという問題が残る。
僕は2つの案を提示した。
1.バリ石と似た質感の石を直方体にしてできるだけ小さいボリュームで置き、その上に大きなこの赤楠を設置する。
2.同じかたちのもので、それをガラスで仕上げる。
　1案はバリ石と同調させる案、2案は逆に異質なものをぶつけて反調和的な取り合わせをする。

広間を検証した後、再び立礼を検証。内海氏からの意見。
「ご提示された2案もよくわかるのですが、コンクリート打ち放しはどうでしょうか。まわりの壁に同調させるという考え方では最も常識的ではありますが」
僕はピンとひらめいた。即座に、
「内海さんそれいただこう。それで行こう、それ最高やね」
それが一番良い。足組の存在が薄まり消える。この大きな赤楠板が、広いロビーにまるで浮かぶように見えるに違いない。
たちどころにすべてが決まった。バリ石の高さの不足分を足継ぎする材は、床材の米松の無垢で、蹲いと寸法の面合わせをする。高さを決定。色は、床と同じ着色剤でやや黒く落ち着かせる。亭主の座る椅子も床材と同様に米松で、形状を指示する。
この立礼は間違いなくこの広いロビー空間のアクセントとなって、この場をきちっと締めてくれるだろう。

07.07.11　現場検証　戸田さん稲葉さんを案内

今日は戸田さん、稲葉さんに初めて現場を見てもらう。稲葉氏にはバリ材の調達ではずいぶんお世話になった。稲葉さんとしてもそれがどのように生かされているのか、どのような空間ができあがっているのか心配であると思う。
戸田さん、稲葉さんの印象。
「良くこれだけやりきったね。ここまで樂さんがやりきっているとは思わなかった」と稲葉さん。
「ほんま疲れたな」
これは、全てを見終わった後に一言、戸田さんの感想。戸田さんの冗談交じりの誉め言葉と僕は受け取る。
このふたりから誉められればまずは良し。

第1展示室の暗さがあまりにも極端すぎるのを修正。山本さんが角の暗がりに各1灯ずつ仮にダウンライトを増設、サンプル照明を見る。「夜の航海」の部屋もやや暗すぎるという戸田さんの指摘、壁付のベンチの角に1灯ダウンライトを落とすようアイディアをもらった。その他、水露地のダウンライトを増設。水露地は人工照明をいっさい付けない方針であったが、ろうそく照明だけでは凹凸のある飛石を夜に渡ってゆくのは危険すぎる。山本さんに今からダウン照明を5灯増設してもらうよう依頼する。かなり困難そうな顔つき。できあがった所に付け直す。しかも調光設備が必要。

07.07.13　現場　最終検証

朝、東京行き。がんセンター検診を終え帰宅、6時から最終検証を行う。佐川美術館齋藤氏、宮永顧問、松山学芸員をはじめ、内海氏、山本氏、山内氏、平井氏、ほぼ関係者全員の集合。
まず、エントランスロビーの立礼の検証。コンクリートで鋳込まれた立礼席の台座もでき上がっていた。これほどスカッと決まったものはない。
バリ石の蹲いの大きさに対して極端に大きな赤楠の板を組み合わしたが、2つがしっかりと存在感を主張しながら調和している。後に深まる闇のバックヤードも最高であると思う。
ロビーはおかげさまで僕の最も気に入りの空間となった。この何もない空間の存在。西側壁におちる自然光、そして対面の立礼バックヤードとなる闇の空間。内海氏に任せた階段部分もとても美しいと思う。まさにコラボ

レーションの成果だと思う。
第1展示室のダウンライトOK。第3室「夜の航海」のダウンも長ベンチに光が僅かにかかりながらさらに空間の奥行きが出ている。
水露地の心配していたダウン増設もOK。

さて、問題の躙り口建具関係。
平井さんが3通りの試作を持ち込んでくれていた。
検証の結果、躙り口は太鼓張りに。但し、桟は見えないよう、手がかりは小さな引き手を考えていたようだが、長い溝状の手がかりに変更するよう指示。伝統的な躙りの縦桟状の手がかりと同じ感じで、と説明すると平井さんはすぐさま了解。「なるほどわかりました」さすが、伝統数寄屋大工である。
紙壁はアクリル三角柱の光を透した平面と太鼓張りのフラットな透過光の平面、それに構造上どうしても現れてくる桟の影を取り込みながら平面構成した。実際の光を受けてどのように変化するだろうか、紙壁全体が光と影のコンポジションだと考えればよい。
仕上がりを見るのは7月末、フランスから帰国後である。

その他広間の建具の訂正、詰めを指示。吊り金具が見えないよう、桟を内に仕込むなど細かい部分を指示した。たぶんまだまだ細かい訂正部分は出てくるだろう。少しずつ完成へと歩み始めている。

---

07. 07. 14　再渡仏

明日、7月15日に再び渡仏、これまでLoubignacで制作した作品を焼成する。学芸の松山さん、デザイナーの西岡氏とも打ち合わせをすませた。松山さんは、赴任早々にもかかわらず僕の難しい漢詩銘を、原典を当たって良く整理していた。きっと彼女はこれまで漢文などまったく門外漢だったろう。物怖じしない性格なのだろうか、1人でよく頑張ったと思う。西岡氏がついているのでまず任せておいて安心である。
フランス滞在後半には、栗和田館長ご一行もわざわざLoubignac村まで作陶を見に来られる。忙しさの極みの中でよくお出ましいただけるものだ。しかも聞くととても短いスケジュール。Loubignac 3泊と後はパリ2泊ほどだろうか、その為だけにはるばる来られる。扶二子がLoubignacでのおもてなしに心を砕いている。
明日は飛行機の中。

07.07.31　竣工式

昨日フランスより帰国、本日竣工式 図52、53、54 に参列。
齋藤さんがゲートで出迎えてくれた。館に着き、ただちに吉左衞門館に。
吉左衞門館エリアの始まりにあたる通路で栗和田館長に出会う。
内海さんに何やら熱心に指示をしておられる。どうやら通路正面に見える水庭の後ろの植栽の木が通路の奥の正面のガラス面の中心から微妙にずれ、通路奥から延びるパースペクティブラインを乱している。館長のものを見る細やかで鋭い感性にはこれまでにもたびたび驚かされた。いつぞやは茶室導入部通路の床の枕木のボルト穴の処理について驚くべき指摘をされたこともあった。ボルト穴の埋め方で、平井さんは枕木の上面と面一で埋木をはめ込んでいたのだが、館長は埋木の頭を数ミリ沈めるようにという指摘をされた。それによってボルト穴の意味が救われるのだ。誰にもできない指摘であった。今回も誰も気付かないが、なかなかの指摘、あれほどボルト穴にこだわっていた僕でさえできなかった指摘であった。
「建築内部は樂先生の設計だから口出せないからな」
軽い冗談を飛ばされる。

ロビーでは天井から外光の落ちる壁に向かって式台を設置、竣工式の準備ができあがっている。
式が始まる。祝詞奏上、玉串をあげる。
ようやくここまで来たという感じはするが、しかし達成感はない。まださまざまなところが気がかり、渡仏前に出した指示部分の確認もある。その他、履物、結界、細かい備品などなどの問題。式中そのことばかり考えていた。
式が終わって守山市長はじめ、来賓を案内した。
久しぶりの館内である。かえって新鮮な気分で感じることができる。
しかし、最初に気になること。展示室がまだ暗い。特に第1展示室が暗すぎる。ダウンライトを角に2カ所増設させたが、それでもなお暗い。周囲の壁の存在が暗闇の中に消えるようで、空間の確認ができない不安が生じる。
これは再考しなければならない。照明関係の増設が必要になるかもしれない。
守山市長はじめ各来賓の「すごいもんですなー」「驚きましたな」という感想。確かに、そう言うほかないような空間。

図52
東側から俯瞰した、竣工後の樂吉左衞門館の全景。

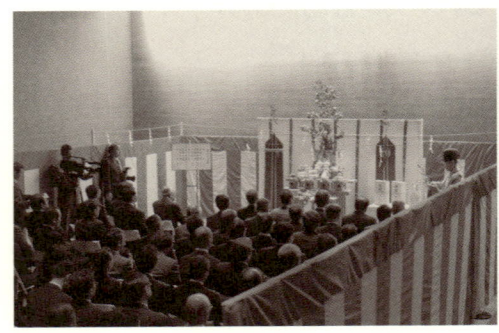

図53
エントランスロビーにて行われた竣工式の様子。

図54
竣工式後、来賓の方々や記者を案内した。

茶室エリアを案内する。
水露地、水の落下量が多すぎる。ジャージャー音を立てないようにすること、落下による水面の乱れを可能な限りなくすこと。
一度すべての管理についてレクチャーし直さなくてはならない。
小間空間に入って、紙暖簾に驚く。紙暖簾には切り込みが入って巻き上げられていたが、切り込みが半間ほどの幅で縦に入って巻き上げられていた。なんとも中途半端な感じ。緊張感もなく垂れ下がっている。切り込みをどのように入れるかは帰国してから指示すると言ってあったはず。この切り込みではまさに暖簾になってしまう。紙暖簾とは呼んではいるものの、他に呼びようがないから仮に呼んでいるだけ。これは暖簾になってはいけない。もちろん壁でもない。単なる仕切りでもない。
切り込みは鋭く鋭利に緊張感を持たなければ意味がない。これはやり直さなければならないだろう。
一巡後、記者に質問を受ける。
「竣工式を迎えられた感想は？」
「感想と言われてもまだ完成したつもりはないから」と答えた。
帰宅後、平井さんに指示メールを打つ。

07.08.02　展示室照明

昨日から松山さんが作品展示にかかっている。
午後より、展示・照明の確認調整に行く。久しぶりに篤人、雅臣同行、扶二子の運転で2時過ぎ美術館に着く。
葦・蒲の生長を見ながら、吉左衞門館のアプローチを進む。階段の上からエントランスロビーを眺める。
「以前来た時はまだ床の塗装がしてなかったけど、やはり黒くなるとすごく落ちつく、緊張感とゆったりした気分の両方感じるなぁ」「バリの長椅子がすごく格好が良いなー」と篤人。
彼は結構この空間が気に入っているようだ。ロビーに降りて今度は展示室側から階段方向を眺める。内海氏の発案した階段の形状とフットライトの明かりのラインがなかなか美しい。無装飾のコンクリートの箱空間の中で、階段の形状と光のラインはある種控えめなデザイン美を備えている。
第1室に入る。結局ここは「守破離の彼方」と命名した。
やはりまだ暗すぎるだろうか？
篤人、雅臣に感想を聞く。
「暗いことは暗いけれど、それがお父さんの主張なんやろ？」

と返されてしまった。その通りである。
とにかく、今日は展示照明を仕上げなければならない。
作品に当たるメイン照明と、サブ照明の微調整をする。
第1室「守破離の彼方」第2室3室「昼の航海」「夜の航海」のライティングを仕上げる。
終わってから、畠山氏、西岡氏と打ち合わせ、レークさがわで食事をとる。

07. 08. 03

第5室「破の破」の展示と照明。
平井氏との打ち合わせ。小間の紙暖簾のやり直しに関する打ち合わせ指示。
平井氏から切り込みの難点の説明を受ける。紙暖簾は和紙にコウゾの繊維を横並べにしてサンドイッチに張り合わせたもの、なかなか繊維が堅く自然な縒りムラなどがありカッターなどでは切れないとのこと。どうしても切り口が鋭利にならず繊維がほつれてくると。
それでも紙暖簾の切り口はフォンタナの作品のように極限的な緊張感と鋭利さがなくてはならない。
もし緊張感のないじじむさい切り口になるのなら切らない方が良い。
最終、切り込み無しの全面一枚和紙、通行には全面巻き上げに決定指示する。
ほかに扁額の位置決定、取り付け。小間扁額「盤陀庵(ばんだあん)」は佐藤忠良先生に、また広間扁額「俯仰軒」は平山郁夫先生に書いてもらった。

07. 08. 04　展示室照明

第4室「守の破」展示と照明。
平井さんが昨日の指示通り紙暖簾製作。
我々は第6展示室「離」のライティングを決める。

展示とライト調整完了。
気になるのはやはり展示室全体の暗さ。
松山さん、現場サイドからの意見。「展示室・茶室への導入サインがわかりにくく展示室までかなり迷うだろう」と。
確かに特に展示室と茶室の分岐点がわかりにくく、樂館導入部から真っ直ぐ行くと茶室へと行ってしまう。何かわかりやすくて邪魔にならない表示

が必要。

松山さんから鉄の支え・ガラス盤表示のものの推薦を受ける。少し手直しを加えれば使えそうなものがある。手直しを指示する。

女子トイレも暗いと彼女の指摘。確かに入口からなんとなく暗い。化粧室内部は鏡の後ろからくる間接照明がメイン、他に天井ダウンライトが2灯。鏡裏からの照明は鏡のまわりのみが明るくなり、化粧するには暗いと言う。ダウンライトもなぜか暗い。恩田さんにダウンをもう少し明るくするよう指示、照明関係も内海さんに少し再考してもらう。

我々は何度も何度も現場を見てきている。現場に慣れっこになっている。一度一般入館者と第三者に歩いてもらう必要がありそうだ。

そこで創造社藤谷社長の奥さん、その姉夫婦の藤谷、穂積夫妻を明日案内し、率直な意見を聞かしてもらうこととする。

07.08.05　平井さん倒れる

緊急事態、平井さんが倒れる。

朝、現場に行く前に平井さんに電話連絡。本人出てこない。出られないのか？　奥さんと話す。腰椎間板の悪化。本人は寝たきりで立ち上がれないという。彼は職業柄、椎間板ヘルニアの持病を持っている。それがかなり悪化しているのだ。責任感の強い男だから、つい職人さんの手に委ねず、自ら現場で陣頭指揮をする。以前第6展示室の重たいバリの無垢材を狭いガラスの展示台に据える時も、自らその重たい材を担ぎ据えた。「おまえ大丈夫か？　若いのにやらせろよ」と僕も思わず声を掛けることもしばしば。

もう彼の腰は限界だったのだろうか。昨日の紙暖簾掛け替え作業の中腰が確実にこたえている。作業は朝から夜8時頃までかかったそうだ。

先日もきつい言葉で指示したから、無理に無理を押してとにかくやり遂げた。

とにかく回復と手術を含めた今後の治療がうまくいくことを祈るしかない。

平井さんの心配をしながら、我々は佐川に到着、すぐに紙暖簾確認。
巻き上げののりしろの加減で少し寸足らずだ。「長さが少し短いのを平井さんがとても気にされていました」と松山さんが口を添える。
確かに150ほど短い。
やはり切り込み無しで正解である。下部の芯に鉄パイプを使用。それによ

って重みが加わり暖簾がしゃんとしている。ドシッとして緊張感。とにかくはこれでOK。
平井さんの必死の努力の結果だ。彼の腰の激痛を思う。どうしているだろうか、今は。

今日は藤谷・穂積両夫妻が来館者として館内を見てくれた。その後行きつけの韓国料理店で夕食を共にする。さまざまな意見、ガラスにぶつかる危険性と暗さが主。やはり、気になり続けている展示室の暗さが問題である。一応、現場で松山さんに第1展示室照明を作品だけではなく展示室にも落ちるようスポットの角度を指示、改善を試みるようにしたが…それでうまくいくだろうか。第1展示室に関して、穂積さんが子供の安全性への配慮を指摘、展示台の下の暗闇に子供が潜り込んで遊ぶ可能性。これも考慮しなければならない。やはり女子トイレの暗さも女性方から指摘された。
実際に開館すればさまざまなことが起きるだろう。

07.08.06　広間　蹲い完成

雅臣制作の広間蹲い 図55 がほぼ完成しているという。朝から扶二子と関ヶ原まで確認に行く。
どのような物を制作したのだろうか。小間の蹲いは埋め蹲いにするため形状など大まかな指示を出したが、広間の蹲いは雅臣の作品として作るようにのみ伝えてある。広い縁石の石組、軒裏に煤竹を配した低い軒、全面に広がる水庭と葦・蒲の群生、葦・蒲もずいぶん大きく育ったものだ。もう背丈を超えるほどに生育した。この浅い人工の水庭によく育ったものだ。そうした環境を踏まえて雅臣がどのような蹲いを制作したのか。

扶二子は期待と少々の不安でちょっと興奮気味。
午前中の出発が用事で遅れ、午後から関ヶ原に向かう。午後3時過ぎ関ヶ原に到着。髙木さんの工房に向かう。
雅臣の蹲いは髙木工房の中にあった。
第一印象…なんとも言えぬ不思議な、しかも強烈な印象であった。どのように言えばよいのかわからない。一連の彼らしい作品には違いなく、その意味ではなるほどと納得がいく。たとえようのない印象、もちろんこれまでに見たことのない蹲い、いや形体である。
角状の天場が割れ肌、やや反り上がった割れ肌平面に大きめでやや浅い蹲い穴が掘られている。バランスは良い。天場の石の厚さは大きく400〜

図55
樂雅臣が制作した広間蹲い。これにもジンバブエの石が使用されている。

500ほどあろうか、その下部に祠のような感じの空間が空けられ、中に縦に長い楕円状の球体が組み込まれている。球体を組み込んだ作品はこれまでも彼の仕事の中で見てきた。
その球体がどのような主張と意味を持っているのか、何を象徴しているかはわからない。社のような感じもする。聖なるものを祭る感じがする。モダンデザインというわけでもなく、和趣味というわけでもない一種独特の不思議な雰囲気がある。
四角い石の固まりに土台石で台座が付けられ、その部分は水に沈む。とにかく全体としてはかなりのボリューム、何トンぐらいになるのだろうか。
関ヶ原石材の永松さんが10日の設置を山本さんに連絡、手配を完了した。
「雅臣さんは幸せだよと、本人にもよく話すんです。ずいぶんと彼は勉強したと思います」
髙木さんの言葉。本当にその通りである。彼にとっては感謝すべき有難い経験であったと思う。

蹲いは難しい。伝統的な形式に頼ることはできない。しかも環境を超えて彫刻的なオブジェとして、100パーセントの自己主張はできない。
現代の蹲いを思い描くと、どうしてもイサム・ノグチのモダンな蹲いを思い描く。自然な割れ肌の魅力と磨き込んだ鏡面の質感の違いを強調し調和させる。とにかくノグチの蹲いは格好が良く美しい。どうしてもそれに引き込まれる。僕自身の思い描くイメージでさえイサム・ノグチにどうかすると引き込まれる。それほど彼の作品は強烈で魅力的だ。
しかし雅臣の作品は全くノグチの作品からの影響は感じられなかった。
雅臣らしい作品、と言うよりも、これまでに見たことのない作品であった。これで良いのではないだろうか。葦原の水庭にも調和するに違いないと確信した。
夕刻帰宅。

夜、平井さんの奥さんと電話で話す。容態は依然悪い。夜寝られず痛みが取れない。横になるにも激痛が走る。立って歩行することができない。かろうじて伝い歩きでトイレまでは行ける。とても心配である。

---

07. 08. 07

今日は扶二子が樂美術館学芸の杉山さんを連れて茶室の準備に行く。
13日から坂東玉三郎さんを客に迎え、家庭画報の取材がある。一客一亭、

僕が亭主を務める。
帰宅後、扶二子から展示室の照明の様子など報告を受ける。第1展示室はライティングの調整によってかなり良くなった。あれなら暗くはないかもしれないとのこと。
第4・5室はどうだろうか。女子トイレは。

07.08.08　記者発表

今日は新聞社8社を中心とした記者発表会見がある。
ロビーには椅子が並べられ会見の準備が整っていた。

とにかく、第1展示室を見る。僕が指示した方向で松山さんがライティングを調整、展示用のライティングを一部展示室の床に落とす。これで少しは暗さが緩和された。
第4展示室「破の守」の部屋の他のライティングも現状を調整、暗闇に没してしまう椅子にもライトが当たるようにしてあった。なかなかうまくいっているが、やはりなんとも部屋全体の光量が足りない思いは残る。

記者会見が始まる。
齋藤氏の経過報告と挨拶、僕の挨拶のあと、記者さん達を案内する。
僕は茶室のコンセプトを矢継ぎ早に説明、ちょっと詰め込みすぎたかもしれないと反省。
評判はどうだったのか？？？

さまざまなサプライズ。
空間の独自性、茶室の独自性、作家が設計に関わるということ、それに規模の大きさにも驚かれたことと思う。

会見後、齋藤氏、宮永顧問、内海氏、松山さんと全館をまわる。特に指示・案内関係の問題。内海さんの製作した案内設置物がなかなか優れものだということを発見。ひとまず展示室への第1関門の案内はその案内板設置で了解。
展示室と女子トイレの明るさの件。
先日の松山さんの調整によって改善できたということで全員了解する。但し僕はまだ暗さが気になっている。

07.08.10　広間　蹲い設置

9時半、佐川現場に入る。
巨大なクレーン車が水庭に横付けされ、すでに蹲いが設置、微調整を待つ段階にまでなっていた。同時に雅臣も到着。
計画通りの位置に微調整、設置をすます。かなりのボリュームをもつ蹲いだが、まったく違和感なく調和している。すでに前から据えてあったような感じさえする。
関ヶ原で初めて見た時と同じように、なにか、社のような不思議な雰囲気がある。古風な感じもあって現代的な感じもある。
僕は雅臣のこの広間の蹲いは、君の作品として制作しなさいと指示した。この葦の水庭や茶室の雰囲気にとけ込んで調和する方向で考えるのもよし、あるいは全く反発的に自己主張するのもよし。
そんなアドバイスをかつてしたことを思い出した。
そのどちらに偏るわけでもなく、実際に設置された雅臣の蹲いは、彼の作品として自立していた。少なくとも僕には発想できないものであった。これで良い。
雅臣がしきりに気にしていたこと。祠のように見える蹲いの下部の中に埋め込まれている楕円球体が、ちょうど逆光線の陰に隠れ、いまいちはっきり見えてこないのだ。これが見えるというのは重要なファクターらしい。ここはあまりにも逆行光線が強い西向きの場。球体の後ろにスリットを開けることも関ヶ原で考えたそうだが…。関ヶ原での制作現場でははっきり見えたのでその必要はないと判断したらしい。午後になって更にどうなるか確認した。太陽が軒下まで入り込んでやや反射光を拾って見える。反射板を作り見えない箇所に設置するように考えるという。
彼の中で、その球体がどのような意味や象徴性を担っているのか、僕にはわからないが、作家は己の考えへのこだわりだと思う。

雅臣が関ヶ原に帰り、山本さんと展示室をまわる。
第1展示室照明はこれでひとまずスタートする。確かにまだ暗い！　しかし暗いことは僕のこだわりなのだから！！
第4・5室はやはりダウンライトを1基増設してもらうよう依頼する。
先日齋藤、宮永両氏を含めた確認で現状を了解したが、やはり気になる。微調整で何とかやりくりをつけるのではなく、必要なものは付ける方向で決断しなければならないと僕は思う。
自分のこだわりや主張と、一般人、つまり大衆という様々な人々との折り

合いをどのようにつけるか。
その答えは幾通りもあって、結局、唯一正しい答えというものはない。

ダウンライトの位置を確認、さらに各展示室の表示に小さくスポットを当て、文字が読めるように指示。これもライトの増設を指示する。最後に、女子トイレの照明。何とか現状でやりくりをし、微調整したかったが、それではやはりだめだと僕は思った。無理をすれば結局そのため僅かなほころびが見える。それに余裕がないことも致命的。女子トイレの入口にダウンライトを増設するよう指示を出す。
これでこれまで気になり続けてきた照明関係の問題にひとまずきりを付ける。山本氏了解。僕もほっとする。

あとは平井さん受け持ちの部分。これは彼の回復を待つしかない。
彼はまだ寝込んだまま。脊髄ブロック注射では効き目がすでになく、14日に神経ブロック注射をする。それで駄目なら最後の手段、手術ということになる。
また奥さんに連絡を取ってみよう。
必死でとにかくここまで我慢しながらやってくれた。申し訳なく思う。

07.08.11　茶室にて

畠山氏の写真撮り最終日。
13日からの玉三郎さんを迎えての家庭画報取材に使う茶碗と茶入を選ぶ。小間に置き合わせる。水指は古信楽鬼桶、大振りで堂々とした鬼桶が小間の強い空間に映え、一歩も引かない感じ。茶碗はどうか。
午後の茶室は天窓からの光線が太陽の位置でやや間接光的になって、静かに茶室に落ちてくる。小間はやはり午後からの光が美しい。青みを帯びた静謐な光。これが夕景になると赤みを帯びた直射光がスリットからわずかに差し込み、ドラマチックに変化する。
これだけで充分自然を、時間を、空間の手触りを感じさせる。飽食が感覚を麻痺させるように、多くの自然の要素に囲まれることは逆に自然の尊さを忘れさせ、感覚を鈍らせる。
こんなにゆっくり茶室にいたことはこれまでなかった。あれこれ細部を考え、眺めまわし確認する目は鋭くなっても、逆に茶室を味わうことができなかった。

小間の空間はなかなか居心地が良い。アクリル三角柱を反映する紙壁の光の影も過剰さはなく静かで美しいと僕は思う。
　季節はずれの炉を切った。釜は古天明霰、やや姥口やつれている。この茶室にはもってこいの釜。
　茶碗はコバルトを配した縦ベラのきいた茶碗。茶入を2つ用意した。コバルト絵付のと、銅赤の模様のあるもの。どちらも似合っている。
　茶碗と空間、その意味がこの茶室でわかるだろう。名品を並べたてたり、季節感をまるで駄洒落のように挙げへつらったり、約束通りのことしかできないような人達。そんなことではすまされない。
　空間とモノとの呼吸、この極限まで制限された空間と薄青じみた光と影、その空間にモノが存在する確かさ、存在感。そこに人間が同じように存在する。物と同じように、空間と同じように、同じ時間を呼吸する、その確かさである。
　14日はこの茶碗で濃茶を練る。

　夕方広間に出た。夕日が比良山に没し始める。夕焼け雲、葦と蒲が黄色くなった斜めの光の中でキラキラ光って散る。いつ頃か、気が付けば黒い大きな蝶々が無数に水庭の上を飛びまわっている。何十匹もいる。ひらひら、ちょっとせわしげではあるが、急降下したりジグザグに飛びまわったり仲間同士接近したり。
　いや、これは蝶々ではなくコウモリ！　どこからともなくコウモリの群が、水庭に遊びに来ているのだ。1時間ばかり、湖面に繰り広げられるコウモリの乱舞は続き、やがて1匹、2匹いつの間にか薄闇の彼方に帰って行った。向こうにひとひら、薄桃色の残光に群青色の雲が浮かんでいる。

　ようやく完成までこぎ着けた思いがした。

07.08.17　平井さんの経過

　今日の平井さんの手術はどうだったのか、1日中気になる。夜、奥さんから電話、「手術は成功したとお医者様は言って下さいました」との報告。本人はそろそろ麻酔が切れ始めて「痛い痛い」と言っている。しかし、ひとまず安堵。焦らずリハビリしかない。

07.08.19

先日依頼した展示室照明増設の結果検証に行く。
僕はこのところ連日佐川に通っている。独りでコーヒーショップSAMで昼食をとることも多い。夏休みのせいか佐川美術館はけっこうな入館者が入っている。このコーヒーショップSAMにも子供連れの親子、バギーにはまだ2歳ぐらいの子供が動いている。隣の席には初老の夫婦づれ、会話を交わすわけでもない、目線は互いに異なる方向を漂っている。もうすっかり定年後の生活時間が身に付いているのか。ああ、僕より10歳ほどしか変わらない。その向こうには4～5人のおばさんのかしましいグループ。先程からずいぶん長く楽しそうに時を過ごしている。僕は瞬時に目をそらす。前方の大きな1枚のガラスの向こうには樂館と同じように浅く水庭が広がり、小さな水紋が風に追われて傾きかけた日差しを映じている。
何の関わりもないこと。
この人々は平山先生や佐藤先生の作品がお目当てでここに来たのではない。ここに憩いに来る、いや、時間そのものを使いに来る。解放された明るい水辺の揺らぎを見ながら時間が過ぎる。
僕と何の関係もない人々、事柄、時間。
僕は何か場違いな思いがした。樂吉左衞門館のぎりぎり削ぎ落とした禁欲的な暗い空間、展示室、強烈に作品に引きよせられる緊張感、作品世界との対峙、対話…非情さ。
そんな時間をこの人達は欲しているのだろうか。
非日常性、確かに樂吉左衞門館は内に非日常な空間を抱えている、しかしそんなきわどい時間をこの人達は求めているのだろうか。
もっと平板な、もっと平穏な空間。
展示室のあの暗さに耐えられるだろうか。
僕はずいぶんライトの増設をしてきたが、それでもここに憩う人々との間には如何ともできない根本の隔たりがある。強引きわまりない闇の開示。
こんな風に揺れまどうことが、風に追われたさざ波の水紋のように僕の中に広がりはじめている。
僕は叫びたくなる。
作品は作家にとってこの世界に向かって振り絞る叫び。僕の作品は限りなく精一杯に闇に叫んでいる。闇に向かって吠える。
しかし、誰に向かって僕は叫んでいるのだろうか？
むかし、ギンズバーグの詩集『吠える』をジーンズの後ろポケットにつっこんで、真夜中の東京の街をさまよったあの時間が頭の中によぎる。

僕は僕自身を鋭く追い込みながら、その孤立の最中、都市の闇、意味なく広がる日常世界に向かって烈しく叫ぶ。僕は誰に向かって叫んでいるのだろうか。わかっているのはこみあげる叫びの実在。そのどうしようもなくこみあげる真実が、この世のどこかにいるだろう、まだ見ぬ他者へと響きわたる。僕の叫びが届くのはたった1人の他者かもしれない。でもその望みが僕を作品行為へと向かわせる。そのように思うしかない。

僕は近頃、この明るい水辺、ガラス張りのコーヒーショップSAMでぼんやりとそんなことを考えることが多くなった。

07. 08. 31

栗和田館長に薄茶一服差し上げる。

　　　盤陀庵　　　　床　　　青竹尺八（自作）
　　　　　　　　　　釜　　　古天明霰
　　　　　　　　　　茶碗　　焼貫黒樂茶碗　入渓（自作）
　　　　　　　　　　茶杓　　織部　石州筒
　　　　　　　　　　茶入　　中次　藤重

夜、館長夫妻はじめ関係者を比良山荘にご招待する。
打ち解けた楽しい時間、日頃無口な山本さんが楽しそうにおしゃべりをする。やっと肩の荷が下りたのだ。
明日からはオープニングセレモニーに向けての準備に入る。

07. 09. 04　警策

今日午前中、大徳寺僧堂の副司さんが高田明浦嶺雲室老大師の警策を届けてくださった。7月の初めフランスに発つ前、老大師に佐川の茶室のための警策をいただきたい旨、お願いの手紙を書いて僧堂に届けた。水露地から低い中潜りを潜り、小間内露地に一歩踏み込んだ真正面の壁、ブラックコンクリート打ち放しの壁に僕はどうしても老大師の警策を掛けさせて頂きたいと願った。こんなお願いをして良いものかどうかもわからないまま、手紙を書いた。警策の一面には「看脚下」、裏側の一面には「不欺之力」とお書き頂きたいとその手紙に書いた。両面に書くことが禅寺の作法で許される事かどうかも知らぬまま、いやその作法を押してお願いした。
「看脚下」は五祖法演老大師が弟子の仏果圜悟、仏鑑慧懃、仏眼清遠それぞれ三老師に自己の見解を尋ねた際に、応えた圜悟の言葉。己の足元を見ること、己の存在、その在所そのものを見ること。

もう一言「不欺之力」は『碧巌録』の中の言葉。欺かざる直心こそが全てに通じる力であるということ。

表裏一如、茶の湯はまさにこの言葉に尽きると僕は思う。

お手紙を差し上げた後、どうなるものかずっと心配していたが、さりとてお伺いに行くこともできず、ただひたすら待つしかなかった。

今日それを届けて下さった。新聞紙でていねいに巻いて包装してあった。包みを解いて白木の警策、一面に「看脚下　紫野明浦（花押）」他面には「不欺之力　嶺雲叟書（花押）」と揮毫されていた。

無性にうれしく、有難かった。

明日、佐川に持ってゆき、掛け釘の手配をする。

07. 09. 05　最終ライト調整

先日依頼した追加照明が設置された。各室の展示室名のプレート表示にほんのりとライトが落ちた。各室入口をともす小さな明かりがこの闇に幾分安心感を与える。第4室「破の守」、第5室「破の破」には中央にダウンライトを各1基追加した。これで中央部の暗闇が緩和される。

部屋がやや明るくなったので、最終的に展示室内のトップライトをやや上げ気味に調整した。

ダウンを追加したがそれでも展示室は暗い。ごくごく一般人である観客にとって、この暗さは明らかに尋常ではない闇のひろがり。不安に思う人もいるかもしれない。なぜ闇なのか不思議に思う人もいるかもしれない。

僕はかなり強引にそれらの人に、作品と対峙する集中と緊張を強いている。いや、闇そのものを強いている。

これでオープンを迎える。

07. 09. 11　動線の確認　警策釘

10時過ぎ佐川に到着、直ちに小間へ、警策の折れ釘を取り付ける。すでに山本さんと職人さんが待機。中潜りをかがみながら通り抜け、頭を上げたその真正面の壁、やや高めに釘を打つ。「看脚下」「不欺之力」この二語に茶の湯の立脚、始まりを僕は見る。

黒いコンクリートの素っ気ない簡素な風情の壁に、白木の真新しい警策が真っ直ぐに掛けられた。緊張感が一段と高まる思いがする。ここを通る人はこの警策によって自らを打つ。まずは僕自身がその思いでこの内露地に

立たなければならない。その覚悟でこの茶室を造ってきたのである。この警策はその最後の仕上げ、覚悟の一振りである 図56 。

佐川急便の各部署から100人あまりの若い人が動員され、各場所に配置、案内にあたる。特に狭い茶室の動線を確認、客案内への注意事項、狭い水露地、凸凹した石組、狭い潜り、よほど注意をして案内にあたらなければいけない。小林館長代行、齋藤さん、皆緊張の趣で動いている。夕景には全ての人員が定位置に配属された。前を通るたびに丁寧でにこやかな挨拶を受ける。何かかえって僕は緊張する。別な緊張感。午後には栗和田館長も来られ巡回されていた。
明日は開館招待レセプション当日。いよいよである。

07.09.15 　開館

12日から3日間招待レセプションは続いた。僕はさすがに疲れがたまってきている。この挨拶ずくめの3日間を終え、僕はようやく終わったのだという思いが湧いてきた。その思いはドーッと感動的に湧き起こるのではなく、何か乾いた砂にわずかな水が少しずつ浸透してゆくような感じで、ゆっくりと僕の中に広がり始めている。何か中に詰まっていたモノが放電したことに僕自身がようやく気付き始めている。レセプションでは腰痛も若干。
初日のレセプションの挨拶で、「僕はまだヘルメットを被って現場であちらこちらいじくっていたい思いがする。これで完成というにはなんとも寂しい思いがする」と感想を話した。
この長い建設の過程がゆっくりと今閉じようとしている。ゆっくりと扉が閉まる。中に忘れた物はないか？　閉め忘れた扉は？　打ち忘れた釘は？　何か忘れ物があるはず、扉が完全に閉まってしまう前にそれを探さなければならない。
何人もの知り合いに会場であったが、話は幾分上の空、頭だけを何度も下げた。
閉館の前に、独りで展示室と茶席をまわった。
暗い展示室にはまだ数人の観覧者がいたが、暗くて僕には気付かない。
がらんとした大きな空間、過剰さとは対極、打ち放ったブラックコンクリート壁面、何もない空間、なんとも強い存在感を呈していた。
確かにようやく完成した。そんな思いが少しずつ広がってゆく。
改めて独りで館の中を巡ると、建築という容積の大きさがひしひしと伝わ

2007

図56
大徳寺高田明浦管長に、「看脚下」と揮毫いただいた警策。裏面には「不欺之力」と書いていただいた。(撮影＝宮野正喜)

ってくる。よくここまで完成できたものである。建築のことなど何も知らない僕が、なんとか内海氏や山本氏、平井氏、さまざまな人の手を借り、助けられてようやくここまでこぎ着けた事実が、確かな実感となって僕の中に涌き起こる。同時によくこのようなものを建てさせて頂いたものだとつくづく思った。竹中さんの設計施工技術陣が付いているとはいえ、よくぞ素人の経験もない人間にこれほどの巨大なプロジェクトを遂行させて下さったものだ。責任の重たさが、このコンクリートの壁面に囲われた巨大な空間容積と重なりながらヒシヒシと僕の中に広がってくる。
最終決断をされた栗和田館長の思い。長い工事期間中、僕自身の判断をじっと見守りながら支えて下さった。僕自身への信頼。その心の大きさは計り知れないものがある。工事期間中、僕は館長の眼差しを受けていることを常に感じつづけてきた。その計り知れない期待と信頼に、僕はどのような責任を取るべきかをいつも問いつづけてきた。それはただ一つのこと。自分自らの建築への思い、プランを立て切ること。僕自身が未熟であることは変えようもないことだが、その全精神と能力を持って思う存分のものを建て切ることしか、僕の責任の取りようはないと確信しつつ、自らを鼓舞してきたのだ。
心から感謝の念が湧いてくる。
山本さんが手塩にかけたブラックコンクリート、そのザラッとした肌がなんとも暖かく優しい感じがする。僕はいつまでも撫でていたい思いに駆られた。
平井さんは2度目の手術をしたがどうだったのだろうか、無事復帰できるだろうか。髙木さんの笑顔が目に浮かぶ。そして内海さん。内海さんは戦友のようなものだ。「戦友」。こんな無粋な言葉の他にもっと良い言葉があるはずなのだが思いおよばぬ。この5年間の戦いの、まさに戦友だったと僕は思う。

僕のこの長い建築日記もここで終わる。
栗和田館長はじめ、竹中工務店のスタッフ、支えてくれたさまざまな職人さん、そして最後に日々街の荷物を配送される佐川急便のすべての社員の方々に、心から感謝の念が湧き上がってくる。

---

07. 09. 17

終わろうとしていた日記にもう1行書き加えなくてはいけなくなった。
所用があって東京行きの準備をし終えてタクシーを呼ぼうとしていた時だ

った。台所の外、土間に人の気配、
「長いことご迷惑をおかけしました」
「うそ！　平井さんですか！」
扶二子が叫んだ。
「はい、ご迷惑をおかけしました」
本当に平井さんの声、まだ病院のベッドにいるはずの平井さんの声！
「おおお！　入れや！」
僕は上がり戸を開けた。まさしく平井さん、奥さんに伴われて平井さんがそこに立っていた。退院は21日のはず…？
扶二子も、家中の者が歓声を上げた。
と同時に彼の動作の一手一足に目が集中した。やや足を引きずりながら杖も突かずに歩いている。
とにかく椅子を勧めて、台所のテーブルで皆でお茶一服を飲んだ。
それから彼の長い闘病の話を聞いた。結局彼は2度手術をした。1度目の手術は成功したと奥さんから聞いていたが、ほんとうは術後3日間ベッドの鉄枠をつかんで揺すりながら必死で激痛と闘っただけ。夜も眠れなかったという。2度目の手術、術後目を覚ました時には嘘のように痛みは消えていたという。

ずいぶん遅れて新幹線に乗った。僕は車窓の風景をぼんやりと眺めながら、少しくやつれて頬のこけた平井さんの顔を何度も思い浮かべた。

今日こんな風に平井さんの吉報をこの日記に書き留めることができて本当に良かったと僕は思う。これがこの長い日記の本当の最後の1頁だと僕は思った。
2007年9月18日午前0時。

エピローグ

行きようもなくどっかりと居座った厚い雲や雲間から突然差し漏れた光の帯、風に吹かれて現れ出た藍色のまだら模様の森、にわかにかき曇ったり…。
　まるで能美峠を行き交う雲のように、次第に姿を現す佐川美術館樂吉左衞門館の建築と向き合いながら、日々の心の襞や思考の積み重ねが、時折向かうコンピュータや、日付もなく書き散らしたスケッチブックにあふれる言葉や、乱れた文字の羅列、ほんの気まぐれの日記となって降り積もった。
　それらが結構な分量となってここに残っているが、それをほとんど読み返さないままに編集者の小川女史に送りつけ、一冊の本にまとめてもらうことになったが、少なくとも、言葉が蓄積してイメージの破片や思考が日を追って分解や発酵を繰り返し、積もり重なりながら少しずつ強化されたり、変更されたり、何度となく同じ回路をまわりながら、無定形の名付けようもない堆積物の中からむくむくとイメージが起き上がり、具体的な建築となって姿を現しつつあることは、少々荒っぽくはあるが、この文字の羅列断片に物語られている通りだと思う。

　工事日程という時間軸に絡め取られながら、滞り、考え直し、それでも何とか完成までこぎ着けたことは、自分の中でも信じられない驚きであって、そこに至るさまざまなその時折々が、懐かしく、確実に、僕の言葉の断片の中に同居して思い出される。
　もともと始めから完成への設計図など持ち合わせぬ、まるで即興演奏のような思考とアイディアのスイングに頼って推し進めてきたそのやり方は、茶碗作りと変わらぬ生来のもの、僕の制作への方法論であるが、ただ茶碗とは違ってこんなに巨大な建物が、よく途中で腰砕けにならずに最後までたどり着いたものだとつくづく思いかえす。工事日程を確実にこなさなければならない関係諸氏には、とりわけ気をもます結果となり、大いにご迷惑をかけたことと思う。

　栗和田榮一館長はじめ竹中工務店の内海慎介設計部副部長、山本俊之作業所長、それに平井工務店棟梁平井康史氏。多くの人に支えられて、ここまで辿り着くことができた。水露地の石組・蹲いを担当した当時大学院生

であった次男雅臣は、無事大学院を卒業し兵庫県の田舎に仕事場を開設した。数日前、彼は関ヶ原の髙木工房に新作のための石材を求めに行った。

髙木さん。懐かしい名前だ。あの時どうしようもなく行き詰まった茶室の石組が、関ヶ原の石工髙木嗣人氏と出会うことで一気に解決へと向かった。天の助けだと、その時僕は髙木さんのことを思った。

工事に結集したさまざまな顔が懐かしく、そして有難く有難く思い出される。

広間「俯仰軒」を囲む冬枯れの葦蒲叢は3月にはすっかり短く刈り取られ、茶色の茎を泥に突っ立て春待つ刈田のようであったが、それも4月には若芽がツンツン突き出し、初夏の日差しを受けて当初はうまく育つかどうか心配であった葦蒲2世の順調な生育に大いに安堵し、それに比例するかのように、僕の中で佐川の建築は少しずつ過去の時間の中にしまい込まれ始めている。

でも、僕はいつもこうして何もわからないまま始めることになる。

確かに、湧き上がる多くの言葉とイメージが僕の中を行き交い、結ばれ、離反集合を繰り返しはするが、一行たりとも纏まりのある文脈を結ぶことなく、逆に、理解が及べば表現行為などあえて必要もないだろうと、意味の帰結を意固地にひたすら延期するその一方で、気まぐれなアドリブ気分を音符に還元しようともがくような矛盾した行為もつづけ、結局は茫漠とした空虚さの中に不安に身を置く。

「無明」という言葉があるが、まさに作品はその「無明」の中から立ち上がる一輪の花であれば僕はうれしい。

何に導かれてここまでできたのだろうか。

だから本当は、こんなものが建ち上がるなぞ、思ってもいなかったのだ。

まったく、自分のことなどわかっていないのだから、それも、僕の中、奥深くに滞留するなんとも言葉にもならないうめきや吐息にも似た情感を圧縮しながら、やがてそこから幾つかの意味の方向性を絡めて引き上げる。結果、現れるなにがしかの形象が、僕自身の中に停留する喜びや悲しみ、孤独感や寂寞感、あるいは怒りの根源を抽象化しながら、確実に僕の

心の奥底からそそと旅立ち去ってゆく風のようであって、やがて見知らぬ他者を吹き染め結びつく。その希望的観測にすがり立ってこんな行為をつづけ、挙げ句の果てに、また何もなしのところから不安げに始めなければならないのだが、今はただ、本当にすっかり放出してしまった無風のカラッケツ感がぽっかり穴をあけ、この5月の雲一片もない透明の風景のように、さっぱり僕自身の中に広がった青空の空洞をのぞき込むようで、空虚でそら恐ろしくもある。

　僕はいつもこんなふうに空虚から心配顔で始めなければならない。

　僕は今、この建築の始まりと同じように、久多の原野、草いきれ立ち眩む芒の海の底にいて、湧き起こる深い青空の底を眺めながら、佐川の水露地を思い浮かべ、円筒形に切り取られた天空の青空のことを思い出す。

　その源流をたぐり寄せるように、僕自身の内部にあいた空洞がそのぽっかりとした青空の底に重なり、そこに垂線をたらすように、何とも不確定な自分自身の奥底をはかることが、また違った僕自身を発見し、違った自分の在り様にも出会う契機となる。

　雲一つない青空はまるで闇のようで、その闇の地下から、少しずつ浮上し、何度も細い通路や狭い潜り、幾つもの結界を通り地上へと浮上する様、あるいは逆に地下深くさらに降下する様は、僕の思考の本源的な在り様と重なり、その途上に現れる光と闇の小さな交合、あるいは閉鎖と解放は入り乱れて、垂直と水平の軸といった思考の定型を何度も取り崩し反芻するのであって、それらがやがて何らかの意識の流れを形成するだろう時を待ちつづけ自然に任すほかないが、詰まるところ、どこへ行き着くのか僕はいつもわからぬままに断片と方向のみが与えられて、それらが僕の奥から確かに流れ出ていることが、その形象を通して自覚できればよい。

　眼を動かさずに天空の青空を凝視すれば、一瞬真っ暗な闇が出現する不思議な幻惑に出会い、天空の光と地底の闇、この二つの世界が一瞬重なる時節があるものなどと思いめぐらし、おそらくそれも、人間が生まれて

死するものであるという生死の狭間も同じだと納得して、「僕が僕である」という充足を味わい、同時に「私が私でしかない」欠如の両極に引き裂かれ、存在の不快、悲哀の響きを遠くに聴く。

　己が己であることは、この世に生を受け、個が個としての存在を獲得した喜びであると同時に、どうしようもなく己の存在を背負ったその限りにおける悲哀、個自体に封印され閉じこめられた宿命的な存在の充足と欠如であると思われ、まるでそれは囚人の呻きのように不快でもあって、通奏低音のように僕の存在の奥で低く鳴りつづけ、その響きをたどり、僕の意識の深奥に生じるあの下降への願望に導かれて、その末に己の存在の解体と解放というヴィジョンめいた憧れを抱きながら、ひたすら下降するのであって、イカロスのように上昇によって昇天するわけでもなく、やはりオルフェウスのように地底へ、闇へ深く己をひたすら解体するという願望に支配される。

　あの地下に広がる闇は、明るさのみを礼賛する世間への僕の一撃の矢筋を装いながら、僕の中では確実に存在の始まりを揺籃する深い奥底・地中、つまり膣に向かってひたすら降下することによって、個の解体とそこに生ずる循環をたどり、欠如と充足に裏打ちされた存在の個的で不快な領域を越えることができるように僕には思われ、それがひとたび世界に生じ滅するまでの人間の意識そのものの定めだろうと、僕はうっすらと信じている。

　僕の目の前、この原野に繰り広げる茫茫とした自然の命の攻防と命の循環、自然は主語を持たぬ。それがうらやましいと僕は思う。

　そのとてつもなく根源的なというしかない、遠い孤独とそこから派生する欠如感が漂う無明の海が、個を成立させる場の遠景であり、同時にモノを生み出す場の前景、根源的なエネルギーとなり、それは排卵された卵子が子宮という全体宇宙にしばし着装されるように、その永遠の繰り返しの中で、単体としての存在が何らかの根源的な全体系の中にいかに復帰し位置付き着装されるか、つまりは充足と欠如という存在の矛盾の最中で生み

久多にて（2008.10.13　撮影＝宮野正喜）

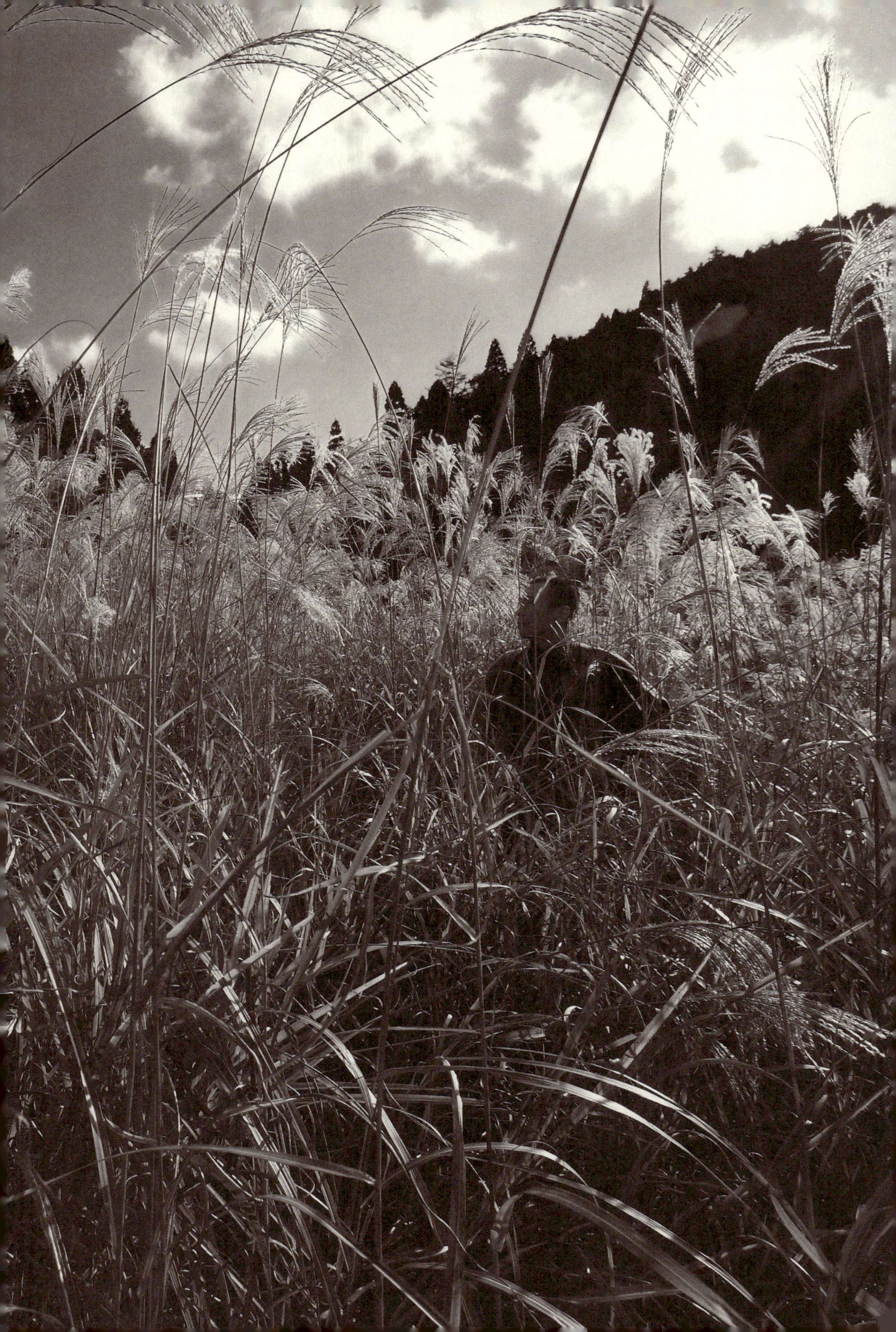

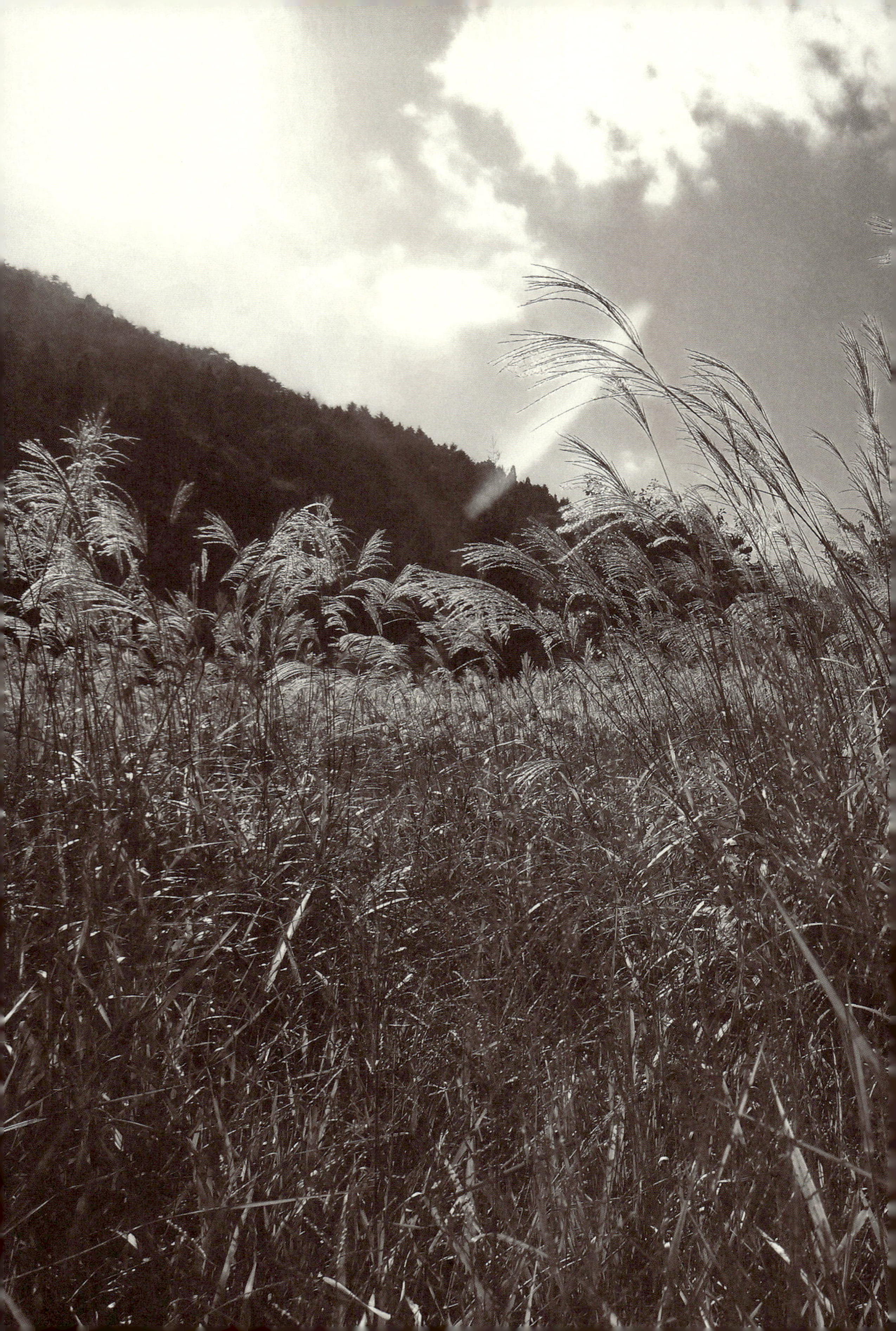

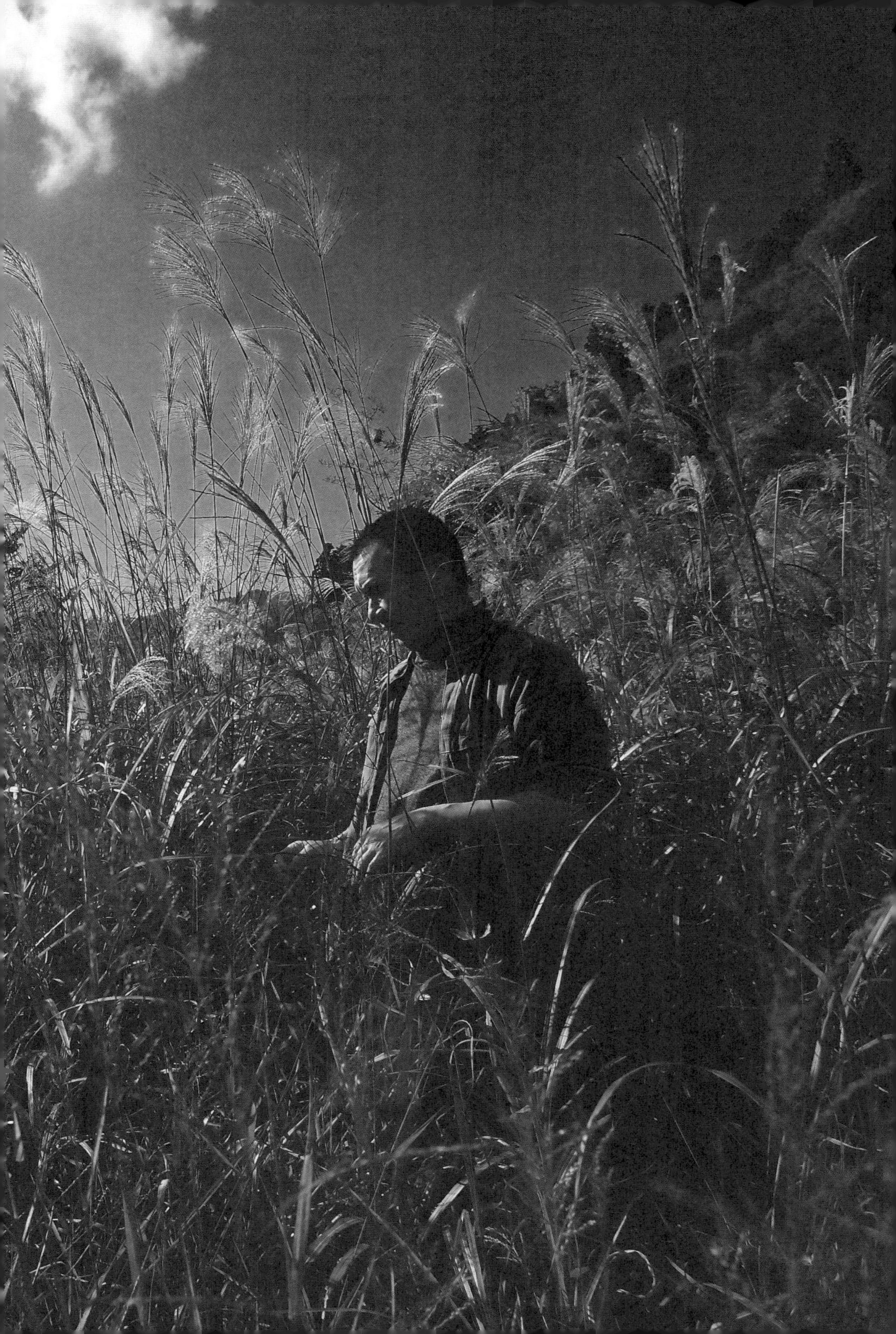

出される救済の様式であって、同時に表現の在り様を決定して、だから表現の始末を根源的に辿れば当然セクシュアルな様相をおび、宗教や自然についての人間の知恵の集積となって紡ぎ出されるように思われる。

　このまどろっこしい言葉と意識の迷宮めぐりも、ただ意識内での出来事として撞着すれば、日常のめまぐるしい浮沈の中で、何とも不快な引き掻くような表層の痛みとなって、何度となく繰り返すもどかしい時を過ごすか、あるいは忘却の中に捨て去るか、どちらかであって、その迷宮中に何らかの風の流れを導くには、日常の具体性のさなかに、日常からわずかに隔絶された空間、たとえばそれは納戸や押入の中の薄闇でもよいが、そうしたセクシュアルな非日常空間が必要となる。まさに僕の茶の湯観はその辺から始まり、日常のさなかにぽっかりと口を開けたこの小さな空間に他者を導き入れて、自己の肯定と否定を深く介在させながら個の存在と全体のイメージをたぐり寄せることが、表層的な社会の意味や有用性などには現れてこない根源的な深部に沈め込まれた本当のことであると思われ、それこそが茶の湯空間がどうしても日常から離脱した非日常空間へと導く具体性を背負って現れなければならない意味であって、この辺りをめぐって、何度となく繰り返される僕の建築思考の断片が、現在における非日常性、つまり「市中の山居」の意味を担って、現代という関係の総体と己をともに一突きに射抜ききることができればそれでよいと僕は思う。

　都市空間の中心に突然オンボロの土壁藁屋の小さな山居が現れ、その特殊に小さな入口を通過して極小の空間がひろがる。

　茶を喫するという風変わりで好き者じみた行為は、その建物やそこで使われる道具類や花一輪のたぐいまでもが、日常とどこかで縁を切った非日常的な意味合いの中で結びつけられることをもってその様式としての括りを持つ世界であって、いわば異界への繋がりをどこかに底流させ、扁平な日常とは異なる全体宇宙への開示を匂わせる経路を秘めながら、日常の価値観や意味を殺害し、その累々と積み重ねられたこれらの屍を越えて「市中の山居」という異界を具体化させる。
　だからこそ、小さな狭い潜りや結界をしこたま設けて、何よりもそうし

た非日常の場、異界への通路としての場のポテンシャルをこの扁平な現代社会にいかに突きつけるかという思考回路が、現代にあるべき茶室の第一義であり、その一点をめぐって文字・思考の断片が幾度となく繰り返されて結びつき、建築としての具体性が付随される。

　地底あるいは水底に茶室を設けることから始まったこの建築が、いわば僕自身を裸にさらすような自己意識の集積、発露である作品を最下層に沈め込み、己を激しく主張すると同時に否定するという矛盾に充ちた在り様を、自己表現に捧げるしかない僕自身の存在の哀歌、個の鎮魂として地下深く埋設することから始まり得たことは、今振り返ると当然の帰結のような気がするのであって、それがある人にとっては胎内めぐりをするようだと評し、また、地下墳墓・古代の石室のようだとも評したが、そうしたイメージが僕自身の意識の表層には直接上らなかったにせよ、思考の底流に確かに存在するイメージであったのかも知れないと、それらが具体的な空間となって現れ立ったあの薄闇の空間を、今、改めて振り返る。

　その地下から地上へ、水底から水面へ、垂直から水平へ、闇から光へ。非日常の異界から日常の世界へと意識はふたたび放たれ、人は幾つもの結界や細い橋掛かりのような通路や狭い空間、円筒形の幾何学空間を通過して極小の茶室に至り、その両界を行き来しながら、否応なく自分自身、個としての存在の在り様に向き合わされ、やがては個を超えてゆく全体宇宙への開示へと導かれればよい。

　僕の愛する山間の小村・久多。漠とした芒海、その海底への沈下は、人間存在と自然との間の埋めることのできない位相とその距離を浮き彫りにさせ、自己意識に満たされた個的な存在ゆえに、自然と逆立することでしか成り立たない人間存在の矛盾や自然との距離を測ることができ、安易に口の端にのせる自然への同化、あるいは人間中心の自己肯定的な自然賛歌に過ぎない我欲というよりほかない奢りへの荷担からの決別を発願させ、結果、その芒海の底で繰り広げられる自然の無慈悲きわまりなき生死の攻防にわが身を沈ませるほかにはない、と覚悟することができればよい。

闇から光へ、地下から地上へ、閉鎖系から開放形へという具体的な非日常空間の連続性と反復・可逆性をもって、しかも何らかの結論や意味概念を先に付与することなく、ましてや遊技公園のビックリハウスのような特殊空間ではなく、それぞれの体験者の心の中に広がる非日常性をこそ成立させることであって、その欺かざる一途な視線の中に、存在の個的な領域を越えて全体宇宙の中に存在自体を救い位置付けることの契機が生ずるものと僕は信じるが、まさに茶の湯は、日常をわずかに超えることのできる非日常の営みを納め得る時空間として唯一未来に開いている装置であると思われるのであるが、その未来にどのような茶の湯となって開かれることになるのか、今、僕の命の単位ではそれを見ることができない。

　とはいえ、この分厚くコンクリートで固められた最も反自然的である空間が逆に、最も自然に近い意識へと我々を導くシニカルでパラドキシカルな転換を果たし、やがて未来の茶の湯へと繋がるかすかな予感をそこに載せ、それでもなお水没した茶室と美術館が、意識の権化として産み落とされたという根本的な事実とそこに重なる自己矛盾を、否定もできず、逃れる事も、忘れることもできない今の苦しみがあって、でき得ればそれらを背高く茫々と繁る葦蒲の叢が取り囲み覆い尽くし、ざわざわと風吹き尽くして、やがてはこの建物自体を消し去るようにあればよいと思いつつ、「盤陀庵」の潜りの結界の壁に高田明浦老大師の「看脚下」「不欺之心」二句を警策に留め置き戴き、この茶室の最後の拠りどころとした。

　さてもこんな風に、思考が具体性を失いながらふらふらと、とりとめもなく彷徨するのはいつものこととて、すっかり久多の5月の青空みたいに空っぽになった僕の頭が、もう何も生み出すことができないよと不安にかられながら、少しずつ過去の時間帯の中に葬られてゆく己の表現を、なにか架空の物語の葬列を見送るように眺め、それでもこうして滅入らずにいるのは、僕が何らかの具体性を確保しようと再びふらつき始めた証拠でもあって、新たな緊張がかすかに結ばれる始まりのはじまり、芽生えを迎える不安な儀式にすぎないことであって、こうして今年初めて訪れた染み入る新緑の久多の原野の中にいて、容赦なく目に飛び込んでくる萌黄色の輝きがあまりにも痛く眼の底を刺し通し、思わず目を閉じたくなるほどの光

の中で、こうもくねくね独言を捻り返している。

　佐川美術館樂吉左衞門館には、開館後あいかわらず大勢の入館者が詰めかけているらしいが、展示室や茶室の暗さはダントツの不人気項目で、なるほどさもありなんなどと妙に納得しながら、僕は少しずつ佐川美術館を訪れる回数も少なくなり、確実に僕の手を離れて自立し始めていることを感じつつあって、作品行為とは唯一己自身への問いかけ、己に課した問いと答えが全てであって、その切り詰めた孤独さゆえに、孤立無援な他者と繋がるものであるだろうと信ずるほかなく、傲慢なまでの己に終始し、それ故に今まで一度たりとて世間の評価を求めたこともなく、この片意地なまでに無慈悲なまでに切り放たれたむき出しのコンクリートの壁に囲われた闇々とした展示空間の傲慢な表現の業に、何の気なしに訪れた人々の平穏な日常世界を無理矢理首ねじ伏せ掻きまわすような罪の意識をかすかに感じながら、ただ新緑の輝かしい５月の久多、今はなぎ倒された芒のむき出しの大地にわずかに芽を吹き始めた新たな命の狂瀾の原野を、僕は今、カラッケツになって眺めているだけ。

　　久多叢芒　　2008.5.5
　　　　　　　　　　　　　　　　　　　　　　　　　　樂吉左衞門

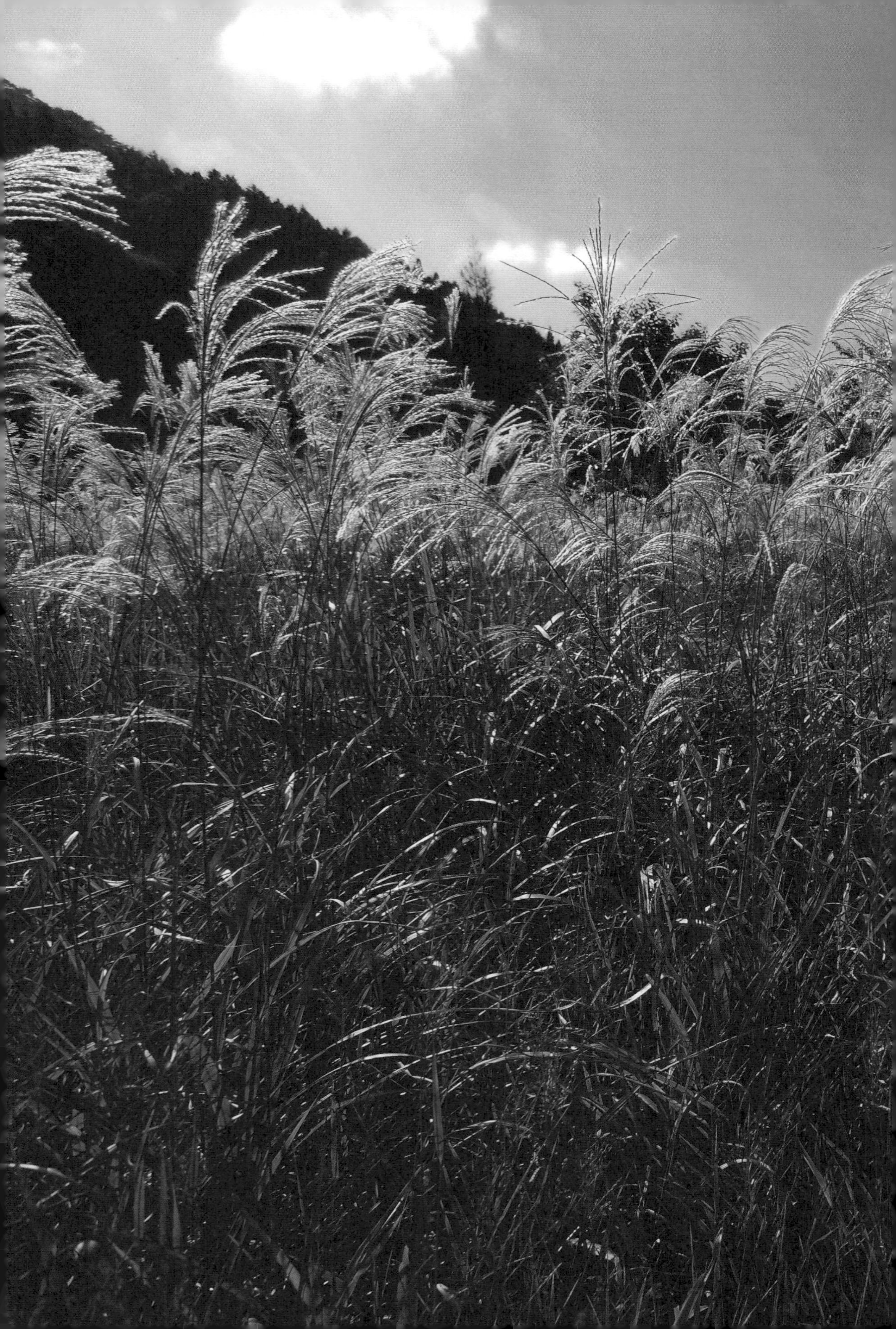

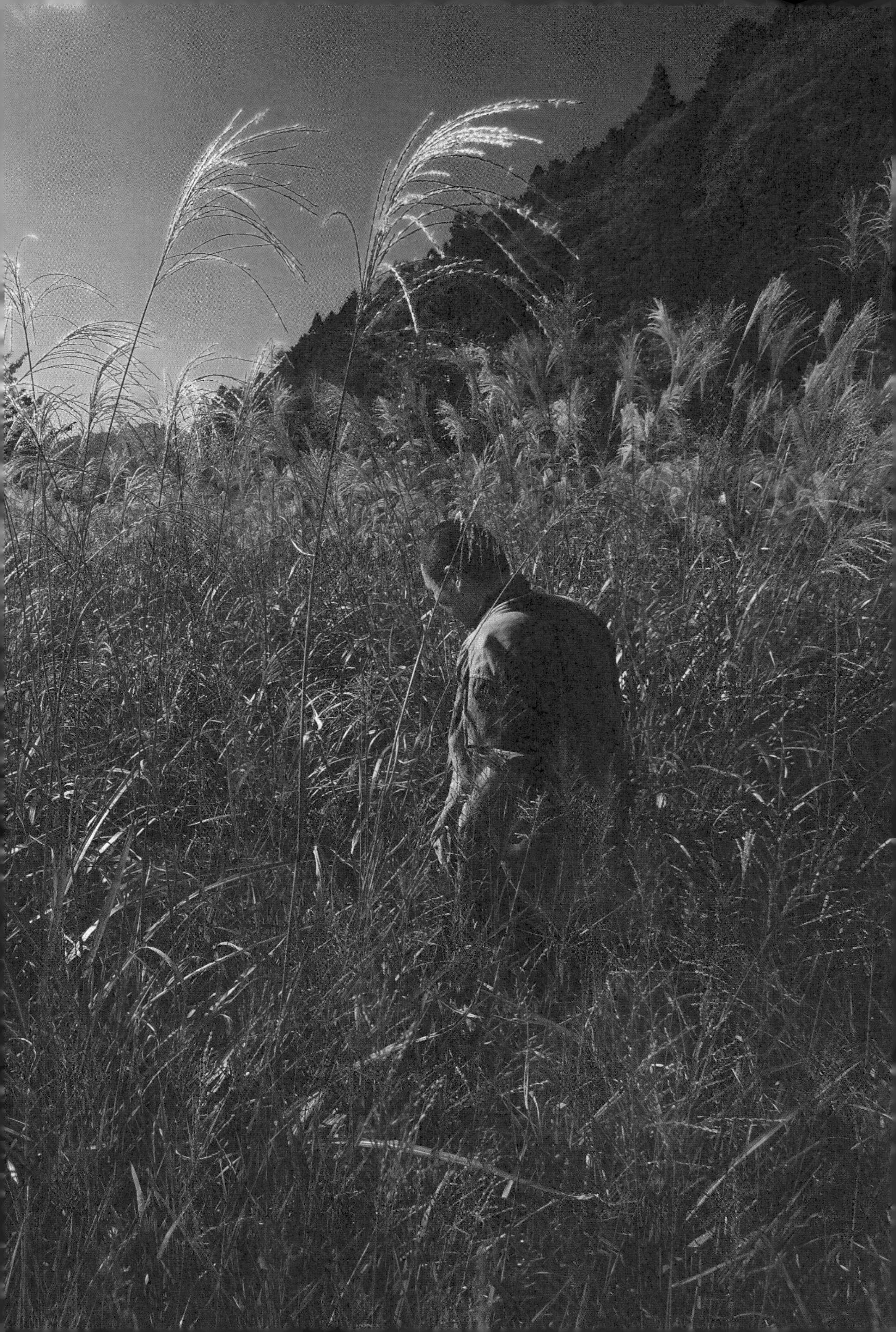

索 引

通路

壁材　94, 103, 120, 125, 126, 162, 163

詩文　120, 125, 126, 153, 162, 163

天井　246, 281, 289, 295, 325

窓　197, 396, 402

木材　197, 281, 283, 285, 289, 299, 325, 367, 370, 373, 396, 402, 405, 406, 414, 435

床（ゆか）　281, 285, 289, 299, 367, 370, 373, 396, 402, 405, 406, 414, 435

寄付

コンセプト　137, 138

天井　295, 325

木材　289, 320, 325, 367, 370, 373, 396, 400, 402, 405, 406, 414

床（ゆか）　289, 299, 367, 370, 373, 402, 405, 406, 414

立礼　320, 400, 414

水露地

壁材　137, 138, 141, 144, 146, 154, 185, 198, 221, 266, 289, 295

腰掛待合　402, 410

コンセプト　64, 71, 72, 132, 137, 138, 161, 162, 198, 221, 310, 313

・本索引は、樂吉左衞門館各施設について、著者の思考の変遷や実際の建築進行を流れに沿って理解するための一助として作成した。

・本索引は、「建築日記」内における樂吉左衞門館の建築要素に対応する項目を選出し、その主要な用語を取り上げている。

・各項目は茶室⇒展示室の順路に沿い、各用語は五十音順に掲載している。

・本索引の頁番号は、各項目・用語が記述されている日記年月日の開始頁を示している。

石材　137, 138, 141, 144, 154, 185, 198, 221, 299, 300, 308, 315, 333, 340, 353, 356, 386, 388

飛石・石組　138, 198, 299, 300, 308, 315, 333, 340, 353, 356, 362, 386, 388, 410

中潜り　97, 157, 236, 353, 356, 358, 362

ブラックコンクリート壁　137, 138, 198, 221, 236, 243, 246, 266, 289, 295, 333, 335

流水　137, 138, 198, 266, 289, 295, 299, 402, 435

レベル差　71, 72, 143, 144, 146, 157, 198, 305

小間

アクリル三角柱　219, 221, 227, 229, 240, 251, 262, 321, 363, 396

紙暖簾　180, 185, 227, 240, 435, 438, 439

基壇石　209, 284, 308, 309, 311, 325, 331, 333, 335

コンセプト　70, 71, 104, 132, 154, 157, 310, 331, 335, 349

石材　209, 284, 287, 288, 300, 308, 309, 311, 315, 320, 321, 325, 331, 333, 335

蹲い　168, 180, 185, 209, 221, 263, 284, 287, 288, 300, 309, 311, 315, 320, 321, 335, 337

点前座　132, 157, 165, 246, 331, 345, 349, 380, 382, 423

天井　240, 246

床（とこ）　118, 132, 154, 157, 165, 177, 179, 181, 185, 215, 246, 345, 349, 380, 382, 423

土間　138, 146, 157, 180, 185, 227, 236, 362, 396, 410, 414, 430

躙り口　154, 157, 180, 215, 246, 430, 433

光の取り込み　157, 163, 190, 215, 221, 227, 229, 240, 243, 246, 251, 254, 257, 262, 305, 331, 374, 395, 414, 430, 433

ブラックコンクリート壁　132, 154, 190, 230, 331

間取り　132, 165, 177, 221, 263

木材　118, 132, 154, 157, 165, 177, 181, 185, 254, 274, 292, 308, 345, 349, 374, 380, 382, 423

模型　163, 171, 172, 177, 180, 185, 189, 215, 217

モックアップ（茶室）　230, 238, 240, 243, 246, 251, 257, 262, 263

レベル差　70, 71, 104, 143, 144, 146, 157, 168, 172

和紙　180, 190, 217, 219, 227, 229, 308, 364, 367, 390, 395, 412

紙壁　180, 190, 217, 219, 227, 229, 251, 308, 364, 367, 390, 395, 412, 430, 433

広間

縁石　104, 131, 138, 209, 254, 263, 265, 269, 271, 272, 295, 299, 300, 303, 305, 308, 309, 315, 317, 325, 331, 333, 340, 353, 358

コンセプト　70, 71, 104, 172, 393

石材　131, 209, 254, 263, 265, 269, 271, 272, 295, 299, 300, 303, 305, 308, 309, 315, 317, 325, 331, 333, 340, 348, 353, 357, 358, 375

建具　157, 227, 390, 395, 399, 405, 406, 410, 426, 427, 429

蹲い　263, 423, 440, 444

床・琵琶床・付書院　71, 78, 138, 172, 190, 240, 246, 251, 254, 263, 303, 305, 327, 329, 330, 344, 348, 353, 358, 364, 370, 373, 375, 376, 423

光の取り込み　190, 251, 390, 395, 405, 426, 427, 429

ブラックコンクリート壁　240, 243

木材　157, 251, 263, 292, 305, 307, 308, 312, 318, 327, 329, 330, 344, 353, 358, 364, 370, 373, 376, 423

模型　163, 171, 172, 189, 190, 215

モックアップ（茶室）　230, 238, 240, 243, 251, 254, 263

レベル差　70, 71, 104

水庭

葦と蒲　63, 64, 65, 66, 74, 111, 118, 127, 132, 137, 138, 145, 175, 187, 236, 269, 271, 299, 308, 406, 423, 427, 440, 445

水景　172, 445

エントランスロビー

コンセプト　94, 98, 102, 104

光の取り込み　98, 104

天井　98, 281, 289, 305

立礼席　95, 97, 152, 154, 157, 187, 200, 274, 430, 433

レベル差　102, 104

展示室

入口　86, 97, 132, 154, 157, 192, 194, 200, 203, 221

椅子　185, 192, 200, 322, 323, 367, 414, 421

コンセプト　67, 70, 71, 73, 75, 77, 82, 86, 101, 102, 103, 104, 170, 171

照明　86, 101, 103, 154, 157, 229, 234, 281, 299, 322, 414, 417, 433, 435, 437, 438, 439, 442, 443, 444, 449

鉄板　192, 313, 336, 374, 376, 379, 390

展示ケース　86, 100, 157, 192, 194, 200, 203, 211, 226, 230, 234, 263, 289, 295, 322, 406, 414, 417, 421

展示台（その他）　86, 192, 200, 203, 224, 226, 230, 274, 322, 345, 370, 373, 374, 399, 406, 410, 414, 417, 421, 423

展示台（第1展示室）　86, 168, 192, 194, 200, 224, 269, 271, 283, 285, 287, 288, 289, 294, 295, 297, 305, 308, 313, 317, 336, 345, 374, 376, 379, 390

展示室プラン　73, 75, 82, 86, 95, 97, 100, 101, 102, 103, 104, 148, 152, 157, 171, 192, 194, 200, 203, 224, 226, 234, 269, 271, 285, 289, 406, 410, 414, 417, 421

天井　200, 281, 337, 339, 343

ブラックコンクリート壁　114, 130, 194, 200, 211, 226, 240, 289

米松壁（第1展示室）　271, 272, 289

平面プラン　77, 95, 97, 148, 152, 168, 171

木材　130, 132, 138, 145, 157, 194, 203, 208, 209, 211, 271, 272, 274, 283, 287, 288, 289, 294, 297, 305, 317, 345, 370, 373, 374, 410

モックアップ（展示室）　200, 203

床（ゆか）　130, 132, 138, 145, 203, 208, 209, 211

レベル差　67, 70, 71, 73, 86, 101, 102, 103, 104

屋根

形状　86, 110, 111, 113, 114, 118, 126, 127, 130, 136, 145, 162, 163, 172, 189

化粧屋根裏　113, 114, 116, 157, 162, 187, 189, 215, 251, 292, 293, 297, 331

コンセプト　86, 110, 111, 113, 114, 116, 172, 181

屋根材　86, 110, 111, 112, 113, 114, 116, 157, 162, 187, 251, 292, 293, 297, 331

建築考

素材　78, 103, 106, 234, 259

茶の湯・茶室考　53, 55, 58, 60, 61, 70, 78, 172, 175, 181, 184, 215, 230, 259, 349, 382, 393, 447, 448, 449

ブラックコンクリート　75, 78, 203, 209, 211, 238, 240, 243, 258, 259, 268, 269, 382

レベル差　61, 63, 64, 65, 66, 69, 70, 71, 104

その他施設

築山・東屋　343, 386, 389, 394, 395, 396, 402, 406, 414

トイレ　86, 97, 132, 138, 221, 243, 276, 278, 334, 438, 439, 443, 444

体調不良　119, 120, 123, 124, 144, 374

作陶　58, 60, 75, 78, 82, 93, 98, 100, 116, 144, 177, 258, 266, 333, 337, 340, 402, 406, 414, 417, 423, 434

プロフィール

樂 吉左衞門 (らく・きちざえもん)

樂家十五代当主・陶芸家・財団法人樂美術館館長

1949年　樂家十四代覚入の長男として、京都に生まれる。

1973年　東京藝術大学美術学部彫刻科卒業。イタリアに留学。

1975年　帰国後、作陶に入る。

1981年　十五代吉左衞門を襲名。

桃山時代に樂茶碗を創出した初代長次郎以来、400年余りの歴史と伝統を継ぐ樂家当主として、伝統に立脚しながら、常に斬新な感覚を示す造形美の世界を表現し続けている。
主な著書に『茶道具の世界3　和物茶碗』『茶道具の世界4　楽茶碗』『樂焼創成　樂ってなんだろう』（以上、淡交社）。『陶VOL93「樂吉左衞門」』（京都書院）。『長次郎と私』（至文堂『日本の美術』399号「樂」収録）他。

［作品展］

1983年　襲名披露の初個展を東京・京都高島屋で開催。

1990年　個展「天問」を開催。

1997年　伊、仏、蘭で「RAKU」展を開催。

2005年　個展「樂吉左衞門1999秋〜2005春」を開催。

2007年　佐川美術館樂吉左衞門館開館にあわせ「佐川美術館樂吉左衞門館開館記念　樂吉左衞門展」を開催。

［収蔵］

東京国立近代美術館、京都国立近代美術館、ビクトリア＆アルバート美術館（ロンドン）、愛知県立陶磁資料館、滋賀県立陶芸の森、パリ日本文化会館、国際交流基金、茨城県立陶芸美術館、岐阜県現代陶芸美術館、菊池寛実記念智美術館、樂美術館、佐川美術館他。

［主な受賞歴］

1987年　プリンストン大学・ヴィジティング・フェローシップ受賞
　　　　日本陶磁協会賞（日本陶磁協会）

1991年　京都美術文化賞（中信美術奨励基金）

1992年　日本陶磁協会賞　金賞（日本陶磁協会）

1993年　MOA岡田茂吉賞　優秀賞（MOA美術館）

1997年　第1回織部賞（岐阜県）

1998年　第40回毎日芸術賞（毎日新聞社）

2000年　フランス芸術・文化勲章シュヴァリエ受章（フランス政府）

2001年　京都府文化賞功労賞（京都府）

2005年　第3回茶道文化賞（財団法人　裏千家今日庵）

2006年　第15回MOA岡田茂吉賞　大賞（MOA美術館）

2007年　京都市文化功労賞（京都市）
　　　　第17回「AACA」賞（日本建築美術工芸協会）

2008年　日本建築士会連合会賞優秀賞「第36回会員作品展」（日本建築士会連合会）

［受賞歴　樂吉左衞門館］
2007年　第17回「AACA賞」（日本建築美術工芸協会）
2007年　照明普及賞「優秀施設賞」（社団法人 照明学会）
2008年　日本建築士会連合会賞優秀賞「第36回会員作品展」（日本建築士会連合会）
2008年　第11回木材活用コンクール「特別賞」（日本木材青壮年団体連合会）
2008年　JCDデザインアワード2008「金賞」（社団法人 日本商環境設計家協会）
2008年　INTERNATIONAL ILLUMINATION DESIGN AWARDS「AWARDS OF MERIT」
　　　　（北米照明学会）
2008年　「グッドデザイン賞」（財団法人 日本産業デザイン振興会）
2008年　第40回中部建築賞（中部建築賞協議会）

佐川美術館
〒524-0102 滋賀県守山市水保町北川2891
Phone：077-585-7800　Fax：077-585-7810
http://www.sagawa-artmuseum.or.jp/
開館時間：9時30分～17時（最終入館は16時30分迄）
休館日：毎週月曜日（祝日に当たる場合はその翌日）・年末年始
樂吉左衞門館の茶室見学は電話による事前予約制となっております。
茶室見学予約番号：077-585-7806（受付時間9:30～17:00）
※展示替え等のため臨時休館する場合があります。

［アクセス］
JR東海道本線（琵琶湖線）守山駅より近江鉄道バス佐川美術館前下車
JR湖西線堅田駅より江若交通佐川美術館前下車

協力者一覧

SGホールディングス株式会社
佐川急便株式会社
株式会社竹中工務店
財団法人樂美術館
財団法人佐川美術館

本書を執筆・編集するにあたり、上記の関係各位に資料貸与、校正等でご協力いただきました。厚く御礼申し上げます。
また、佐川美術館樂吉左衛門館は、800余名にのぼる工事関係者による、文字通り心血を注いだ協力のもと完成いたしました。日記中にお名前を挙げることが叶わなかった方々も含め、全ての関係各位に、改めて深く感謝申し上げます。

撮影　畠山　崇
　　　宮野正喜

佐川美術館　樂吉左衞門館
茶室をつくった。
5年間の日々を綴った建築日記

平成21年3月12日　初版発行

著者　　樂吉左衞門
発行者　納屋嘉人
発行所　株式会社　淡交社
　　　　本社　京都市北区堀川通鞍馬口上ル
　　　　　　　営業075-432-5151
　　　　　　　編集075-432-5161
　　　　支社　東京都新宿区市谷柳町39-1
　　　　　　　営業03-5269-7941
　　　　　　　編集03-5269-1691
　　　　http://www.tankosha.co.jp
印刷　　大日本印刷株式会社
製本　　株式会社DNP製本

©2009　樂吉左衞門　Printed in Japan
ISBN978-4-473-03566-0

落丁・乱丁本がございましたら、小社「出版営業部」宛にお送りください。
送料小社負担にてお取替えいたします。
本書の無断複写は、著作権法上での例外を除き、禁じられています。